U0474800

世纪波
Century Wave

创新与研发管理系列丛书

设计思维

PDMA新产品开发精髓及实践

Design Thinking
New Product Development Essentials from the PDMA

迈克尔·G. 卢克斯（Michael G. Luchs）
[美] K. 斯科特·斯旺（K. Scott Swan） 编
阿比·格里芬（Abbie Griffin）

马新馨 译　师津锦 审校

电子工业出版社
Publishing House of Electronics Industry
北京·BEIJING

Michael G. Luchs, K. Scott Swan and Abbie Griffin: Design Thinking: New Product Development Essentials from the PDMA
ISBN: 978-1118971802
Copyright © 2016 by John Wiley & Sons, Inc.
All rights reserved.
Authorized translation from the English language edition published by John Wiley & Sons, Inc. Responsibility for the accuracy of the translation rests solely with Century Wave Culture Development Co-PHEI and is not the responsibility of John Wiley & Sons, Inc. No part of this book may be reproduced in any form without the written permission of John Wiley & Sons International Rights, Inc.
Simplified Chinese translation edition copyrights © 2018 by Century Wave Culture Development Co-PHEI.
Copies of this book sold without a Wiley sticker on the cover are unauthorized and illegal.

本书中文简体字版由 John Wiley & Sons, Inc. 授权电子工业出版社独家出版发行。未经书面许可，不得以任何方式抄袭、复制或节录本书中的任何内容。

版权贸易合同登记号　图字：01-2016-2365

图书在版编目（CIP）数据

设计思维：PDMA 新产品开发精髓及实践 /（美）迈克尔·G. 卢克斯（Michael G. Luchs），（美）K. 斯科特·斯旺（K. Scott Swan），（美）阿比·格里芬（Abbie Griffin）编；马新馨译. —北京：电子工业出版社，2018.1
（创新与研发管理系列丛书）
书名原文：Design Thinking: New Product Development Essentials from the PDMA
ISBN 978-7-121-33143-5

Ⅰ. ①设… Ⅱ. ①迈… ②K… ③阿… ④马… Ⅲ. ①产品开发 Ⅳ. ①F273.2

中国版本图书馆 CIP 数据核字(2017)第 299416 号

策划编辑：刘露明
责任编辑：刘淑敏
印　　刷：三河市鑫金马印装有限公司
装　　订：三河市鑫金马印装有限公司
出版发行：电子工业出版社
　　　　　北京市海淀区万寿路 173 信箱　邮编 100036
开　　本：720×1000　1/16　印张：23.5　字数：461 千字
版　　次：2018 年 1 月第 1 版
印　　次：2020 年 8 月第 9 次印刷
定　　价：96.00 元

凡所购买电子工业出版社图书有缺损问题，请向购买书店调换。若书店售缺，请与本社发行部联系，联系及邮购电话：（010）88254888，88258888。
质量投诉请发邮件至 zlts@phei.com.cn，盗版侵权举报请发邮件至 dbqq@phei.com.cn。
本书咨询联系方式：（010）88254199，sjb@phei.com.cn。

审校者序

作为PDMA第一批在中国被认证的产品经理认证（NPDP）讲师及设计思维教练，很高兴看到PDMA的设计思维书籍在中国出版。本书跟之前你所看到的设计思维书籍很不一样，可以说，这是一本很有自己特色的书。

本书的特色之一：每一章都是由不同背景的专业人士完成的。在这本书里你可以看到不同学科背景的人，根据自身经历，阐述了对设计思维不同角度的理解与应用。

一开始，如果你已经对设计思维有一些了解的话，很可能会觉得，啊！他们怎么是这样理解设计思维的？但是，当你仔细阅读了这些作者的背景、经历，你就会发现很有意思的事情：我们以前读过的太多的设计思维的书都出自设计师，或者以设计师的角度在解释设计思维。但是当一个不同经历背景的人讲述在自己的产品研发过程中理解到的设计思维时，就会各自有各自的理解，很像我们中国的盲人摸象，每个人都看到不同方面的东西，你可以通过阅读不同的章节，从不同角度的描述，把设计思维这头大象拼起来，并且获得更丰富的感知。例如索伦·彼得森博士的第2章，你会发现他在讲设计概要书写的事情。虽然你可能在以前的设计思维的书中没有见到过类似的内容，可能也没有在自己的设计思维应用中使用过。但是这没什么不好，至少我们看到了有的人在设计思维的应用中这么应用过。

特色之二：它是从产品管理的全领域去看设计思维的，把它很好地融入了整个产品管理的工作中。以前NPDP的学习者们经常会困惑，设计思维及其他流程如何和产品管理的其他领域工作相结合，我想这本书的一些经验说明会很好地帮助你理解这个问题。

特色之三：如果你是一个理工科出身的专业人士，你会发现这本书里有你熟悉的味道。很多理工科的产品研发人士，抱怨设计师描述的设计思维太过抽象，逻辑感不强，那么这么书很适合理工科的你。

最后，很开心越来越多的中国读者开始接触并且喜欢设计思维。希望我们能有机会一起交流关于设计思维的话题。

师津锦　江湖人称她师太。设计思维教练、战略管理咨询师、精益六西格玛黑带大师,也是中国首批 NPDP 授权讲师。擅长利用设计思维为企业进行战略规划,服务体验改善、新产品设计。她曾在两年内为企业高层举行战略规划、产品服务改善研讨会 20 余场,曾利用设计思维帮助某跨国企业来自 10 多个不同国家的高管成功实施设计思维战略规划工作坊。她是 2016 Tid 中国质量竞争力大会设计思维专题演讲嘉宾,中国 IT 项目管理论坛设计思维专题演讲嘉宾,2016 中国 Scrum Gathering 论坛设计思维专题演讲嘉宾,2017 Tid 设计思维论坛演讲嘉宾,2017 TEDx xinjiekou 设计思维与女性话题演讲嘉宾。

编者简介

迈克尔·G.卢克斯博士（Dr. Michael G. Luchs）

威廉与玛丽学院（College of William & Mary）创新与设计工作室的副教授及创始董事。2008年，他在得克萨斯大学奥斯汀分校获得博士学位。在此之前，卢克斯博士曾有十多年的顾问及管理从业经验。作为PRTM咨询公司（现为PwC）的高管，卢克斯博士拥有庞大的客户基础，并帮助他们解决了产品开发、营销实践及公司业绩等多方面的问题。他的客户既有《财富》500强企业，也不乏各种中小型企业，遍及包装产品、消费者耐用品、计算机及电信设备及电信服务行业等。除了从事咨询行业，卢克斯博士还担任过蓝铂（Labtec）公司［现为罗技（Logitech）公司］的营销高级副总裁及百得电动工具公司产品经理。

K.斯科特·斯旺（K.Scott Swan）

威廉与玛丽学院国际商务、设计及市场营销学教授。他曾荣获福布莱特奖学金，并于2015—2016年担任维也纳大学（奥地利维也纳）与布拉迪斯拉发大学（斯洛伐克）联合创建的中欧地区创业家委员会成员。斯旺博士的著作包括2014年10月出版的 Innovation and Product Management: A Holistic and Practical Approach to Uncertainty Reduction（施普林格科学+商业媒体），以及 A Review of Marketing Research on Product Design with Directions for Future Research（JPIM）。斯旺博士曾在多所教育机构教授课程，包括北奥地利应用科技大学（韦尔斯）、布达佩斯考文纽斯大学、奥地利因斯布鲁克管理中心、中国的清华大学、东京青山学院大学、德国奥托贝森管理研究院，以及奥地利维也纳商学院。他曾在多家期刊发表过文章，如 Strategic Management Journal、Journal of International Management、Journal of International Business Studies、Management International Review、Journal of Business Research，以及 Journal of Product Innovation Management。目前，斯旺博士在 JPIM 和 The Design Journal 编辑委员会兼任职务。

阿比·格里芬（Abbie Griffin）

犹他大学大卫埃克尔斯商学院市场营销学 Royal L. Garff 校董。同时，她也在犹他大学教授一年级核心 MBA 营销管理课程。格里芬教授拥有普渡大学化学学士学位、哈佛商学院 MBA 学位，以及麻省理工学院技术管理博士学位。她主要研究如何评估和改善新产品开发流程，并在著作 Serial Innovators: How Individuals in Large Organizations Create Breakthrough New Products 中发表了她的最新研究成果。1993 年，她的文章《客户的声音》(Voice of the Customer)荣获了 Frank M. Bass 论文奖及 John D.C. Little by INForms 最佳论文奖，同时也被评为 Markeing Science 近 25 年来刊登的最具重要性的文章第七名。1998—2003 年，格里芬曾担任 Journal of Product Innovation Management 编辑职务。2009 年，PDMA 协会授予她 Crawford Fellow 称号；目前，格里芬为该协会出版部副主席。1998—2009 年，格里芬出任 Navistar International（市值 130 亿美元的柴油机及卡车制造商）董事会董事。在日常生活中，格里芬教授热爱布艺手工、徒步远足和游泳。

目　　录

第 1 章　设计思维简介 1
　　1.0　简介 1
　　1.1　设计思维的概念及其在新产品开发和创新中的作用 1
　　1.2　设计思维框架 4
　　1.3　设计思维——一种非线性流程 8
　　1.4　设计思维的原则和"思维方式" 9
　　作者简介 11

第 1 部分　设计思维工具

第 2 章　如何编写设计概要 14
　　2.0　简介 14
　　2.1　优秀的设计概要应该满足九个标准 15
　　2.2　编写优秀的设计概要 20
　　2.3　设计概要的相关研究成果 21
　　2.4　注意避开三个误区 22
　　2.5　总结：成功的关键 23
　　作者简介 23

第 3 章　消费者画像：设计师的强大工具 24
　　3.0　简介 24
　　3.1　消费者画像的定义 25
　　3.2　消费者画像的重要意义 26
　　3.3　创作消费者画像 27
　　3.4　消费者画像应用举例 28
　　3.5　小结 34

VII

3.6	总结	35
	作者简介	35

第 4 章　客户体验地图：通往创新型解决方案的跳板 ... 36
4.0	简介	36
4.1	体验地图的信息来源	38
4.2	制作体验地图	42
4.3	体验地图：通往创新型解决方案的跳板	45
4.4	总结	50
	作者简介	51
	致　谢	51

第 5 章　设计思维：连接调研与概念设计的桥梁 ... 52
5.0	简介	52
5.1	创意生成过程中的难点	52
5.2	用系统化的方法与用户建立联系	53
5.3	视觉化-共情化-概念构思	54
5.4	视觉化和共情化是概念构思的重要前提	56
5.5	实际应用	56
5.6	总结	61
	作者简介	61

第 6 章　使用设计启示为思维过程注入创意 ... 62
6.0	简介	62
6.1	设计创意从何而来	63
6.2	设计启示：推动创意生成的工具	63
6.3	设计启示的起源：实证基础	64
6.4	适用于创意生成的 77 种设计启示	65
6.5	如何利用设计启示生成设计概念	68
6.6	用实证说话：设计启示工具的价值	70
6.7	总结	71
6.8	附录	71
	作者简介	75

目　录

第 7 章　故事与原型在设计思维中的关键作用 77
　　7.0　简介 77
　　7.1　设计思维产品开发框架 77
　　7.2　什么是故事 78
　　7.3　什么是原型 82
　　7.4　故事和原型合二为一 84
　　7.5　在设计过程中加入故事和原型 89
　　7.6　总结 90
　　作者简介 91

第 2 部分　企业里的设计思维

第 8 章　把设计融入创新过程的模糊前端 94
　　8.0　简介 94
　　8.1　FFE 中的难题 95
　　8.2　协助定义问题的设计活动和工具 97
　　8.3　协助信息管理的设计活动和工具 99
　　8.4　协助利益相关者管理的设计活动和工具 104
　　8.5　让设计师成为 FFE 阶段的战略组成部分 107
　　8.6　总结 109
　　作者简介 110

第 9 章　设计对初创企业的影响：如何帮助创业企业掌握和在新产品开发中应用设计流程 111
　　9.0　简介 111
　　9.1　基本准备 112
　　9.2　过程 114
　　案例研究　KidSmart 烟雾探测器 115
　　案例研究　自动裁切纸巾器 121
　　9.3　常见错误的处理方法 123
　　作者简介 126

第 10 章　设计行业之外的设计思维：团队培训和实践指南 127
　　10.0　简介 127
　　10.1　非设计者们需要学习的内容 128

IX

10.2 设计思维带来的挑战 129
10.3 获得成功的三种团队战略 131
10.4 总结 137
作者简介 137

第 11 章 培养设计思维：通用医疗的门罗创新模型 138
11.0 简介 138
11.1 通用医疗的设计部门 139
11.2 门罗创新生态系统 140
11.3 设计思维对于通用医疗的重要意义 149
11.4 总结 153
作者简介 153

第 12 章 让设计思维成为企业文化 154
12.0 简介 154
12.1 企业文化在设计思维上的重要影响 154
12.2 什么是企业文化 158
12.3 破坏设计思维的企业力量 159
12.4 促进设计思维的四大创新支柱 161
12.5 向设计思维文化转型的四个阶段 165
12.6 总结 166
作者简介 167

第 13 章 知识管理——实现突破性创新的信息放大器 168
13.0 简介 168
13.1 在摸索中设计 169
13.2 突破性创新中的知识管理工作：从才智杠杆到才智放大器 171
13.3 突破性创新的知识管理和相关工具 175
13.4 在组织中实施知识管理 179
13.5 附录 180
作者简介 183

第 14 章 让设计思维成为企业的战略组成部分 184
14.0 简介 184
14.1 关键人员的作用 186

目　录

  14.2 组织实践 188
  14.3 组织气候和文化 191
  14.4 嵌入设计思维 194
  作者简介 197

第 3 部分　具体背景下的设计思维

第 15 章 设计思维简介 200
  15.0 简介 200
  15.1 产品、服务和体验 201
  15.2 如何设计引人入胜的服务体验 203
  15.3 会"表演"的服务 208
  15.4 设计服务体验永无止境 210
  15.5 总结 211
  作者简介 211

第 16 章 通过服务设计故事了解环境信息 213
  16.0 简介 213
  16.1 服务设计 215
  16.2 内容故事及作为解读者的设计师 216
  16.3 通过叙述的语境——CTN 方法 216
  16.4 CTN 方法的案例分析 217
  16.5 总结和建议 224
  作者简介 226

第 17 章 颠覆性新产品的优化设计 228
  17.0 简介 228
  17.1 公布挑战目标：颠覆型新产品 230
  17.2 回望过去，放眼未来 231
  17.3 在整个消费链中集中推广新兴技术 232
  17.4 鼓励运用类比思维 234
  17.5 为简单问题寻找全新的解决方法 236
  17.6 通过众包吸引更多创意者 236
  17.7 总结 238
  作者简介 238

第 18 章　商业模式设计 239
　　18.0　简介 239
　　18.1　什么是商业模式 239
　　18.2　企业什么时候需要检查自己的商业模式 241
　　18.3　商业模式可以为我的企业带来哪些价值 242
　　18.4　如何设计商业模式 243
　　18.5　商业模式设计流程 245
　　18.6　如何实施全新或者经过修改的商业模式 250
　　18.7　总结 251
　　作者简介 251

第 19 章　大型企业使用以人为核心的设计思维进行的精益创业：实现转型创新和破坏性创新的全新方法 253
　　19.0　简介 253
　　19.1　精益创业 254
　　19.2　转型和颠覆性创新：确认应该使用精益创业流程的领域 257
　　19.3　为什么商业模式是精益创业流程的价值部分 259
　　19.4　通过以人为本的设计的镜头进行精益创业 261
　　19.5　在企业实施精益创业方法 268
　　19.6　总结 270
　　作者简介 270

第 4 部分　消费者反应与价值

第 20 章　消费者对产品形态的反应 274
　　20.0　简介 274
　　20.1　产品形式如何影响消费者对产品的评价 275
　　20.2　产品形态特征和消费者观念 276
　　20.3　产品形式会影响消费者对产品的评估 279
　　20.4　总结 285
　　作者简介 286

第 21 章　导致消费者对产品设计的审美反应出现差异的因素 287
　　21.0　简介 287
　　21.1　文化 288

21.2　个性 293
21.3　情境因素 296
21.4　讨论 296
21.5　总结 297
作者简介 298

第22章　符合未来的设计：对应未来客户的设计 299
22.0　简介 299
22.1　用于了解不断变化的消费者价值观的框架 300
22.2　新兴的消费者需求 301
22.3　进一步向前 311
作者简介 313

第5部分　设计思维专题

第23章　硬件与界面：融合用户界面与工业设计，获得更丰富的产品体验 316
23.0　简介 316
23.1　发散型路线：实体和数码产品的用户界面 317
23.2　新兴用户界面技术 319
23.3　新技术需要新流程 320
23.4　七个问题助您整合工业设计和用户界面设计 324
23.5　总结 330
作者简介 330

第24章　设计作品的知识产权保护 331
24.0　简介 331
24.1　知识产权中的"设计" 331
24.2　实用专利 332
24.3　设计专利 337
24.4　实用物品的版权设计 340
24.5　产品设计的商标权 341
24.6　法律重合、权衡和战略性因素 342
24.7　总结 343
作者简介 344

XIII

第 25 章　可持续设计思维	345
25.0　简介	345
25.1　X 设计	346
25.2　整合设计思维与可持续设计	350
25.3　总结	359
作者简介	360

第 1 章

设计思维简介[1]

迈克尔·G.卢克斯　威廉与玛丽学院创新与设计工作室

1.0 简介

近十年来，设计思维在新产品开发（New Product Development，NPD）和创新领域的普及度有了显著提高，甚至还得到了越来越多的重视。但是，也有人觉得，这一理论还不够清晰，其相关性尚未得到证实；有些人甚至觉得这一理论只会存在一时。鉴于此，本章的主要目标包括：首先，我会简要介绍设计思维的概念及它在 NPD 和创新领域的作用。其次，我会给大家介绍一个简单的框架，然后对设计思维的一些基本原则进行总结。最后，我会说明一下本章与其他章节的联系。本章主要是对设计思维的概述及背景介绍，而其他章节则会提供更详细的说明和大量具体实例。在本章结尾，我用图片方式概括了本书的内容，希望能够给大家提供具体的创意、工具和实践指导，帮助读者解决个人和企业在新产品开发和创新过程中遇到的问题和机遇。

1.1 设计思维的概念及其在新产品开发和创新中的作用

什么是设计思维？从本质上来说，设计思维是一种解决问题的创新方法。说

---

[1] 本章改编自 *Understanding Design Thinking: A Primer for New Product Development and Innovation Professionals* 一书（©2014 College of William & Mary）。

得更全面一些,就是用于确定和创造性地解决问题的系统化的协作方法。[1] "设计思维"这个词的意思就是指人们像设计师一样思考问题和解决方案。设计思维最显著的特点之一在于,这是一种非线性的方法;这一点我们会在后面详细介绍。无论是艺术设计师还是工业设计师,都是通过迭代的方法来发现和解决问题的。他们可以在短时间内设计出解决方案,制作简单的原型。接着,在这些原始解决方案的基础上,根据大量的外部反馈继续迭代,然后得到最终的解决方案。这与使用线性流程的 Stage-Gate™(阶段-关口流程)等传统新产品开发流程相反。在传统的新产品开发流程中,原型开发通常在流程的末端,它没有作为一个获得市场反馈的装置,而是用来反映研发阶段的完成,同时展示下一步制造阶段产品的可制造性,但是开发者却无法从中获取市场反馈。我会在下文详细介绍设计思维的流程,但是,我想先请新产品开发和创新行业的同人们思考一个重要问题:什么时候是应用设计思维的最佳时机?

应用设计思维的最佳时机

一般来说,当问题或机遇尚不确定,并且/或人们需要突破性创意或概念时(具有重要积极影响的想法,比如开辟新市场或者实现显著的收入增长),就是应用设计思维的最佳时机。在商业领域,运用设计思维取得成功的案例也有很多,比如新创企业、设计业务模型、流程改善等。虽然我们的重点是如何运用设计思维应对新产品开发[2]和创新中的挑战和机遇,本书也有几章内容讲的是设计思维在其他背景下的应用,比如业务模型设计(第18章和第19章)。

在新产品开发的背景下,设计思维最适合用在变化较快、用户需求不明确的市场中,比如可穿戴生物识别设备的新兴市场。但是,我们也可以用这种方法在成熟市场中寻找新的潜在需求和/或进行大幅或激进式创新(第17章)。对于大多数企业来说,渐进式创新虽然也很重要,但是这种创新通常与已知问题或客户现有需求有关,比如改善天然气引擎的燃料效率,因此用比较线性的阶段-关口流程会更合适。不过,即使在这些背景下,我们也许也可以利用设计思维方法中的某些内容(特定工具或技术)来改善项目的最终成果。

与单用传统的新产品开发方法相比,如果我们能在合适的情况下运用设计思维方法,就有可能获得更好的解决方案来处理最重要的客户需求,而且整个过程

---

[1] 处理客户看法时,我们的工作始终是"解决问题";但是放在 NPD 背景下,我们也可以把问题看成机遇。

[2] 为简化起见,后文中的"产品"均指实体产品和/或服务。

的效率也会显著提升。导致这一差异的原因之一在于，设计思维可以帮助我们避开一个误区：在设计某种具体的解决方案时，过早投入过多资源。在客户洞察和潜在解决方案方面，设计思维讲的不是"孤注一掷"，而是"细水长流"（西姆斯，2013）。西姆斯对"细水长流"的解释是："探索、开发和测试一种新想法时所采取的低风险行动。"这些小规模的投资可以让项目团队快速得到针对潜力最大的市场需求提出的方案概念。当然，还有另一些重要的点：产品规格需要定义好，产品需要开发，最终生产出来，从这个角度讲，设计思维就在新产品开发的"模糊前端"发挥了"近视镜"作用：项目开始时，我们先使用迭代式的设计思维方法来充分了解了客户需求和潜在的解决方案，之后，再使用传统的阶段-关口流程。

设计思维的起源

虽然设计思维的方法和理念得到了许多进取型企业和设计顾问的支持，但是它的来源却非常复杂，包括软件开发、工程学、人类学、心理学、艺术及商业等学科。现在我们看到的设计思维，其实是许多学科和行业融合、演化的产物。随着时间的推移（50年或者更久，取决于你的观点），便诞生了最优秀、最具概括性的方法和实践；这个过程就像达尔文所说的"自然选择"。那些被归纳、整合、记录的理论，最终得到了设计行业的领军企业（比如IDEO和Frog）和学术机构（比如斯坦福设计学院和罗特曼管理学院）的认可，并且被越来越多的企业采用；而"设计思维"这一名称，也逐渐被大众所熟知。

经过长期的完善和检验，设计思维已经形成了一整套坚实的方法体系，但是，随着不断出现的新工具、方法、著作和研讨会，以及最近兴起的在线培训，问题也随之而来。如果你不想在一开始就被铺天盖地的信息淹没，那么学习设计思维的有效途径之一，就是借助体系框架。可是，面对令人眼花缭乱的框架种类，我们还是无从下手。每种框架都有自己的特点。对新手来说，这也是一件让人头疼的事。不过，随着认识的深入，你会发现，这些框架之间其实存在着很多相通之处。比如，这些框架曾经都是原型框架——建立在以往框架的想法和经验之上。根据这种迭代关系，我会在下一节介绍一种框架。这个框架反映了现有框架的共同之处，它既保留了设计思维中最重要的内容及其差异，又简化了它们的说明和名称。它用最简洁的方式介绍了设计思维的主要内容，鼓励读者继续探索书中其他章节的丰富内容。此外，它还可以帮助读者更快速地了解其他设计思维框架，从而更高效地了解书本之外无数的工具、技术和技巧。

1.2 设计思维框架

现有的设计思维方法和工具的数量，就算没有几百也有几十种。我们这本书会介绍其中一部分。学得少而精，并且了解如何整合不同的方法，要比纸上谈兵有意义得多。下面提供的框架就是根据每种方法和工具的作用和目的，介绍了相应的应用背景。

设计思维作为一种确定和创造性地解决问题的系统化的协作方法，主要包括两个阶段——确定问题和解决问题。这两个阶段同等重要，但是在实际操作中，大多数员工和项目团队都会偏重于解决问题。人类是创意生物，遇到问题时（不管这个问题是不是症结所在），大部分人总能想出几个办法。可惜，这些办法很少称得上"妙计"，也就是充满新意、能够从根本上解决问题的办法。设计思维的最大优势之一在于，它强调首先解决症结问题。因此，这也是下面框架中的一个关键要素（见图1.1）"确定和解决"中所示的两个阶段。接下来，我会介绍两个阶段中各个模式的作用，以及整个流程的迭代性。

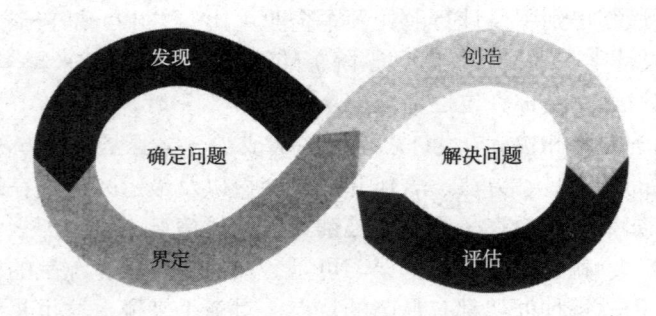

图 1.1 设计思维框架

发现

发现新的客户需求是设计思维框架中的第一种模式（见图1.2）。许多产品开发团队都会面临这样一个挑战：迷失在众多的产品和技术中。虽然这是专业技能扎实的表现，但是却也限制了开发者的眼界；市场信息被限制在现有产品的规格里。结果，不管进行多优秀的研究，甚至邀请用户加入，都很少会在现有产品的基础上实现大的突破。突破性成果通常从开放式探索客户①需求开始，尤其是那些解决难度大、尚未被发现的潜在需求，这种需求又被称为客户洞察。

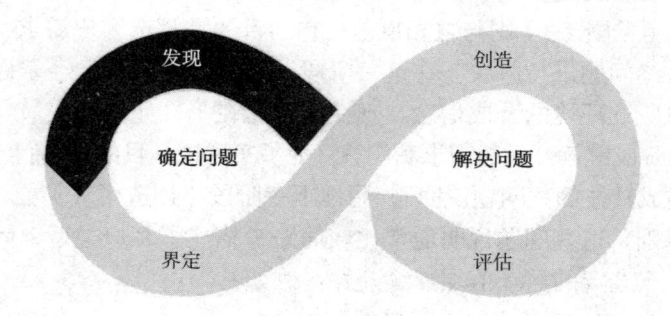

图 1.2　发现模式

那么，如何发现客户洞察，从而获得优秀的解决方案？方法有很多。它们一般都是定性方法，可以让开发团队置身于客户角度来思考问题。这个过程通常被描述成以获取客户共鸣（empathy）为中心的过程，即思考和理解客户所处的环境、体验和行为（第 3、4 和 7 章）。

信息收集到了一定程度，项目团队就需要开始对这些信息进行合成。这不是说项目的发现工作到此结束。实际上，发现模式是信息收集和信息合成两个过程间的不断迭代。信息合成就是总结信息并从中获取有用信息的过程。由于信息本身是定性的（如图片、文本、录音等），信息合成过程和常见的市场调研存在很大的差别。开发团队需要的不是各种信息和数字，而是把定性的信息转化成具体的客户需求。实现这一过程的方法有很多，包括文本编码、描绘原型客户的画像和移情图，以及描述客户现有体验或理想体验的旅程图（第 3、4 章）。

最后再强调一遍，虽然方法有很多，但是发现模式的重要原则之一就是信息收集和信息合成过程的不断迭代，即在收集信息的同时，开始尝试从中获得信息。这一点需要开发者兼具灵活与耐心，但也能保证项目团队选择了最正确的方法，而不是在项目一开始就定下调研方法。项目团队确定了一系列关键的客户需求之后，就可以进入下一模式——确定模式。

---

① 为简化起见，后文中将统一使用"客户"。这些方法不仅局限于为传统意义上的客户设计产品，还适用于任何使用产品或服务，以及产品或服务的创造或传递过程中的个人或团体，如医院中的护士。

界定

发现模式的目的是扩大我们对客户的了解——他们的想法、感觉、体验和需求。界定模式（见图1.3）则与之相反——它的目的是筛选客户需求，选定几个特定需求作为最终问题进行解决。在这一阶段，项目团队应该已经掌握了足够的有关客户及客户所处环境的合成信息。现在的问题在于，如何确定最具潜力、最值得在接下来的阶段继续开发的需求和洞察。为了实现这一目的，我们经常把这些需求和洞察描述成具体的"问题说明"，用作下一阶段（创造模式）的初步行动——创意生成的基础。这些问题说明通常比较简短，描述了客户类型、尚未满足的需求，以及为什么选定的需求值须继续开发。例如：

- 家有青少年的忙碌父母（客户类型）。
- 需要一种方法来调和和协调全家成员的日程安排（需求）。
- 由于缺少可靠的、及时更新的信息，日程之间的冲突导致部分活动被遗漏，并造成了不必要的压力（客户洞察明确说明了为什么需要满足这种需求）。

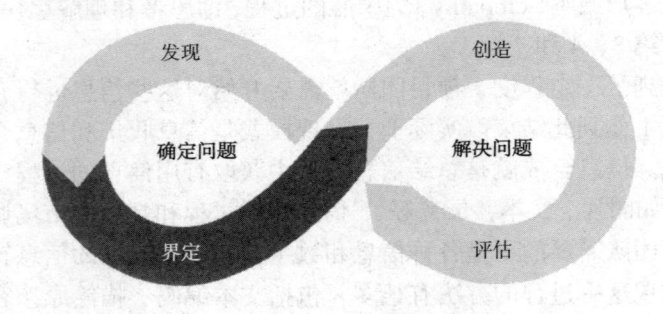

图1.3　界定模式

接着，项目团队需要汇总这些问题说明，以便在下一模式——创造模式中解决。这时，多重投票法是一种非常有用的方法。不管投票选创意还是选问题说明，都有多种方式。而我们的目的只有一个：借助从发现模式中获得的不断完善的集体智慧（取决于团队成员在项目过程中是否有所变动）。

创造

设计思维中的创造模式（见图1.4）的目的是开发一个或一套可以与目标市场分享的概念，从中获取反馈，然后经过迭代进行不断完善。虽然客户可以直接就一个想法提供反馈，但是为了获得最优质的反馈，最好还是借助概念原型的力量。这是因为一个好的原型不仅可以给客户带来实实在在的体验，并在此基础上进行反馈，也为设计者提供了一个观察客户实际行为的机会。因此，创造模式的两项主要活动是创意生成和原型制作。尽管这两项活动在这里有先后之分，但是在实际操作中，二者依然是高度的迭代关系。

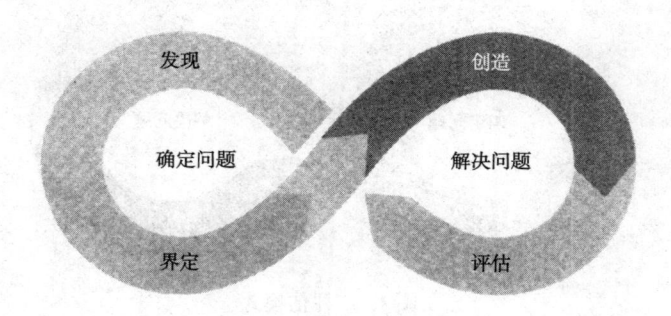

图 1.4　创造模式

创意生成是创造模式的第一项主要内容。生成创意的工具和技术多种多样（第 5、6 章）。对创意进行归类和界定之后，项目团队就可以再次采用多重投票法来确定哪些创意最具潜力。此时就需要考虑多方面的标准了。我们最少需要考虑：① 需求性（客户是否需要此类产品）；② 执行可行性（是否有能力提供此项产品）；③ 利益可行性（是否能为企业带来持续的财政或战略收益）。但是，我们仍然要以选定的客户需求为中心，避免根据其他标准过多地淘汰创意，因为这一阶段的创意仍然属于雏形，可以通过下一步活动（原型制作）进行完善。

当设计思维的从业者说起原型时，他们通常指的不是媒体中出现的那些光鲜亮丽或者功能完备的原型，而是那些提供非常基本的产品体验或产品特征的简单原型（第 7 章）。我们通常把这类原型称为"低保真原型"。这些初步原型可以是三维的实体，也可以是"应用软件"概念的一系列草图，甚至服务场景扮演。设计思维的一个独特之处在于，使用原型来启发创意——通过不同方式来展示概念，从而推动和提升创意生成。因此，项目团队需要制作一系列原型，然后从中选择一个或多个向潜在客户展示并收集反馈。

评估

设计思维框架的最后一步是评估（见图 1.5）。评估的目的是收集有关概念原型，以及其中所涉及的想法和设想的反馈。在设计思维的框架内，我们通常可以利用这里获得的大部分反馈对概念进行迭代和完善，尤其是在四个模式的第一遍迭代过程中。换言之，评估并不是我们的"终点"。我们会在后面的章节详细介绍

7

这一点。现在，我们先要意识到反馈不仅仅是一种验证机制，更是一种学习机制，这种意识非常重要。

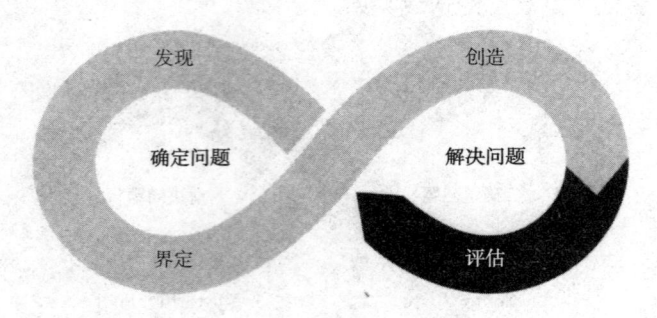

图 1.5 评估模式

一般来说，评估模式主要由两项活动构成。一是与潜在客户分享原型以获取反馈。为了获得最有价值的反馈，我们必须利用原型来给客户营造一种体验，这一点单靠演示是不够的。二是收集了足够的反馈之后，项目团队开始进行反馈整合。这个过程和发现模式中的信息整合有些类似。二者的区别在于，在这一阶段，客户可以就一个完整的解决方案概念提供反馈。但是，二者的目标又极其相似：进一步收集信息，以获得最有潜力的解决方案或部分解决方案。根据反馈的整合结果，项目团队会决定下一步执行设计思维框架中的哪种模式。当然了，我们的最终目标是把概念原型变成完善的产品或服务。就设计思维来说，这一目标需要经过多次迭代一种或几种模式才能实现。我们会在后面的章节详细讲述这一点。

1.3 设计思维——一种非线性流程

到目前为止，我已经按照线性顺序介绍了设计思维的四种模式。这应该是学习它们的最简单的方法。在实践中，第一遍迭代通常是按照我们上面讲过的顺序来进行的：确定问题（发现和界定），然后解决问题（创造和评估）。不过，设计思维并不是一种线性流程，而且在大多数情况下也不会按照线性顺序来进行。设计思维的目的是尽快生成潜在解决方案——即使我们的知识还不完备，得出的解决方案仍然存在欠缺，然后从这些初始的解决方案中获取更多知识，得到更明确的想法和更好的解决方案。

因此，了解设计思维的最好方法，就是把它当成一种迭代式的方法，而不是一系列固定的步骤，所以我们用的是"模式"，而不是"步骤"。迭代的次数取决于项目本身，而且在项目初期，几乎很难确定这个数字。这是一种基于项目目标、限制及进度的主观判断。在整个项目过程中，项目团队及领导的关键任务之一，就是决定项目进展方向，包括决定切换模式的时机，以及对概念进行足够的说明和评估之后，从设计思维框架内的概念评估转入更传统的线性开发流程的时机。

传统的阶段-关口流程逻辑清晰、便捷高效，而设计思维却没有明确界定使用各个模式的时机、程度和顺序，这常常会让初次接触设计思维的人茫然无措。但是，在合适的情况下，这种方法将带来巨大的灵活性，提高创新性解决方案出现的概率，同时尽量减少对时间和精力的浪费。这需要我们从思维方式上来一次彻底的转变。我会在后文详细介绍这一点。

1.4 设计思维的原则和"思维方式"

读到这里，相信大家都已经发现了，设计思维既是一种流程，也是一种思考和行动方式。流程自然很重要，每种模式都有经过验证的特定工具及投入、产出和固定活动。而从思维方式的角度来看，设计思维就相当于一套综合的理念和态度。

本书中的部分章节介绍了设计思维的原则和思维方式，以及如何在公司中执行设计思维（第 8 ~ 14 章）。我在下面列举了一些常见的主题，先给大家做个铺垫。了解了这些，大家就可以更灵活地探索剩下 24 章里涉及的众多主题（见图 1.6）。设计思维方法和理念的通用原则包括：

- 以人为本：从以产品和技术为中心，转变为以价值、体验和人们的需求为中心；尽管产品和技术也是满足客户需求的重要手段，但是它们的角色应该是推动解决方案的生成，从而满足客户需求。
- 跨学科、求协作：使用不同背景和培训经历的团队，团队成员应该对不同的观点和能力持包容态度。虽然团队构成在整个项目进程中应该尽量保持不变，但是有时在特定的模式或活动中吸收一些组织外的成员，未必是一件坏事，如客户、供应商，或者其他学科的专家。
- 整体格局：细节固然重要，但是，对于看似毫无关联的想法，设计思维者们也应该发现和思考它们的关系、交互和联通。
- 灵活对待不确定性：设计思维最适合解决界定不清的问题和机遇，这种方法对于内容和手法都有很高的灵活性要求（比如，各模式和阶段根据需要进行迭代）。

- 多模式沟通技能：积极地进行各种方式的沟通，包括语言沟通、视觉沟通和触觉沟通。设计思维者在描绘和制作原型的时候，不应该受到能力或技巧的限制。
- 学习的心态：愿意测试自己的创意、概念和原型，把测试看作学习的契机，不惧失败。

设计思维简介
第 1 章

设计思维工具
第 2~7 章
各模式使用的特定工具

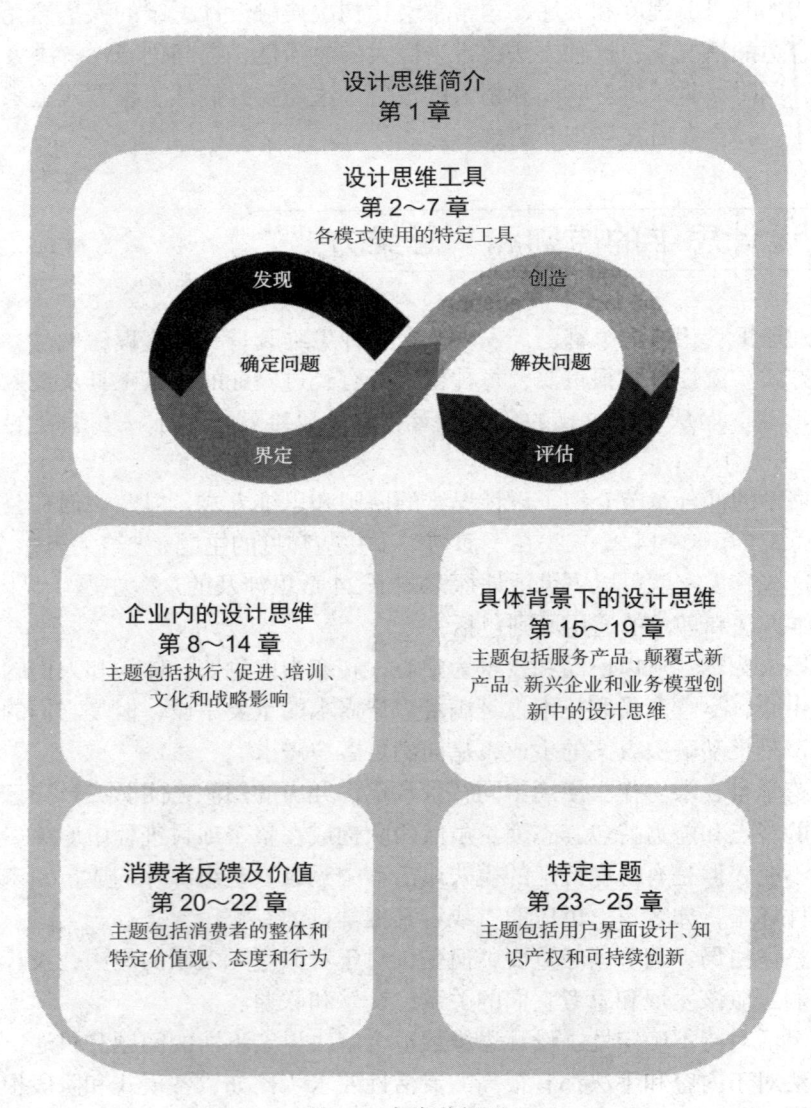

发现　创造
确定问题　解决问题
界定　评估

企业内的设计思维
第 8~14 章
主题包括执行、促进、培训、文化和战略影响

具体背景下的设计思维
第 15~19 章
主题包括服务产品、颠覆式新产品、新兴企业和业务模型创新中的设计思维

消费者反馈及价值
第 20~22 章
主题包括消费者的整体和特定价值观、态度和行为

特定主题
第 23~25 章
主题包括用户界面设计、知识产权和可持续创新

图 1.6　各章节概要

作者简介

迈克尔·G.卢克斯博士（Dr. Michael G. Luchs）是威廉与玛丽学院创新与设计工作室的副教授及创始董事。2008年，他在得克萨斯大学奥斯汀分校获得博士学位。在此之前，卢克斯博士曾有十多年的顾问及管理从业经验。作为PRTM咨询公司（现为PwC）的高管，卢克斯博士拥有庞大的客户基础，并帮助他们解决了产品开发、营销实践及公司业绩等多方面的问题。他的客户既有《财富》500强企业，也不乏各种中小型企业，遍及包装产品、消费者耐用品、计算机及电信设备及电信服务行业等。除了从事咨询行业，卢克斯博士还担任过蓝铂（Labtec）公司［现为罗技（Logitech）公司］的营销高级副总裁及百得电动工具公司产品经理。

第 1 部分

设计思维工具

第 2 章　如何编写设计概要

第 3 章　消费者画像：设计师的强大工具

第 4 章　客户体验地图：通往创新型解决方案的跳板

第 5 章　设计思维：连接调研与概念设计的桥梁

第 6 章　使用设计启示为思维过程注入创意

第 7 章　故事与原型在设计思维中的关键作用

第 2 章

如何编写设计概要

索伦·彼得森　Ingomar & ingomar 咨询公司
朱宰佑　国民大学

2.0 简介

设计概要（Design Brief）是一种篇幅较短（通常为 2~20 页）的说明文件，作用是向设计团队介绍项目的"对象、内容、时间、方法和内容"。它以书面形式介绍了项目的目的和目标，以及管理层希望设计团队达到的预期成果。一篇条理清晰、内容完整的设计概要，可以帮助设计师们理解客户要求，促进团队成员间的顺利沟通，最终设计出概念。虽然概念开发仅占用 5% 的开发成本，但是却影响着最终产品成本的 70%。因此，利用设计概要把管理者的要求转化为可测量、可执行的设计概念，是一个至关重要的步骤。

尽管设计概要在概念开发过程中有着如此重要的作用，但是在如何编写设计概要这一方面却仍然存在很大的空白。人们通常把设计概要看作一项竞争优势，所以一直以来设计概要都等同于商业机密。目前，有关如何编写设计概要的研究屈指可数，仅有的一些指导说明也都是以个人经验为基础编写的，具有很大的局限性。因此，大多数设计概要都变成了编写者对意见征求书（Request for Proposals，RFP）的诠释，或者仅仅是把现有的业务计划换了一种表达形式。

设计概要和维基百科

设计者在编写设计概要的时候，通常会参考维基百科里的内容。根据维基百科的介绍，设计概要一共包括六项内容：公司历史、公司介绍、问题介绍、项目目标、解决方案分析，以及项目概要。可惜，维基百科并没有告诉我们怎样才能写出一篇优秀的设计概要。

编写设计概要通常属于单一部门的工作，很少涉及跨部门合作。例如，在2012年的美国工业设计协会大会上，设计专业的学生和职业设计师们都表达了他们对设计概要质量的担忧。工程部门编写的设计概要总是堆砌了大量的信息，局限性过大；而营销部门编写的设计概要则是信息匮乏，根本没有参考价值。因此，许多设计师只在项目开始时读一读设计概要，然后就把它丢到了一边。

2.1 优秀的设计概要应该满足九个标准

首先，我们要了解工业设计师们是怎样工作的。设计师们的灵感来源有很多，包括自然、时尚、电影、汽车、航空、武器、建筑及尖端技术。虽然有些来源看似跟项目毫无关系，但是却有可能在今后启发设计师设计出全新概念。所以，一篇具有启迪性的设计概要，不仅要为设计师提供指导，还要为他们提供一种思路，帮助他们打破意识形态的限制。我们分析了世界设计比赛收到的各种各样的参赛作品，从中总结出了九个标准。这九个标准分为三类——战略、环境和表现，统称为设计质量的九项标准（Design Quality Criteria，DQC）。

A. 战略
 1. 理念：公司的历史、价值观、信念、愿景、使命及战略
 2. 结构：公司的业务领域、业务模型及竞争优势
 3. 创新：公司的创新领域及类型

B. 环境
 4. 社会/人：个人和/或消费群体的需求和活动
 5. 自然环境：环保要求和预期目标
 6. 财务可行性：预期财务表现

C. 性能
 7. 流程：项目预算及日程
 8. 功能：可交付成果的功能，包括独特卖点
 9. 外观感知：产品的外观和美感

更多详细介绍、具体要求及每项标准的评判指标，如图2.1及表2.1所示。

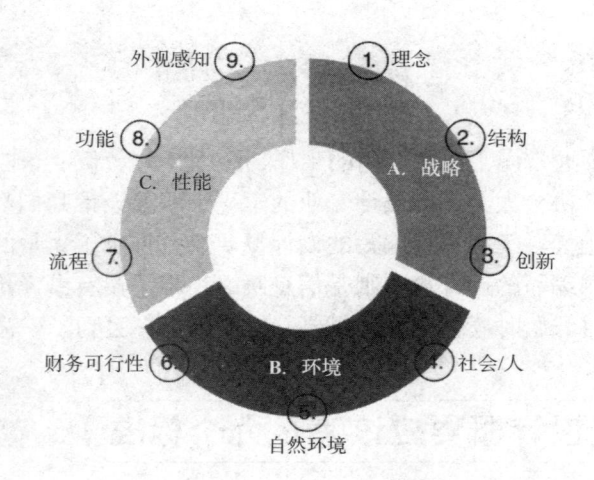

设计思维：PDMA 新产品开发精髓及实践

图 2.1 优秀的设计概要应该满足九个标准

表 2.1 优秀的设计概要应该满足九个标准

类别	标准	含义	要求	通用指标
A. 战略	1. 理念	设计以视觉化的方式传递了组织的理念	• 公司的历史、价值观、信念、愿景、使命和战略方向是什么？ • 如何体现品牌？	• 战略目标的实现程度
	2. 结构	设计应该体现对五力分析和 SWOT 分析的一定理解	• 公司的业务领域是什么？ • 公司的业务模型是什么？如何实现横向和纵向整合？ • 公司的竞争优势是什么？	不明
	3. 创新	设计在带来创新概念的同时，还应该发掘新的创新机遇	• 公司有哪些业务创新领域（如技术、财务、流程、供应或运输）？ • 突破性创新还是渐进式创新？ • 公司的目标是什么？	• 研究和开发预算 • 专利、版权及商标数量 • 新产品所占收入的百分比

16

续表

类别	标准	含义	要求	通用指标
B. 环境	4. 社会/人	设计应该经历用户研究、概念测试并公布成果	• 用户和其他股东的文化联系、身份、需求、行为和活动是什么？	• 满意度（产品相关） • 满意度（使用相关） • 员工满意度
	5. 自然环境	寻找环境友好型机遇，为环保出一份力	• 需要满足哪些环保要求？	不明
	6. 财务可行性	设计应该为业务模型开发（包括定位、价值生产及缩减成本）提供与设计相关的知识	• 公司对一定时期内的市场份额、每股盈利及投资回报有哪些预期要求？	• 收入/销售额 • 市场份额 • 净收入/盈利 • 销售额百分比（新客户） • 销售额百分比（回头客）
C. 性能	7. 流程	编写设计概要，整合概念及筛选，并为后续开发提供支持	• 项目的预算、日程和可交付成果分别是什么？ • 如何统筹与协调项目与其他项目的关系？	• 投放市场所需时间 • 设计修改次数 • 周期时间 • 完成的产品数量
	8. 功能	设计应该整合供应者和用户的反馈，并在此基础上开发产品功能和特点		不明
	9. 外观感知	设计把供应商和用户的想法转化为特质、形式、特点、尺寸、外观和细节；用引人入胜的故事传达完整的品牌内涵	• 品牌的特点、设计风格和设计原则（如尺寸、外观和细节）是什么？	不明

产品设计概要的优秀范例

  为创新产品设计项目编写设计概要，既是一门艺术，又是一门科学。优秀的作者们在根据 DQC 详细介绍项目内容的同时，还能保持言简意赅。这里我们以提交给乐高公司的一份创新型仓储系统项目的设计概要为例。

  1. 理念：乐高品牌（LEGO）源自两个丹麦单词的缩写——leg godt，意思是

"尽情玩耍"。品牌的最终目的是启发和培养儿童的创意思维能力和系统思考能力，帮助他们释放潜力，分享未来——感受人类的无限可能。乐高玩具已经成了所有创新型家庭的重要组成部分。孩子们的想象力，就是乐高关注的重点。

2. 结构：乐高集团为家族企业，目前由 KIRKBI 投资公司和乐高基金会共同拥有。KIRKBI 不仅持有乐高集团 75%的股份，同时还持有默林娱乐集团 38%的股份；而乐高乐园主题公园就是由后者运营。乐高基金会持有 25%的集团股份。乐高是目前世界上最大的玩具制造商之一。

3. 创新：2004 年，乐高集团听取消费者心声、采用新技术并重新调整业务重心，成功扭转了销售额持续下滑。了解了消费者的想法后，集团意识到，消费者们会不断购买以善恶对立为故事的成套玩具，这说明这种对立冲突具有吸引力。此外，乐高还不断应用新技术，将开放流程从两年缩短为一年。集团根据市场反馈设计产品，并在生产周期早期及时发现缺陷，稳定了产品质量。最后，集团的业务范围从服装、主题公园及游戏等领域转变成以积木玩具为核心业务。

4. 社会/人：年龄较小的儿童在玩积木时倾向于任意发挥，而年龄稍长的儿童则会搭建更复杂的积木，并逐步在作品中加入故事、工程和美学元素。成年的乐高迷们会借助小小的积木不断扩展人与人之间的可能。因此，儿童及其家长是乐高产品的主要受众，而乐高也始终追随他们的脚步不断进步。

5. 自然环境：乐高积木和储物箱均以硬纸板纸盒包装出售。我们应该缩小包装盒的尺寸，减少对包装纸板的消耗，从而维护森林的可持续性发展。

6. 财务可行性：为了让投资回报率达到最大，我们应该从材料选择、方便处置/可回收、安全标准（包括美国及欧洲）及可行性等多方面进行考量。

7. 流程：设计师在展示艺术设计的时候，应该使用指定的幻灯片模板，最多展示 12 页幻灯片，文件大小不应超过 5MB。允许同时提交一份视频：限时 3 分钟，文件大小不应超过 50MB，接受 MP4、avi、flv、mpg 及 wmv 等文件类型。

8. 功能：我们应该探索一种全新概念，作为当前积木玩具和储物箱的潜在替代产品。这一概念应该满足以下要求：考虑到玩具将陪伴孩子们度过整个童年，我们应该让家长和馈赠者对产品的性能和保存性有足够的信心。概念必须具有生产可行性；项目必须说明如何生产，以及如何把新产品融入现有产品线。

9. 外观感知：我们的产品外观应该明确传达出乐高品牌的想象力、创造力、趣味性和学习培养能力。产品应有具体特定的外观风格：几何造型，边角圆润，用色鲜艳。

调研类项目设计概要的优秀范例

我们总结的这九个标准具有很高的适用性，可以用于多种项目类别，比如，业务决策者采用创新方法来解决传统挑战。一直以来，他们都是通过内部研究者和外部经济学家的分析和建议来制定决策的。但是这些信息往往跟不上时代，无法帮助决策者用全新的眼光看待问题。

我们以可持续性为例。联合国全球契约及埃森哲战略发布的报告《可持续性的新纪元》指出："……虽然全世界的管理者都已经意识到了可持续问题的战略意义，但是，可持续问题成为核心业务战略的道路仍然艰辛且漫长。"结果，仍然只有一群靠热情维系的个体在这一问题上投入零散的、不计回报的关注，很少有企业会在战略政策上考虑这个问题。尽管我们迫切地希望企业能自下而上地推广可持续发展的企业文化，但是，想要实现巨大变革，还是采用自上而下的措施比较有成效。这里，我们以提交给公司领导层的一份研究项目的设计概要为例。这篇概要的目的是向领导说明当前形势、未来的挑战，以及可持续经济带来的影响。

1. 理念：人们总认为，对于企业来说，增长总是好的。可是，在新的市场环境下，食物和能源成本上涨、人口数量增加，都动摇人们对"增长"的看法。为了寻找能够推动当代市场发展的全新业务模型、法律框架和经济体系，我们需要思考一个问题：如何才能把当前这种企业思想领袖范式转化为以创新思维为核心的范式，从而实现未来发展的可持续性？

2. 结构：项目团队拥有自主权，可以在专家顾问小组的建议下制定决策。项目产出包括一项开放式研究和思想领袖流程、一份介绍可持续业务实践的协作报告，以及一批来自不同背景的协作者。

3. 创新：项目将在企业思维领导研究和开发的环境中测试开放式创新技巧，如众包与众筹。项目的目的是发现当前企业思维领导的研究范式的不足并加以改进，比如鼓励多元化思维和问题解决方案。

4. 社会/人：项目的目的是把领英、Facebook 和推特等社交媒体用作开放式的研究平台，从中获得与可持续业务相关的问题、想法和信息。我们也将坚持由不同相关群体组织的对话、论坛和讨论。

5. 自然环境：企业领导和学者们会通过各种论坛组织来解决气候、贫困、不均及人口等迫切问题，例如，联合国全球契约组织、世界经济论坛，以及全球企业可持续发展委员会。可持续性问题需要获得更多重视。

6. 财务可行性：项目将依靠来自企业基金会、政府组织和学术机构的经费独立运行。

7. 流程：我们将面向内部和外部团队开展咨询项目，从而建立实务典范；同时，我们还会利用开放式研究平台征求意见。我们的目标不仅仅是提供解决方案，还包括进一步开发动态能力，更深入地应对挑战。

8. 功能：项目将提供一个开放式的研究框架，帮助我们确定基本假设，并为企业思想领袖提供一个全新的研究方法。我们需要召集多个利益相关方，这样才能推动联系、协作和创新。

9. 外观感知：项目中的所有沟通——包括内部沟通和外部沟通——都将反映项目的价值观和目的。整个项目流程都将遵循全面、协作、开放的价值观，而这些价值观也将体现在最终的可交付成果中。

2.2 编写优秀的设计概要

要想写出一篇优秀的设计概要，最好的办法就是共同创作。研究表明，在编写设计概要的过程中，概念的质量平均会有20%的提升；对于某些资质过人的设计师来说，这一数字甚至会达到25%。另外，编写设计概要还可以改变设计师的研究行为。当新手设计师在编写的时候，他们在研究中投入的时间相对较多，在构思过程中也会发现更多重要机遇。而且，共同创作还可以帮助团队成员清楚地了解局势，积极大胆地参与之后的概念探索。因此，共同创作设计概要，并且把这一过程看作项目中的重要环节，有可能增加项目价值，减少风险，激发创意。共同创作的过程一共包括三个步骤，如图2.2所示。

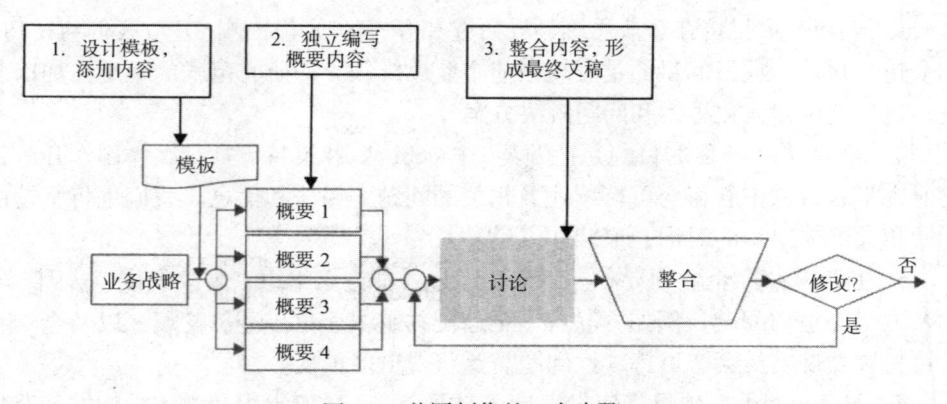

图2.2　共同创作的三个步骤

1. 设计模板，添加内容。在编写设计概要之前，项目团队成员（如设计师、营销人员、工程师）通常都对以往项目的系统文件资料（包括设计概要和项目成果）知之甚少或一无所知。因此，他们会以 DQC 为通用框架，根据九项标准及 DQC 内容编写指导来整理这些信息。这可以帮助作者们对项目有一个整体的认识，激发他们的责任感，让他们做好准备迎接接下来的工作。

2. 独立编写概要内容。可以参考以往项目的内容，每一名成员需要使用模板框架来独立编写 500~1000 字的内容。这一过程可以让成员们对其他部门的工作有一个清楚的了解，唤起他们的同理心。遵从 DQC 的流程顺序，从理念到成型，可以为设计概要创造一个逻辑上自上而下的结构。这样就可以形成统一全面的设计要求，也可以拓宽每位成员对项目的认识，帮助他们找到各项标准之间的联系。

3. 整合内容，形成最终文稿。团队成员就每一篇设计概要的最终好坏进行集体讨论。如果评选出来的设计概要还不行的话，结果可以以每篇概要中的想法的质量或数量作为标准。然后，大家把所有的概要整合成一篇内容完善、可行性高的成品。这样，团队成员在获取经验的同时，效果评估流程也得到了完善。

> **花多少时间来写设计概要**
>
> 美国航空航天局加州帕萨迪纳喷气推进实验室的工程师们建议，编写设计概要的成本应该占总预算的 25%；而对于设计顾问们来说，这一数字通常在 10%~15%。就算我们的工作与太空任务无关，在编写设计概要的时候，投入的资源越多（如相当于后续项目管理成本的 15%），越能凸显设计概要的重要性。

2.3 设计概要的相关研究成果

对于产品开发者来说，超出预算是一个非常严重的问题。为了避免出现这一问题，他们会认真检查两项设计质量标准——流程（如何生产一个产品）和外观感知（产品的外观和使用感）在设计概要中所占的比重。彼得森、施泰纳特和贝克曼（2011）曾经对 81 篇项目概要进行了研究，其中有 51 篇来自斯坦福大学，30 篇来自不同的企业。这些项目涉及多个领域，包括汽车、消费品、健康护理、建筑、航空等，产品从剃须刀到推土机、从手机到飞机内饰，不尽相同。

这三位研究者发现了一个有趣的现象：在一篇设计概要中，流程和外观感知两者所占的比重为负相关（见图 2.3）。这意味着，如果概要中关于项目成果的内容（外观感知）较少，那么有关项目过程（流程）的内容就会增加。有一家汽车产品制造商的设计概要中均衡分配了两者的比重,所以这家企业的项目进行得很顺利;而另一家企业由于只注重流程而忽略了外观,导致项目超支,最终走向失败。

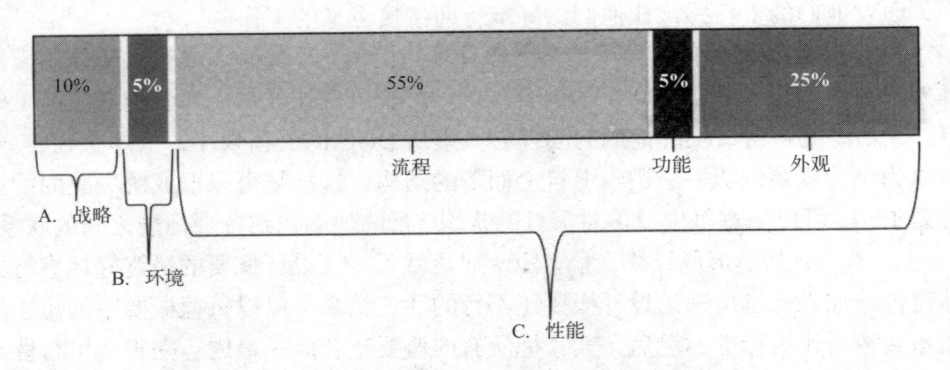

| 10% | 5% | 55% | 5% | 25% |

A. 战略
B. 环境
流程
C. 性能
功能
外观

图 2.3　设计概要中 DQC 各项内容所占比重

2.4　注意避开三个误区

在编写设计概要的时候,我们建议大家避开以下三个误区。

1. 内容比重:首先,作者们经常会忽视与团队成员就战略(理念、结构和创新)进行沟通。如果你还以为设计是一项可有可无的工作,不应该纳入公司业务中,那么你的想法已经过时了。我们建议,在设计概要中,战略应该至少占 10% 的比重。其次,有些作者会有意隐藏有关最终产品的预期特性(功能)或预期外形(外观感知)的信息,以此来鼓励团队成员发散思维。但是,只有掌握了全面的信息,团队成员才能真正受益。我们建议,功能内容应该至少占 5% 的比重,而外观感知内容至少占 25%。

2. 注意流程和外观感知的平衡:上文中我们说过,项目的成败取决于两项内容各占的比重。如果作者过分偏重流程(超过 55%),他们就会忽略另一项内容,有可能导致项目成果的质量受到影响。如果概要中关于外观感知的内容太少(少于 25%),团队成员有可能会将探索的范围放得过大,最终导致项目超支。

3. 篇幅:作者们应该格外留意文章的篇幅。我们没必要用描写飞机内饰项目的篇幅来介绍洗浴间的开发。大多数优秀的设计概要通常在 500~1500 字。

2.5 总结：成功的关键

设计概要的主要目的是向设计团队介绍组织的能力、业务战略和业务模型，从而帮助他们整合有新意、有用处、有前景的概念。创意往往来自全面的信息。放任设计团队自己去摸索，无异于弄巧成拙，最终只会导致项目超支、逾期，或者走向失败。每一份设计概要都应该是独一无二的，都应该汇聚每一个人的智慧。如果只是在原有概要的基础上略作更新和修改，就无法获得创新概念。团队成员们只会直接忽略这份与原来相差无几的概要。

本章我们了解了优秀的设计概要如何帮助设计师改善当前业务机遇和设计项目无法匹配的情况。我们介绍了设计质量的九项标准并列举了两个例子：一个是产品设计项目，另一个是调研类项目。接着，我们又介绍了合作编写设计概要的三个步骤，以及相关的研究发现和应该避开的误区。我们相信，这些方法可以给各个行业的产品开发者们提供一个全新的视角，推动企业管理者和设计师之间的沟通，从而更好地发挥设计环节在新产品开发项目中的作用。

作者简介

索伦·彼得森博士（Dr. Søren Petersen）是一名国际业务顾问、设计科学研究者、作家及《赫芬顿邮报》的定期撰稿人。在20年的职业生涯中，他曾任职于多家顶尖国际组织，包括 Ramboll Group、宝马集团、斯坦福大学、哥本哈根商学院及汉阳大学。彼得森博士于斯坦福大学获得微电子学设计研究博士学位，于丹麦技术大学获得微电子学硕士学位，于艺术中心设计学院获得交通设计学士学位。在过去的6年里，彼得森博士共发表了24篇科学论文，于 Creative Economy 专栏发表了150多篇文章，并且出版了设计量化领域的权威著作 Profit from Design。他的研究包括寻找相关方法和指标，建立业务和设计之间的联系。相关研究内容包括设计驱动型创业公司、设计与业务模型实验法、设计驱动型组合管理、概念设计中的游戏化，以及设计研究众包。

朱宰佑（Jaewoo Joo）是韩国国民大学（Kookmin University）市场学副教授。他于多伦多大学罗特曼管理学院获得市场学博士学位。朱博士的教学和著作主题包括借助行为决策领略的设计营销及新产品开发。他曾任《商业周刊》杂志全球最佳设计院校评审团成员。

第 3 章

消费者画像：设计师的强大工具

陈建中　LG 集团
Jeanny Liu　拉文大学

3.0 简介

在过去的 10 年里，学术界和创新企业对产品设计中的消费者画像给予了越来越多的重视。这得益于用户中心型产品这一潮流的日渐风靡。对设计师来说，消费者画像是一种用户中心型辅助工具，可以用来定位理想用户。这种工具可以帮助设计师始终围绕理想用户探索和开发解决方案。本章我们将了解用户画像这一实用工具在设计中的应用。虽然我们在这里举的例子大多数都跟软件和技术产品有关，但是这种工具在其他产品领域一样适用。本章共包括以下几部分内容：

1. 消费者画像的定义——实践性描述、后续基础、共性类型。
2. 消费者画像的重要意义——认识消费者画像在产品开发工程中的重要性：
   a. 设计阶段；
   b. 开发阶段；
   c. 消费者画像也是一种沟通工具。
3. 创造消费者画像——概括介绍如何通过人种学（ethnographic）研究创作消费者画像。
4. 消费者画像的应用——用来自三个领域的例子说明消费者画像在开发中的应用。
5. 消费者画像的局限性——局限和改善方法。

本章，我们把所有参与开发面向用户式产品解决方案的跨职能员工统称为设计师。面向用户式解决方案是指关乎用户交互和体验的产品特性。对于从事面向用户式解决方案工作的设计师来说，消费者画像格外有用。

3.1 消费者画像的定义

　　消费者画像是以真实人类的行为和动机为基础的对理想用户或最终原型用户的具象化表现。体现用户群的画像的来源是研究，而不是固有假设。通过创作画像，设计师可以与用户建立联系，产生同理心，更积极地站在用户的角度审视产品问题。这项工作应该与设计流程同时展开。作为用户的具象化表现，消费者画像既是目标用户的描述，又是设计团队面临的问题。我们可以对消费者画像进行小范围的迭代，但是如果每次改动内容太多的话，就会导致整个设计流程前功尽弃。

　　在设计过程中，我们通常需要考虑两种非用户的画像：购买者画像和逆画像。这里的购买者画像，指的是那些做出购买决定，却不一定使用产品的人群。例如，航空公司买了一架飞机，驾驶员代表的就是用户画像，乘客代表的是另一种。在购买过程中，公司可能会参考驾驶员的意见，但是购买决定却是由公司中的业务决策者做出的；这位决策者代表的就是另一种画像。购买者画像对于采购决策有着完全不同的考量。例如，购买者会考虑经济、载客量、维护成本、飞行范围、燃料效益等因素。在面向儿童的产品中，也会出现购买者和用户的差异。比如，家长作为购买者，会考虑儿童的安全、购买成本，以及能否退货等方面的因素。对购买者进行画像，可以确保产品完全满足他们的考量。购买者和用户可能是同一个人，也可能是不同的人，这取决于产品的性质。

　　逆画像描绘的是产品的非目标用户。消费品设计师通常会同时制作用户画像和逆画像，以便区分目标人群和其他人群。例如，某款高端数码单反相机的目标人群是专业用户和摄影师。对于这款专为专业人士设计的相机来说，专业用户就是这款相机的用户画像，而业余用户就是逆画像。相机的商标、内存、相机包、用户手册等也都是专为专业人士设计的；那些对于用户画像群体属于偶发或边缘情况、对于逆画像群体却属于常见情况的设计，都会被忽略。边缘情况是指影响部分或全部用户的偶发体验。我们还以逆画像在相机产品中的作用为例："如果用户不清楚相机的基本操作怎么办？"对于用户画像群体来说，这个问题就是边缘情况；对于逆画像群体来说，它却属于常见情况。那么，设计师在设计产品的时候，就会自动忽略这一问题。

3.2 消费者画像的重要意义

消费者画像在设计阶段的作用

对于设计者来说，消费者画像是界定问题的基础；他们会根据画像来确定用户群、制定解决方案参数、避开常见的设计误区：只为单一群体设计。设计者经常会有意无意地根据工作经验和行业知识对用户群进行推断和设想。而画像的作用就是帮助设计者避开自我参照，从用户的角度看问题。设计团队经常会借助头脑风暴和场景展示等工具来生成和寻找创意。头脑风暴是指尽可能地排除可行性限制或考量，鼓励自由创意。在创意或概念生成阶段，头脑风暴可以促进交流；再加上正确的消费者画像，设计者们可以就后续问题展开创意。场景展示也是一种在设计过程中结合使用消费者画像和其他设计工具的例子。场景展示是指将故事视觉化。设计者经常会在构思阶段初期使用场景展示来视觉化地说明问题和/或解决方案。场景展示的主角就是消费者画像，它可以加深设计团队对用户的同理心。

消费者画像在开发阶段的作用

在开发阶段，消费者画像可以帮助工程团队快速展开行动。清晰的消费者画像可以让设计者和工程师对用户和解决方案的范围达成共识。工程师必须准确地把握住目标人群画像，这样才能做出正确的决策和权衡。在一个充满变量的迭代过程中，我们很难记录设计中的每一个细节，而且我们也不建议大家这么做。因此，消费者画像就为工程团队提供了背景环境信息，帮助他们更好地理解设计文件。

消费者画像的另一个好处是组织工程和设计团队就边缘情况展开讨论。决定边缘情况是否重要，是设计过程中的一个常见难题。消费者画像给大家提供了一个参考，让双方的讨论更高效。如果边缘情况对于画像群体来说很重要，那么它就应该被纳入设计中。例如，商用飞机的驾驶舱是专为技术和经验都非常丰富的飞行员和机组人员设计的。客舱服务人员和乘客不可能去操作其中的控制部件。因此，飞行员就是设计者们应该考虑的画像对象。像缺少有资质的飞行员这种边缘情况，并不属于可行的操作情况。

智能手机应用程序需要考虑的典型边缘情况是："如果没有网络怎么办？"这

个问题的答案取决于应用程序的用户画像。如果没有网络，手机浏览器的功能就会变得非常有限，这是因为设计者确定他们的目标用户都很清楚网络对于浏览器的意义。消费者画像之所以对开发团队重要，是因为它让工程师了解了产品的工作范围，而质保（Quality Assurance，QA）团队也不需要花时间测试不相关的边缘情况。

消费者画像在沟通中的作用

消费者画像也可以用于和推广、管理和销售部门进行沟通。它明确界定了目标市场，帮助市场团队从诞生到推广阶段不断地对产品进行调整。购买者画像推动了销售和市场部门与设计团队的协作。向企业中的高层或潜在投资者（比如初创企业）介绍一项产品概念时，我们需要传递抽象的、基于情境的信息。消费者画像可以让决策者从用户的角度看问题，站在真实的情境中评估产品概念。因此，消费者画像可以帮助初创企业争取企业支持或投资。

3.3 创作消费者画像

创作消费者画像的第一步是确定和选择一组用户群作为研究对象。只有选对了细分市场中的用户，才能获得有用的消费者洞察，这通常需要产品经理对市场及行业中的多个市场板块有充分的了解。在实际工作中，产品经理一般都是通过二手研究和内部记录或者通过小规模研究来建立多个消费者画像的。

创作消费者画像的第二步是收集信息。在理想情况下，研究者通过人种学研究和用户访谈等初步研究来收集和整合实际人群及体验信息，然后创作画像。人种学研究是对正在使用产品的用户进行的深入的定性研究。这类研究可以通过多种方法来收集信息。常用的方法包括用户访谈、观察性研究，用视频记录用户使用产品的过程及用照片记录使用环境（如果有条件）等。访谈可以把用户遇到的问题及深层原因暴露在我们面前。通过访谈，设计者可以了解用户使用产品的动机及使用体验。但是，单靠用户反馈是不够的，因为用户们常常意识不到自己的需求。同时采用多种方法，可以更全面地了解用户需求。观察性研究和视频记录等方式可以记录用户使用产品和技术的情况，便于之后进行功效研究。这些方法让人种学研究变成了一种可靠的信息来源，将行为反馈和用户问题展现在我们面前。当研究者用视频、音频或照片方式记录用户体验时，必须事先征得用户许可，对用户的隐私做好保护工作。

创作消费者画像的第三步是整合研究信息，根据常见用户问题将信息分类。这项工作通常由一支面比较广的设计团队来做，这样所有的设计师都有机会直接了解研究信息，而且也方便设计者们创建消费者画像，掌握用户模型。一般来说，研究者需要从用户反馈中发现规律并归纳成集群，然后根据常见用户问题进行分类。有时，研究者们会发现，来自不同市场板块的用户会反馈相似的问题。

第四步，设计团队对研究记录进行整理，对集群进行融合，最终创做出一系列消费者画像。团队成员需要从集群中找出主要显性特征或者共有特征。这个显性特征就是最终画像的基础，前提是显性特征的对象不能是单一的、真正的个人。此外，设计团队还需要找出受用户问题影响的对象的某些特殊属性，然后把这些属性融合到画像中。例如，某个测试对象集群的一项重要属性是生活忙碌、活跃。那么，根据这一集群创建的画像就必须具有同样的特性。虽然我们在这里讲的是用户画像，但是这些道理也同样适用于必须以信息为基础的非用户画像。多个问题集群汇总成画像，而画像的优先次序决定了哪些是消费者画像，哪些是逆画像。我们要注意区分购买者画像和用户画像，这一点可以通过独立的人种学访谈实现。

3.4 消费者画像应用举例

由于消费者画像可以应用在任何产品中，所以我们在这里以某软件产品为例。虽然设计团队一般都会创建好几种画像，但是为了方便起见，我们在这里只选取两种举例——用户画像和逆画像。

ACME 集团产品经理

第一个例子的主角是 ACME 公司的一名资深产品经理安妮。ACME 是一家为各种设备设计办公软件的技术公司，产品领域涉及个人电脑、智能手机、平板电脑等。ACME 的业务模型是为消费者提供免费下载软件，并在软件中插入第三方广告。因此，广告收入是 ACME 的主要收入来源。安妮是公司手机应用团队中的一员。该团队的工作是为智能手机和平板电脑设计应用程序。由于公司的市场团队在市场中发现了一个潜在机遇，需要一款更优秀的手机办公程序，因此，他们要求安妮提交一份分析报告，介绍目前市面上所有不尽如人意和用户数量较低的手机办公程序。安妮十分重视这次机会，希望能借此机遇发布一款全新的应用程序，从而吸引更多用户，扩大 ACME 的客户群。

第一步：创建画像。有了明确的目标，安妮开始与用户研究团队的同事合作展开人种学研究。她的同事邀请了八名来自得克萨斯州的高效用户参与研究。研究者建议安妮及所有相关设计者都参与到这次研究中。安妮也给予了积极的回应，并且说服部分设计者和工程师以访问者的身份参与一系列人种学研究。研究结束之后，安妮和跨职能团队的同事在研究者的指导下共同回顾了研究信息。完成初步分析后，安妮组织了一次工作会议，对访谈信息进行分类并创建了相应的画像。所有参与访谈的设计者和工程师都出席了这次会议。会上总结出了两种主要画像：一种是技术娴熟的自雇用户画像，另一种是善用技术的企业用户画像。根据原始的市场划分信息，大部分板块特征都以用户问题为分类基础，缺少参考价值。最主要的特征就是"采用新技术的意愿"和"企业用户与非企业用户的背景差异"。安妮发现，现有的办公解决方案很少能满足用户对新技术的需求。考虑到研究样本只有八人，安妮又组织了一次调研来验证这一结论。验证结果确实如安妮所想。这时，安妮已经具备了创建画像的条件。为了避免画像被误用，安妮把这次画像命名为弗雷德（依赖技术的企业用户）和威尔玛（精通技术的自雇用户）。这两个画像为整个项目提供了参考（见图3.1和图3.2）。

第二步：**基于消费者画像的调查方法**。安妮希望给设计师们框定用户问题的范围，所以她用消费者画像来代表目标用户。安妮组织跨部门的设计团队参加了一系列头脑风暴会议，共同探讨可能的想法。尽管设计团队都对用户研究了如指掌，安妮还是介绍了她创建的画像，并把它们打印出来贴在了会议室的白板上，方便大家在进行头脑风暴时参考。在讨论期间，所有的参与者都时刻铭记着目标用户。安妮用画像建立了具体的情境，让与会者集中精力构思能够给目标用户带来好处的创意。在这一过程中，消费者画像发挥了重要作用；它在设计者们构思的过程中时刻提醒着他们。这保证了头脑风暴始终围绕用户展开。

第三步：**与工程团队进行沟通**。尽管还处于设计的初期阶段，安妮和设计负责人还是与工程技术负责人讨论了头脑风暴的成果，希望听听他的技术意见。他们利用消费者画像总结了研究成果，框定了头脑风暴中获得的想法。工程技术负责人提出了一个问题：企业用户会遇到与企业信息安全和电子邮件相关的综合问题。据他估计，单单解决这些问题就需要花费一大半工程资源。

第四步：**为消费者画像排序**。根据上面的技术反馈，安妮重新评估了画像，决定给予威尔玛更多重视；她把弗雷德先定位成逆画像，但不会忽略它，因为安妮从调查信息中了解到，如果她抛弃了企业用户，她就将失去一大批潜在客户。所以她决定把重心先放在以威尔玛型客户为中心的市场，然后在后续版本的产品中再考虑"弗雷德"们的需求。

姓名：弗雷德·达拉斯
年龄：42
婚姻状况：已婚
住址：得克萨斯州达拉斯

职业：弗雷德是一家业务服务公司的中层管理者。他领导着一支30人左右的团队，主要负责销售和客户开发工作。弗雷德比较擅长采石业，所以他的团队和客户分布于美国各处。由于弗雷德需要频繁出差拜访国内各处的团队和客户，所以他是达拉斯机场的常客。

家庭情况：弗雷德在达拉斯度过了青少年和大学时光。目前，他和家人居住在得克萨斯州的普莱诺———一座位于达拉斯市郊的繁华城市。

技术：弗雷德在技术的陪伴下长大，但是他只熟悉每天会用到的产品，大部分都与他的工作有关。弗雷德的生活离不开电子邮件，通过邮件与团队和客户沟通。他的手机是公司 IT 部门统一配发的标准型智能手机。当手机中的邮件、日程和办公软件出现问题时，弗雷德总是需要 IT 部门的援助。

问题：弗雷德有一半的时间都在出差。所以，回到普莱诺之后，他会尽量拿出一半的时间在家待着；在家时，他既要处理工作，又要陪伴家人。他的妻子总是抱怨他抱着手机不放。弗雷德需要一个更好的办法来兼顾工作和家庭。

图 3.1　安妮的 1 号画像：弗雷德（依赖技术的企业用户）

第 3 章 消费者画像：设计师的强大工具

姓名：威尔玛·休斯敦
年龄：33
婚姻状况：已婚
住址：得克萨斯州休斯敦

　　职业：威尔玛是一名独立婚庆策划师。她是一名内心浪漫、开朗外向、热爱摄影的女士，所以这份工作非常适合她。
　　家庭情况：威尔玛在东海岸长大。在得克萨斯读完大学后，她留在了休斯敦。威尔玛已婚并育有一个两岁大的女儿。她的丈夫是一名能源行业的工程师。
　　技术：威尔玛主要通过社交媒体来寻找客户、联系朋友、分享自己的工作和摄影作品。她用的是最新款的智能手机，因为她觉得这款手机操作便捷，方便随时查看各种信息和联系人。由于威尔玛是独立创业者，所以她会用到邮件、联系人、日程和社交媒体等一切最新的云服务。
　　问题：做事井井有条是威尔玛最自豪的一点。她能够妥善协调繁忙的家庭生活和工作；但是，烦恼也随之而来：她觉得越来越难以兼顾所有的供应商、承包商、客户和日程。

图 3.2　安妮的 2 号画像：威尔玛（精通技术的自雇用户）

第五步：场景展示。既然确定了以威尔玛为重心，安妮和她的设计负责人开始调整团队的工作中心。他们回顾了头脑风暴的成果，从中选出了三个有利于威尔玛的概念。图3.3至图3.6是安妮用来介绍消费者画像（威尔玛）使用软件产品情况的一系列简单的场景展示。为了让团队更好地了解产品概念并制定决策，每一项概念都制作了场景展示。安妮和团队以威尔玛为主角，一共为三个概念制作了场景展示。图3.3至图3.6展示的就是其中一个概念：日程提醒。整个场景讲述了威尔玛如何使用该产品并从中受益。看完了所有的展示后，团队成员对它们进行评估，最终选定了日程提醒作为应用程序的核心。

图3.3 安妮的场景展示：场景1（威尔玛正在跟客户通话，双方商定过几天组织一场活动）

图3.4 安妮的场景展示：场景2（根据刚才的通话，威尔玛用手机中的新应用策划了这次活动）

图 3.5 安妮的场景展示：场景 3（活动日程自动添加到威尔玛的日历中）

图 3.6 安妮的场景展示：场景 4
（手机应用自动向客户发送一封有关活动安排的邮件，以便客户确认）

第六步：向投资者介绍和说明设计方案。借助消费者画像，安妮向 ACME 公司的产品委员会提交了设计团队的方案。在介绍方案的时候，由于时间有限，安妮不能向委员会介绍人种学用户研究的细节。所以她使用了消费者画像来唤起委员会对目标用户的同理心。她重现了用户遇到问题时的场景，通过威尔玛这一角色展示了用户对现有办公应用的不满。安妮的目的是引导委员会站在用户的角度看待潜在的挑战。她的展示取得了很好的效果，项目提案也获得了委员会的批准。

第七步：与工程团队合作。获得批准之后，安妮就可以给她的跨部门团队招纳一些软件工程师了。在介绍会上，安妮向新工程师们介绍了她和团队进行的基本的人种学研究。接着，安妮又介绍了两种消费者画像——用户画像威尔玛和逆画像弗雷德。她给跨部门团队中的每位成员打印了一份威尔玛的档案，让他们贴在办公桌上。这样，当他们为特定种类的用户（威尔玛）设计应用程序时，就能时刻把用户铭记在心。

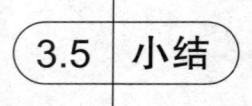

3.5 小结

安妮和她的跨部门设计团队最初在回顾了人种学用户研究之后创建了几种消费者画像，然后她根据这些画像对办公应用创意的有用程度对其进行了分类。她通过调查验证了研究结果，然后进行总结并设计出了最终的消费者画像。这些画像让用户研究信息变得更生动。安妮一共创建了两种画像（见图 3.1 和图 3.2），但是最终决定在设计过程中优先考虑威尔玛画像。在开发过程中，安妮也始终强调这一画像的重要性，确保所有的投资人都能把关注放在正确的用户模型上。

消费者画像的局限性

尽管消费者画像是基于信息的成果，但它依然会受到主观决策的影响，比如研究哪个市场板块、统计哪些用户问题等。产品经理和决策者会在设计阶段一开始就创建消费者画像，为设计团队框定问题范围，然后针对实际与用户展开研究，获得用户问题的相关信息；这一过程的目的是让研究者通过用户研究掌握更多信息。这些信息可以推动产品创新。如果只根据团队成员的现有知识就草率地建立消费者画像，有可能会导致风险。研究表明，有些团队在创建消费者画像的时候会遇到很多困难。这些困难包括团队成员间缺少沟通、首要画像的可靠性不高等。这些画像是根据系统管理员自己的推断创建的，缺少经验证据。

消费者画像是一种模型，不是产品测试的替代物。面向真实用户展开的用户测试，必须能够验证通过消费者画像得出的设计解决方案的有效性。在测试画像的有效性时，我们需要从原始的市场划分数据着手，征集一些参与者来测试解决方案的效果，然后观察参与者们对新方案的反馈。比如，在设计一款数码相机的时候，如果用一个单独的专业用户画像代表职业摄影师和专业水平的业余摄影爱好者，那么我们必须在原型设计的初期就进行用户测试。如果职业用户和业余用户都对原型产品不满意，就说明这个画像太宽泛，不能同时代表这两类用户。这时，我们就需要为两类用户分别设计画像并重新制订设计方案。当两种画像和设

第 3 章　消费者画像：设计师的强大工具

计都通过了用户测试，并且解决方案足够明确和详细时，我们的测试基础就该从市场划分信息转移到画像显性特征信息了。

画像的优先排序是一项极其重要的主观工作。略过用户画像，会降低产品对这些用户的适用性；略过购买者画像，会增加购买和采用产品的阻碍。但是，创建太多画像，又会稀释产品的价值。在界定阶段一开始就确定和记录产品的目标，可以为画像的优先排序提供一个框架。

3.6　总结

消费者画像的作用是给设计和开发团队提供一个可以代表目标用户的形象，这样大家就有了一个明确的共同目标，设计出以用户为中心的产品。我们应该在设计阶段初期就创建画像，因为这些画像也是问题的一部分。消费者画像包含很多种类，常见的有用户画像、购买者画像和逆画像。设计团队需要对这些画像进行优先排序。优先画像是设计、开发以及设计者和业务方沟通过程中的一项强大工具。

作者简介

陈建中（Robert Chen） 是 LG 集团硅谷实验室的一名产品经理。他于温哥华的英属哥伦比亚大学获得学士学位，随后于布卢明顿的印第安纳大学获得工商管理硕士学位。陈建中热衷于与有识之士共同设计创新型消费者软件产品。他对产品创新、设计思维及创意管理等领域都抱有极大兴趣。

Jeanny Liu 是拉文大学商业和公共管理学院的一名副教授。她于意大利都灵大学获得营销学博士学位，于加州理工州立大学获得工商管理硕士学位。Jeanny 的研究领域包括营销战略、品牌推广、设计思维及教学方法。她曾在 *Journal of Marketing*、*Journal of Organizational Psychology* 及 *Journal of Education for Business* 等杂志上发表过研究论文。Jeanny 曾获得多个研究奖项，如拉文学术大学年轻学者奖、Drs. Joy and Jack McElwee 杰出研究奖等。

第 4 章

客户体验地图：通往创新型解决方案的跳板

乔纳森·波尔曼　北卡罗来纳州立大学
约翰·麦克里里　北卡罗来纳州立大学

4.0　简介

　　对于企业来说，竞争市场日益复杂的形势，让创新变得越来越难。此外，客户掌握的信息越来越多、要求越来越高，再加上竞争对手在压缩的产品生命周期内的步伐越来越快，差异化和创新也变得越来越难。为了应对这些挑战，商业学者和专业人士抛弃了更加传统的基于性能的产品开发和创新，开始呼吁业界给予完整客户体验更多重视。例如克里斯滕森、安东尼、博斯特尔和尼特尔赫斯（2007）提倡的"核心客户目的"（job to be done）理论。这一理论认为，产品和服务的开发与客户动机（需要解决什么问题？）和产品/服务带给客户的价值息息相关。普拉哈拉德和朗格斯瓦米（2003）的"未来实务"（Next Practice）理论则提出了一种基于体验的产品/服务设计观点来推动创新。

　　根据体验观点（很可能早于它最近在商业新闻中的热度），深入的、共情的、以人为中心的方法，是一切设计活动的关键第一步。蒂姆·布朗（2008）表示，我们对"人类行为、需求和偏好"的了解，可以带来"意想不到的信息和产品创新"，更好地满足客户的需求。布朗还表示，从他们遇到过的许多设计和创新顾问来看，最成功的案例是那些"通过深入了解客户生活获得灵感"的创新。

　　完整客户体验之所以全面或完整，是因为客户是从特定背景下的使用体验中获得产品或服务的价值的（如核心客户目的理论）。完整体验就是客户对产品或服

第 4 章　客户体验地图：通往创新型解决方案的跳板

务的评价、满意度、忠诚度和口碑，这些都是企业生产产品或服务的目标。问题在于，传统的新产品开发流程和营销研究只会列举一堆大家已经了解的需求或者产品属性，而忽略了客户体验中的许多重要方面。这些方面也许就是企业创新的灵感来源。换句话说，新产品开发流程的关注点（设计更好的体验与设计更好的产品）决定了整个流程的收益。

体验地图（experience map）是了解完整客户体验并把它融入新产品开发创新流程的主要办法，有时也被称为旅程地图（journey map）或体验蓝图（experience blueprint）。它可以帮助我们了解、整合和生成有关完整客户体验的信息。体验地图的目标是为产品设计和创新搭建一个基于体验的跳板。作为许多设计思维工具箱的一部分，体验地图与设计思维流程中的其他方法有着直接联系，比如消费者画像、创意生成、利益相关者价值交换等。我们将从以下三个方面向大家介绍体验地图的主要内容：

1. 了解完整用户体验是体验地图中的信息来源。
2. 制作体验地图。
3. 利用体验地图这一跳板去开发创新型解决方案。

我们不打算向大家传授"放之四海而皆准"的体验地图制作技巧。相反，我们会讨论所有体验地图的信息选择和与流程步骤相关的关键要素。更重要的是，我们还会介绍如何有效地利用体验地图为用户构思和设计创新型解决方案。

谁的体验？什么体验？

> 本章我们会交替使用"客户"和"用户"两个词。产品或服务的用户/消费者不一定是购买者或直接客户，但是，公司改善创新设计的最终目的是提升用户的体验，而用户决定了自己最终从产品中获得的价值。另外，我们还将使用"产品"一词来指代一家公司的所有产品/服务/品牌供应物等用户可以通过使用体验到的内容。体验地图流程同时适用于产品和服务领域。

在本章，我们从始至终只会用到一个例子：一位需要物理疗法服务的病人。想象一下，这位病人正饱经伤痛或疾病的折磨，需要接受多方面的、密切监护的物理疗法才能康复。某位专业的整形外科医生（医学博士）提出了一项治疗方案，可以帮助病人减少痛苦，重获健康。这位医生把病人转介到了一位物理治疗师那里。在那里，病人将接受一项特定的治疗方案，包括家中练习和常规治疗。问题在于，这两位医生都在大城市，而病人却在离他们很远的农村。还好，病人家附近的小诊所里有一位常驻的物理治疗助理。这位助理可以给病人提供最基本的物理治疗；但是病人还是要定期和治疗师及医生联络，方便他们评估治疗进度，调整治疗方案，并且提供必要的特别护理。这个例子将向大家展示体验地图的作用，以及它是如何帮助医生设计或完善物理治疗方案的。

作为铺垫，我们先用"现状"地图（见图4.1）向大家展示整个物理治疗的概略体验地图。"现状"这个词说明这幅地图反映的是当前的用户体验；此时，项目团队还没有构思出新概念。地图描绘了病人的一系列体验。包括初次进城咨询医生，在治疗师的指导下展开治疗，去当地诊所接受助理的治疗，以及病人自己在家锻炼等。请注意，有些阶段是重复进行的，特别是物理治疗助理的治疗和病人的自主锻炼。我们还可以从地图中看到一些重要的信息流和病人的想法。

> **物理治疗项目**
>
> 物理治疗的例子取材于产品创新实验室里的一项资助项目。这座实验室是为北卡罗来纳州立大学的工程师、工业设计师和工商管理硕士们开设的一门基于项目的研究生课程。为了简明起见，这里的例子和实际项目略有差别。在本章之后的内容里，我们将统一使用"团队"一词来指代企业中负责设计创新型产品解决方案的设计或新产品开发团队。

4.1 体验地图的信息来源

其实，体验地图中的关键信息来源很简单：深入了解用户使用特定产品或服务时的体验。在收集信息制作体验地图的时候，我们需要注意几个重要问题，主要包括以下四点：

- 研究的对象是哪些类型的客户？
- 主要使用哪些研究方法？
- 产品或服务的哪些标准和关键点决定了用户的完整体验？
- 如何将用户调查的成果整合成重要信息？

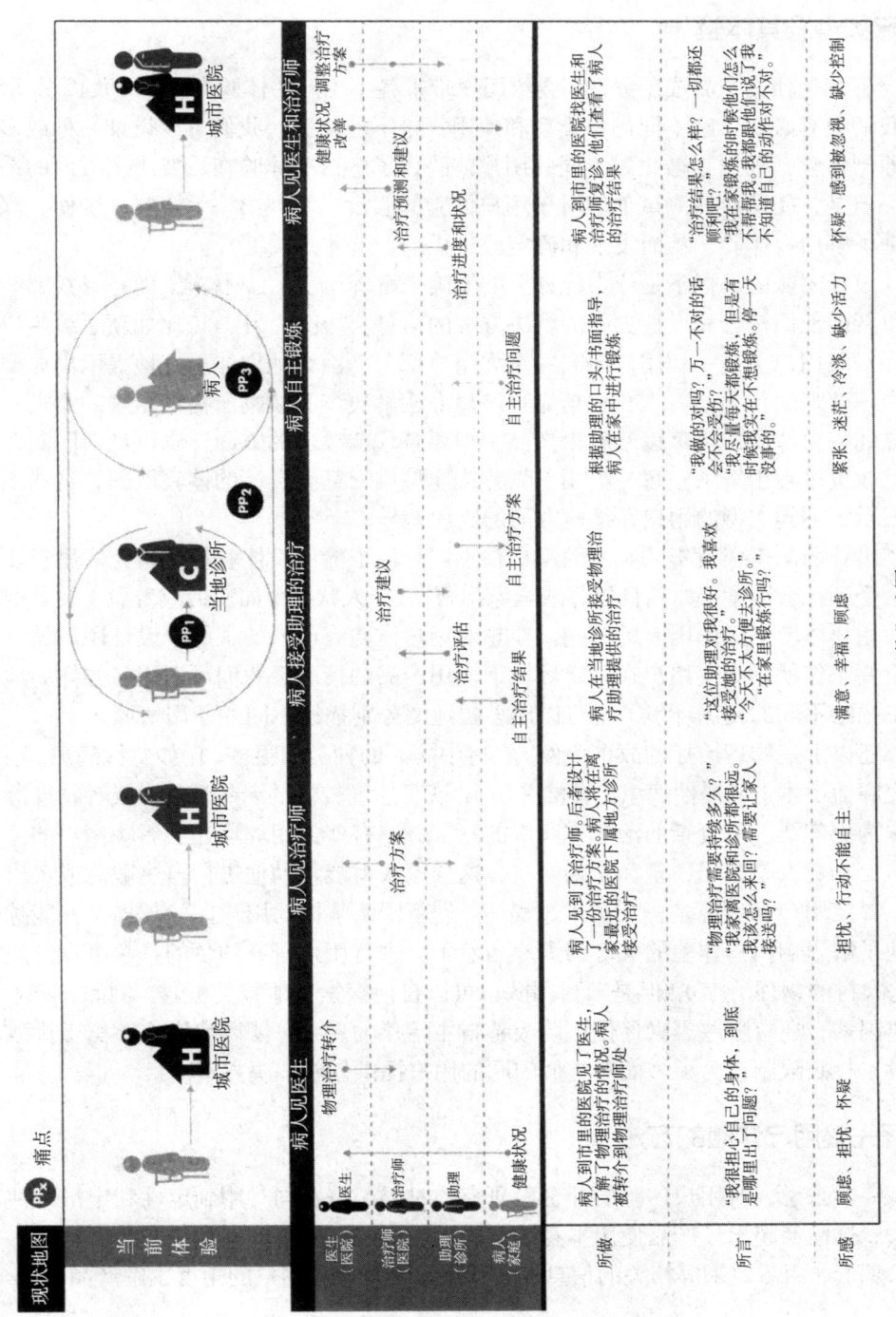

第 4 章 客户体验地图：通往创新型解决方案的跳板

图 4.1 "现状"地图

用户类型及其体验

不管是什么产品或服务，都会给用户带来各不相同的体验（正面或负面），所以我们很有必要了解不同用户类型和使用背景下的体验。我们可以设计一种或多种原型体验，根据它来收集不同的用户体验，了解这些体验在重要维度方面的差异。但是，团队应该测试他们对于用户体验的假设，掌握第一手资料，全面、深入地了解用户体验，从而发现和确定改进机会，这才是关键。

设计团队的目标不是依靠统计上的准确来解释/预测用户体验，而是寻找那些可以帮助他们构思和设计更好的解决方案的信息。"极端"用户（比如新手级用户或专家级用户）是一切用户研究的重要组成部分，因为他们能更好地揭示出典型用户不清晰的行为或需求，包括靠自己想办法解决产品缺陷所揭示出来的需求。研究非用户体验，也可以暴露出产品中需要替代或改进的方面，以供创新团队在产品改进过程中采纳。每一类用户划分或原型用户都有自己的体验地图，这些地图展示了不同类型的用户在体验方面的巨大差异。

设计团队需要就不同类型的用户在不同环境下的使用体验展开研究。用户体验会受到社会因素（如独自旅行或全家出行）、个人状况（如疲劳或着急）及其他构成用户体验空间的因素的影响。要想对用户体验有深入的了解，设计团队的一项重要工作就是观察用户在特定环境下使用产品的情况。我们可以用一幅体验地图来描绘不同的使用环境，也可以用多幅地图分别描绘不同的使用情境。

还以上述物理治疗的故事为例。农村中病人的种类有很多，比如急性病患（刚做完膝盖手术）或慢性病患（脊椎受伤）、恢复速度较慢的老年病患，或者物理治疗作为更广泛、更复杂的治疗方案中的一部分。有些使用环境还会影响用户的体验，比如病人是独居还是和家人同住，这样家人就能帮助他进行自主锻炼或者出行。界定用户和环境是一个迭代过程——创新团队掌握的用户体验越多，就能越好地了解影响用户体验的关键因素。当然了，进行用户研究的目的是解决设计问题（农村的物理治疗），但是项目团队也可以自由探索其他相关机遇。例如，除了距离因素，还有哪些因素促使医院改善自主治疗的现状？团队研究应该勇于挑战假设，打破限制，为更多面对类似问题的用户提供创新解决方案。

了解完整用户体验的方法

一般来说，对用户体验展开全面研究的时候，需要同时用到定性和定量两种方法。这已经超出了产品使用本身的范围。用户研究应该收集那些与使用动机、需求觉醒、用后效果等相关的信息，这样才能更好地从用户的角度了解产品/服务的效果。

观察技巧是我们进行用户体验研究的核心。例如，李奥纳多和瑞波特（1997）曾讨论过基于观察和人种学技巧的"移情设计"流程。观察用户在自然情况下使用产品的情况并收集图像、视频、音频和实地记录等信息供后续分析使用，是一项很重要的工作。

尽管我们可以从观察中获得大量关于用户体验的有用信息，但是"观察"并不是万能药。就拿用户分析和客户意见访谈来说，这两种方法可以反映用户对使用体验的态度和想法，是对观察活动的补充。用户反馈日志和照片引导法也可以讲述关于用户体验的故事，启发我们找到影响用户体验的因素。不管采用哪种方法，设计团队在收集信息的同时，都应该关注和了解客户所处的环境。研究对象的数量通常取决于团队是否收集够了获取灵感所需的体验信息；只要有新信息（同时预算和时间条件也允许），研究就会一直持续下去。团队也可以使用公司已经掌握的信息，比如消费者服务日志、销售报告、卖点信息等，它们也可以反映用户体验中的某些方面。总之，结合使用多种方法，才能了解用户体验中的行为（用户做了什么）、情感（用户感受如何）和认知（用户反馈反映了哪些内容）内容。

在物理治疗这个例子中，观察研究将以登门造访的形式进行，以便了解病人的家庭环境和锻炼计划，以及诊所助理给病人提供的治疗。通过采访病人、助理、治疗师和医生，我们可以了解每一方对治疗方案的看法、有哪些不确定或忧虑因素，以及哪些因素会促进或影响治疗效果。病患日志可以记录家庭锻炼的类型和频率（是否按照治疗计划进行？），以及同步反映康复进展和阻碍。在"现状"地图中，我们列举了病人对各方的行为、对话和感受的看法。

确定接触点和关键元素

现在，我们手上掌握了丰富的用户体验信息，可以开始探索影响体验效果的因素了。用户体验的各阶段都有哪些参与者（比如销售人员、第三方机构）？公司和其他实体的哪些行为界定和创造了体验中的各个部分？根据定义，深入的用户体验研究应该是站在用户的角度进行的。研究的目的是填补创造了体验的各方——包括企业和其他参与者/投资者——的背景知识。

公司对消费者体验的了解通常表现为一系列接触点，这些接触点详细描述了消费者与产品、服务和品牌内容互动时所处的环境。很显然，只要有接触点，就有用户体验。因此，从接触点分析中获得的特定互动行为会和体验地图重叠。但是，仅通过接触点获取的信息是不完整的，因为这些信息只能反映消费者与企业的互动或交易，不能反映完整的消费者体验。罗森、邓肯和琼斯（2013）曾经探讨过一个问题：如果一个公司只注重优化接触点而不考虑完整的消费者体验，那么这家公司会遇到怎样的困难？

在物理治疗这个例子中，一个影响用户体验的重要因素就是不同个体间就病人的恢复进展进行的信息交换（见"现状"地图）。例如，医生和治疗师会讨论最佳治疗方案。病人虽然没有直接参与讨论，但是却通过助理了解了其中的内容，并且在诊所中体验了助理的治疗。助理还会根据治疗方案指导病人定期进行特定的自主锻炼。病人不一定会严格遵循家庭锻炼方案，也不一定能完整、准确地向助理报告他在家中锻炼的进展。这些在信息交换过程中产生的"噪声"，让助理难以调整和管理本该更有效的自主锻炼；最终，治疗师和医生也无法知道治疗方案是否达到了预期的效果。请留意，部分信息交换（不是全部）也可以构成接触点。我们之所以要研究影响体验的因素，不仅是为了了解消费者体验的内容，也是为了更好地了解如何和为什么会产生这样的体验。

整合信息获得启发

信息收集完成之后，就该将原始信息整合成可用形式了。这样做的目的是寻找用户体验中的关键点，把它们转化成创新或产品改进的机遇。有时，我们也可以使用复杂的分析技术对定性信息进行分析，以确定衍生主题的模式或类型。不过，在整合和了解用户体验的时候，团队不应该用分析深度代替自己的参与来获取信息。

团队需要进行一系列的分组、映射和聚类工作，把信息整理成可用形式。弗雷泽（2012）和库马尔（2013）曾总结了大量的相关方法。这些方法的目标都是帮助团队从原始信息中提取和整合有用信息。布朗（2009）把这一过程称为"从根本上的创新行为"，它与发散思维有关，可以带领团队寻找能够改善用户体验的新机遇。一切涉及信息分析和信息整合的活动从本质上来说都是迭代过程，因为它们的目的是给团队带来启发，推动新的解决方案的诞生。虽然用于信息整合的方法有无数种，但是都需要实践和技巧才能获得可供使用的信息，从而展开创新。

4.2 制作体验地图

信息收集完成之后，项目和项目团队就要开始制作和使用体验地图了。制作体验地图的过程 有时会暴露团队对用户了解不足，此时就需要进行额外的研究和迭代。不过，要想让体验地图发挥作用，推动创新型解决方案的诞生，项目团队还是要进行一些特定活动。这些活动大致包括：
- 创建和使用一个或多个代表相关用户类型的用户画像。
- 制作一幅能够展示用户完整体验的地图。
- 利用体验地图及其中的丰富信息来确定关键的用户痛点。

使用用户画像

用户画像是根据用户研究中得出的信息合成的一个角色。虽然给每一类被研究过的用户单独制作体验地图也不是不可行，有时我们还会鼓励这样做，但是项目团队还是应该为最具相关性的特定用户类型和使用环境设计原型地图。这些地图描绘了这些用户画像的典型体验，反映了用户研究中的关键点。虽然用户画像和客户细分看似相像，但是前者基于项目团队利用体验信息合成的信息和团队对用户体验在某种程度上的固有理解。

我们很难只用一幅用户画像概况团队掌握的所有研究和用户信息。当然了，画像数量太多也是个问题，因为团队不能用一个解决方案来满足所有用户的需求；而画像数量太少的话，团队就有可能错过潜在的改进机会。所以，经验法则告诉我们，一般是创建 3 ~ 10 个用户画像来反映和框定用户体验和使用环境。

我们的物理治疗例子中就包含了几种画像。一种是由于运动受伤的年轻病人，采用经过验证的物理治疗方案可以完全康复。另一种是患有慢性病的较年长的病人，物理治疗的目的是维持身体的特定机能，甚至日渐改善病人的身体状况。这两种画像代表了两种截然不同的用户类型（急性病患者与慢性病患者）和使用环境（明确的短期方案与灵活的长期方案），从而反映了不同的用户体验。

制作体验地图

制作体验地图，离不开一支跨学科、多元化的团队共同协作。首先，这支团队应该为体验地图设计一条时间线。用户们的体验是随着时间推移的，因此，项目团队应该跟随用户的步伐。其次，根据这条时间线，项目团队开始往里面添加用户体验的步骤或阶段。步骤的数量没有固定要求，只要把握好细节/准确性与可用性的平衡就可以。如果步骤太多、内容太详细，项目团队就会纠结于细枝末节；而他们只要掌握获取信息和最终改进所需的细节就够了。相反，如果步骤太少的话，团队对用户旅程的了解就不够深入，无法从制作体验地图的过程中获得够多、够精的解决方案。随着创新进程的推移，如果团队需要更多关于用户体验的细节，他们可以随时参考体验地图，直击需要研究的具体步骤。

填充了步骤之后，接下来就要考虑用户旅程所处的周边环境了。在旅程中，用户可能会和其他人、信息、实体、支付服务等内容互动。根据体验的具体内容，我们可以更深入地了解为什么目前的用户体验与理想情况仍有差距，以及如何缩小这一差距。

最后，我们将得到一份清晰、可用的视觉化地图，以及相关的说明。这些说明是团队成员在制作过程中添加的，并且可以推动团队成员与他人的互动。完成了体验地图的原始快照之后，项目团队应该与任何可能提供有用反馈的对象分享这一成果。初版的体验地图很少是完美的，也不可能考虑到各个方面，所以需要通过后续的迭代不断完善。

在前面的"现状"地图中，我们看到了物理治疗这个例子的体验地图。为了简洁起见，我们省略了用户类型或画像的细节；但是，地图中展示了患有慢性行动障碍的老年病患的体验。图中的五个步骤或阶段可以用更详细的方式来展示，从而反映用户在各个阶段的特定活动。

从例子中我们还可以看到之前讨论过的体验地图的两项关键信息来源。首先，体验中的每个阶段通过用户在本阶段体验的行为、语言和感受，展示了我们从用户研究中获得的重要发现。它们反映了我们收集到的行为、认知和情感信息。在制作体验地图的时候，项目团队经常会选用能够反映关键用户洞察的内容或信息。其次，地图展示了重要的信息流，而这些信息流是形成用户体验的关键要素。有些信息流是接触点，比如助理向病人介绍自主治疗计划；有些信息流与用户体验没有直接联系，比如助理向治疗师提交的治疗评估。

确定痛点

现在，有了清晰的用户体验地图，再加上帮助项目团队理解和解释现有体验形成过程和原因的"行动—语言—感受"信息和关键元素，我们可以总结出一些重要洞察。常用的总结方法包括确定重要的用户痛点、反映现有体验需要改进的地方。痛点一般是指用户体验中那些削弱了产品带给用户的价值或利益（或创造价值的机遇）的特定方面，反映了那些相对迫切需要解决的已知或潜在需求。

痛点可以分为不同的粒度级别。它可以是体验地图中的某一个步骤，也可以是整个体验旅程中数个相互关联的步骤。我们应该把用户旅程当成一个整体来看待，这样才能了解用户的需求最终是否得到了满足。

在确定痛点的时候，我们应该留意体验地图的信息来源造成的影响。注意，痛点不应该局限于用户体验中的身体活动（比如病人不方便前往诊所接受治疗），其他方面也会提供更完整、甚至更有潜力的信息。因此，体验地图的信息来源不仅包括身体行为（所做），还应该包括用户的情感（所感）和用户对体验的评价（所言）。

第 4 章　客户体验地图：通往创新型解决方案的跳板

　　SPICE 框架是一种用来拓展用户洞察、发现改进机会的流行方法。SPICE 是社会（Social）、身体（Physical）、身份（Identity）、沟通（Communication）和情感（Emotional）这五个英文单词的缩写。这五个因素构成了用户需求和体验。在前面物理治疗的例子中，用户的许多担忧并不仅仅是身体上的。体验地图向我们展示了社会（家庭成员在出行中的作用）、身份（觉得"我身体有些不对劲"，导致自我价值缺失）和情感（缺少动力）等方面的信息。一般来说，只有同时解决了用户的身体需求和非实体需求，我们的创新型解决方案才算真正给用户带来了利益。

　　在前面的"现状"地图中，项目团队一共发现了三个痛点。我们会讨论和利用这些痛点来向大家展示优秀的体验地图是如何帮助团队设计出创新型解决方案的。

4.3　体验地图：通往创新型解决方案的跳板

　　当每一名成员都拿到了一幅（或几幅）"现状"体验地图之后，项目团队就该借助这一跳板来寻找新的解决方案。他们要面对的第一个挑战是如何利用体验地图及相关痛点寻找用户体验改进机会。这一点我们可以通过重新构造环境来解决，这样就能构建一个有利于用户的环境。确定了机遇之后，团队可以调整现有的体验地图，或者制作一份全新地图，把改善用户体验所需的改变都包含进去。这份新地图就是我们后续开发、测试、制订和执行解决方案的基础。也就是说，体验地图的作用是为设计流程中的三处主要"空档"提供支持，它们分别是从灵感到确定或重新构建创新机遇、从构思到生成和开发新的解决方案，以及后续的执行，包括针对新的解决方案概念中需要解决的关键问题进行的测试和原型实验。

重新构建机遇

　　把痛点转化成潜在机遇，一方面需要团队掌握的信息，另一方面也需要他们换个角度看待解决方案。观念转换包括从其他利益相关者的角度看待体验，开拓思维看待全新用户体验的可行性，以及对用户重视的性能进行量级改进。这就是开阔的发散思维。

　　拓宽思维的重要方法之一就是多问"为什么"和"如果"，以及善用探索技巧，比如发散思维和追根究底。在重新构建机遇的时候，我们经常会用到一句话："我们怎样才能……"（HMW，即 How Might We 的缩写）。这是一系列创新思考中的

45

一个问题。HMW 最适合解决模糊不清却又可以达成的挑战。一般来说,项目的原始框架或范围都会根据用户体验研究的结论进行修改。

还拿物理治疗的故事为例。我们可以确定改进机遇,为每一个已知痛点("现状"地图中的 PPx)设计出对应的解决方案。在制作"现状"体验地图的时候,项目团队注意到,病人经常不方便去诊所(PP_1),这样的后果是病人无法如约赴诊,甚至因为出行而加深病痛。团队还注意到,病人对自助锻炼的效果抱有很大的怀疑(PP_2)。有些时候,项目团队也会根据市场环境信息来对痛点进行排序,看看哪些痛点具有最大的业务潜力(比如最高的盈利潜力)。但是,很少有项目团队能在开发阶段初期就掌握这些信息,而他们的目标是酝酿有潜力的解决方案,并从用户、技术和业务的角度出发来检验这些解决方案。机遇陈述会介绍团队将采取哪些行动来促进新创意的诞生,从而解决用户痛点,改善用户体验,如表 4.1 所示。

表 4.1 物理治疗"现状"体验地图中的痛点

	痛 点	机 遇
PP_1	病人必须前往当地诊所接受物理治疗助理提供的治疗	怎样才能减少病人的出行负担?
PP_2	在执行物理治疗方案的过程中,市医院的护理团队与病人间的沟通不够紧密	怎样才能加强整个护理团队(医生、治疗师和治疗助理)的沟通和协作?
PP_3	病人在家进行自主治疗锻炼时,缺少直接的医疗监督或指导	怎样才能加强自主锻炼期间病人和治疗助理的互动?

设计一个能够提升用户价值的全新解决方案

根据"现状"体验地图,项目团队现在掌握了关键的用户痛点,也确定了缓解或消除这些痛点的机会。现在,项目团队可以通过头脑风暴和其他有效方法(比如场景展示、角色扮演、讲述故事、类比思维和初步原型)来展开新的解决方案的构思工作。

在上文的物理治疗的例子中,项目团队已经确定了改进机会。现在,他们设计了一种名为"远程治疗师"(见图 4.2)的全新概念。这一概念可以让治疗助理通过视频方式为病人的自主锻炼提供指导。病人锻炼的过程也会被记录下来,供助理日后查看;或者助理也可以实时观看病人的锻炼情况并提供改进建议,让自主锻炼更有效。由于自主锻炼的效果,病人前往诊所接受治疗的次数也会减少。"远程治疗师"概念运用了复杂的视频和 3D 成像技术,以便治疗助理能够观察病人自主锻炼中的重要细节。

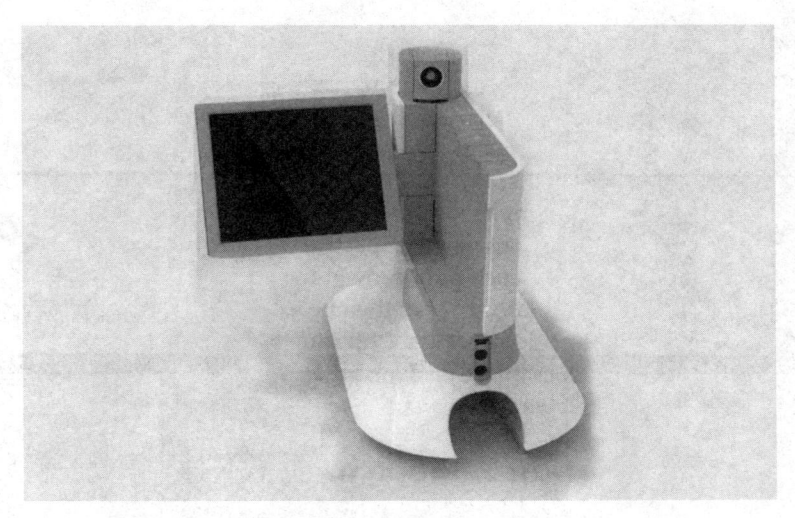

图 4.2 "远程治疗师"概念

  大家要注意这个新概念是怎样满足了客户的三个痛点和改进机会的。由于家庭锻炼的效果有了保证，现在，治疗助理可以减少诊所治疗的次数，免除病人的出行烦恼。通过直接观察病人在家锻炼的情况（实时观察或观看录像），治疗助理可以更好地指导病人进行有效锻炼。双方互动的加强，以及助理对病人自主锻炼效果评估准确性的提高，推动了助理、治疗师及医生就整个治疗方案的沟通和协作。

  有了明确的概念，项目团队就可以重新构想用户体验（重新设计一个或多个画像）。我们可以制作一幅"未来"体验地图，展示如何通过重新设计用户体验来增加用户获得的利益。在"未来"地图（见图 4.3）中，我们把其中一项主要体验放在了显著位置。由于新的概念本是为了家庭使用设计的，目的是解决自主治疗方面的痛点，所以我们把"现状"地图中的家庭阶段变成了一系列使用"远程治疗师"概念的体验。从图中可以看到，项目团队的重点主要放在"远程治疗师"概念给病人带来最大利益的阶段，包括运输和安装、用户培训（以获得最佳使用效果）、家庭锻炼期间的实际使用（在治疗助理的指导下），以及高效的维修保养服务等。在实际情况中，经过改造的体验地图包含的细节要比图中多得多，而且还可能同时存在几幅地图，这样才能反映不同的用户画像和使用环境。

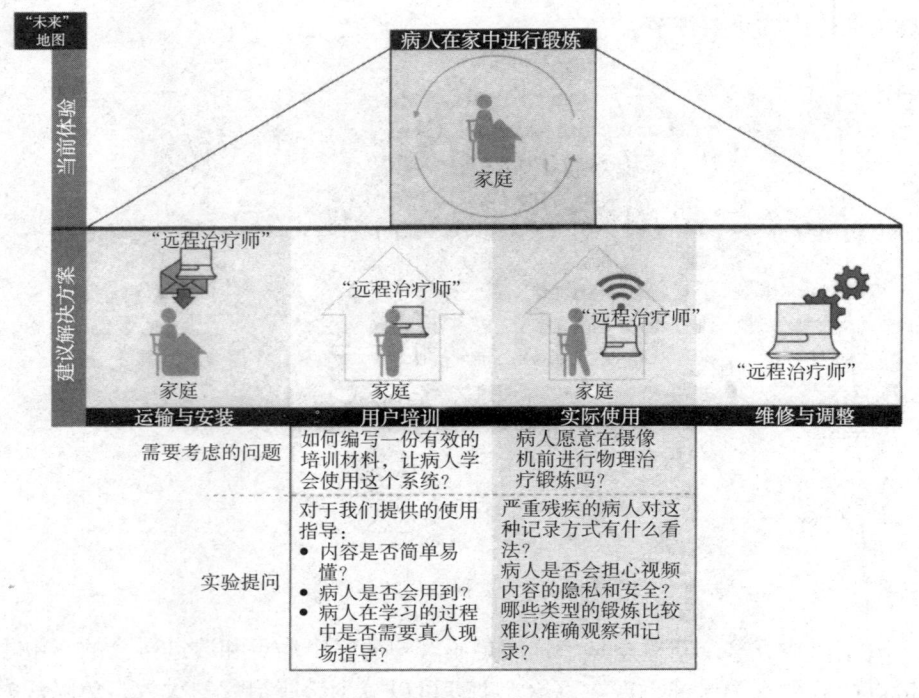

图 4.3 "未来"地图

"未来"体验地图（见图 4.3）帮助项目团队完成了几件事。第一，修改了原有的体验地图，通过全新的概念让团队脚踏实地地向着改善用户体验的目标前进。第二，通过思考新概念可能会给用户体验造成的潜在改变，发现新概念中欠缺的重要内容。例如，团队可能意识到用户在使用"远程治疗师"的时候会采用各种姿势（坐姿、站姿或躺下），这就直接影响了产品设计。更广泛地说，通过制作新的体验地图，项目团队可以发现新的解决方案中尚待探索和测试的不足之处或需要改进的地方。

测试和完善新的解决方案

为了完善不足并确定解决方案提案的价值和可行性，项目团队必须让用户和其他关键的利益相关者对方案进行测试、改进和评估。这一过程不需要多正式或者有明确的体系，至少在初期不需要，也不需要一次性完成。但是，用户和利益相关者应该尽快参与进来，并且随着方案的成熟进行迭代。

不过，在邀请用户参与进来之前，项目团队应该与内部人员进行沟通，检查解决方案的整体活力。体验地图就是团队站在用户的角度对这些价值增强型解决方案的了解；而团队则可以通过场景展示、讲故事、角色扮演等方式进一步分享和测试方案的内容。通过对新的解决方案的初步筛选，整个团队和内部组织就对新概念达成了共识和统一了解。

在分享解决方案提案的同时，项目团队也应该开始认真评估各利益相关方对新方案的期望。方法之一就是确定新方案可以给利益相关方带来哪些好处，而利益相关方又可以给他人带来哪些好处。利益相关方价值地图（见图4.4）让团队用视觉化的方式展示了利益相关方之间的价值交换。

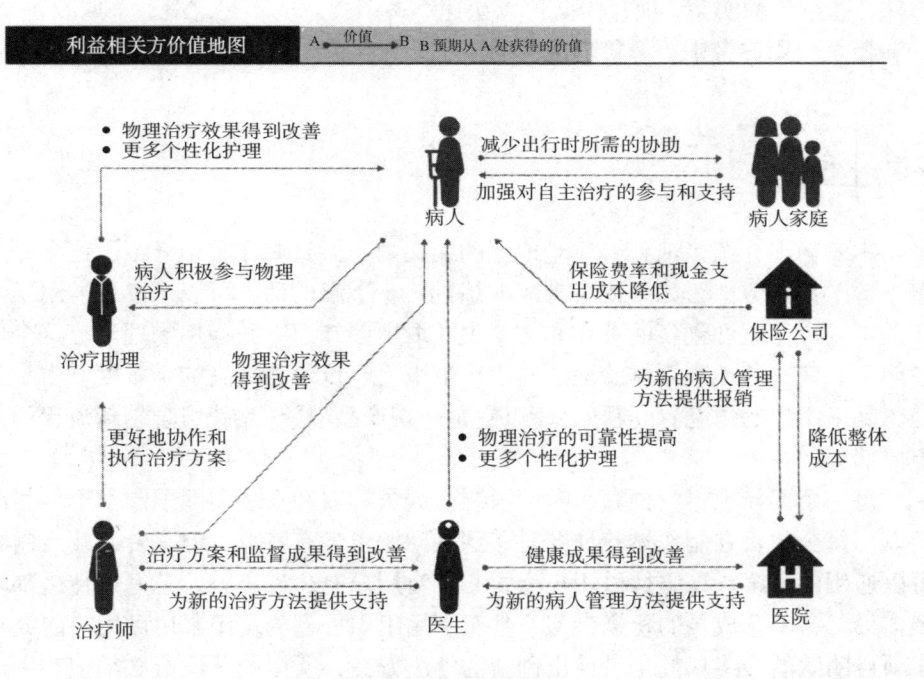

图 4.4　利益相关方价值地图

我们以物理治疗为例来说明如何使用利益相关方价值地图这一工具。根据各利益相关者（医生、治疗师、医院等）与用户的"未来"体验互动情况，他们和用户被许多价值交换箭头联系在一起。流向他人的有形和/或无形价值用向外的箭头表示。项目团队需要和各利益相关方确认图中的价值交换是否合理、准确、完整，并且符合他们在创造用户体验时的价值交换过程。

除了了解价值交换的过程，项目团队还必须邀请用户测试解决方案。我们应该把外部测试当成一系列循环的学习过程。最初的解决方案总会存在各种错误和疏漏，而"未来"地图有可能隐藏了我们需要处理的问题或差距。创新流程中的学习循环主要包括快速实验和善用原型。快速实验的便捷性可以带来有利的副作用：为团队注入士气和活力，让潜在的解决方案得到持续的完善和改进。

"未来"体验地图通过两个方面向项目团队展示了"远程治疗师"是否能够有效地改善用户体验。仍有许多关于用户培训和用户接受度的问题需要项目团队通过实验来验证。例如，团队成员可以通过角色扮演来测试当用户以不同的姿势使用产品时（站姿、躺下等），设备可以捕捉到的动作范围。另外，项目团队还可以邀请不同的用户类型来阅读培训材料，看看他们是否能够理解设备的性能和使用方法。通过各种实验，项目团队可以快速掌握新概念的不足之处，采取改善措施，让新概念给用户带来更有价值的体验。

4.4 总结

本章详细介绍了消费者体验地图的相关内容。我们在其中介绍了许多相关的概念、工具和方法，如果读者有兴趣想进一步了解的话，可以从书后的附录及众多关于用户体验和创新的著作和文章中获取更多知识。我们用物理治疗这个例子说明了如何有效地利用体验地图给用户带来更多价值和更高的满意度。由于体验地图是以用户的角度看问题的，所以它是一切产品/服务/品牌组合创新流程的重要组成部分。

每一个创新项目的预算、时间限制、人员构成和众多实际限制都不尽相同。所以，每个项目在制作体验地图时遇到的问题也各有特点。但是，有几点内容是可以通用的。第一，坚持以用户为中心；对用户有少许了解，总好过什么都不了解。第二，团队成员的积极参与，甚至利用组织外部的资源来协助用户研究。由于项目团队的最终目的是设计出创新的解决方案，所以团队成员必须把对用户的了解牢记在心。即使预算和时间不允许团队展开所有工作，但是一定要采用优秀的用户研究方法。第三，和其他设计思维技巧一样，项目团队应该给自己学习、提炼和迭代的空间。

最后，我们还想提几点建议。第一，实践是学习体验地图制作技巧的最好方法。行动起来！只要你和你的团队齐心协力应用这一技巧，你们一定能看到改善。第二，在整个项目过程中都要坚持以用户为中心。虽然开发流程也需要重视财务可行性或者技术可行性等问题，但是通过体验地图加深对用户的了解，应该始终占据首要位置。第三，鼓励你的产品和服务开发团队应用体验地图，让你们的开发工作带来更有价值的用户体验。

作者简介

乔纳森·波尔曼博士（Dr. Jonathan Bohlmann）是北卡罗来纳州立大学（NCSU）普尔管理学院营销学教授。他的研究和教学主要涉及创新、新产品开发和产品战略等领域。波尔曼博士曾在多部顶级期刊发表过文章，包括 Journal of Product Innovation Management、Journal of Marketing、Marketing Science 等。他是 NCSU 一项新的跨学科卓越教师项目"创新与设计"的协调人，与管理与设计学院合作展开了新的创新项目。波尔曼博士于麻省理工学院斯隆管理学院获得博士学位，并担任过航天行业研发与设计工程师。

约翰·麦克里里博士（Dr. John McCreery）是北卡罗来纳州立大学普尔管理学院创新与运营学副教授。麦克里里博士是产品创新实验室的负责人。该实验室是由企业赞助的项目课程，主要学员包括研究生级工程师、工业设计师及工商管理硕士。最近，该课程被《福布斯》杂志评为美国最具创新性的商学院课程前十名。他的研究和教学主要涉及产品和服务创新、项目管理和领导，以及卓越运营等。在加入学术界之前，麦克里里教授曾担任过生物医学工程师、系统顾问，以及某家医用设备企业的首席运营官。他于俄亥俄州立大学获得管理学博士学位。

致 谢

感谢恩金·开普金（Engin Kapkin）为本章提供的插图。开普金先生于土耳其阿纳多卢大学获得工业设计硕士学位。目前，他在北卡罗来纳州立大学担任设计课程工作的同时，也在以富尔布莱特学者的身份攻读设计学博士学位。开普金先生常年活跃在多个设计工作室。他曾就职于福特及 IDEO 公司的设计部门。

第 5 章

设计思维：连接调研与概念设计的桥梁

劳伦·威格尔　密尔沃基工具公司下属企业 Empire Level 产品经理

5.0 简介

本章内容包括：首先，我们概括介绍了为什么人们在新产品开发过程中总会遇到创意难的问题。其次，我们解释了为什么需要系统化的方法把负责设计新产品解决方案的员工与用户联系起来。然后我们介绍了一种基于设计思维法则的方法，这种方法可以把用户调研成果应用到概念生成中。最后，我们介绍了这种方法在行业中的应用。

5.1 创意生成过程中的难点

构思新产品创意或创新并不是一件容易的事。受到许多因素的影响，有时，构思过程甚至堪比挑战。有些团队的新产品创意是他们对这一特定产品线研究了很长时间的成果。他们可能对某种产品有着极其丰富的经验，因此自认该领域的专家。这时，由于他们太清楚产品的性能和局限，反而无法发挥创造力重新设计一件产品，甚至连升级现有产品都做不到。他们也许很擅长改进产品性能或优化产品技术，但是却不知道该如何评估产品对于用户的相关性。当这支团队决定开发新的产品种类时，他们会遇到不同形式的阻碍。他们可能对这类产品缺少了解，也不熟悉相关的用户。而这种不熟悉就限制了他们的能力，导致他们无法设计出有竞争力的产品，无法设计出给最终用户带来价值的创新内容。此外，创意构思本身就不是一件容易的事。即使我们进行了大量的研究，掌握了最终用户的信息，从研究成果到概念生成，仍有一段艰难的路要走。许多在概念生成阶段诞生的解决方案都没能有效利用前期用户调研的成果。

5.2　用系统化的方法与用户建立联系

对用户及其体验的深入了解可以帮助我们设计出更多优秀的解决方案。可惜，新产品或系统的设计者们经常不知道该怎么去了解客户，就连经验丰富的工业设计师、工程师、营销专家和新产品开发团队在了解用户需求的路上也遇到了不少困难。造成这种现象的原因主要包括以下几个。

第一，团队成员缺少对用户的全面了解。一般来说，这是由于缺少对最终用户的需求进行人种学研究导致的。没有进行人种学研究，团队就不了解最终用户的体验。于是，他们只根据定量数据就设计了最终用户的显性特征。虽然定量数据是构建用户显性特征的重要内容，可以提供指导性信息，但是它不能如实体现最终用户的体验信息。有时，就算团队进行了人种学研究，也有可能出现研究不够深入、无法真实反映用户体验的情况。

第二，团队成员会无意识地把自己当成产品的目标用户，但实际上他们不是。这一点在头脑风暴的过程中特别明显。他们会不假思索地否决或淘汰一个想法，因为他们其实并不在意这些想法。他们对想法好坏的个人判断，看起来好像他们把自己当成了最终用户。但是，这种"看起来"是不对的，因为他们的个人喜好、年龄、性别籍贯等基本信息、需求、痛点，以及他们在使用产品和/或系统时遇到的问题和困难，都与真正的目标用户相去甚远。所以，团队成员应该避免把自己和自己的个人判断与最终用户重视的内容混为一谈。做到这一点其实很难。

团队成员想真正了解用户，难点在于他们有没有能力带来满足客户需求的、有价值、有效果的想法和创意。如果没有足够的能力，结果只能是创新失败，因为他们的创新不能满足用户的真正需求，缺少实实在在的价值。正是因为人们在新产品、系统和服务的开发过程中会遇到这些问题，所以我们需要一种系统化的方法来让设计者和用户建立连接。要想这种连接变得有效，就必须不仅仅是读数据和评审数据，而且团队成员必须主动深入了解用户的体验和痛点。之所以要求这种方法是系统化的，是为了有效地把调研成果转化为概念。另外，系统化的方法还可以在不同的项目中反复使用。

5.3 视觉化-共情化-概念构思

视觉化、共情化和概念构思这三种方法是专为连接调研、产品构思和概念化三个过程设计的。在新产品开发过程中，我们可以在调研阶段找到很多助力因素。研究者虽然收集了大量信息，但是却不能把调研成果应用到新想法和创新中。有时，人们就在研究成果和产品创意之间停滞不前。图 5.1 中的方法可以帮助人们利用人种学研究的成果推断出关键信息，设计出与研究呼应的产品创新和创意。

该方法将业界使用的众多新产品开发方法融会贯通，尤其是构思新产品和改良停滞产品及产品种类时用到的方法。在进行新产品开发和跨部门头脑风暴会议时，我总结出了几个关键方法，这些方法可以推动人们在静态产品线的基础上产生新创意。从企业转到学术界之后，我尝试把自己过去学到的东西进行提炼和归纳，把它们总结成一个可以在三小时内执行完毕的方法。之所以选择这样的时间框架，是因为我想模拟真正的行业氛围。这个方法可以帮助人们充分利用人种学研究的成果，并引导学员深入理解这些成果的意义，这样他们就能在概念生成阶段设计出真正以用户为中心的产品解决方案。这个方法独有的流程和推进速度，让每一位学员都认识到研究成果的意义，让他们去寻找和形成属于自己的方法。这一点非常重要。

视觉化
创建视觉化的用户描述，展示用户的外型、生活地点、重视的事物、拥有的其他产品等

共情化
确定用户的产品/系统/服务体验中的关键痛点

概念构思
针对客户的痛点构思解决方案，并制作解决方案列表和/或草图

图 5.1 "视觉化-共情化-概念构思"法

和许多设计思维方法一样，这种方法也有自己的优点和不足，大家在使用前应该注意。该方法的优点之一就是，它可以在较短的时间内产出相对较多的创意。另外，它还可以让群体中的每个人都能深入了解最终用户，包括用户的痛点，然后大量生成直接对应这些痛点的创意。它引导团队获得了以最终用户为灵感的创意和创新，这些成果并不受团队成员的个人利益的影响。另外，这种方法还可以帮助团队处理从研究中获得的大量用户信息，并把它们分解成方便操作的形式，

以便在开发阶段使用。

但是，在使用这个方法之前，我们需要考虑几件事。首先，这个方法应该用在研究和概念生成两个阶段之间。我们不需要做什么准备工作。这个方法的效果取决于人种学研究的成果，而这些成果是我们之后以用户为中心的创新的基础。使用此方法时，第一步是从研究成果中提取关键信息，然后与整个团队分享，这样大家就对用户有了全面、客观的了解。这一步是成功的关键。没有对用户的充分了解，大家的努力就是徒劳无功的，因为他们对用户和用户体验的了解全靠主观论断，这限制了他们的施展空间。执行这种方法需要几小时，而且极其需要团队成员的积极参与。但是，积极参与的前提是把干扰降至最低（如查邮件、发短信、打电话等）。在工作环境中，最快捷有效的做法就是创造一个封闭式环境，这样大家就能不受干扰地专注于眼前的工作。另外，这种方法还需要一名优秀的协调人来推动大家齐心工作、分享创意。

图 5.2 展示了该方法的三个关键步骤。第一步是加深团队成员对用户的了解。第二步是引导团队成员发现用户痛点。第三步是团队成员利用前面两步得到的信息，设计以用户为中心的解决方案。我们可以用三个关键词来总结这三步：视觉化、共情化和概念构思。这种方法会根据后续反馈重复不同的步骤。团队成员需要思考人种学研究的成果，从中总结出自己的看法，然后采取相应行动并与大家分享。这种"团队研究–个人思考–互动交流"的过程，可以帮助团队成员充分利用研究成果，深入发掘其中的意义，还让整个团队怀着更清晰的产品构想步入概念构思阶段。

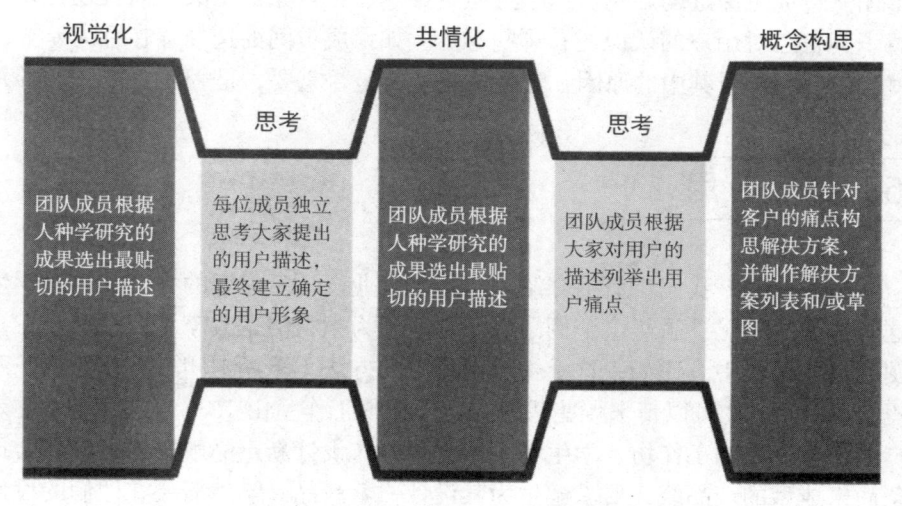

视觉化	思考	共情化	思考	概念构思
团队成员根据人种学研究的成果选出最贴切的用户描述	每位成员独立思考大家提出的用户描述，最终建立确定的用户形象	团队成员根据人种学研究的成果选出最贴切的用户描述	团队成员根据大家对用户的描述列举出用户痛点	团队成员针对客户的痛点构思解决方案，并制作解决方案列表和/或草图

图 5.2 "视觉化–共情化–概念构思"法的步骤

该方法会大量生成以最终用户为中心的创意，但是创意的质量却良莠不齐。因此，在完成了信息和创意的收集归纳之后，我们需要对它们进行排序和分级。而且，大家不要想当然地以为这些创意可以马上拿来用。它们还都是雏形，只有经过大量的补充和完善才能变成可用的概念。

5.4 视觉化和共情化是概念构思的重要前提

在"视觉化-共情化-概念构思"法中，三个步骤的顺序对最终成果有着至关重要的影响。我们使用这个方法的目的是获得以用户为中心的创意，然后用这些创意来实现创新。这些创意不是由个人喜好决定的，也不是由团队或组织的喜好决定的。因此，第一步就是把用户视觉化。团队成员必须先"看到"用户，然后才能真实详细地感受到用户的痛点。视觉化的过程轻松有趣，所以是一个可以吸引成员积极参与的良好起点。团队成员需要思考人种学研究的成果，把最终用户视觉化，然后设计出一幅视觉化的用户地图。地图中的内容包括展示用户生活的杂志剪贴，比如他们拥有的产品、居住的房屋类型、重视的食物，等等。这个过程之所以重要，是因为它引导团队成员共同确定了用户的形象。一开始，每位成员先选出自己认为最贴切的用户形象。然后大家把各自的选择放在地图中一起讨论；讨论的内容包括用户形象、用户的价值观，并说明自己这么选的原因。最终，大家会形成一个统一的观点。与只靠阅读用户档案不同，把用户视觉化的过程可以给团队造成更深远的影响。这个过程更难忘、更具象征意义，而且还可以让团队意识到自己对用户的认识还有哪些不足。如果成员间的选择存在巨大差异，大家就可以一起探讨其中的原因，看看这些差异是否重要，是否需要进一步研究。

5.5 实际应用

在这一部分，我们将概括介绍来自某个工业设计工作室的大三和大四学生应用这一方法的情况。虽然这个例子以课堂应用为主，但是大家可以举一反三，把它用到行业工作中。比如，这个耗时三小时的方法（采用封闭式工作坊或一系列简短会议的形式）可以带来哪些成果？例子中的工作室由12个学生组成。这是一间行业协作性质的工作坊，学生与某家公司合作设计新产品解决方案。该公司有一条尚未成型的产品线，要求学生为其设计一款产品。学生需要在他们的设计中融入以用户为中心的创新元素。

项目启动之后，所有的学生被分成了三个团队，各自展开人种学研究。这三个团队分别负责用户、技术和市场研究（见图 5.3）。他们代表了新产品开发流程中的跨职能团队。用户研究团队就是行业中的工业设计师、产品经理和/或营销研究团队。技术团队的职责是探索工程、研究和开发等方面的技术成果。市场研究团队的主要工作是关注市场趋势和竞争优势分析，测试和模拟产品管理和营销。研究的目的是让学生们了解该产品线现有的解决方案是否满足了用户的痛点。每个团队都要从研究中收集信息。这些信息为之后的视觉化、共情化和概念构思提供了基础。

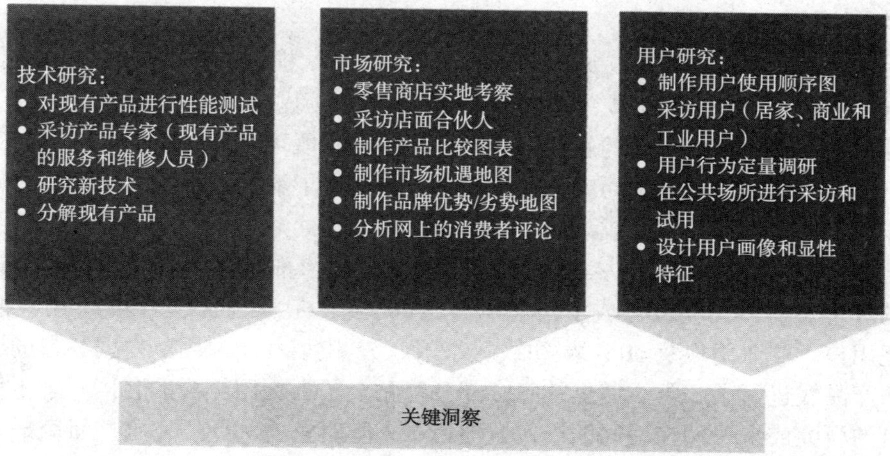

技术研究：
- 对现有产品进行性能测试
- 采访产品专家（现有产品的服务和维修人员）
- 研究新技术
- 分解现有产品

市场研究：
- 零售商店实地考察
- 采访店面合伙人
- 制作产品比较图表
- 制作市场机遇地图
- 制作品牌优势/劣势地图
- 分析网上的消费者评论

用户研究：
- 制作用户使用顺序图
- 采访用户（居家、商业和工业用户）
- 用户行为定量调研
- 在公共场所进行采访和试用
- 设计用户画像和显性特征

关键洞察

图 5.3　技术、市场和用户研究团队

技术研究团队包括四名学生。他们先测试了优势产品的性能。在测试中，他们模拟了用户与产品的互动。另外，学生们还通过可靠性测试全面了解了产品的性能。接着，他们对产品进行了拆解。在这一过程中，他们记录了维修和服务组件所用的时间。这支团队还访问了相关的服务和维修专家，希望了解现有产品中普遍存在的问题。最后，学生们还研究了该产品线及相关产品线的新兴技术，以便在之后的设计方案中使用。

市场研究团队也由四名学生组成。他们首先制作了一幅竞争优势对比图，图中展示了产品的规格、性能、价格，以及产品与其他主要竞争者的相似点。他们着重强调了竞争对手产品的优势和劣势。其次他们还总结了主要竞争对手在品牌认可度和产品认可度方面的优势和劣势。经过综合比较市场中各潜在领域的机遇

设计思维：PDMA新产品开发精髓及实践

地图，学生们了解了如何进入市场并脱颖而出。他们采访了店面合伙人，了解了店面中在售的现有产品。最后，他们还分析了消费者在网上对现有产品的评价，以便进一步了解消费者对品牌和产品的看法。

　　用户研究团队同样由四名学生组成。他们先总结了之前在网上进行的用户行为定量调查。接着，他们把用户市场划分为居家、商业和工业三类。确定了用户所属的类别之后，他们针对每一类用户展开了人种学观察和采访。另外，他们还把产品带到公共场所，向大众了解他们使用这种产品的体验。在采访过程中，他们邀请群众试用了产品。学生们用视频记录了试用过程并且掐表计时，以便更好地了解大家需要多久才能掌握产品的用法，以及人们在试用过程中遇到的问题。最后，他们还汇总了用户画像和显性特征，并且制作了用户使用产品时的步骤顺序图。

　　这些团队不仅需要提交原始的研究数据（图片、视频、文稿等），还需要提供有价值的、可行的观点。所以，他们需要思考这样的问题："这些信息有什么意义？怎样用它们设计出一个新的解决方案？"这些洞察既可以帮助他们厘清已经完成的工作，还让他们对其中的动机和意义有了清晰的了解。

　　完成了对人种学研究成果的收集、归纳和分析之后，我们就要开始执行"视觉化-共情化-概念构思"方法了。工作室提前为学生们布置好了适合进行设计思维的环境。有一面墙被分成了三个部分，每个部分代表了一个市场细分（居家/家庭用户、职业用户及DIY级/初级专家用户）。市场和用户团队根据各自的研究对该产品线进行了归类。墙上的每一部分都贴上了目标用户群的名词。学生们把各自的研究成果张贴在房间四周，方便所有人随时查看和使用。这些研究成果包括产品机遇地图、品牌档案图表、使用顺序图表、现有产品的分解图、产品比较图表等。房间的中央为工作区域。每组学生有几张桌子，这就是他们进行设计思维的地方。工作区域堆放着许多杂志，方便学生们选择剪贴素材。另外，还配备了记事贴、胶带和剪刀等工具。

把用户视觉化

　　学生们要做的第一步是把三类用户视觉化。目标用户地图可以帮助他们了解自己的设计对象，让他们直观地看到用户重视哪些内容。这种视觉化地图和用户画像不一样。视觉地图用图像方式展示了产品带给用户的价值和体验，而用户画像是用文字说明的方式记录了用户的信息。学生们需要思考他们从人种学研究中获得的信息，然后各自选出一张能够回答下列问题的图片："这一细分市场的用户是怎样的人？他们生活在哪里？他们拥有哪些产品？他们重视和/或关注产品中的哪些内容？"然后，他们把自己选的图片贴在墙上对应的位置。除了这些，他们还要选出自己认为能够代表用户的图片。图片越来越多，最终，每个用户群体都有了一面专属的拼贴墙（见图 5.4）。

图 5.4 制作视觉化地图

拼贴墙完成之后，学生们需要向大家介绍自己选的图片，并解释这些图片的意义。在这一过程中，学生们通过寻找图片中的相似点，对每一个用户群形成了共同的看法。

与用户建立共情

对用户形成全面的视觉化了解之后，学生们就要进入共情阶段了。首先他们需要找到每个用户群体在使用现有产品时的痛点。他们要想象自己就是前面用图片塑造的目标用户。其次思考这些问题："如果你是这名用户的话，你在使用现有产品的时候会遇到哪些问题？你在进行人种学研究的时候，有没有观察到用户在使用该产品的时候遇到了哪些问题？"根据学生们的回答，每一面代表特定用户群的拼贴墙下面都添上了痛点列表。

概念构思

　　确定了每一类用户的痛点，学生们需要回归各自的人种学研究团队（市场、用户和技术），这是因为团队成员之间已经建立了联系，形成了积极高效的协作氛围，这样才能促进新想法的诞生。每支团队都配备有特定颜色的记事贴和马克笔。他们在记事贴上写下或画出自己的创意；这些创意就是用来解决用户痛点的产品方案。然后，他们把这些创意贴在对应用户群的视觉地图上（见图 5.5）。

图 5.5　概念构思

　　构思阶段结束后，学生们需要从其他产品线的现有产品中寻找灵感，从而完善自己在前面提出的创意，产生更多新想法。他们需要用五张这样的产品图片来介绍可以用在刚才的创意中的解决方案。这个练习的目的是帮助他们在概念阶段从其他产品的功能中汲取灵感；而概念阶段就是把创意转化为产品解决方案的过程。每一名学生都要向大家介绍他选的五款现有产品及其功能优势，以及如何把这些功能应用到新产品中。在他介绍的同时，其他学生在记事贴上写下或画下新的想法。当这名学生介绍完之后，其他人要把自己的新想法贴在这位同学的产品图片周围。

第 5 章　设计思维：连接调研与概念设计的桥梁

5.6　总结

　　这种方法可以帮助新产品开发团队实现从研究成果和分析到产品概念的有效过渡。尽管我们以工业设计本科学生的课堂内容为例，但是方法的本质是相通的，一样适用于行业中的新产品开发流程。它可以帮助团队整合大量信息，让团队对这些信息有全面、深入的了解，然后在相对较短的时间内从中获得大量新想法。在上面的课堂例子中，学生们在几小时的时间里一共为三个用户群提出了 200 多种想法。

　　学生们组成的三支团队（技术、用户和市场）是对真实的行业情况的模拟。在实际工作中，设计团队包括工程、生产、研究和开发人员。用户团队包括工业设计师、人类学家、互动设计师、心理学家等。市场团队则是由市场研究员、分析师、产品经理等角色组成的。大多数情况下，这些团队在整个新产品开发过程中紧密协作，互相支持。这一方法的应用方式多种多样，各有利弊。

　　最后，同时也是最重要的，通过积极参与和对研究信息的整合，团队成员们对研究成果有了更全面、更深入的了解，这是单靠总结报告或陈述报告所无法比拟的。所有成员以设计出新产品为目标展开跨职能协作，经过视觉化、共情化和概念构思三个阶段，成功地把研究成果应用到了产品的解决方案中。

作者简介

　　劳伦·威格尔（Lauren Weigel）是威斯康星州密尔沃基工具公司下属企业 Empire Level 的一名产品经理。在加入 Empire Level 之前，她曾就职于 Generac 公司。威格尔以工业设计师的身份加入 Generac 公司，后又加入便携式发电机部门的发动机驱动工具团队，成为一名产品经理。她曾在密尔沃基的威斯康星州艺术学院和奥本大学（教授工业设计课程）任教。威格尔于奥本大学获得工业设计硕士学位及环境设计（工业设计方向）学士学位。

第 6 章

使用设计启示为思维过程注入创意

科琳·M.塞弗特　密歇根大学
理查德·冈萨雷斯　密歇根大学
塞达·伊尔马兹　爱荷华州立大学
莎娜·戴利　密歇根大学

6.0 简介

当各个领域的设计师们遇到设计难题时，总会陷入相似的困境，在寻找设计创意的路上苦苦挣扎。设计创意从何而来？本章我们将向大家介绍一种名为"设计启示"的全新工具，而它的作用就是帮助设计师们生成创意。这种工具利用设计师们已知的认知"捷径"，引导他们迸发出大量创意。对多位消费品的工业设计师和工程设计师展开的实证研究表明，目前有 77 种设计启示可以用于新产品开发，并且实验表明，这 77 种设计启示工具在各领域产品设计中都有着重要意义。

接下来，我们将介绍如何在设计过程中使用设计启示来生成创意。设计启示通过引导设计师开发新概念、完善和延伸现有概念等方式来发挥作用。每一种启示都带来了新的可能。我们会以一些设计师获得创意的过程为例，来向大家展示这些简单易用的方法。设计启示适用于任何类型的产品设计，本章也列举了它们在一些获奖消费品中的应用。关于设计启示工具应用情况的研究也证明了它在提升设计多样性和创新性方面的显著作用。这一工具以前人的经验为基础，历经反复验证，对于每一位急需创意的设计者来说，它都是一种高度实用的工具。

6.1 设计创意从何而来

在设计流程的最初阶段，设计思维的主要作用是确定用户需求。设计者们需要根据这些信息来制订相应的解决方案。要想获得最优秀、最具创意的解决方案，设计者们先需要生成大量不同的创意。但是，在生成创意的过程中，设计者们通常会陷入一个困境：想出一两个创意并不难，难的是想出许多不同的创意。这是由人类的思维方式决定的：先想到的一定是在现有设计的基础上获得的最明显、最熟悉的创意。因此，设计者们经常被第一个创意"束缚"住头脑。在早期的概念生成阶段，设计师的目标之一是尽可能多地想出不同的创意，这样他们就能从这些创意中选出最佳的潜在方案用于进一步研究。那么，如何才能大量生成不同的创意？如何在产品设计流程的初期尽可能多地探索潜在的概念和创意？

通过研究设计师们生成各种概念的过程，也许可以总结出有用的方法和策略。我们的目标是了解设计师在生成创意时的思维过程，以及他们在这一过程中使用的策略。我们希望通过系统化地对比各位设计师的思维流程，发现深层的认知策略。在概念生成的最初阶段运用设计思维进行密切观察，也许可以让我们了解成功的设计者是怎样生成新概念的，并从中获得启发和指导，让其他设计者也能获益。

6.2 设计启示：推动创意生成的工具

为了找到问题的答案，我们的研究小组开始对设计师生成概念的方法展开了实证研究。一位工业设计师给我们讲过这样一个项目：他的任务是为一家办公用品公司设计一系列新颖的桌面饰品，这些饰品将赠送给客户以起到宣传作用。为了寻找灵感，这位设计师开始翻阅杂志，看到了一款由多个边缘重叠的圆形构成的花瓶。于是，她在此基础上进行延伸，设计出了一幅草图：圆形的边缘继续向外延伸，形成字母 J 的形状（见图 6.1）。然后，为了增加设计的趣味性，她把中间那个尺寸较大的圆形"掉了个头"。这一改动让整个设计有了令人眼前一亮的新颖效果（见图 6.1 下图）。在这个例子中，设计师用到的策略是"翻转"一项元素，打破固有形式。

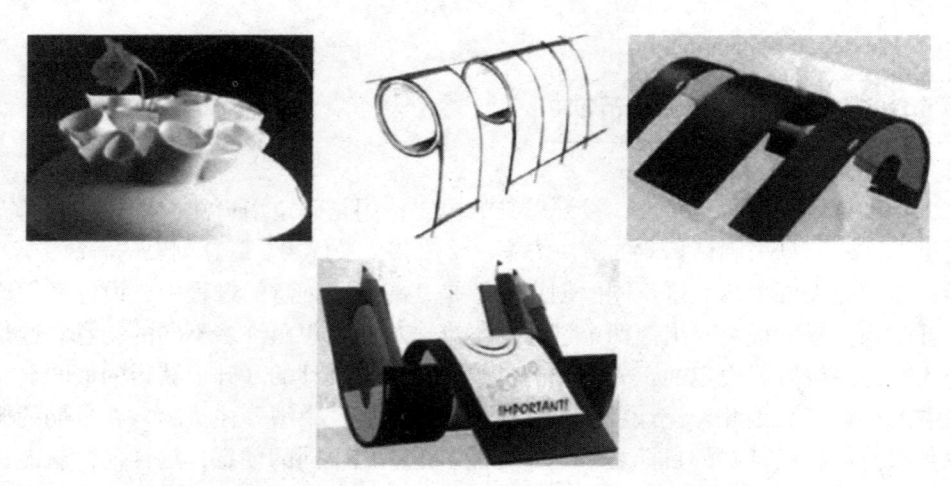

设计思维：PDMA 新产品开发精髓及实践

图 6.1　第一张图是一个融合了"卷轴"元素的花瓶。设计师在设计草图中（见中图）放大了"卷轴"的效果，让边缘继续向下延伸。然后，她把中间的 J 形部件翻转 180 度，获得了下图中的设计

如何总结这个创意设计中的认知过程？于是，我们提出了设计启示这一概念，用来指设计师在探索概念元素的各种变化时采用的隐性策略。通过生成多种不同的概念，设计师们可以在设计中融入变幻无穷的衍生元素，然后选定最有价值的概念。对于经验丰富的设计者来说，认知策略是建立在过往经验的基础上的，他们在设计过程中会自然而然地应用这些策略，所以这些策略属于隐性策略。我们进行了一系列研究，来探索设计者在概念生成的过程中使用设计启示的情况。我们希望，这一整套设计启示工具可以为每个行业的设计师带去帮助。

6.3　设计启示的起源：实证基础

在实证研究中，我们选取了两个领域来测试设计思维在创意生成中的作用，它们分别是工业设计和工程设计。我们希望通过研究这两个领域的创意生成过程，总结出其中的潜在策略，帮助各行各业的设计者们设计出更多新产品。

首先，我们拿了一个设计问题请来自工业（12 位）和工程（36 位）领域的资深设计师们解决。他们的任务是为居家用户设计出一款价格较低的便携式"太阳能烹饪设备"。我们要求他们把自己的设计过程大声"说"出来，在设计草稿上注明标签和介绍。我们邀请了一位经验丰富的工业设计师和一位工程设计师来检验他们的设计。通过对每个概念的密切分析，我们发现了其中有系统的变化，这说

明确实存在潜在的认知启示。例如,"重复利用一个组件"是太阳能产品设计中经常用到的启示,目的是增加太阳能的收集。有好几位来自不同行业的设计师都明显用到了这一启示。这说明,"重复利用一个组件"也许是一种可以增加设计多样性的启示。

其次,我们研究了某位资深工业设计师负责的一项长期项目。他的目标是设计一款适用于所有类型家庭的浴室。这位设计师一共想出了 200 多种设计概念并给它们编了号,方便我们对他的思维过程进行观察和研究。研究结果显示,这位设计师一共用到了 34 种以上独立的设计启示。这说明,设计启示在设计师为单一产品设计多样化概念时确实发挥了作用。另外,几位独立编程员对 400 多种获奖的创新型消费品进行了分析,也在其中发现了同样的设计启示。

无论设计内容如何、无论行业如何、无论是现有产品还是新产品,设计启示的作用有目共睹。它们让设计者从自己熟悉的消费品中获取灵感,包括耐用品与非耐用品、装修设计及技术类产品。虽然它们也适用于服务设计和工业需求,但是我们研究的重点还是在消费品设计上。通过对来自专业设计师的海量概念进行研究,我们最终确定了 77 种不同的设计启示。虽然设计思维理论是由个体设计师验证的,但是我们希望设计启示也同样适用于团体合作(详见 6.4)。

6.4 适用于创意生成的 77 种设计启示

接下来,我们的目标是利用对设计思维进行的有系统的实证观察,把它们转化成指导原则,为广大设计师提供帮助。设计启示的作用就是帮助设计师们运用每一种启示解决他们遇到的新问题。每一种启示都有自己的名称和说明。它们被印刷在大小约 10cm×15cm 的卡片上,并配有抽象插图(见图 6.2)。卡片背面是两种现有消费品,展示了该启示在不同背景下的应用。每一种启示的插图中都有一个座椅设计的案例。设计师们对这把椅子进行了精彩的改造,例如,有位工业设计师就进行了一项设计 1001 种椅子的项目。[①]

在图 6.2 展示的设计启示中,我们给出的建议是"让反面也发挥作用",从而增加产品的功能。例如,我们可以在一个置物架的顶部放置物品,但是,我们也可以把置物架的背面利用起来,比如增加几个挂钩。这一启示的目的是引导设计者留意产品上的未使用空间,考虑是否可以把它们改造成产品功能的一部分。在

---

① http://1001-chair-sketches.blogspot.com.

两个用作例子的产品中，鞋带通常都是系在鞋面上的，但是设计师却把它固定在了鞋底，这样鞋子就会更贴合脚部。

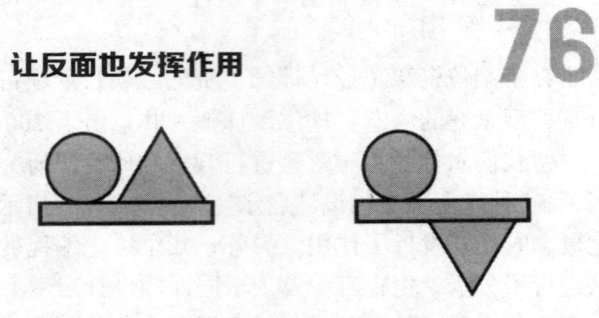

让反面也发挥作用　　　　　　　　　　　　　　　76

形成外和内、前和后，或者下和上的对比。利用正反两面补充现有功能或打造不同功能。这样可以提高表面和材料的使用率，或者推动新功能的诞生

让反面也发挥作用　　　　　　　　　　　　　　　76

980 TATOU
Annika Luber
鞋带缠绕鞋身数周，然后固定在鞋底

费拉隆椅子
fuse 项目
椅子的背面被设计成了收纳袋

图 6.2　每张启示卡的正反面都印有关于该启示的信息，是设计师构思新概念时的有用工具

这 77 种设计启示为设计者们提供了丰富的概念演变灵感（见 6.8 附录）。有些启示改变了产品的形式，比如改变产品的几何造型：扭曲、滚动、嵌套、堆叠、伸缩，或者进行折叠以节省空间。根据这些启示对产品的形状进行简单的改变，就可以增加产品的趣味和多样性，获得最想要的成果。还有的启示旨在改变产品的功能，比如使用多个部件完成一种功能，将多个部件固定在一个底座上，重新设计连接部件，以及通过位置变动改变功能。每一种启示都可以让设计师灵光一闪，既能如愿增加设计的变化感，又能让现有设计的功能更加高效。

设计启示中的一个关键主题是根据用户需求设计概念。例如，"根据用户调整功能"就是建议设计师要根据用户间的差异（比如身高或年龄）调整概念。其他

关于用户需求的启示还包括融入用户互动功能、提供感官反馈、改变表面性质（从而为用户提供指导），以及允许用户定制、重新配置、改变方向和组装产品。产品开发应该围绕用户的需求和角色展开，所以专业设计中用到的启示通常都是为了解决用户的需求而存在的。

设计启示反映的另一项重要内容是可持续性。这些启示包括减少材料、使用可回收材料、让包装也成为一项功能、重新设计包装用途、使用人工能源，以及设计可循环使用的产品等。概念设计中的可持续性问题对用户和制造商来说同等重要，这些启示可以推动概念变革，实现可持续性发展的目标。例如，"让包装也成为一项功能"这个启示，就提出了把包装变成产品的一部分。在图 6.3 中的产品例子中，当用户使用彩色铅笔的时候，包装盒摇身一变，就成了一个笔架。

让包装也成为一项功能 73

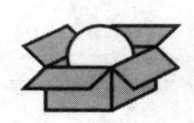

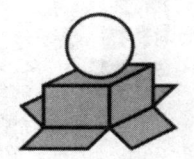

停止使用后即弃的包装，通过赋予辅助功能，把包装变成产品的一部分。这样可以减少浪费，带来收纳整理功能

让包装也成为一项功能 73

可折叠铅笔盒
辉柏嘉品牌
用户使用产品的时候，可以把铅笔盒折成一个笔架

费拉隆椅子
Heinz Julen
不使用时，可以把椅子折叠成一个底部有轮子的木箱，用来收纳靠垫

图 6.3 实例卡展示了每一条设计启示的本质。图中的这条启示建议设计师把包装变成产品的一部分，并选用了两种消费品为例

6.5 如何利用设计启示生成设计概念

首先，我们要选定一个需要解决的问题，比如，"设计一把椅子"。我们可以参考"弯曲"卡（见图6.4）中的内容和实例。现在，想想标准的椅子设计，再想想你可以利用"弯曲"元素获得怎样的新设计。把每一种创意都画出来，然后发散思维，尝试在每一款设计的不同部分应用"弯曲"元素，或者考虑使用不同的材料。

弯曲 16

通过弯曲一整块材料，形成角度或圆润的曲线，赋予产品表面不同的功能。这样可以节约材料，让产品更具变化感，并增加额外功能

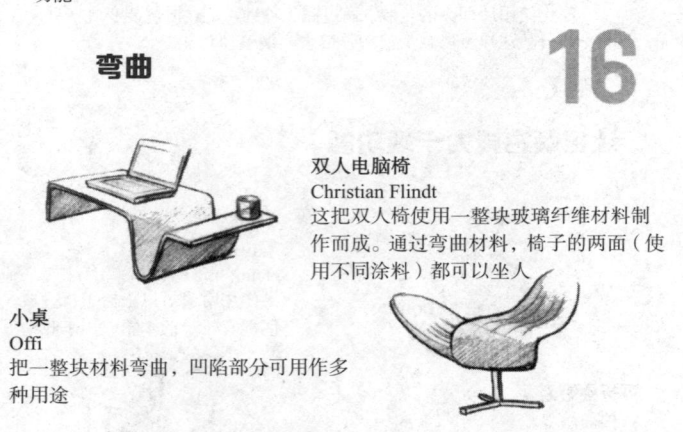

弯曲 16

小桌
Offi
把一整块材料弯曲，凹陷部分可用作多种用途

双人电脑椅
Christian Flindt
这把双人椅使用一整块玻璃纤维材料制作而成。通过弯曲材料，椅子的两面（使用不同涂料）都可以坐人

图6.4　"弯曲"启示为产品表面带来了变化，突出了轮廓感

当设计师们接到这个任务的时候，他们只靠这一条设计启示，就想出了千变万化的设计概念。我们以其中三位研究对象的设计为例（见图6.5）。第一位设计

第 6 章　使用设计启示为思维过程注入创意

师把材料（金属、木材或塑料）折叠弯曲，形成了椅子腿、座位、扶手和靠背。第二位设计师使用了一整条可以卷起来的材料，这样就能随意变形成座椅或躺椅。第三位设计师把圆筒弄弯，形成了一把舒适的椅子。

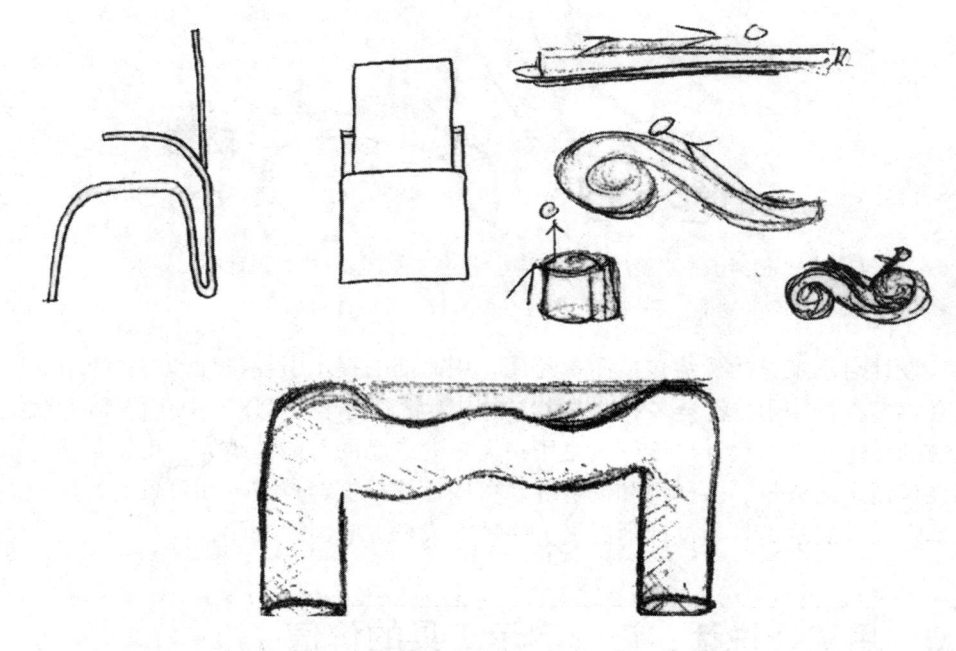

图 6.5　设计师们根据"弯曲"启示设计出的三种椅子

设计启示为设计师提供了"灵感"或方向，为概念生成提供了更明确的目标。与此同时，设计师们仍然拥有很大的自由空间，可以选择不同的部位、材料、角度、形式甚至功能，来打造"弯曲"元素。

例如，如果你的目标是用户需求（第一章）并且希望设计出相关概念，你可以参考"根据人口特征数据进行调整"这一启示，或者考虑"融入用户互动功能"来实现个性化定制。总之，在这 77 种设计启示中，任何一种都能带你踏上一段奇妙的探索旅程。这些启示适用于任何问题，而且，反复应用或叠加使用这些启示，甚至会带给你更复杂的创意。使用的启示越多，衍生出的变化越多；于是，你可以利用这一方法获得一连串创意。例如，在图 6.6 中，设计者在同一个设计中同时使用了"弯曲"和"合并功能"两种启示。

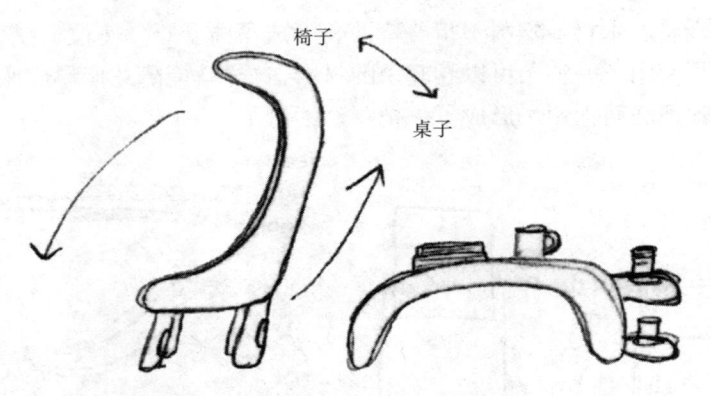

图 6.6 竖着放是一把椅子，平着放是一张咖啡桌。在这个设计中，设计师用到了"弯曲"、"合并功能"和"转化为另一种功能"等设计启示。

设计启示工具的优势包括简单易用，用简洁的提示引导设计师的思维方向，而且每多一种提示，就会多一种思考方向。因此，设计师可以从中获得无限灵感。生成的概念越多，设计出能够满足用户需求的产品的可能性越大。也就是说，增加设计概念的数量、多样性和创造性，可以让你根据客户需求和背景更好地做出选择。设计启示工具给设计师提供了多种方式来生成创意设计。

6.6 用实证说话：设计启示工具的价值

有哪些证据可以证明设计启示工具的效果？有一项市政研究曾验证了设计启示给工程系学生带来的帮助。独立评判者认为，使用设计启示生成的概念更有创意。另一项针对专业工程和工业设计师的研究也表明，利用设计启示生成的概念更新颖实用。曾经有人对一群新手设计师进行对照实验研究，研究结果表明，同样是设计调料瓶，使用设计启示的设计师比对照组的设计师更有创意。设计启示带来的设计更具多样性和独特性，而且更美观。这说明，在概念生成过程中使用设计启示，可以获得立竿见影的效果。

另外，我们还测试了设计启示在团队工作中的效果。我们邀请了一批经验丰富的工程设计师参加工作坊，为某条商业产品线重新设计产品。这些专业工程师们讨论了每一种启示及其在特定产品中的应用。虽然他们已经跟这些产品打了许多年的交道，但是他们还是成功设计出了全新产品。比如，他们根据"融入用户互动功能"这一启示，考虑了多种反馈方式来引导用户动手对产品做出调整。这条启示让设计师们重新思考了用户的互动影响及相应的新设计。结果表明，设计启示与团队合作相结合，可以大大改善创意的多样性。我们的研究进一步证实了设计启示工具在创意概念生成过程中的重要价值。

6.7 总结

每一位设计师在构思创意概念的时候，都会觉得这是一个让他们头疼的问题。掌握大量不同的创意，有助于我们根据用户的需求和背景选出最有潜力的设计。但是，获得新的设计创意谈何容易。为了解决这一难题，我们研究了专业设计师是如何在已有概念的基础上衍生出新概念的。根据研究，我们总结出了 77 种设计启示，这些启示涵盖了各行业设计师们的设计策略，并使用真实存在的产品作为例子。研究表明，不管是专家还是新手，都可以从这些启示中获得创意设计。本章介绍了 77 种设计启示及如何运用它们解决设计难题。[①] 设计启示是一种非常有用的工具，它可以帮助各个领域的设计师们最大限度地增加设计的多样性，并从中选出最佳设计。

6.8 附录

从设计师们的概念中总结的 77 种设计启示

序号	设计启示	定 义
1	增加层次	确定产品的功能层次并新增一系列渐进式改变，从而推动不同功能间的逐步过渡
2	增加动作	让动作成为产品功能的一部分，从而减少用户的操作量或增加产品的趣味性
3	增加自然元素	寻找产品与自然的联系，增强产品的功能或美感
4	在现有产品的基础上增加内容	让现有的元素成为产品功能的一部分。比如增加附属部件，设计一个系统，或者界定该元素与产品的关系
5	通过动作改变功能	通过移动产品或部件改变产品的功能，比如不同的手势（旋转、滑动或滚动）和控制方式

[①] http://designheuristics.com.

续表

序号	设计启示	定 义
6	根据用户调整功能	根据用户的年龄、性别、教育背景等多种因素设计功能；每一位用户都可以自行调整功能
7	环形部件设计	围绕主要功能新增部件，比如排列或布置成圆形
8	让用户动手组装	如果产品尺寸太大不便包装，或者希望加深用户对产品功能的了解，可以让用户亲自动手，感受整个组装流程
9	让用户自由定制	提供个性化选项，增加用户互动，比如增强用户的拥有感和意式感
10	让用户重新组装	让用户通过重新组装配件改变产品的功能，比如增加附件或者改变部件的排列方式
11	让用户改变产品方向	通过垂直或水平翻转产品或部件实现不同的功能
12	拟人	赋予产品人类或动物的特征、姿态和情感，增加产品的拟人性
13	以全新方式应用现有机制	思考如何在其他产品中实现这一功能，以及如何把它们应用到你的产品中来实现新功能
14	建立产品与用户的联系	通过产品与人体的接触，让用户成为产品功能的一部分，比如用户的头部、手指或双脚，重新定义产品的用途
15	弯曲	通过弯曲一整块材料，形成角度或圆润的曲线，赋予产品表面不同的功能
16	建立用户社群	两名或更多用户如何通过合作来操作产品，或者个体用户的操作如何影响其他用户
17	改变使用方向	用户可以从不同的方向使用产品，比如侧面或正面，从而得到不同的功能
18	改变材料特性	使用其他材料或改造现有材料，从而改变产品的物理特性，比如耐久度、溃散性、功能性和适应性
19	改变造型	使用更简单的几何造型来实现同样的功能。使用全新造型来重新定义用户与产品的互动
20	改变产品寿命	检验产品或零件的预期寿命并调整使用次数
21	改变表面性质	使用不同的颜色、质感、材料和形式，突出显示产品表面的用户互动部分
22	拆分	把产品拆分成独立部件或增加新的部件
23	身临其境	展示产品的使用环境和使用方式，并把产品代入其中
24	2D 变 3D	通过弯曲、扭曲、褶皱或连接二维材料，制作出三维物体

续表

序号	设计启示	定 义
25	转化为另一种功能	产品或部件拥有多种稳定形态；每一种形态都代表了不同的功能
26	盖上或包起来	加一个顶盖变成置物架，或者用其他材料把产品表面或部件包起来，实现个性化、多功能和保护目的
27	创造服务	根据用户和服务供应商的互动设计一款服务
28	创造系统	确定核心流程，设计一个多阶段系统把这些流程进行整合以实现整体目标
29	分隔连续表面	将一个连续部件或平面分隔成多个部分或功能区，从而重复特定功能或对功能进行重新布局
30	升高或降低	升高或降低整个产品或部件，实现人体工程学解决方案或额外功能，增加产品的适用性
31	扩大或缩小	产品可以变大变小，从而实现不同的功能。可以考虑使用液体、充气材料、柔性材料或复杂的连接部件
32	展示产品内部	取消外表面或使用透明材料，展示产品的内部构造，以便用户观察和了解产品运作
33	延伸平面	加宽或扩展产品的功能区平面，从而强化、调整现有功能或增加新功能
34	压平	使用柔性材料或连接部件，让产品能够被压平，方便携带、排列和储存
35	折叠	通过铰链连接、弯曲或压皱产品部件或表面，方便包装或储存
36	凹陷	在产品上形成凹陷，方便匹配其他产品、功能或用户体形
37	功能分级	把现有功能按顺序分级，方便操作。设计各级功能的使用方法，方便用户准确地使用所需功能
38	融入环境	围绕自然或人工环境设计产品，让环境成为产品的一部分，而不是把产品和环境区分开
39	融入用户互动功能	通过统一、直观的方式，让用户通过互动界面调整产品功能
40	层次	使用相似或不同材料为产品设计多个层次，从而实现不同的功能和趣味
41	可拆卸部件	每一个部件都可以拆卸，增加了产品的灵活性，方便使用、携带或维修/转移
42	多功能	研究产品附带的次要功能，设计一种新形式来同时实现两种功能

续表

序号	设计启示	定义
43	可以循环使用的产品	用可以重复使用的部件来代替一次性部件。根据新材料的特性修改产品设计
44	融合多个表面	用互补功能连接多个部件的表面
45	模拟自然机制	模拟自然过程、机制或系统
46	对称或排列	根据中心轴或对称点来对称或重复排列元素,分配受力,降低生产成本,增加美感
47	嵌套	一个套一个。外层物体的内部和内层物体的外部要匹配
48	提供备用部件	提供额外部件,方便用户改变或调整功能。可单独购买或随产品附赠。设计好收纳位置
49	提供感官反馈	向用户反馈感知信息(触觉、听觉或视觉)。降低出错率,确认操作,提示产品功能
50	重新排列部件	定义各部件间的关系,改变部件的排列方式。增加附件或重排部件
51	改变连接方式	通过移除、覆盖或改变连接处的方向,改变部件的连接方式
52	减少材料	取消不必要的部件或结构元素,节约材料,提高材料使用率
53	改变方向	不同的方向代表了不同的功能。垂直或水平翻转产品或部件
54	重复	通过重复部件或整个产品来强化功能,实现多种功能同时进行,分散负荷,降低成本
55	改变包装的用途	改变包装的用途,比如把包装变成游戏道具、装饰品或其他有用的物品
56	卷起来	增加柔性材料,让部分或整个产品绕着一个中心点或支撑平面卷起来
57	旋转	让部件绕着中心点或中心轴旋转,或者让用户移动部件,从而调整或改变功能
58	放大或缩小	改变产品或部件的尺寸。思考产品的尺寸和比例如何影响产品的功能
59	独立功能	定义产品的各功能部件,每个部件应以独立形式存在
60	简化	取消不必要的复杂元素,降低成本和浪费,或者让产品更直观
61	滑动	让部件在平面上滑动,从而打开或关闭平面,重新排列部件,或者调整产品尺寸
62	堆叠	堆叠部件或整个产品以节约空间,保护内部结构,或创造视觉效果

续表

序号	设计启示	定义
63	寻找替代方式实现功能	取代现有部件，实现或增强现有功能。使用不同的材料或形式
64	合并功能	将两项或多项功能合并，形成一个新设备。思考两项功能如何互补
65	望远镜式	将尺寸较长的部件设计成可以伸缩的形式，从而节约存放空间
66	扭转	将简单的物体朝相反方向扭转一次或多次，变成有趣的标志性产品；形成较大的平面区域
67	统一	为了视觉上的统一，根据相似性、依属性和位置分布等直观联系对元素进行归类
68	将部件放在同一个底座上	把多个模块放在一个底座或围栏系统中，减少零件数量，让用户可以重新布局，让产品更紧凑
69	使用一整块连续材料	用一整块连续的材料连接不同的零件，减少零件和连接部件的数量，降低复杂性
70	使用不同的能源	使用不同的能源来源并修改设计。比如化学能源、地球化学能源、水电、太阳能及风能
71	使用人工能源	让用户成为首要和次要功能的能源，以及多种能源的综合体
72	用多个部件实现一个功能	确定产品的核心功能，用多个部件实现同一种功能，各部件负责专门的工作
73	让包装也成为一项功能	停止使用用后即弃的包装，通过赋予辅助功能，把包装变成产品的一部分
74	使用回收或可回收材料	尝试使用回收材料或可回收材料。思考产品的结构和使用环境会出现哪些变化
75	利用内部空间	利用产品或部件的内部空间收纳其他部件
76	让反面也发挥作用	形成外和内、前和后，或者下和上的对比。利用正反两面补充现有功能或打造不同功能
77	视觉差异	改变个体设计元素，在功能间形成视觉差异

作者简介

科琳·M.塞弗特（Colleen M. Seifert）是密歇根大学 Arthur F. Thurnau 冠名心理学教授，拥有耶鲁大学心理学博士学位。

理查德·冈萨雷斯（Richard Gonzalez）是密歇根大学心理学、统计学及营

75

销学教授，以及社会研究所群体动力学研究中心总监。他拥有斯坦福大学心理学博士学位。

塞达·伊尔马兹（Seda Yilmaz）是爱荷华州立大学工业设计助理教授。她拥有密歇根大学工业设计艺术硕士学位及设计科学博士学位。

莎娜·戴利（Shanna Daly）是密歇根大学工程学院助理研究员及兼职助理教授。她拥有普渡大学工程教育学博士学位。

以上几位人士组成的跨学科研究团队共同开发了"激发创意的 77 种设计启示"这一实用工具。详细内容请访问 Design Heuristics，LLC 网站 http://designheuristics.com。

第 7 章

故事与原型在设计思维中的关键作用[①]

马克·泽何

7.0 简介

故事和原型在设计思维过程中扮演着重要角色。它们就像"胶水"一样，把整个过程紧紧地粘在一起。这两个元素涵盖了待解决的问题，以及解决这一问题所需的方法假设。

故事和原型是客户和产品开发者之间进行沟通的一种方式，它能把客户的理性和感性需求转化成概念和创意。本章结合行业中的具体事例，介绍了故事和原型在设计思维产品开发流程中的作用，以及如何设计和应用这两种元素。

7.1 设计思维产品开发框架

由于阶段数量、关键标志等因素的差异，企业与企业间的产品开发流程各不相同，所以应用设计思维的方式也不尽相同。在这一部分，我们将通过产品开发的大致流程来说明如何在这一过程中创造和完善故事和原型。

[①] 感谢来自德国斯图加特的 Sven Schimpf 博士在本章结构、初稿和研究方面提供的帮助；感谢来自马萨诸塞州弗雷明汉的计算机工程博士 Pelham Norville 就本章内容提出的宝贵意见和反馈。

图 7.1 中的产品开发流程包括三个阶段：确定用户需求和价值主张，构建、测试、迭代和改善，验证和推广。

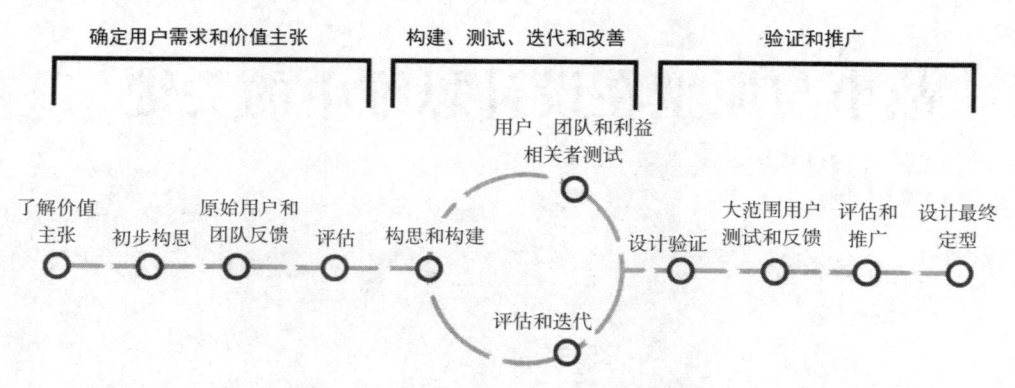

图 7.1 产品开发流程的三个阶段及其构成

第一阶段的目的是了解用户需求，测试开发团队的初始假设。早期的故事内容通常都围绕需求陈述展开，比如："……和伴侣出席重要活动时，如参加晚宴或音乐会，每个男人都会发愁穿什么。如果我们能在这个问题上帮帮他们就好了。"

这么几句故事，就已经包含了可以测试的内容：有多少男士有这种需求？导致这一问题的环境因素是什么？这个决定受到哪些感性和客观因素的影响？这些男士会遇到哪些实际问题？开发团队根据用户测试回答了这些问题之后，就可以创造一个更完整并且有配套原型的故事，从而吸引潜在用户与故事展开互动。

第二阶段的目标是故事和配套原型的开发。这一目标主要通过不断重复用户测试、用户反馈评估和迭代循环来实现。第二阶段结束时，开发团队将获得一整套描述用户需求、问题及解决方案的故事和原型。

第三阶段就是为了验证团队在前两个阶段开发的概念。此时，故事和原型都已变成完善的使用案例、产品架构和产品说明。这些内容需要接受焦点小组和定量用户测试的验证。此外，开发团队还会通过消费者画像、使用情境和初步产品规格在他们的部门内大范围交流故事和原型。我们会在后文讲到这些内容的时候向大家详细介绍。

7.2 什么是故事

故事是人类交流抽象概念的基础。要想讲故事，一个基本元素就是建立叙述，然后在此基础上完善整个故事：情节、阐述的观点、角色，以及故事发生的环境等。

讲故事的目的是强调文化价值，视觉化地了解超出我们个人或文化体验的情形或情境。此外，故事还可以用于教学、强化记忆，或者验证文化价值。它让我们"看到"未来，获得创意，或者从其他人的角度看待事物。一个优秀的故事，可以把事件和经历变成供大家分享的概念和经验。

在设计思维产品开发过程中，故事以视觉化的方式让我们了解和体验了即将被设计和开发的概念。开发团队先构建一个故事，然后拿去跟产品开发流程中的其他利益相关者分享。这里所说的利益相关者包括最终用户和潜在合作伙伴。

在这个流程中，故事的作用是让所有人对待解决问题的类型、问题的背景，以及解决方案的类型达成共识。它可以加速整个开发团队、目标用户，以及大范围利益相关链条之间的交流。

用户或消费者的想法是整个故事的基础。站在产品最终用户的角度讲述故事，其实是在为最终的 B2C（Business-to-Customer）概念打下基础。B2C 故事需要开发团队就特定主题创造出千姿百态的衍生故事，而每一个故事都要从价值链中各色消费者的叙述角度出发。

一个优秀的产品开发故事，可以让它的听众感受到产品的功能活动，以及人、产品和系统之间的互动。另外，它还反映了角色们的感性和理性需求。了解了这些，听众们就会对故事中的角色产生共情心理，并对故事中描述的产品功能和效果形成自己的看法。

既然讲述故事是为了推动创意交流和达成共识，那么，我们应该根据以下几条基本原则来构建故事：

1. 简短。人们只需几分钟时间就能了解故事内容。一定要谨慎考虑讲述形式。
2. 故事应该从背景介绍开始。问题发生在哪里？是谁遇到了问题？相关体验或解决方案都涉及了哪些人？
3. 故事应该从一个或一群当事人的角度描述问题。根据潜在客户类型的特征创建消费者画像。
4. 故事应该限定在用户问题的端对端体验出现的时间段内。问题怎样出现，又是怎样解决的？可以采用下面这些基本形式：
   a）以某个具体的使用案例为背景。
   b）某位用户"生活中的一天"。
   c）产品旅程。
5. 故事应该包含知觉信息，包括插图、照片、展示、原型和示例产品。故事应该清楚地讲述：

a）故事发生的地点。

b）故事中的角色是怎样的人。

c）潜在的解决方案具有哪些特点，或者目前采取了哪些解决方案。

与单纯地使用文字叙述相比，我们可以借助照片、卡通、插图和视频来大幅提升学习效率，人类的大脑更擅长在这些形式下处理复杂的语义信息。因此，丰富的视觉化交流可以比长篇文字更高效、更细致地传递故事内容。

常见的故事讲述形式包括：

a. 口头讲述。

b. 表演（现场和视频）。

c. 图表和场景展示。

d. 书面文本。

在以上形式中，前三种都是非常有效的讲述形式。故事元素诞生自团队探索待解决问题的过程中。它们的来源非常广泛，包括用户研究、营销知识等。这些元素基本上都是口头形式，这样才能快速传播和复述。它们通常以这样的形式出现："……现在，人们的一切交流几乎都靠短信，可是他们不能边走路边发短信。而且大家都觉得在公共场合使用语音会很尴尬……"开发团队可以立即在实际环境中执行和测试这一元素，然后在短时间内把它扩展为"边走路边发短信"的完整情境。建立情境之后，我们就需要用故事来生成解决方案假设了。这些假设可以包含在故事中，然后同样在真实环境中执行和测试，通过迭代进一步完善。

我们就以前面提到的男士为了音乐会选衣服为例，向大家展示如何快速地构建一个故事，从而帮助产品开发团队了解用户面临的问题。由于这本书是印刷品，所以我们只能选择上面列举的方法 c 和方法 d：

埃德是居住在柏林的一位工程师，今年 50 岁。现在，他已经在衣柜前犹豫了好一会儿，不知道今晚该穿什么。他得在 1 小时内接上他的女朋友爱丽丝（某奢华连锁酒店的所有者）去市里的歌剧院看《茶花女》。

看完歌剧后，他们会去一家新开的热门酒吧喝点东西，然后到一家新开的高级餐厅和朋友吃晚饭。埃德很苦恼："怎样穿才能既低调又得体，既能让爱丽丝满意，又能让自己舒服呢？"

这个故事描述了一位目标客户遇到自己无法解决的问题时的情景。故事包含五个句子，并且用插图（见图 7.2）展示了其中的关键元素。这些照片中，有些是团队成员模拟的场景，有些是图片库中的素材。虽然我们没有对其中的人物进行

第 7 章　故事与原型在设计思维中的关键作用

非常细致的描写，但是足以让读者想象出他们的形象。

图 7.2　场景展示拼图：埃德、爱丽丝、歌剧院、当地一家热门酒吧，以及新开的高级餐厅

我们可以在消费者中测试这个故事，获得他们的共鸣，然后在此基础上组织头脑风暴会议，讨论潜在的解决方案。故事的背景、角色、环境和问题都很容易理解，但是又没有特别明确的限定。它的作用是推动团队交流想法，展开讨论，通过头脑风暴获得解决方案。

故事中的画像——"埃德"和"爱丽丝"——代表了重要的客户类型。他们具有了这一特定人群所共有的行为、感情和个性特征。消费者画像促使了故事的诞生。此时，你必须通过与你相关的人群的行为和看法来讲述故事。这些画像除了展示特定消费者类型需要实现的功能标准，还可以反映客户需求中的非功能性内容：这类客户为什么会有这样的需求？他们还有哪些尚未满足的感性和功能性需求？

如果团队能在产品开发流程一开始就创建画像，他们就能选对用户类型进行测试和完善，并通过制作原型、用户测试、技术探索和业务评估等方法来确定需要解决的问题。

7.3 什么是原型

在设计思维中，原型的作用是解答问题、测试假设、展示解决方案的工作流程或效果。原型既可以高度复杂（比如设计一艘可以全面运作的全新型号潜艇），也可以非常简单（比如用易拉罐和橡皮泥为吹风机制作的第一个把手模型）。

如果论细致度、复杂度和功能性，在产品开发初始阶段制作的原型自然不如生产阶段前用于测试和验证的原型。但是，不管哪种原型，它们的目的是传递和实现与某种体验的互动，节省制作可以全面运作的真正产品的成本。由于团队可以方便快捷地对原型进行迭代，所以便于模拟也是原型的一个优点。

许多人觉得"原型"这个词代表着以物质形态存在的实体，其实这是不对的——模拟是一种非常强大的原型工具。比如，用视频展示尚未设计出来的产品和服务的运作情况，或者用数字动画的形式展示软件的界面和功能。我们也可以利用许多新兴的编程专用微型计算机来制作原型，比如树莓派（Raspberry Pi）或Arduino。

设计思维的一项关键原则就是尽早从设计和开发过程中学得越多越好。斯坦福大学和IDEO的大卫·凯利经常说的"早一点失败就能早一点成功"，就代表了这种想法。这句格言其实和著名的军事战略家赫尔穆特·冯·毛奇在很久以前说过的一句话有异曲同工之妙："任何作战计划在遇到敌人后都会统统失效。"也就是说，不管计划多周密，经验多丰富，或者成员多聪明，所有的概念假设和执行过程都会存在不确定的缺陷。因此，最好的办法就是尽快发现和完善这些缺陷。这样做一是为了设计出更满意的产品，二是为了降低开发成本和加快开发周期。

图 7.3 和图 7.4 展示了两个快速原型。它们是用来测试某种系统的初期创意的。该系统专为大型建筑设备的驾驶员而设计。图 7.3 是一个快速制作而成的简单的电子线路板原型。该原型由一个无反跳开关和一个瞬时开关组成。按下瞬时开关，无反跳开关就会在"开"和"关"两种状态间切换。测试时，开发团队只需要一个LED灯就可以了解开关状态，不用把电路板连接到整个系统。

图 7.4 展示的是一个测试安置和调制开关的原型。用户们会在实际控制区用到这个开关。利用这一原型，开发团队可以快速收集到丰富的初始用户反馈，包括整个物理控制架构是否有效，或者其他控制方式（比如面板开关）是否能够呈现更好的解决方案架构。

图 7.3　电子线路板原型

图 7.4　安装位置和物理形式原型

当然了，把图 7.3 和图 7.4 中的原型放在一起也不是不可以，但这样就影响了原型工具的"与用户共同开发"功能。图 7.4 中的原型就是特意为了其他利益相关方（包括选中的潜在客户）的互动而制作的，这样他们就能为原型的形式提出修改建议。他们可以把原型拆开，用胶带往上面粘东西，把它放在控制面板的任何地方等，而不用担心会影响它的功能。等这些人都提了修改意见，开发团队在制作下一套原型的时候就可以把电路板也加进来，按照他们建议的形式和数量来制作。

表 7.1 总结了每一款原型的目的、测试地点、测试对象及制作成本。

表 7.1 制作每一款原型的初始目标总结

	开关电路板（见图 7.3）	纸箱原型（见图 7.4）
制作原型的目的	• 测试可靠性 • 测试开关所需的输入调幅容差度，方便用户预计 • 确定电源要求 • 向其他利益相关者介绍开关表现	• 了解该原型是否为受控系统所需的执行器类型 • 推动开发团队和用户及其他利益相关者一起设计原型的形式、位置和操作感
测试对象	开发团队和选定用户	开发团队和选定用户
测试地点	实验室、工作坊、开发部门	开发工作区和实际的用户操作环境中。用户亲自驾驶，测试不同的安装位置和物理形式
制作耗时	2 小时	20 分钟
材料成本（美元）	< 10.00	< 2.00

原型在产品开发中发挥着两方面作用：它们是开发团队学习和交流的工具。它们把抽象概念实体化，让工程师和设计师以外的其他人也能参与到设计和开发中。

但是，只有亲身到过产品开发部门、见过散落在四周的过往原型，人们才会知道，除非已经高度完善，否则原型只能在产品故事中发挥作用——展示故事中关键内容的发生过程。没有故事为依托，原型就成了孤儿，成了一件没用的物品；除了制作者，没人知道它的用途。

7.4 故事和原型合二为一

前面说过，构建故事元素和情境、描述特定背景下的用户是产品开发流程（见图 7.1）的第一阶段。这些情境的主要目的是介绍用户、环境和问题。另外，它们有时也会就用户如何解决故事中出现的问题而做出初步假设。

当第一阶段进行到一半的时候，开发团队往往就要开始进行构思了。他们会思考"如果……会怎样？"这样的问题，就如何处理好用户的需求和问题做出假设。我们还以上文那位不知道穿什么的埃德为例，这时，开发团队需要思考的是："如果我们不知道他衣柜里有哪些衣服的话，如何向他提出着装建议呢？"

这时，团队就要通过构思过程来决定埃德的衣柜内容。根据他的画像特质（软件工程师），我们可以假设他倾向于通过技术手段来解决问题。

第 7 章　故事与原型在设计思维中的关键作用

我们在思考解决方案的时候，应该考虑到各个问题领域，比如，手机上的一个扫描软件（但是每次买了新衣服之后或者扔掉旧衣服之前，他会记得用吗？而且衣柜里已有的衣服怎么办？）或衣柜里的一台扫描仪（放哪儿合适？使用什么能源？），或者一项服务（专人记录衣柜中原有的衣服，埃德每次买新衣服之后都会通知对方）。

我们可以把以上种种解决方案代入第一种情境中，测试它们是否能引起客户的共鸣。根据用户反馈，我们可以缩小解决方案的范围，思考更多问题。这些解决方案是否能为客户的现状带来改善？哪些解决方案的结合可以给客户带来价值？

当团队确定了用户的需求和问题时，就代表着初步测试的结束。这时就该进入第二阶段了。

在构建、测试、迭代和改善阶段，我们在第一阶段掌握的用户需求、故事元素、假设和早期原型，都将被转化成完整的产品故事。这种故事讲述的是端对端的客户体验：客户如何被产品吸引，客户"初见"产品时的印象，客户购买产品的过程，客户安装和使用产品的体验，以及客户如何处理已经过时或者被废弃的产品。

进入第二阶段，开发团队先要根据第一阶段的工作成果，完成每一类选定用户的产品故事。这一过程可以缩小问题范围，为后续的构思活动做好准备。

到了这个时候，开发团队一般都制作出了第一个概念原型。设计思维的原则之一就是"在摸索中学习"。也就是说，你应该带着问题去摸索，不断去测试你的假设，寻找解决办法。这一过程是通过构建第一假设，然后尽快获取他人对假设的反馈来实现的。在构建的过程中，以及在用户测试和反馈中，解决方案逐渐成形。

让我们接着看埃德的例子：我们在前面列举了三种解决方案来帮助埃德管理衣柜。此时，我们可以为每一种方案制作一个快速原型，然后邀请潜在用户进行测试，这样就能获得用户对这些概念的反馈，找到相关问题的答案。

对于手机应用这个方案，我们可以使用众多的应用程序原型设计工具来制作一个快速原型，了解用户使用情况和屏幕流。对于扫描仪方案，我们可以在用户的衣柜里放一个泡沫塑料制作的原型，请他们演示一下整个场景。对于最后一个方案，也可以让用户使用应用程序原型进行演示。

总之，在以上三种情况中，原型只是发挥了简单的"架构"作用：它是尚未成型的产品的符号代表。开发团队应该保留这些原型的"去设计"状态：使用中性色彩和基本元素，一切服务或数码元素只为了基本的互动功能而存在。原型的

85

作用是让团队和用户在模拟的使用环境中与元素的功能互动。我们的目标是从中获得反馈，了解这些互动是否符合真实情况，如何改善互动过程，以及这些解决方案会带来哪些问题。

原型构建和评估，可以非常高效地暴露故事中的错误假设和缺陷。另外，它还可以给我们带来更有用的反馈，唤起大脑的触觉和视觉认知。

当第一套故事和原型接受了利益相关方和用户的测试和反馈之后，我们需要对这些反馈进行评估：从中获得了哪些收获？额外发现了哪些问题？如何构建更完整的产品故事或更完善的原型？哪些原型能更好地展示体验中特定部分的运作流程？故事该如何与公司的战略和业务模型匹配？从整体来看，哪些内容有用？哪些没用？哪些需要调整或改善？

评估步骤刚结束，另一个构思过程又拉开了序幕。我们必须仔细规划这些迭代的构思循环，因为它们经常互相重合。在前几轮构思中，早期的假设被推翻是很常见的事情，说明我们需要重新审视自己在前面的构思、制作和测试过程中学到的经验：如果整个概念的价值存在问题，那么对故事或原型中的部分内容进行迭代，其实就是在浪费资源。

让我们回到埃德的例子。开发团队选择了扫描仪这一方案。他们把一个胶带切割器当成快速原型，这样，测试者就可以用这个道具来演示整个情景。他们需要把"扫描仪"放在家里的某个地方，这样就能在需要的时候随时取用。另外，开发团队还需要确定真实用户是如何使用这部扫描仪的。是把衣服拿出来扫描，如果不合适再放回去吗？最后，他们还需要了解扫描仪使用哪种能源和数据传输方式。制作原型的时候，这两个元素可以用纸箱和延长线来代替。

开发团队也许会发现，扫描仪体积很小，连接也不成问题；但是他们也会发现，对于用户来说，进行扫描和等待反馈的过程太复杂。这时，就没必要继续研究扫描仪的细节问题了，因为团队先需要解决整体的互动问题。最后，团队有可能为了提供更好的互动体验和反馈而选择其他创意。

在完整的产品故事成形之前，开发团队会不断重复构思、构建、测试、评估和改善过程（见图7.1）。这个故事应该描述了目标用户的完整体验，满足他们的功能和感情需求。开发团队可以通过多种方式来讲述这个故事，包括情景展示、视频、情景模拟或书面文本。另外，他们还制作了一套完善的原型来辅助说明产品的运作过程、使用方法、外观和感受，以及背后的原理等。

在这一阶段，原型的细致程度需要视组织和产品开发流程而定。许多组织在这一阶段结束时会制作两种原型："外观原型"和"运作原型"。而他们在下一阶段的工作就是把这两种原型结合在一起。

完整的产品故事必须经过验证和讨论，才能被转化为可执行的产品定义。在这最后一个阶段，开发团队需要向更广泛的利益相关者介绍他们的产品故事和原型。这一阶段的工作包括定量用户测试、合作伙伴演示、面向政府和监管机构的演示等。开发团队需要通过这些活动来验证产品概念的实用性、合意性和可行性。

开发团队需要为不同类型的受众准备不同类型的介绍材料。另外，他们还需要根据价值链中各类利益相关者的利益和需求改变产品故事的出发点。例如，经销商想听到的是用户故事，这样就能了解业务诉求；而且他们对新产品的运行情况也很感兴趣。政府官员和机构对客户诉求没什么兴趣，而且他们希望了解产品的使用方法及产品在更广泛的社会和法律框架中的位置。

总之，产品设计终于在这一阶段定型。这意味着开发团队已经确定了产品的外观和采用的技术，可以进入生产和部署了。此时，业务模型中决定设计可行性的关键点已经确定，并且得到了内部和外部利益相关者的支持。

行业实例

Orbit Baby：在产品设计流程的初始阶段使用快速、粗略原型和口头故事等方法来获取关键信息

下面这个例子讲述了 Orbit Baby 是如何利用原型和故事设计出了最成功的婴儿产品之一。

Orbit Baby 是硅谷的一家产品创业公司。为什么它选择了硅谷这个遍布数码公司的地方？时任总裁及联合创始人约瑟夫·海伊（现为 Ergobaby 公司首席设计官）是这样解释的：

"布莱恩·怀特是我的前业务合作伙伴。我们注意到，婴儿用品市场仍然存在着不少用户问题，长久以来都没有任何实质性的创新。所以这应该是个不错的创业机会。"

海伊和怀特迅速采取行动，把最初的想法转化成了粗略的原型，这样就能获得家长们的反馈。

海伊表示："和许多人一样，我们一开始也是靠直觉——如何改善及为什么要改善现有的安全座椅和婴儿车。我们考虑了家长使用安全座椅时的几种情景，然后在短时间内用现有的产品做了几个非常粗略的原型，用来展示我们的旋转接口创意。"

海伊和怀特尽快了解了潜在用户对他们的想法的反馈。他们用粗略的原型展示了这款正在设计的产品可以给用户带来怎样的体验。

"我们很快就向受邀的父母展示了这些原型，借此观察大家的初步反响。我们利用这些原型设计了用户故事，"海伊回忆道，"有趣的是，有些地方我们想错了。保持故事的正确性，是一切工作的首要前提。"

利用构建、测试、迭代和改善流程，海伊和怀特很快就发现了错误所在，并对整个概念进行了修正。他们最初设计的婴儿座椅的把手就是一个很好的例子：如何在产品设计流程一开始就利用粗略、快速的原型和故事建立正确的产品体验和性能。

海伊告诉我们："当我们思考如何设计出更好的婴儿座椅时，重点考虑的问题之一就是座椅的携带性。我们设计了行李箱式的把手，这样你就能轻松地把座椅拎在身体两侧——我们想象着人们使用这种座椅的场景，自认为这样的设计最适合远距离携带。可是，等我们真的把这款设计拿给妈妈们看时，我们惊奇地发现，她们根本不想要这样的设计。她们喜欢把婴儿座椅拎在胳膊肘上，就像拎篮子或者手袋那样（见图7.5）。"

图 7.5　臂挎式把手的早期原型

这个出乎意料的结果让 Orbit Baby 的设计团队对用户及其需求有了更加感同身受的了解。

海伊解释说："导致这个错误的原因之一在于我们的性别。我们都是男性，所以根据自己的经验想当然地以为别人也会这样拿婴儿座椅。另一方面的原因是我们的故事出错了——我们以为用户会带着婴儿座椅走很远的路，但是，我们采访的父母都表示，他们真正需要的是如何方便地把婴儿座椅从汽车转移到婴儿车上。他们根本不在意婴儿座椅是否适合远距离携带：他们认为我们的把手设计和故事情景都很出色，但是却与他们的日常体验无关。"

根据这些情况，设计团队放弃了他们最初的设想，重新设计了方便双手使用的把手。最终的版本采用了臂挎式的把手设计，如图 7.6 所示。

图 7.6　臂挎式把手

7.5　在设计过程中加入故事和原型

当你在产品开发过程中设计故事的时候，需要注意以下几点：

1. 尽量提高沟通效率。使用的感官元素越多越好。能用图片就别用文字，进行场景演示或拍摄视频，使用原型作为图片和视频的补充。

2. 时刻牢记目前所处的产品开发阶段。首先对问题有一个基本的了解，其次思考解决方案假设，最后制订真正的解决方案。根据当前掌握的信息和假设不断完善故事。

3. 确定目标之后再制作原型。如何使用这个原型？你希望通过制作原型获得哪些信息？

4. 不要幻想只靠一个原型就掌握所有信息。多制作几个快速原型来测试概念的子元素，等各项概念经过测试和迭代之后再进行合并。外观原型和功能影响应该等到产品开发流程的后期再合并。

5. 通过情景模拟去展示使用案例，不要把所有的使用案例都汇总到一个故事中。没有人或企业只靠一种产品或服务就能解决所有问题。

在使用故事和案例的时候，应该避开以下误区：

1. 过分凸显自我。删除故事中关于你自己、你的公司和你的产品的内容。使用通用表达来描述产品和服务。大胆地质疑自己当前所有的价值主张、业务模型和对客户行为的了解。

2. 过分依赖当前的成功和对过往用户行为的了解。不要担心现有业务会受到影响。如果你不行动，其他人也会行动。客户行为并不是一成不变的。品牌忠诚度需要不断争取。

3. 在一个故事里包含过多内容。简洁地叙述一个案例。

4. 使用缺少相关性的概念和使用案例。如果故事内容或原型功能无法激起用户的共鸣，那么不管这个想法有多巧妙、多受欢迎，都必须做出改变。

5. 过早开始雕琢细节。在第一阶段和第二阶段的早期迭代过程中，故事和原型每天都要经过多次迭代。讲述故事和制作原型的时候，应该避免过分依赖数据或生产。如果开发团队必须把故事和原型交给承包商进行迭代，就说明他们用错了工具，或者由于过分追求细节而本末倒置。

制定一个学习规划：

1. 对于第一个故事和原型，不必过分强调完美。经过一轮又一轮的客户和利益相关者反馈来完善它们。

2. 多管齐下。测试同一个问题的不同解决方案；取其精华，去其糟粕。

3. 描绘出完整的价值链，测试故事和原型的时候，不要遗漏价值链中的每一个利益相关者。了解他们所重视的内容。

4. 随着故事和原型越来越完善，应该站在利益相关者的角度来塑造故事。保持故事和他们之间的联系，吸引他们提供反馈。

7.6 总结

原型和故事有着千丝万缕的联系——原型可以以文字永远无法企及的方式传递一种体验，而好的故事则让人们领略了原型的意义。这一点尤其适用于以全新方式满足需求的新产品或服务。故事和原型把未来的理念以视觉化的方式呈现在用户面前，让他们得以亲身体验。

借助故事和原型与利益相关者和用户沟通，可以帮助产品开发团队构建一份创意及其用途的介绍。这些工具揭示了用户的需求、行为方式，以及他们使用新产品的情况。故事可以推动解决方案假设的形成，同时框定问题范围。这些都是从创意活动中获取有用信息的必要手段。

第 7 章　故事与原型在设计思维中的关键作用

如果企业希望在产品开发流程中融入设计思维，就必须重视故事和原型的作用。复杂和昂贵的原型并不能掩盖故事中糟糕的文笔或欠缺的内容。有了优秀的故事和匹配的原型，开发团队才能在短时间内设计出优秀的产品。

作者简介

马克·泽何（Mark Zeh）是来自德国慕尼黑的一位设计和创新顾问。自从 2000 年加入了位于加利福尼亚帕洛阿尔托的 IDEO 公司之后，他的设计思维职业生涯就此展开。在 IDEO 工作的七年里，他曾经与多家公司合作，如 Bose 公司、Steelcase 公司、澳洲联邦银行等，利用故事和原型方法来探索和设计新产品。泽何曾于斯坦福大学、艾希施达特-英戈施达特天主教大学及妇女论坛全球会议讲授与设计思维相关的内容。此外，他还是慕尼黑商学院一项基于设计思维的创业学硕士项目的负责人。

第 2 部分

企业里的设计思维

第 8 章　把设计融入创新过程的模糊前端

第 9 章　设计对初创企业的影响：如何帮助创业企业掌握和在新产品开发中应用设计流程

第 10 章　设计行业之外的设计思维：团队培训和实践指南

第 11 章　培养设计思维：通用医疗的门罗创新模型

第 12 章　让设计思维成为企业文化

第 13 章　知识管理——实现突破性创新的信息放大器

第 14 章　让设计思维成为企业的战略组成部分

第 8 章

把设计融入创新过程的模糊前端

茉莉亚·卡拉布莱塔　代尔夫特理工大学
格尔达·格姆瑟　皇家墨尔本理工大学

8.0　简介

管理者们都了解模糊前端（Fuzzy Front End，FFE）在创新中的重要性。在 FFE 阶段，创新团队会寻找和选择有趣的创新机遇，生成相应的创意并进行筛选，然后把最有潜力的创意融入产品或服务概念中进行进一步开发。

管理得当的 FFE 可以改善创新成果。但是，由于这一阶段充满了复杂的不确定性，而且要求团队根据有限的信息做出决定，所以 FFE 成了创新过程中的一个难题。在解决这一难题的过程中，设计专业人士发挥着格外重要的作用。他们既能以商业目标为导向，又能积极地接纳变革、未知和直观选择。现在，企业逐渐认识到了设计专业人士在 FFE 阶段扮演的重要角色，于是要求他们除了负责执行该阶段之后的新产品/服务概念，还要参与 FFE 期间的解决方案制订工作。

本章我们将介绍设计专业人士及其行为和工具如何帮助企业解决 FFE 阶段的关键难题。这些指导内容（和相关例子）来源于我们对关于过往文献和创新项目案例研究的分析。在这些案例项目中，设计人员都以外部设计顾问或内部设计人员的身份参与了整个 FFE 过程。

在接下来的内容里，我们会先讨论 FFE 中的三个关键难题：定义创新问题、合理管理信息以减少不确定因素，以及确立和维护对关键利益相关者的责任。接着，我们将讨论设计专业人士可以借助哪些行为和工具来解决这些难题，以及具体的解决方式。最后，我们会就如何优化设计师在 FFE 中的协作提出几点建议。

8.1　FFE 中的难题

FFE 阶段主要包括三个关键难题，而设计专业人士可以借助行动和工具有效地解决这些难题。

问题定义

在 FFE 的开始阶段，正确地定义创新问题（比如，就目标市场来说，待满足的需求、创新目标等）可以帮助企业发现和挑选有价值的机遇。这关乎后续的创意生成和概念开发，以及最终是否能设计出独一无二的解决方案。但是，创新问题一般都很复杂，条理不清，而且对知识的广度和深度都有很高的要求。面对这类问题时，企业管理者一般只能辨别出最显眼的问题或者他们最关切的问题（例如，当前产品的销售情况）。这样得出的问题定义要么过于简单，要么过于狭隘；而在此基础上设计出的新概念，往往难以符合公司的组合战略，或者只能满足短期的市场需求。

信息管理

所有 FFE 活动都涉及大量的信息管理工作。由于创新成果的不可预测性，管理者们会尽量收集多样化的信息，以降低 FFE 阶段的不确定性。但是，人类处理信息的能力终究有限，单纯地积累信息并不能降低不确定性。为了提高创新的成功率，我们应该有选择地过滤信息，有目的地整理信息，有效率地交流信息。

利益相关者管理

大多数创新项目的背后都存在多方利益相关者，这是为了获得更多的知识和资源支持。虽然我们的最终目的是解决复杂的创新难题，但是各利益相关者都有自己的目标和利益（比如，不同的部门、机构/公司、职业目标等），有时甚至会互相冲突。最后，这些冲突会导致问题定义不全面，偏离初始目标，甚至影响利益相关者参加创新项目的积极性。

在接下来的篇幅里，我们将向大家展示设计工作的具体内容（也就是设计师们的工作方式）和工具如何帮助企业解决上面列举的 FFE 难题，从而证明设计者在 FFE 中的重要作用。图 8.1 总结了这些内容和工具。一般来说，每一位参与 FFE 阶段的设计者都会用到图 8.1 中所示的内容，因为它们代表了设计者们带来的真正价值。不过，由于设计师们的个人偏好或者具体环境的差异，每一位设计师采用的设计工具都会有所不同。因此，虽然我们的工具列表不够完整，但是其中的每一项内容都是根据我们的实地研究和经验得出的。

FFE 难题	设计专业人士们的工作		设计专业人士们的工具
定义问题	重新架构	整体思维	思维导图 比喻
信息管理	感知 提炼	知识中介 翻译 动画化	环境地图 客户旅程地图 客户画像
利益相关者管理	启发 融合	合作	情景展示 早期原型 生成式讨论 利益相关者地图

图 8.1 专家们在 FFE 中的活动和工具

8.2 协助定义问题的设计活动和工具

协助定义问题的设计活动

如图 8.1 所示，设计专业人士使用重新架构和整体思维方法来协助创新管理者完善问题定义，消除这一过程中的偏见和狭隘。

重新架构是指设计专业人士用全新的、不同的、充满趣味的方式来阐述问题情况，从而激发出更多创造性的解决方案。在 FFE 阶段，业务人员通常会根据他们对公司的专业了解、对当前销售和市场需求的掌握，以及以往的经验来界定创新问题。我们就拿以提升销售为目标的创新项目来说，这类项目中最典型的问题定义就是根据销售人员的建议、竞争对手的产品和当前产品在技术上的渐进式改善来开发新产品。这样的问题定义既不全面，又欠缺长远性；而在此基础上开发出来的新产品/服务，也只能带来有限的市场影响和收入回报。在 FFE 的早期阶段，设计师们通常都会尝试通过重新架构法来寻找"问题背后的问题"。重新架构法是指把问题解构成基本模块（如子问题、影响因素等），从而突出最初的问题定义中被忽视的相关方面。重新架构法让我们对创新问题有了一个完全不同，甚至更加全面的认识；它不仅推动了我们寻找机遇的步伐，也为创意生成提供了更清晰的方向。因此，设计专业人士在帮助企业解决销售额下降的问题时，会更广泛地考虑影响因素（例如，缺少对用户需求的深入了解，缺少度行业/公司前景的清晰构想，缺少个性鲜明的品牌形象，对技术演变抱有狭隘看法，等等），并且对问题定义进行重新架构，比如，在当前和今后的产品中融入强大的品牌形象，为不同的用户群体赋予个性鲜明的风格。

在重新架构创新问题的时候，设计师能否更全面地看待影响因素，主要取决于他们以往运用整体思维的情况。整体思维是指用全面的眼光看待问题，辨别模式，并在（基于经验的）直觉（而不是全面的分析流程）基础上建立联系。借助全面思维，设计专业人士可以引导创新管理者们发现以往被忽略的相关线索和联系（比如，影响因素），并在此基础上对 FFE 的问题定义进行有效的重新架构。

协助定义问题的设计工具

设计专业人士们在运用重新架构和整体思维法的时候，可以采用多种设计工具，包括思维导图和比喻法。

思维导图是一种视觉化地展示某一特定主题下的信息及信息间联系的图表。在定义问题的时候，设计者可以使用思维导图来探索创新难题的构成因素，以及这些因素间的联系。最终的导图将为我们提供一幅全面概览，帮助我们站在全局的角度重新架构创新难题。图 8.2 展示了某位设计专业人士在为一项公共交通服务设计新网站时，为了解构创新难题而绘制的思维导图。

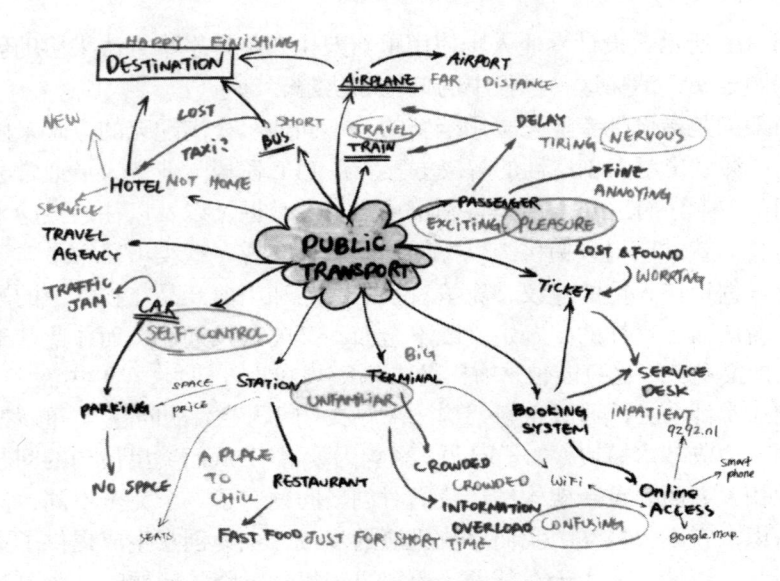

图 8.2　思维导图示例

绘制思维导图并没有特定的流程和步骤，这样才能推动整体思维，发现影响 FFE 问题的相关因素。但是，设计专业人士通常都会参考以下关键步骤：

1. 在一张纸或者其他地方的正中央写下创新问题的名称或描述。
2. 围绕创新难题的主要元素/因素/驱动因素展开头脑风暴，把想法写在各方向的分支上。在这一步骤，设计专业人士需要鼓励大家积极参与头脑风暴，同时维持好思维导图的有机架构。
3. 确定和突出其中的联系（如使用不同的颜色、形状和连接符号）。
4.（个人和集体）反思已经完成的思维导图，从中获得新的联系和重新架构灵感。

比喻法是指通过和其他事物进行比较来理解和说明某种现象。在 FFE 阶段，设计专业人士会通过比喻法来更好地了解创新环境（如市场、用户、机遇），在企业对问题的原有理解基础上拓宽思路。生动有趣的形象表达，可以帮助企业管理者们反复斟酌，消除偏见，加深对创新难题的了解。如果能结合视觉元素（如情绪板）一起使用，则会获得更好的效果。由于情绪板中的图像使用的是隐喻语言，所以它可以进一步推动开放式讨论，而不是直接生成创新解决方案。在制作情绪板的时候，设计专业人士会使用不同主题的图片来表示特定用户群的关键信息，推动客户从用户的角度出发，用长远的眼光来设计新的产品概念。

设计专业人士在使用比喻法的时候，通常会参考以下步骤：
1. 确定创新问题的主要元素/因素/驱动因素（例如，使用思维导图）。
2. 寻找某项或某几项与前面的元素/因素/驱动因素有关的特殊实体、现象或形势。
3. 使用前面发现的实体、现象或形势来解释和重新架构初始的创新问题。

8.3　协助信息管理的设计活动和工具

协助信息管理的设计活动

在 FFE 阶段，创新团队需要通过选择、整理和分享一系列因素（如市场、技术、竞争对手等）的相关信息，降低创新过程中的不确定性，从而避免出现风险规避行为和偏离真正的创新方向。专业设计师们可以通过"感知"未来趋势，传递不同领域的知识，以及运用翻译、提炼和形象展示等方法让信息更容易掌握，从而解决信息缺失问题。

首先，在收集信息的时候，设计专业人士会运用以人为本的工具来"感知"未来趋势，发现人们的需求和问题。这一过程让他们对用户和市场环境有了更准确的全新洞察。

其次，设计者担任的"知识中介"角色（把先前项目和其他行业的市场和技术知识应用到当前的项目和行业中），可以极大地推动 FFE 阶段的信息管理。在这一过程中，设计者灵活运用了看似无关的知识。这不仅可以增加团队发现潜在机遇的概率，还可以降低 FFE 阶段中的不确定性。这是因为设计者在其他领域的（积极）经验是我们寻找新方向的宝贵基础。

信息收集完成之后，设计者就要开始展开信息共享工作。这项工作主要通过"翻译"活动来完成。顾名思义，"翻译"就是把信息由一种语言转换成另一种语言（例如，语言和形象、隐性与显性之间的相互转换）。这样一来，信息就能被更广泛地被受众所用。情绪板就是一种把文字语言（品牌价值和市场信息的文字描述）转化为形象语言的工具，它让信息变得直观易用，从而推动设计者生成更优秀、更有创意的概念。

信息提炼也是 FFE 阶段中的一项重要活动。由于 FFE 阶段涉及的信息数量巨大，而且缺少清晰的结构和关联，因此十分考验管理者的信息处理能力，并且产生了许多不确定因素。而设计者们对这种复杂情况并不陌生，所以可以帮助企业整理信息，突出关键信息，并且把它们和相关知识结合起来。此外，设计者还可以通过视觉化和实体化方法，把提炼后的信息以有趣的形式（动画化）传递给大家，从而推动知识的内化，让企业可以利用这些知识去发现和探索真正的新机遇。鉴于信息提炼和动画化的效果有目共睹，越来越多的设计机构，如 XPLANE、JAM 和 INK 都开始推出用于提炼复杂信息（如市场信息、技术知识、公司信息等）的视觉化工具（如信息图表、动画、海报、数字可视化服务等），目的是把这类信息转化为全面、直观、有趣的图像。

协助信息管理的设计工具

设计者在进行上面这些活动的时候，会用到几种以人为本的工具，包括环境地图、客户旅程地图、客户画像等。

环境地图是一种定性的设计研究方法，目的是深入了解产品或服务带给用户的体验。这些信息可以进一步深化 FFE 的信息基础，帮助我们发现更多创新机遇。在制作环境地图的过程中，参与者可以借助生成式工具（如原型、照相机、录音器材、日志等），以生动有趣的方式来记录他们遇到的问题或者使用产品/服务的体验。例如，某家有机食品零售商邀请潜在顾客把他们的购物过程和准备食材时的习惯用语和图像日志记录下来，以便从中发现创新机遇。这种简单有趣的日志任务，让参与者进一步关注自己的体验，从而在后续的深入访谈中提供更透彻的关于他们的购物行为的信息。由于环境地图呈现的都是生动的回答和真实的图像（见图 8.3），所以设计主页不仅可以从中发现机遇，还可以让业务人员身临其境地体验潜在客户的生活。

客户旅程地图是一种描绘客户使用产品或服务的完整经历的工具。旅程地图通过描绘客户的情感、目的、互动和遇到的困难，全面地展示了用户的体验，尤其是那些尚未开发的机遇，并推动了创意生成。图 8.4 展示了一位火车乘客的客户旅程。

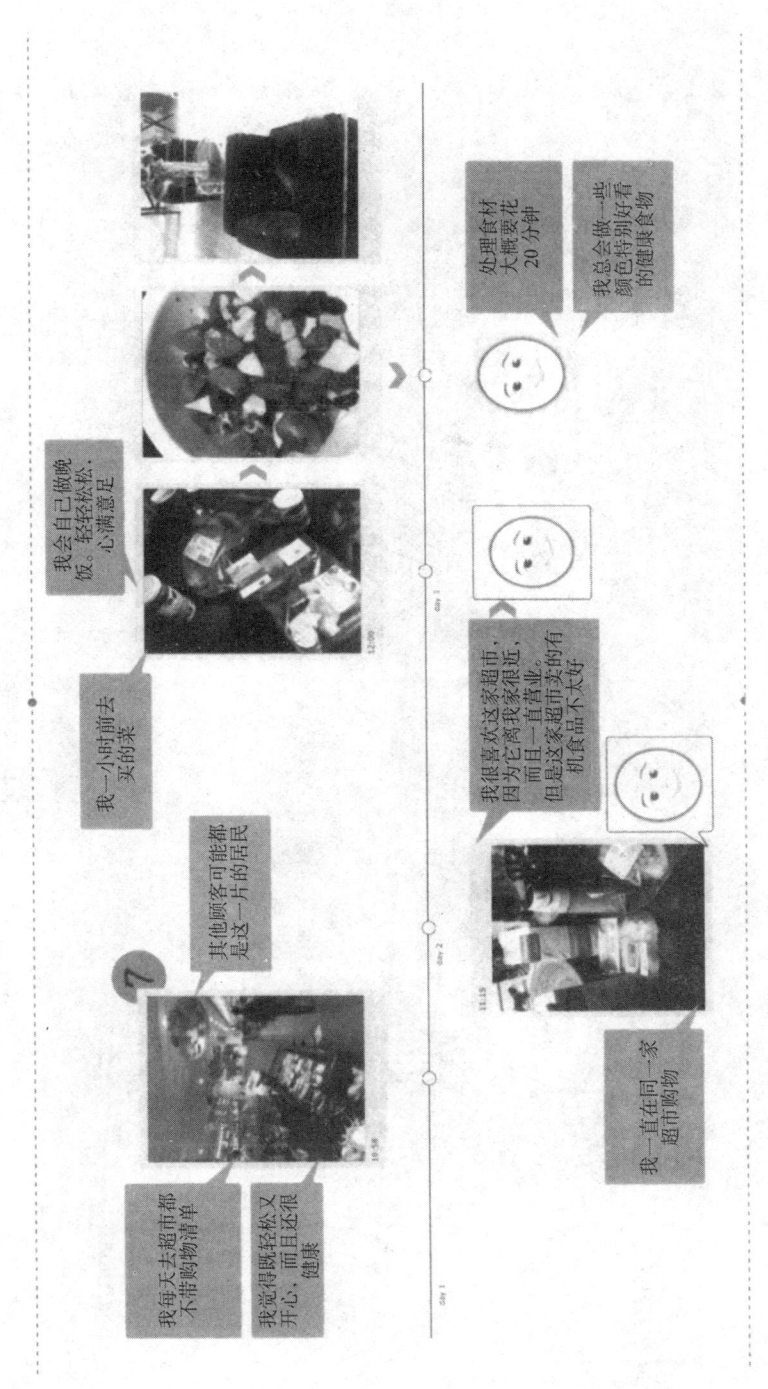

第 8 章 把设计融入创新过程的模糊前端

图 8.3 生成式工具的成果示例

101

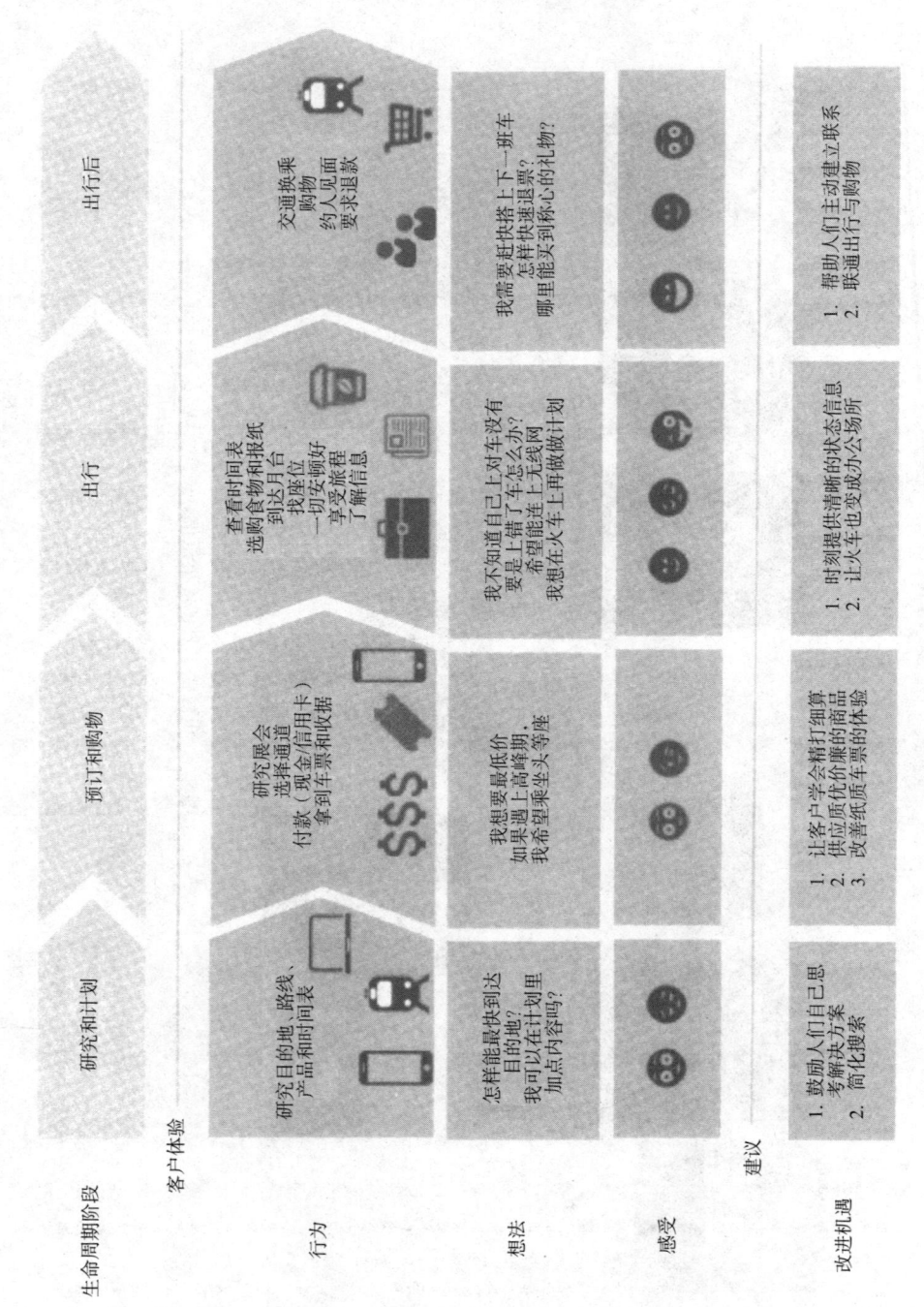

设计思维：PDMA 新产品开发精髓及实践

生命周期阶段	研究和计划	预订和购物	出行	出行后
客户体验				
行为	研究目的地、路线、产品和时间表	研究展会 选择通道 付款（现金/信用卡） 拿到车票和收据	查看时间表 选购食物和报纸 找座位 到达目的 一切安顿好 享受旅程 了解信息	交通换乘 购物 约人见面 要求退款
想法	怎样能最快到达目的地？ 我可以在计划里加点内容吗？	我想要最低价 如果遇上高峰期， 我希望乘坐头等舱	我不知道自己对车没有 要是上错了车怎么办？ 希望能在火车上无线网 我想在火车上再做做计划	我需要赶快搭上下一班车 怎样快速退票？ 哪里能买到称心的礼物？
感受	☹ ☹	☺ ☺	☺ ☺ ☺	☺ ☺ ☺
建议				
改进机遇	1. 鼓励人们自己思考解决方案 2. 简化搜索	1. 让客户掌握打细算 2. 供应质优价廉的商品 3. 改善纸质车票的体验	1. 时刻提供清晰的状态信息 2. 让火车也变成办公场所	1. 帮助人们主动建立联系 2. 联通出行与购物

图 8.4 客户旅程示例

第 8 章　把设计融入创新过程的模糊前端

制作客户旅程需要我们投入时间、精力，以及能力互补的跨职能团队的参与（包括时刻秉承"以人为本"原则的设计专业人士）。大家可以参考下面几个步骤：

1. 明确定义旅程的主题（如客户类型）。
2. 使用横向时间轴按照时间顺序记录客户使用特定产品或服务，或完成特定任务时的所有活动，包括活动前后的情况。我们的关注点是活动，而不是实体接触点，所以从客户的角度出发非常关键。
3. 描述客户在进行这些活动时的目的、情感、挫折、挑战和满意度。后续的深入访谈等定性研究可以进一步补充这些描述和前面制作的活动地图。
4. 和不同的利益相关者（包括客户）讨论客户旅程的内容，从而发现更多与地图内容有关的机遇。

客户画像（见第 3 章）是一种代表当前或潜在客户的虚构形象。它用视觉化的形式展现了客户的行为、价值观和需求。在 FFE 阶段，设计专业人士会使用客户画像这一有趣的形式来总结和分享市场研究的成果，让不同的利益相关者就用户重心达成共识，推动新创意和新概念的产生。客户画像的主要优势在于它对人们认知的说服力，这是因为它们以真实的人的形象展示了抽象的客户信息。图 8.5 是公共交通乘客的画像示例（"安娜"）。

"我希望在火车上也能处理公事，所以我会选人比较少的车次。"
"我不会在周末的时候选择公共交通出行。"
"我需要火车准时！！！"
"我希望父母可以更便利地乘坐公共交通来看我。"

姓名	安娜	爱好	喜欢运动（晨跑、网球、瑜伽）。喜欢和朋友出去吃饭。离不开手机
年龄	31 岁	家庭状况	和男朋友共同生活，养有一只狗，每周上班四天，不想买车，工资可以负担每年出国旅行两次
工作	跨国公司品牌经理		
背景	25 岁时获得硕士学位，目前在考虑读博		

图 8.5　客户画像示例

设计专业人士希望创新团队能从安娜这个形象中看到用户们的真实需求，并站在用户的角度出发来制定关键决策（如舍弃那些偏离了"以人为本"的创新）。

在制作客户画像的时候，设计专业人士通常会遵循以下几个步骤：

1. 大范围地定义需要制作画像的客户类型（例如，公共交通乘客）。

103

2. 从不同的来源收集客户信息（例如，市场研究、专家访谈、理论研究等）。
3. 根据收集的信息，确定选中的各类客户的区别特征（例如，喜好/厌恶、需求、价值观、利益等）。一般情况下，这一阶段不需要考虑人口特征。
4. 在选中的用户类型里确定 3~5 种不同的画像进行命名和塑造。
5. 通过图像（例如，长相、活动、所处环境中的视觉化因素）、人口统计信息（例如，年龄、教育程度、工作、家庭状况）、代表性的描述语句和有感染力的文字，让客户画像生动地呈现在大家面前。

8.4 协助利益相关者管理的设计活动和工具

协助利益相关者管理的设计活动

从图 8.1 的最后一行可以看出，设计专业人士主要通过不断地启发新视角、观点和方法，来吸引利益相关者参与到 FFE 阶段中。凭借长远的眼光、开放式思维和视觉化的工作和沟通方法，设计专业人士可以帮助企业暂停规避风险的判断，投入新的创新方向。

设计专业人士还可以通过合作来推动和维持利益相关者在 FFE 中的参与。他们可以推动利益相关者的积极参与和频繁互动。通过合作，设计者鼓励利益相关者有意识地在 FFE 活动中投入努力，确保培养他们对项目和创新成果的责任感。

利益相关者的个人利益和各种潜在因素可能会给 FFE 阶段带来阻碍，尤其是当涉及的利益相关者数量较多时（如网络创新项目或公共领域的创新项目）。设计专业人士可以借助他们作为"旁观者"的优势和专业地位，推动建立以用户为中心的决策标准，从而帮助不同的客户统一立场（融合），在 FFE 阶段达成共识。感受过用户体验之后，业务人员就不会只根据自己的想法和利益制定决策，而是打开心胸接纳其他更有市场潜力的解决方案。

协助利益相关者管理的设计工具

这类活动中涉及的工具包括场景展示、早期原型、生成式讨论及利益相关者地图。

场景展示（见第 7 章）是指通过视觉展示和口头描述来传递信息。这种传递形式比单纯讲述更有趣，也更有效果，因此可以帮助设计者赢得利益相关者的信任和支持。情景展示主要集中解决使用和可用性问题（信息型故事），或者建立客户和利益相关者之间的情感联系（启发型故事）。这两类故事可以帮助利益相关者获得创意，选定有潜力的创新方向。图 8.6 就是一个场景展示的例子。设计专业人士希望借助这一工具让某家公共交通服务供应商相信以人为本的交通信息网站可以显著改善人们的出行体验。

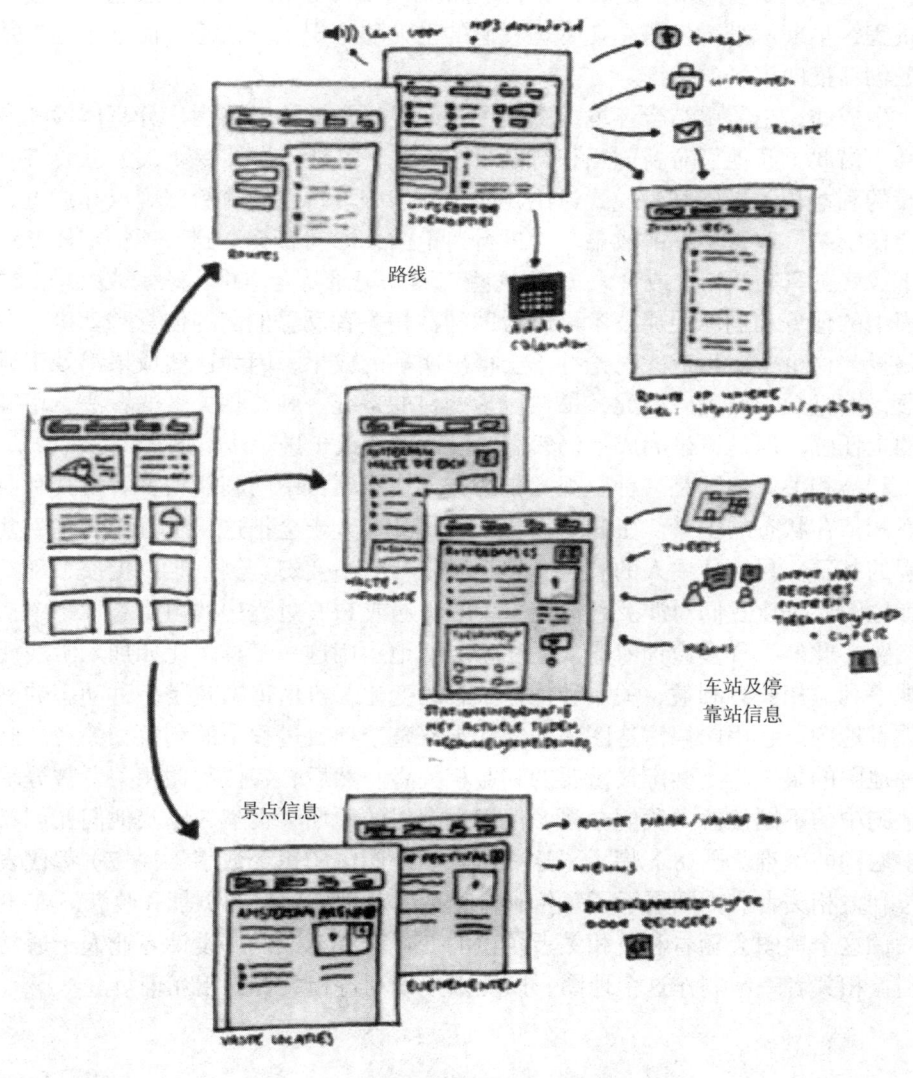

路线

车站及停靠站信息

景点信息

图 8.6　场景展示示例

早期原型（见第 7 章）是指以快速迭代的方式测试不同的创意和概念。借助这一工具，设计专业人士让利益相关者可以通过有形的物体更加真实地体验未来的产品，并确定最终的创新方向。某家消费类电子产品制造企业的设计师利用早期原型为他们的高端咖啡机产品设计了数字服务功能，并且成功说服企业管理者把收入模型从销售高端产品转为销售产品-服务系统。由于这种"亲身体验"的迭代过程，早期原型激发了企业管理者们的主人翁意识和责任感，而这正是把数字服务创新推向市场的关键。

生成式讨论需要结合环境地图使用，而且经常需要邀请用户分享体验和参与活动，借此了解他们对新创意和新概念的看法。另外，设计专业人士也会与 FFE 阶段的利益相关者展开生成式讨论，鼓励他们分享自己的体验、观点和意见，打破合作壁垒，取得更好的成果。在进行讨论前，参与者会拿到一项特定任务和一些生成式工具（如相机或日志），用这些工具来记录特定事件、感受或互动。讨论过程中的任务和创新促通技术可以帮助利益相关者反思他们的创意和动机，打开思路投入讨论中。生成式讨论并不会得出明确的成果，因为这些成果都处于雏形阶段，而且数量巨大。因此，虽然讨论的目的是统一利益相关者的看法，培养他们的责任感，但是讨论的成果仍然需要设计专业人士进一步打磨。

利益相关者地图是一种以视觉化的方式展示项目中的利益相关者及其利益、关系和依存状态的工具。在 FFE 阶段，设计专业人士会把这一工具作为建立共同议程的基石。尽管这些人的利益、关系和依存状态变幻莫测，难以捉摸，利益相关者地图还是让我们对涉及利益相关者的机遇或 FFE 过程中的阻碍有了一个初步的概览。此外，许多设计专业人士还会灵活地运用这一工具，比如加入游戏元素来观察利益相关者利益、关系和依存状态的变化。价值追求就是一种动态的利益相关者地图。它用两幅雷达图来确定和观察整个项目过程中的利益相关者。制作这种地图的第一步是确定最重要的利益相关者。然后，各位利益相关者被分配到雷达图中的不同位置。我们会注明他们每个人的预期、贡献，以及他们在创新项目中遇到的困难。图 8.7 展示了这一步骤。外圈中的每个数字（1~7）都代表了一位利益相关者。内圈展示了每位利益相关者对创新项目的贡献和收获。在 FFE 阶段，这个地图会随着利益相关者角色的变化而更新数次。设计专业人士通常会和利益相关者一起制作这个地图，以此来推动利益相关者的相互理解。

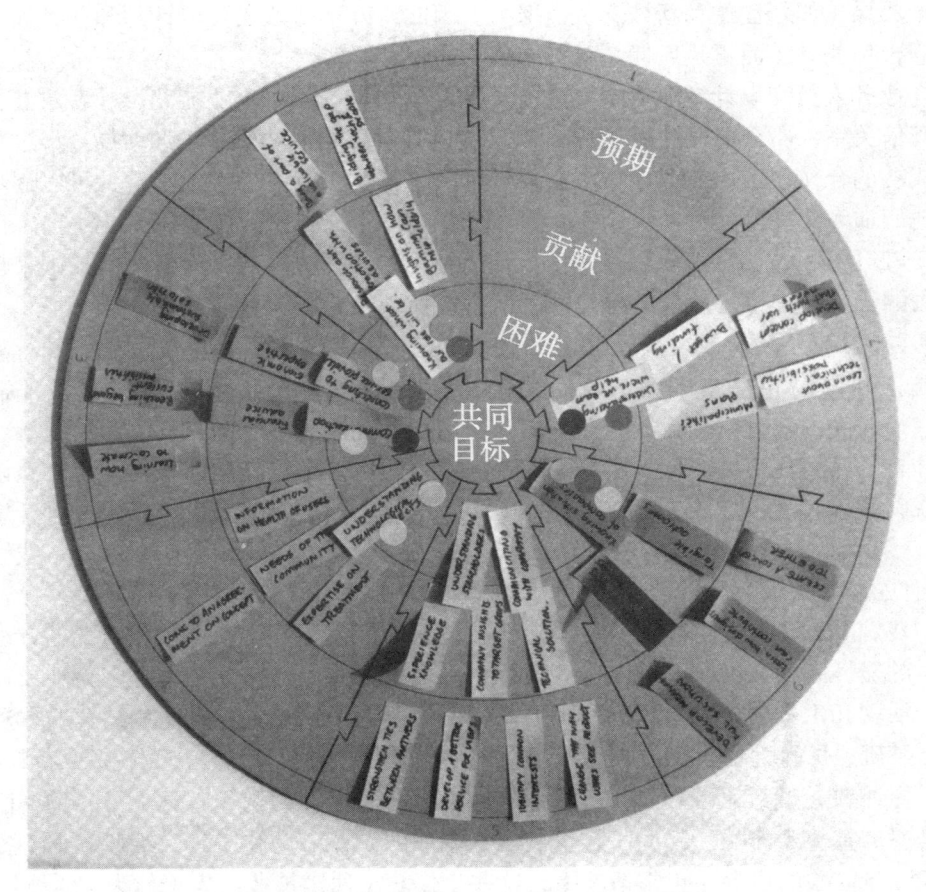

第 8 章 把设计融入创新过程的模糊前端

图 8.7 利益相关者地图中的价值追求：第一步

©Karianne Rygh 携手 CRISP Product Service Systems 101 研究团队联合制作。

8.5 让设计师成为 FFE 阶段的战略组成部分

在前文里，我们介绍了设计专业人士及他们的活动和工具在解决关键 FFE 难题时的作用。但是，只有少数以设计为导向的企业把设计师视为 FFE 阶段的战略组成部分。在这一部分，我们将介绍一些由商业和设计专业人士总结的方法，来帮助企业实现这一战略融合。根据这些方法的基本原则，在 FFE 阶段，设计活动应该是业务活动的补充品，而非替代品；企业应该和设计师一起为了 FFE 阶段的关键成果（如新创意和新概念）而努力。因此，FFE阶段需要设计师和业务人员建立合作关系（而不是雇佣关系）。具体的方法包括：

业务人员和设计专业人士要建立长期互信关系。如果企业能和设计者建立长期互信关系，那么把设计活动和工具融入FFE阶段的成功概率也会增加。经过几次成功的合作之后，业务人员就对设计师的工作和工具有了大致了解，可以逐步把他们加入战略创新活动中，比如寻找和选择机遇。在充满不确定性的环境中（比如FFE阶段），团队构成往往是由人与人之间的信任决定的，而这些信任则来自过去的经验。这样的信任一旦建立，就可以推动长期、互惠的关系。

建立相互理解。业务人员和设计专业人士都应该尽量理解彼此的思维和行动方式。为了赢得对方的信任，从而在FFE阶段扮演好中心角色，设计专业人士需要在短时间内对创新项目及企业的需求、目标和困难有一个深入、真实的了解。设计者的共情化行为（比如生成式讨论、对症提问、根据具体的工作环境调整语言或着装等），有助于建立双方的相互理解和信任。不过，业务人士首先要打开思路，接受设计人士的行为和工具。由于业务人士熟悉的工具大多属于分析、线性和定性类工具，所以他们会对设计者的工具和行为的适用性和效果持怀疑态度。

奠定基础，是指业务人员为了能够在FFE阶段使用直觉和理性相结合的方法而做的显性和隐性准备。前文中我们提过，之所以要做这些准备，是因为涉及业务的活动和工具通常都是建立在理性基础上的。为了给直觉和理性相结合的方法打下基础，我们就要在FFE阶段一开始、甚至开始之前，就做好规划，采取行动；同时，还要通过交流会和工作坊等形式激发业务人士的创意和直觉。另一种办法就是参加宣传工作坊。这些工作坊展示了专业的设计活动和工具，给业务人士提供了亲身体验的机会。正常情况下，这些工作坊（通常被业内人士称为"难题"）都是由设计咨询公司组织的；不过，现在有越来越多企业的内部设计部门也开始尝试举办这类活动，目的是把创新方法推广到企业的其他部门。在这些工作坊中，参与者需要利用设计工具和方法为假设案例制订解决方案。这些案例的主题既可以是社会的共同利益（如可持续性、社群问题、个人健康等），也可以是公司遇到的问题（适用于企业设计部门举办的工作坊）。工作坊耗时3~4小时，参与人数为20~30人，包括公司所有者及中高层管理者；会场的布置应能够启发参与者的灵感。通过这些活动，业务人士应该就能认识到，与设计者展开战略合作会有怎样的前景。

8.6 总结

设计专业人士正在逐步成为 FFE 相关专业知识的多方面战略来源。尽管越来越多的企业都把设计人士列入了 FFE 阶段的组成部分，但是仅有少数企业了解这样做的原因（"为什么"）和方法（"怎么做"）。在前面的内容里，我们通过介绍设计专业人士如何利用活动和工具来解决 FFE 中的三个管理难题，详细解释了"为什么"这个问题。另外，我们还通过介绍企业人士和设计人士总结出的关键方法，回答了"怎么做"这个问题，让大家能够更好地把设计活动和工具融入 FFE 阶段。本章的要点包括：

1. 设计专业人士可以利用图 8.1 中列举的特定活动和工具解决 FFE 阶段中的关键难题。

2. FFE 阶段的一个重要环节是正确界定创新问题（问题界定）。设计者可以通过重新架构原始问题、发挥整体思维、利用思维导图和比喻法等来有效推动这一环节。

3. 设计专业人士也可以通过信息管理来减少 FFE 阶段的不确定性。相关的活动包括感知未来趋势，传递不同领域的知识，以及通过翻译、提炼和动画化等方法推动信息的掌握。信息管理过程中可用的设计工具包括环境地图、客户旅程地图及客户画像等。

4. FFE 阶段的第三个难题是如何获得和维持利益相关者的支持。设计专业人士采用的方法包括鼓励关键利益相关者，通过合作来维持利益相关者的责任感，以及协调和统一不同利益相关者的立场。他们经常用到的设计工具包括场景展示、早期原型、生成式讨论及利益相关者地图等。

5. 我们要深化企业和设计人士在 FFE 阶段的战略合作，主要方法包括：建立长期互信的合作关系，理解对方的思维和行动方式，以及为 FFE 阶段的直觉-理性相结合的方法"奠定基础"。

在此，我们要强调一点：只有当设计专业人士和业务领域人员把彼此视为创新合作伙伴，能够认可和依靠彼此的优势，设计活动和工具才能在 FFE 阶段充分发挥作用。这一点很重要。在解决 FFE 难题的时候，设计工具和活动不是企业工具和活动的替代品，而是它们的补充品。因此，双方必须认可彼此在 FFE 阶段所作的贡献。

作者简介

茱莉亚·卡拉布莱塔（Giulia Calabretta）是代尔夫特理工大学（荷兰代夫特）工业设计工程学院设计战略价值系副教授。她于 ESADE 商学院（西班牙巴塞罗那）获得博士学位。茱莉亚的主要研究领域是创新和设计管理。目前，她正专注于研究如何把设计技巧和方法有效地融入企业的战略和流程中，尤其是设计者在创新战略和早期开发阶段扮演的角色。茱莉亚曾在多家刊物发表过研究成果，如 Journal of Product Innovation Management、Journal of Business Ethics 及 Journal of Service Management 等。

格尔达·格姆瑟（Gerda Gemser）是皇家墨尔本理工大学（澳大利亚墨尔本）商业和设计系教授。她于鹿特丹管理学院（荷兰）获得博士学位。格尔达曾（与欧洲政府及设计协会合作）就设计对企业绩效的影响进行过多方面的研究。她曾在荷兰的多所大学任教，包括代尔夫特理工大学及伊拉斯姆斯大学（鹿特丹管理学院）。另外，她还担任过宾夕法尼亚大学沃顿商学院（美国）及英属哥伦比亚大学索德商学院（加拿大）访问学者。她的研究主要集中在创新和设计管理领域，曾在多家刊物发表过研究成果，如 Organization Science、Organization Studies、Journal of Management、Journal of Product Innovation Management、Long Range Planning，以及 Design Studies。

第 9 章

设计对初创企业的影响：如何帮助创业企业掌握和在新产品开发中应用设计流程

J.D.艾伯特（J. D. Albert）　布莱斯勒集团工程总监

9.0 简介

近来，硬件开发呈现井喷式的爆发。造成这一现象的主要原因是日渐兴起的创业潮——越来越多的投资者和专业人士开始投身于开发属于他们自己的功能性产品。这就像几年前一样，你只要有个网站，就能办个新公司；现在，你只要有台 3D 打印机或者几个电子开发板，就能做出新产品。新产品技术和资金来源的范围越来越广，门槛越来越低，让产品的开发成本降到了前所未有的低点；而越来越普遍的创业和创新文化，也为新产品赢得了公众的支持。

大型企业的技术和创新负责人，自然也不会错过这股创新潮流，以及大众对新型实体产品的需求。他们开始着手设立半公开的研发（R & D）实验室；在那里，企业里的"创业者"们肩负起了产品创新的重任。我们以谷歌公司为例。2010年，谷歌为了研发自动驾驶汽车，成立了 GoogleX 实验室。2004 年，亚马逊成立了 Lab126 实验室。此后，Kindle Fire HDX、Kindle Paperwhite、Amazon Fire TV 及 Amazon Fire Phone 等设备的硬件和软件开发工作都是由 Lab126 完成的。就连耐克公司都有自己的研发产品孵化器——耐克"创新厨房"。

如今，越来越多的产品开始涌入市场。因此，创业者和创新者们需要一双"慧眼"。从生成产品概念到成功投放市场，在这一过程中，他们会遇到许多相似的难题，虽然这些难题出现的环境不同。虽然我们常说"水到渠成"，但这句话并不能帮我们打保票。博斯公司（Booz & Co.）的研究表明，每年有 50 000 种新的包装消费品进入市场，其中，约有 66%的产品会在两年之内被淘汰。据加拿大产品开发研究院表示，在企业为新产品的概念生成、开发和投放投入的资源中，失败项目占用了约 46%。这些项目要么是被市场淘汰的，要么根本就没走到投放市场那一步。

本章将介绍一些利用设计思维来优化新产品的实务典范。我们希望这些内容能帮助初创企业了解产品设计和开发流程。我们会通过两个真实的案例研究来说明这些流程在不同产品领域的应用。

9.1 基本准备

研究：研究类型概览

每位创业者都拥有一笔巨大的财富，那就是新颖的创意。因此，创业者们经常会觉得自己先人一等。不过，如果他们觉得自己可以绕开常规设计流程的初期工作的话，那就大错特错了，因为这一时期的用户研究和其他类型的研究，不仅可以帮助他们寻找产品机遇，还能完善产品概念。

用户研究（见图 9.1）是指通过与用户和客户交流，了解他们的预期，以及产品是否能够满足他们的需求。如果不是特别严格的用户研究的话，一般需要几天的时间；有时，企业会花费两年的时间来了解用户对产品的需求（比如，吉列公司付出了 3 000 小时来研究消费者，最终为印度市场设计出了最新款的剃须刀）。

竞争力研究的目的是发现和评估业务对手［如波特的五力分析、SWOT（优势、劣势、机会、威胁）分析，或者 5C 分析］，学习他们的典范实务，避开他们的失误，决定新产品在目标市场中的定位和推广方式。

背景研究研究的是新产品及过往产品在目标市场中遇到的问题或需求。

市场研究可以让创业者对新产品即将进入的市场有所了解。创业者应该做好"功课"，掌握市场情况、过往历史、竞争对手，以及它们使用或没有使用的业务模型。如果市场上的类似产品定价都在 20 美元左右，为什么你的新产品要卖 40 美元？如果某个市场中的所有产品都是由两家公司供应的，那么，如果创业者想在这个市场中分得一杯羹，就应该花时间充分了解这两家公司的情况。

第 9 章　设计对初创企业的影响：如何帮助创业企业掌握和在新产品开发中应用设计流程

图 9.1　Bresslergroup 的一名设计师正在查看基于用户画像的用户研究的成果

上面这些研究都无需高昂成本，你只是利用现有材料做做功课，好对市场形势有一个了解：和客户进行讨论，探索价格走势，了解你的创意是否具有鲜明特色及特色所在。我们可以利用互联网来做功课，但是客户访谈和讨论也很重要。联合分析是一种非常强大的工具，我们可以用它来了解客户对产品特性和成本权衡的看法。

定义和完善产品

产品概念打磨得越细致，创业企业节省的时间和金钱越多。在产品开发的过程中，总会有各种开放式问题等着用户研究和测试解决；但是，我们也可以在开发过程中找到这些问题的答案。

选定产品概念之后，我们会划定工作范围。接下来的第一件事就是扩大产品愿景，思考最完美的用户体验和产品形式，设想产品的运作和生产流程。这一愿景，再加上实体原型，让投资者"看"到了他们的投资内容。

知识产权如何保护和推动创新

创业企业不能在知识产权的背景研究上偷工减料。一般情况下，现有知识产权专利的事务已经足够复杂，而给新创意申请专利也是一件比较棘手的事。如果

113

创业者能和专利律师合作的话，那么他们就可以省下大把功夫。如果没有条件雇用律师，企业也可以借助在线研究来解决问题。

另一个比较复杂的问题就是申请新产品的商标和冠名权。大家最好尽快完成这两项工作。创业者最不愿看到的就是当产品已经投放市场、品牌身份已经建立、客户已经聚集、甚至连产品的名字都刻在了工具和硬件上时，却不得不给产品改名。创业者应该整体地看待产品开发过程，在考虑产品设计的同时，想好品牌（包括实体商标和推广方式）和包装的设计。在理想情况下，商标、包装和产品设计是可以互相提升的。

9.2 过程

一环又一环：从创意到产品的曲折之路

创业者们最常问的一个问题是：从创意到真正的产品，需要多长时间？很显然，这个问题没有统一的答案，因为它取决于每种产品的复杂程度。但是，开发流程通常会经历一个设计循环。这一循环由三个部分组成，分别是：定义和设计环节、工程环节及生产环节。这一过程的目标是实现三个"环"之间的顺利过渡；不过，一项产品往往会不止一次地重复某个环节。

在**定义和设计环节**，设计者们会通过创意思维、创意草图、计算机 3D 模型及原型等迭代过程来完善产品概念。如果创业者对定义阶段不太了解，可以试试 iDea Fan Deck。这是一种适用于头脑风暴和概念生成的指导工具。原始创意值得我们花费时间进行打磨，因为它的质量基本可以决定产品的最终成败。

工程环节的主要任务是把产品设计分解为可以生成的部件。工程师希望根据用户的首要需求设计出轻便、耐用或经济的产品。在本环节结束时，工程师会仿照实际产品的外观和功能制作出原型。经过测试和完善，工程师最终会制作出量产前原型。这将是正式生成前工程师和产品设计团队对产品的设计、功能和用户接受度进行的最后一次评估。

第三个环节，也是最后一个环节，是**生产环节**。这一环节所需的时间通常会超出创业者的预期。总体来说，要在 6 个月之内开发出一项新产品是非常困难的。这一过程一般需要 6~15 个月的时间，许多企业甚至需要更久，尤其是医疗设备。生产环节让一个好创意变成了一个好产品。要想让生产商生产出符合要求的产品，企业需要投入大量的精力，创业者也需要密切监督产品质量。

第 9 章　设计对初创企业的影响：如何帮助创业企业掌握和在新产品开发中应用设计流程

案例研究　KidSmart 烟雾探测器

——商学院毕业生的成功故事

主要挑战：围绕专利展开设计；量化生产问题

开发时间：20 个月

2003 年 10 月，一群刚刚走出商学院校门的创业者，希望设计一种全新的烟雾探测器。这种探测器可以录下家长们的声音，在发生火灾的时候叫醒睡梦中的儿童。根据维多利亚大学的研究，使用儿童熟悉的声音的烟雾报警器，可以比使用蜂鸣声的报警器更容易唤醒儿童。

定义和设计

KidSmart 的创业者们为自己的创意（见图 9.2）申请了专利，然后正式启动了产品开发过程。维多利亚大学的研究团队的努力帮助他们顺利拿到了专利。由于他们已经进行过部分概念生成工作，所以，他们可以在拿到专利后迅速启动设计循环。创业者们先制定了产品的性能要求、可用性战略和成本目标。他们需要在设计初期就确定部件供应商和所有主要部件的生产战略，包括实际的烟雾感应器。

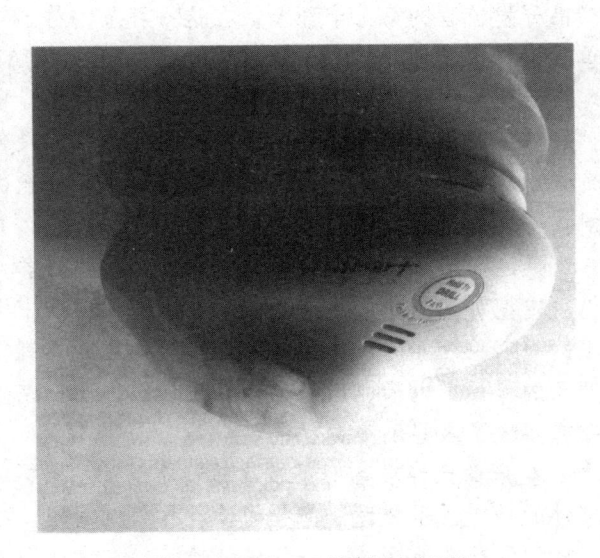

图 9.2　KidSmart 的烟雾探测器

和传统的烟雾报警器不同，这种新型的报警器需要具有出色的录音和回放功能。少了这两个功能，他们的烟雾报警器就没办法获得必要的安全认证，经销商也不会买账。为了满足这些标准，创业者们请来了一位颇具声望的声学专家帮他们设计扬声器和内置的扬声器箱体。最终，这支团队想出了好几个备选概念，然后从中选出了最终设计——扬声器朝向儿童的枕头，以获得最大的警报音量。

工程

在工程阶段，电子团队在 SolidWorks 制作了主要电子元件、机械部件及壳体零件的模型。团队成员们工作的重点是敲定部件规格，设计出一流水平的硬件和软件。机械设计团队的成员们负责主要机械性能的细节设计，而且必须围绕几项专利展开。为了完成工作，他们重新设计了电池容量和转换功能，发明了一种全新的吸顶式性能，这说明了尽早进行专利研究的重要性，因为知识版权问题会影响产品设计。工业设计师们改进了用户界面，实现了录音和回放功能，并且设计了一款非常夺人眼球的包装。

2004 年 2 月，这款探测器的第一台功能性模型在贸易展上亮相。当然，这台模型的功能有限，仅供预览。这些早期原型让 KidSmart 为推广做好了准备；后来，这些原型又被送到了美国保险商实验室，在那里的"烟雾箱"里接受了初步的安全和规范测试。这样，创业者们就实现了"一物多用"，充分利用了原型的价值。

生产

生产环节是产品开发流程的第三个环节。在这一环节，符合条件的生产商们都拿到了材料清单和电脑辅助设计（Coinputer-Aided Design，CAD）档案，开始思考自己的报价。设计团队则继续进行最终的产品设计。此时，电子团队的主要任务包括最终测试和筛选关键的烟雾感应部件，以及继续完善硬件和软件。机械工程师们则主要负责解决关键界面元素的问题，包括确定电池舱的设计、测试按钮和指针，以及对内部性能进行微调，让空气流量实现最大化，并且获得优质的录音效果。此外，还最终确定了产品的可用性序列、颜色和图案。

创业者们最终决定把加工工作放在海外。因此，他们前往中国参观了几家工厂，并选择了其中的一家，开始为最终生成制订过渡计划。在制作和测试原型的过程中，他们对产品的界面、电子、机械和包装设计做出了一系列更改，并且和中国的生产企业一起实现了这些改变。

2005 年 5 月初，生产商已经准备好了工具并制作了第一个样品。设计团队检查和测试了样品零件的功能，不放过任何一处设计和软件问题。不过，这种事情很难避免，比如他们发现电池区域有一处设计缺陷，在微处理器性能和电池寿命要求的限制下，尽可能地优化产品性能。

从概念到生产，整个开发流程历时 20 个月。目前，开发工作仍在进行中，但是 KidSmart 的创业者们已经开始了公关活动。宣传活动受到了消防员和各地媒体的欢迎；产品供不应求，甚至出现了少量缺货的情况。

原型：从精确度到实际利益

优秀的创业企业懂得在原型上投资。优秀的创业企业会在原型上投资。在整个开发流程中，不同水平的原型会带来不同的收益。原型的精确度（或质量）会随着产品的不断完善而提升。制作原型的过程就是把成长型思维用实体化的形式展示出来，而这种成长型思维就是设计思维的灵感之源——从每一次原型测试中获得的信息，以及每种原型的不足，都为下一次改进提供了基础。接下来就是通过创业者制作的所有原型记录整个流程。

用于初步探索的原型

探索型原型是产品定义阶段的有效催化剂。例如，某家由球类爱好者创办的企业想开发一款新的训练辅助设备。敲定了产品概念之后，为了测试这一创意，他们粗略制作了一个"原理"模型（也叫作"模糊"模型）。经过几周的忙碌，他们终于制作出了第一个符合他们预期的原型。这个原型反映了真实产品的外观和给人的感受。在制作原型的过程中，创业者用到了 Arduino（一个模块化的可调电子/机械组件）、快速交混式 CAD、额外的开发板，以及几个简单的 3D 打印外壳。

第一次实验并没有成功，所以创业者们做了一些调整和测试。第二个原型有了巨大的飞跃，让他们了解了实际产品应该具备的功能。第一批原型让创业团队对这一创意的信心日益增长，并且为他们编写初步的产品说明提供了基础。这份说明将为之后的设计和工程工作提供指导。

如今，制作这种初步原型并不难，大家不该忽视它的重要性。利用这种原型，创业者可以了解产品的运作是否正常、操作是否简单、外观是否美观、组装是否容易、生成成本是否合理、质量是否可靠、产品是否允许改造和定制等。早期原型应该经历测试、记录、迭代等过程。创业者应该在各个环节的基础上进行扩展，从而赋予原型更多功能，提升它们的精确度。失败的原型可以带来成熟的学习机会。

用于确定正确方向的原型

当产品开发面临多个前进方向，而创业者又没有足够的信息来进行抉择时，这种原型就该登场了。创业者可以为每一个比较出色的方案制作一个原型并进行比较，然后根据优先考量和限制条件，选出更优秀，或者更节省成本、可持续发展或贴合实际的方案。

有时，选择哪个方向是由企业的技术类型决定的。例如，有家医疗设备公司想开发一款新产品。目前，有两种泵送技术可供选择。这两种技术各具优势：一种面向高端市场，另一种面向低端市场。因此，这家公司制作了两种原型，用来比较两种方案的优劣势，做出最终决定。这些原型并不是完整设计的产品，它们只是创业者了解产品性能和进行测试的工具，用来决定最终采用哪种技术。

创业者应该大胆地改造这些原型。如果是拿给投资人看或者参加贸易展，那肯定需要一个经过精心雕琢、能够拿得出手的原型；但是，快速原型也同样重要，因为我们可以从它的迭代过程中解锁新设计。

用于吸引投资的原型

随着设计流程的推进，原型越来越完善，需要修改的地方也越来越少。这时，大多数创业企业都会把原型拿给投资人看。对于投资人来说，充足的准备比一腔热情更能打动他们。要想制作出引人注目的原型，其中一项准备就是资金和远见。当人们可以与产品概念互动时，他们对产品的态度就会发生转变。（你见过哪个创业者是空手参加《创智赢家》节目的？）

如果没有原型，你最起码应该准备一个精彩的故事、一支优秀的团队，以及一个用来验证概念的模型。当然了，最好的办法还是在推广会上展示你能制作出来的最好的原型；而且，就算原型并不完美，也足以帮助投资人了解你们目前的进展。例如，给Kindles和Nooks生产电子纸显示屏的E Ink公司在筹集资金的时候几乎举步维艰。当时它们的电子纸技术还尚未成熟。但是，E Ink却用一个精彩的故事讲述了电子书刊将如何取代纸质书刊。有了这个故事，再加上一个概念验证原型，E Ink成功地为投资者构建了一幅完整清晰的前景。

用于收集反馈的原型

创业者在筹集资金的时候，经常需要重复介绍产品的开发流程。一般情况下，为了完成资金募集或者利用原型去吸引客户和企业对更新版本的关注，他们会在不同的阶段稍作停顿。

于是，创业者从中获得了一些关键反馈，并把它们用于下一阶段的设计工作。实体模型会让反馈过程变得容易得多。人们在与产品交互的过程中，会对产品的操作、材料、外观和交互产生各种问题；而抽象的描述，不管多精彩，都不可能达到这种效果。不管是用户反馈还是测试，原型总能帮助我们发现产品缺陷。从设计的角度来说，这有助于我们设计出更完善的产品；从投资的角度来说，这可以让投资者对后续所需的资源有所了解。

第 9 章　设计对初创企业的影响：如何帮助创业企业掌握和在新产品开发中应用设计流程

用于定义专利的原型

在申请专利的时候，创业者需要对整个流程有一个清楚的了解。通过制作和研究原型，他们准确掌握了产品运作的方法和原理，这样可以推动他们撰写专利。到了产品规格和定义阶段，创业者就需要正式提交专利申请了。另外，创业者还可以借助原型发现新机遇，拓展专利范围，甚至为未来变革或发展申请专利。

用于推动生产过程的原型

品质原型可以为生产过程的顺利展开奠定基础。原型的质量和完善程度决定着生产过程的最终成果。当创业企业开始投入生产的时候，最好能拿一个符合合格标准的成品给生产商参考。这一步很重要，尤其是面对海外生产商时。但是，不管产品在哪里生产，企业都应该注意一点：原型应该尽可能接近最终产品。

测试，再测试：评估产品——越早越好，越多越好

有太多企业都声称自己负担不起研究。这样的后果就是大幅增加了改善进程的风险，局限了改进的空间。通过初始测试，我们可以了解以下问题：产品是否耐用？操作是否简易？设计是否完善？外观是否符合人们的审美？有多少人愿意花钱买它？

测试告诉我们的真理包括以下几个。

1. 不要等着产品自己变"完美"。早期测试可以帮助我们发现产品是否完善，找到最有前景的销售渠道。但是，创业者都不怎么喜欢听到批评。这是任何创业企业都需要直面的担忧。如果能在开发阶段的初期就把问题解决掉，总比留到生产阶段才解决要容易得多，成本也会低得多。所以，在一开始就坦然接受批评，是一件很重要的事。

现有的人脉网，比如朋友、家人，甚至社交媒体，是企业获得最初反馈的主要渠道。创业者和企业在设计第一版实验产品时，应该考虑各种可能，比如不同的风格和颜色，然后征求反馈者的看法，了解如何改善和拓展产品功能。最重要的是，创业者需要欣然倾听各种反馈，不要囿于成见，过早敲定产品概念。

2. 产品必须能够承担过度滥用。创业者应该明白，他们的产品将经受各种意想不到的操作和环境。如果产品上有部件能倒着插的话，肯定会有人这么做的。笔记本电脑需要经历交通航班、寒冷低温及被儿童不当使用等严苛的模拟测试，才能暴露出各种缺点，赢得改善机会。总之，创业者必须确定产品能够经受住真实世界的各种考验。

在测试产品极限的时候，创业者需要弄清楚几个问题：如何界定正常使用、

标准使用和过度使用？产品是否具备防水功能？把产品泡在水里算过度使用吗？最后，创业者需要明确产品和用户各自的责任比例。（但是不管怎样，亚马逊上总会出现"这个产品被我踩了一下就坏了。差评。"这样的评价。）

  3. 找到测试"甜区"（sweet spot）。虽然企业可以在开发产品的过程中不断学习，但是，真正的"学习"还是要看产品在真实市场环境下的表现测试。创业者需要朝着开发和发布过程中的这个"甜区"努力。从根本上来说，这个"甜区"就是时间和金钱的平衡，以及创业企业在产品发布前后投入的成本。

  不管结果怎样，公众的支持和反馈总能帮助企业决定何时发布产品。Kickstarter这类众筹平台和社交媒体，让企业可以更方便地接触客户，通过客户，企业就可以知道市场是否已经做好了接纳新产品的准备。如果产品需要接受特定市场或行业的测试，那么企业应该尽早建立产品与市场的联系，因为这是一个非常漫长的过程。

生产和供应链：一个待解的复杂方程

  产品经历了定义、迭代原型制作和测试之后，就进入生产阶段了。每一种产品的生产战略都是独一无二的，所以创业者必须对生产过程了如指掌：是自行生产（DIY），还是委托合同制造商生产？是在当地生产，还是送到海外生产？这个决策过程就像一个复杂的方程，而产品的复杂程度、数量、设计水平、组装难度、生产流程（现有流程还是全新流程）及使用的材料，就是方程中的变量。所以，这个方程没有标准答案。

  自行生产意味着创业者或创业企业的生产链中的最后一环。在自行生产中，创业者通常会将部件生产工作外包，然后自行组装。有时候他们也会把组装工作外包出去。这种方法最适合进行小批量生产，这样创业者或创业企业就能在交货前亲自检查每一件产品。有时，企业还会把自行生产与其他生产战略结合使用。

  合同制造是指由独立的制造商来负责采购和组装工作。但是，这不是说创业者就可以放手不管了。合同制造仅仅代表着创业者有了一个生产合作伙伴。如果产品采用的是验证成熟的生产方法，或者生产数量较大，或者拥有完善明确的设计，那么最适合采用这种战略。

  不管哪种生产战略，都是需要成本的。总体来说，创业者和创业企业在模具、生产和营销方面花费的成本，要多过在产品定义、原型制作和测试等方面花费的成本。因此，创业者应该对生产数量和模具成本抱有乐观却不失谨慎的态度。由于模具成本也是一笔不小的费用，所以企业一定要认真制定模具的预算和战略。

  对于创业者来说，保持耐心并不是一件容易的事；但是在生产阶段，他们必

第 9 章　设计对初创企业的影响：如何帮助创业企业掌握和在新产品开发中应用设计流程

须克服这一困难。生产过程的耗时往往会让创业者们大吃一惊。寻找供应商、记录设计、制作模具、调试部件、遵守规章政策等过程都比表面看上去要耗时得多。企业需要投入巨大的精力才能让制造商生产出满意的成果，不管生产地点在哪里、生产方法是什么，创业者都必须细致认真地监督产品的质量。

产品发布及其他：品牌推广、包装、认证

有时候，创业者会过于专注产品设计，反而忽略了其他重要的业务和设计元素，比如品牌推广、包装、认证等。如果企业没有尽早开展产品品牌推广和命名工作，就有可能失去客户的支持和潜在市场。在推出最终产品前，创业者必须能清晰地介绍品牌内容，选定品牌标志和产品名称。个性的包装有助于提升品牌辨识度——品牌首先需要具有辨识度。

另一项关键内容是认证。目前有很多不同的机构都提供新产品认证服务。最终的产品（有时是原型）需要经过 UL、CE（欧洲共同体）或者联邦通信委员会（FCC）的测试。这些测试收费昂贵，过程漫长，但是最大的问题还是弄清楚产品需要通过哪个标准的认证。

企业最好在设计过程一开始就确定认证标准，因为不同认证的具体内容会影响产品的设计。有时，新增一项功能就意味着多了一项认证要求。从理论上来说，管理这些"多余的"重要事项是项目经理的职责，但是大多数情况下，项目经理就是企业的创业者、CEO、产品经理。

案例研究　自动裁切纸巾器

——重新设计现有产品，降低价格点

主要挑战：与海外制造商的沟通问题，生产成本较高

开发耗时：12～15 个月

密歇根州的一位创业者在自己车库里生产了一种感应式纸巾器，每台售价 300 美元。SMART Venture Concepts 是一家新产品设计和创业企业，它从这位创业者的设计中看到了改进点，可以降低产品的价格点，增加生产数量（见图 9.3）。为了实现这一目标，SMART Venture 围绕这台纸巾器展开了产品设计流程。

这台感应式纸巾器的独特之处在于，它可以通过感应的方式提供和裁切市面上任何一款纸巾。凭借着核心技术，它可以根据手势控制，把纸巾裁切成任意长度。这种设计尤其适用于繁乱的厨房和工作室。

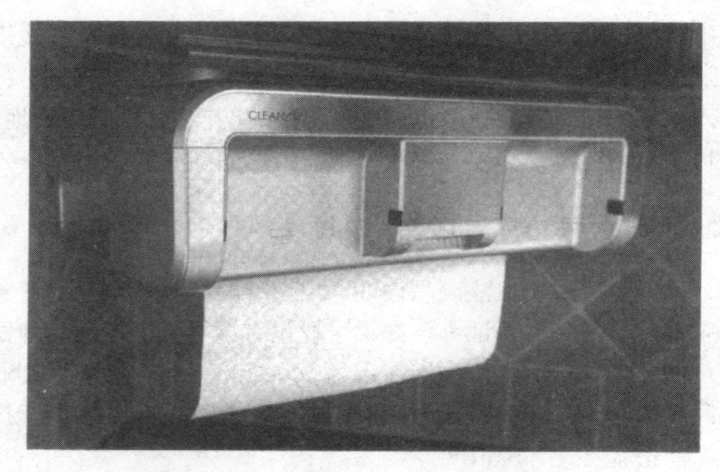

设计思维：PDMA 新产品开发精髓及实践

图 9.3　Smart 看到了改进的机会，改良了这位发明者的感应式纸巾器

概念和设计

起初，纸巾器是由金属板和机械部件制作的，需要人工进行大量的组装工作。SMART Venture 看到了产品的商业潜力。如果产品的成本能降到 25 美元左右，就有可能实现大规模生产，市场前景十分看好。

SMART Venture 首先考虑了把产品的设计和生产工作外包给中国制造商的可能；不过，由于制造商没有掌握设备的核心技术，最终结果并不如意。于是，他们决定从零开始，与美国本土的一名设计和工程顾问展开合作。很多企业都有过这种经历。虽然有些海外制造商的确能以合理的价格完成产品的设计和生产工作，但是这种情况并不适用于所有产品。选择海外制造商，创业者就必须与对方建立紧密的工作关系和沟通，而对方也必须清楚地了解任务的所有内容。

鉴于此次项目的目标是重新设计现有设备，所以概念构思过程并没有花费很长时间。整个设计过程从产品定义和可行性阶段开始。SMART Venture 先通过工程分析了解了现有产品及其采用的核心技术，确定了希望保留的功能。另外，它们还把设备拆开进行了成本分析，统计了零件和连接件，大致了解了成本的分布情况。接着，它们制作了一个成本模型，了解了金属片、连接件、人力和电子设备所需的成本，希望能从中找到节约成本的机会。

在设计过程初期，它们粗略制作了一个产品模型。SMART Venture 发现，如果可以用塑料成形品来制作产品主体的话，就可以用一体成形的塑料来代替之前一片一片的金属面板，从而省略了连接件；而且塑料成形品更容易批量生产。它们还进行了一些工业设计开发，以便评估产品在人体工程学、易用性、操作流程和用户设备交互等方面的表现。

通过这些设计和研究，SMART Venture 在保留核心技术的同时，把改善后的产品成本控制在了 20~30 美元。

工程

接下来就是工程环节了。这一步的主要任务包括概念完善、工程开发和制作初步原型。这一阶段的困难之一在于，许多自动纸巾器都是由用户衣服反射的光线触发的。如果用户穿了一件深色的衣服，设备就无法正常工作。为了解决这个问题，SMART Venture 团队采用了一种不需要依靠光线返现的透射光技术。

到了制作早期原型的时候，工程团队用泡沫模型还原了产品的尺寸和外形，用来测试用户能不能看到纸巾的卷筒。在原来的设计中，纸巾是隐藏在机器内部的，所以人们看不到里面还剩多少纸。经过改良的设备新增了实用的透视口。

设计环节和第一步工程环节用了 30~45 天，完成了概念定义、完善和实用性等工作。接着，在第二步工程环节，团队成员又制作和测试了三种测试原型。虽然这三种原型的外观和功能都很接近原来的产品，但是它们所使用的部件都可以进行小批量生产。从制作原型到投入生产，经历了 12~15 个月。在整个流程结束的时候，SMART Venture 终于设计出了一种成本为 25~30 美元、售价在 75 美元左右的产品、这与原来 300 美元的售价相比，有着质的飞跃。

9.3 常见错误的处理方法

简化产品和愿景

妄想一切从零开始、对产品的每一方面都进行创新，是创业者常犯的一个错误。创业者需要思考如何把精力放在重点上，从而减少风险，增加成功的概率。接下来我们会介绍一些比较关键的经验来帮助创业者避开这些错误。

重新设立目标

虽然自己生产每个部件是一件非常有成就感的事，但是明智的做法还是寻找其他产品或企业，以它们的设备或部件为基础进行加工。这样做既省时间又省钱，毕竟用于新产品开发的资源有限。

例如，有一家创业企业想生产一款用于酒店行业的定制平板电脑，但是却没有足够的产品开发经验。它们分析了专为自己的应用程序定制平板电脑的好处和坏处。弄清了开发的成本和风险之后，这家企业决定用平板电脑外壳取代平板电脑（见图 9.4）。这个外壳可以匹配市面上所有的平板设备，而且开发流程也简单得多，可以节省相当大一笔资金。

图 9.4　这家创业企业起初想设计一款定制平板电脑，后来它们决定用定制外壳来取代平板电脑，从而节省了一大笔资金

有时，某个行业中某款产品的灵感可能来自另一个完全不同的行业，这种情况是很常见的。例如，市面上某款花园灌溉器就使用了化油器的原理来优化性能。（和产品开发顾问共事的一个好处就是，他们会接触到五花八门的产品，所以知识面非常广。）

创业者在选择新产品使用的成品部件时，必须非常谨慎。因此这意味着他们需要替部件制造商承担风险。所以，创业者必须擦亮眼睛，选择可靠的供应商，这一点至关重要。你应该考虑到其他公司会不会把你们公司视为威胁，以及当供应商停止供应产品、部件或子系统时，你该如何应对。你的生产计划不能只依赖一家供应商。

保持功能精简

创业者们会觉得产品的功能越多越好，但是功能越多，意味着产品的操作越复杂，甚至还会影响创业者真正想实现的目标。所以，我们应该保持产品功能明确、精简、有限。

我们应该突出最重要的功能，不断思考各项功能存在的意义。设备真的需要一个应用程序吗？真的需要实现跨平台操作吗？这项功能是否必要？我们可以通过削减产品功能来测试产品的操作是否会受到影响。如果不受影响，我们最好去掉这项功能，保持产品的精简。接着，邀请消费者进行测试。同样，企业可以通过联合分析来寻求设计上的平衡。

多一项功能，就意味着多一层设计、测试、评估和调试。这些过程将涉及颜色、尺寸等多项因素和变量。理想情况下，创业者应该先推出一款功能简单的产品，然后再随着用户数量的增加来新增更多功能和变量。

敢于放弃

有时，创业者需要放弃整个项目，重新开始。如果真的发生这种情况，一切都已经晚了，企业投入的大量金钱、时间和精力都白费了（沉没成本）。因此，有远见的创业者知道什么时候该缩减产品线。千万不要再做无谓的投资。

激情固然重要，但是也不能没有理性思考。该不该淘汰某项产品，其实往往可以通过早期指标看出来。如果产品开发团队的成员开始质疑产品方向或某项内容，创业者最好认真考虑一下是否还要继续下去。有时候，只要值得继续下去，创业者或者创业企业就可以从生产过程中获得许多有用经验（即使产品没能成功上市）。

应对时间压力，抢占市场先机

产品开发总是伴随着难以想象的时间压力，这已经成为一种普遍现象。为了应对这种压力，人们一直在完善各种工具，而快速原型、快速制模、快速生产和航空运输等手段，也让产品问世的速度达到了前所未有的水平。但是，这种速度也带来了许多风险。创业者可能由于着急做决定，所以没有对产品进行全面的测试，或者由于着急交货，而错过了改善产品设计的机会。追求速度需要付出巨大的成本。单就隔夜运输这一项来说，所需成本就比制作原型多数千美元。

但是，从另一方面来说，尽早问世就意味着抢占先机，吸引目光。由于设计新产品变得越来越容易，所以新产品如潮水一般地涌入市场。如果能够成为第一家推出新产品的企业，就能在这么多的类似产品中脱颖而出，占据优势。

设计思维——通往成功的道路

创办一家硬件企业并不容易，但是运用设计思维来引导产品开发流程，却可以帮助越来越多的创业新手和管理新手避开各种坎坷，在摸索中前进。本章开头说过，近些年来创业大潮风生水起，主要归功于原型制作相关设备和其他技术、众筹、设计意识的提高，以及愈演愈烈的创新潮。

这股围绕在新产品开发周围的兴奋和狂热会让人们忽略一个事实：要想获得成功，人们必须出奇制胜。掌握了设计思维的战略和技巧——原型制作、测

设计思维：PDMA 新产品开发精髓及实践

试、反馈收集、从反馈和迭代中学习——创业者和管理者就可以成功吸引投资人，占据市场优势。

作者简介

J.D.艾伯特（J. D. Albert），现任布莱斯勒（Bresslergroup）集团工程总监。这是一家位于费城的产品开发公司。艾伯特曾一手创办两家企业，并且在咨询行业积累了丰富的经验，备受各领域客户赞誉。他于麻省理工学院获得机械工程学学士学位之后，和他人联手创办了 E Ink 公司。该公司的技术被广泛应用于 Kindle 及 Nook 等电子阅读设备中。后来，他担任了 SRS 能源公司（主要业务范围为太阳能屋顶）CEO 一职。艾伯特持有 60 多项专利，并且经常受邀为各组织和机构进行有关创业环境下产品开发的演讲和写作，如 SEGD、Intersolar、沃顿商学院及哈佛商学院等。

第 10 章

设计行业之外的设计思维：团队培训和实践指南

维克托·P.赛德尔　巴布森学院
塞巴斯蒂安·K.菲克斯森　巴布森学院

10.0 简介

对于设计师和非设计师来说，设计思维都是一种强大的工具。但是，由于非设计师没有像设计师那样经过长期的培训，所以他们在应用设计思维相关理论和工具时，会遇到种种困难。例如，通用汽车曾经请一位设计顾问来改善它们的汽车创新流程，这个过程需要公司里的工程和营销人员开始使用设计思维方法，但是这些员工几乎没有接触过关于设计思维技术的正式培训。这成了摆在通用公司面前的一个难题。随着越来越多的非设计团队开始接受设计思维培训，有一个问题随之而来：在有限的时间内，经验相对较少的新手们如何有效地给这类团队提供培训。

目前，许多公司都投入了大量资源，鼓励员工开始采用设计思维方法。例如，IBM 在得克萨斯州的奥斯汀建立了一个占地 50 000 平方英尺的"IBM 设计思维之家"，并表示这是它们"重现产品和解决方案设计过程的新措施"的一部分；Infosys 则计划组织 30 000 名员工参加设计思维培训。对于设计行业之外的从业者来说，虽然学习设计思维背后的基本概念和以用户为中心的创新方法并非难事，但是经验表明，并不是所有参加设计思维培训的产品开发团队都能成功毕业。设计思维的理论易学，可是到了真正实践的时候，人们就会遇到各种实际挑战。为了解决这一问题，我们为设计行业之外的从业者们总结出了以下三个重要战略：

设计思维：PDMA 新产品开发精髓及实践

1. 鼓励员工就创意和流程展开"对决式辩论"。
2. 管理关键思维模式向设计思维转变。
3. 采用工具应对团队人员变动。

我们为每个战略提供了两条具体的应用指导。这些指导不仅适用于参加设计思维培训项目的团队，也适用于那些希望改善绩效的设计团队。在正式学习这些战略和指导之前，我们需要先弄清楚非设计者们需要学习设计思维方法的哪些内容。

10.1　非设计者们需要学习的内容

从相对简单的基本理论讲座，到围绕模拟或真实项目展开的亲身体验型培训，非设计者们参加设计思维培训的方式可以有很多。总体来说，这些团队需要学习设计思维的工具和关键思维模式，才能实现改善绩效的目的。图10.1概括了学习者在培训中经常遇到的三类设计思维工具：需求探索工具、头脑风暴工具和原型制作工具。

图 10.1　三类主要的设计思维工具

认识每一类别下的具体工具，可以帮助我们了解那些初次接触设计思维的学员需要掌握的工具范围，每条指导都列举了设计思维用户可能用到的101种工具。例如，团队在接受需求探索工具类的培训时，可能会学到如何更有效地进行同理心访谈：根据详细的指导步骤设计出一个访谈大纲，从而获得更全面的反馈。另一种工具可能是关于如何制作用户体验"旅程地图"的。这一工具可以记录用户使用现有产品时的情绪高点和低点，为后续的创新提供灵感。在头脑风暴工具的培训中，团队可能会学到如何利用"我们可以如何……"问题来引导构思过程——

先给大家几分钟的个人构思时间，然后再进行团体的头脑风暴讨论。另一种头脑风暴工具是在特定规则的范围内衍生出新的创意。在学习原型制作工具的时候，团队可能会接触到如何使用纸板或泡沫板制作一个用于快速测试的"粗糙"原型，或者如何让潜在用户参与到原型制作过程中来。从图10.1中我们可以看到，有些工具可以被归到多个类别下面，比如需要使用实体原型的头脑风暴。

除了特定的工具，非设计者们还需要学习设计师们经常用到的一些关键思维模式，比如营造一个鼓励辩论的氛围、培养同理心、尊重不同的观点等。这些工具和相应的思维模式，赋予了设计团队创新的能力，但是也给非设计者们带来了挑战。接下来我们将详细讨论这一问题。

10.2 设计思维带来的挑战

设计思维在带来一系列强大工具的同时，也给非设计者们带来了三种主要挑战：第一种挑战非设计者们需要明白，应用设计思维工具是一个变幻莫测的过程，需要长期的熟悉和积累。新手们在接触这些工具的时候，通常都是把它们当成线性过程或者有着明确的分析和整合步骤的流程来学习的；但是，这些工具并不是适合所有设计情境的"一刀切"式解决方案。虽然几乎每一部关于设计思维的著作都提到了这一点——包括本书第1章的概述——但是新手团队还是很难把握设计思维的这一特点。许多团队都以为自己会学到一种步骤清晰的线性流程，所以到了真正应用这些非常规、非线性的迭代工具时，他们就会手足无措。

设计思维工具适用于产品设计流程的多个阶段；人们对这些阶段的划分各不相同。例如，IDEO的产品开发部门表示，他们使用的工具涉及了灵感、构思和执行三个板块；斯坦福大学设计学院则把这一流程划分成了五种"模式"；本书第1章介绍了两个阶段包括的四种模式；而产品开发过程大致可以分为概念生成和概念筛选两个主要阶段。图10.2比较了这些方法，图中之所以用线性形式来表现非线性的设计流程，是为了便于比较。另外，我们还可以从图中看到设计思维工具在不同时间的使用情况。有些类别的工具（如需求探索工具），会根据创新流程的进展，在不同时间点（在图中用灰色表示）发挥更重要的作用。比如，有支团队打算开发几种新的行李箱。概念生成阶段结束的时候，他们一共向审核小组提交了三项概念。这时，小组成员发现，其中一项涉及箱内手机充电功能的概念，并不像他们预想的那样可以进入原型制作阶段，而是需要他们进行额外的需求探索活动。反馈研究、技术里程碑或竞争优势等信息，决定着团队下一步采用的设计工具。因此，如何根据实际情况灵活地决定后续步骤，成了团队面临的一项挑战。

设计思维流程"板块"、"模式"或"阶段"示例
（为了便于比较，这里采用了线性表现方式）

IDEO / BROWN 2008	灵感	构思	执行	
斯坦福大学设计学院 / 2013	评估	界定	构思	原型	测试
Ulrich & Eppinger / 2012	概念生成	概念筛选		
Luchs / 2015	探索	界定	创造	评估	

各阶段侧重使用的工具：

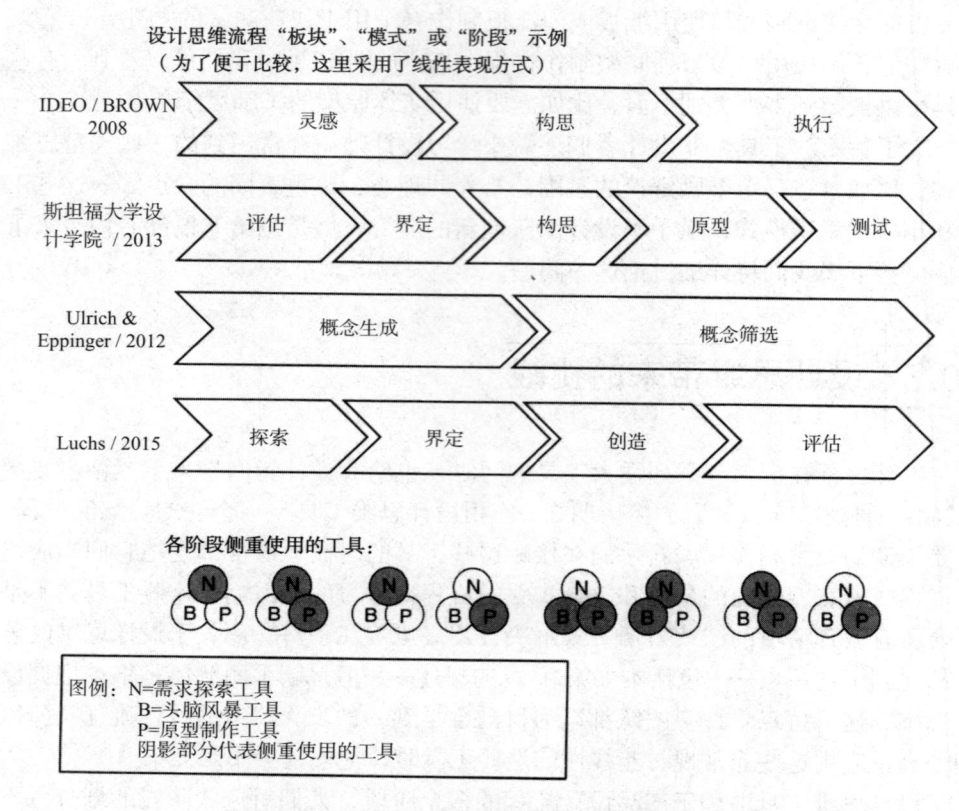

图例：N=需求探索工具
B=头脑风暴工具
P=原型制作工具
阴影部分代表侧重使用的工具

图 10.2　设计思维流程阶段和各阶段侧重使用的工具

设计团队面临的第二种挑战是如何和何时鼓励人们说出自己的设计思维想法。设计思维鼓励人们就不同的观点进行辩论，对于那些重视这种热烈讨论过程的团队成员来说，只要掌握了这一技能，他们就会非常享受这项活动。但是，有一条关于工程项目的建议非常著名，那就是避免"需求漂移"。根据这条建议，如果团队就新创意展开过多辩论，整个项目的进度就会受到影响，一切创新进展都将停滞。Palm Computer 的杰夫·霍金斯坚信，了解何时该限制新功能，是设备面临的主要挑战，这一观点也让他成了公司里的知名人物。对于团队来说，知道什么时候该转变思维模式去寻找新创意、什么时候该采取行动，是一件很重要的事。

第三种挑战是团队成员在项目过程中的变更。如今，许多企业的创新过程都会遇到这个问题——项目间的人员变动频繁。这和人们在学术环境或企业团队培

训课程等比较稳定的环境中接受设计培训不一样；后者在整个流程期间的团队组成会比较稳定。综上所述，这三种主要挑战给团队的前进过程布下了不少障碍，让他们无法充分发挥潜能。那么，非专业设计团队可以采用哪些有效战略来获得成功呢？

10.3 获得成功的三种团队战略

虽然非设计者们在应用设计思维的时候会遇到重重困难，但是我们总结了几种实用的战略和实践指南来帮助他们走向成功。表10.1列举了我们上面提到的三种挑战，以及相应的团队战略和实践指南。

表10.1　非设计从业者的设计思维：挑战、战略和实践指南

挑　　战	团队战略	实践指南
非设计者们经常意识不到工具的使用是一个灵活应变的过程	鼓励团队成员就创意和设计流程展开"对决式辩论"	• 为创意和流程辩论设立标准 • 通过情景模拟练习来分析备选流程方案
非设计者们只学了关键的思维模式的好处，却不知道如何转换思维模式	管理关键思维模式向设计思维转变	• 组织阶段"打卡"讨论 • 制定创意"合约"，结束所有辩论
团队成员变更可能会影响团队整体对设计流程的共识	利用工具消除人员变动造成的影响	• 积极记录和分享以往的设计流程内容 • 有目的地通过头脑风暴对新成员进行入职培训

鼓励"对决式辩论"

鼓励设计团队积极地就创意展开辩论是推动创新的一个有效手段。以往的研究表明，围绕不同的设计概念展开的积极辩论，可以激发团队成员生成更多创意；团队创意历经的质疑和辩论越多，产品开发成功的概率越高。虽然企业鼓励员工就新的设计**创意**展开辩论已经是一种很普遍的现象，但是却少有企业会鼓励员工就下一步的设计**流程**展开辩论。而关于流程的辩论则决定着团队的下一步行动：向下一阶段推进，回到不同的阶段进行迭代，或者选择特定工具。

在"对决式辩论"中，团队可以就创意和下一步行动展开激烈的讨论。在这一过程中，他们会用到一项关键技巧。我们来看个例子。某个绩效突出的团队在开发一款脊椎手术辅助设备的时候，为了鼓励成员展开"对决式辩论"，在项目一

开始就积极接纳不同的概念和可能用到的工具。其中一位团队成员后来评价,这是一支"具有包容性"的团队。这位成员表示:"我们觉得每种想法都有一定的可取之处。"这支团队之所以能得到大家的关注,就是因为他们讨论的内容不仅包括创意,还包括流程初期需要采用的设计工具。与之形成鲜明对比的是,另一支只注重"效率"、却不愿花时间讨论流程的低绩效团队。

有经验的设计者知道,设计流程的下一步都是通过辩论决定的,但是非设计者却需要花点功夫才能意识到这一点。虽然非设计团队可能在头脑风暴期间已经围绕不同的创意展开过辩论,但是他们却没有花时间来讨论头脑风暴之后应该采取的行动,比如进一步探索需求,或者制作粗略模型。有些团队成员可能不习惯讨论这些内容,所以我们可以参考表10.1最后一栏中的两条实践指南来推动这一战略的顺利执行。这两条指南是为创意和流程辩论设立标准,以及通过情景模拟练习来分析备选流程方案。

指南建议团队建立创意和流程辩论的标准。值得注意的是,这里所说的创意或流程"辩论"就是社会科学中泛指的"冲突"。虽然这些辩论颇具益处,但是团队成员之间的冲突经常会影响团队绩效。为了帮助团队评估自身是否有能力在组织辩论的同时避免个人冲突,我们可以在整个流程的不同时间点对团队进行调查,以便评估团队动态。调查采取五分制。团队成员需要就目前选用的创意和流程的辩论情况表明自己的看法,而团队负责人可以根据这些信息来决定是否采取干预措施。详细内容见"为创意和流程辩论设立标准"。

为创意和流程辩论设立标准

团队自身需要掌握成员参与辩论的情况。在过去的这些年,为了实现这一目的,人们一直在使用一种简单却有效的调查工具,那就是请团队成员回答下面两个问题:我们是否会围绕创意展开辩论,以及我们是否会围绕流程展开辩论。成员们需要按照1~5分的标准为这两个问题打分,1分代表"几乎不符合",5分代表"非常符合"。这项调查至少应该进行两次。第一次是在概念生成期间,比如,团队已经组织过至少一次头脑风暴讨论,并且构思出了多种潜在的产品概念。第二次是在概念筛选结束后;这时,团队已经把范围缩小到了一个概念上,并且决定进一步完善这个概念。那么,进行多少次辩论合适呢?由于人们对辩论的评价会受到行业和团队环境的影响,因此,辩论的次数也应该视时间环境而定。我们可以把新团队的打分与过去取得成功的团队进行比较,让管理者决定是否需要提醒团队在流程初期积极展开辩论。另外,如果团队成员间的

第 10 章　设计行业之外的设计思维：团队培训和实践指南

打分差异较大，就意味着我们需要通过干预手段来弄清为什么会出现这种情况，比如，辩论完全由某位或某几位成员主导。

更进一步的做法是在设计流程的辩论中加入练习，让它成为团队培训的一部分。详细内容见"通过情境练习来分析备选方案"。例如，我们可以围绕眼前的设计流程进行案例研究情景模拟，让团队成员就下一步行动展开辩论：保持当前阶段，继续下一阶段，还是退回较早阶段？另外，我们可以给队员们提供一些参考资料，让他们知道许多工具都适用于这种情况，这样他们就能通过评估和辩论选出最有利的方案，比如退回到上一阶段。这种方法并不是让非设计者们照本宣科地盲目跟从理论，而是教他们通过辩论和评估从现有的流程和工具中进行选择。

通过情境练习来分析备选方案

在应用设计思维的时候，团队经常遇到的一个难题就是如何在设计流程的众多阶段应用设计思维工具，而且这些工具的具体应用顺序是视各项目而定的。我们可以通过案例研究情境练习，让团队成员学会如何就不同的流程方案进行辩论，帮助他们打开思路，积极讨论多种方案。案例研究情境练习的材料可以是 *PDMA Visions* 杂志里的文章、设计管理研究所的案例和文章，以及特定行业培训的专用案例。例如，对于餐饮行业的服务设计团队，我们可以准备一个有关新型饮料瓶开发过程的案例。这个案例的内容包括：相关的需求探索内容——发现潜在机会，在水杯的材料中加入适当剂量的维生素；初步构思讨论——讨论不同的添加和搭配方式。但是，案例中也应该介绍用户对原始原型的反馈——他们对产品的卫生情况存在担忧。这支团队该怎么办？针对这个案例，大家可以展开辩论，比较下面几种方案的优劣：围绕该创意展开进一步的头脑风暴，开始制作生产原型，或者进一步了解用户对于"卫生"的要求并收集制定决策所需的信息。鼓励团队成员就虚拟情境展开辩论，可以帮助他们在实际项目中更好地探索各种方案，让他们感受辩论的益处。

管理思维转变

即使设计团队可以十分熟练地围绕创意和流程展开辩论，也不代表他们的设计旅程会一帆风顺。从表 10.1 的第二行我们可以看到，在管理关键思维模式向设计思维转变的过程中，有些团队的绩效远远超出了其他团队。"设计思维转变"的具体内容是指从多元化的发散性思维转变成围绕某个重心展开执行的思维模式。

在医疗设备行业，有这样一支非常擅长实现从辩论到执行和重心转变的优秀团队。据团队中的一名成员回忆,有一次,他们需要决定是否用一种特殊的黏合剂来代替设计中的连接件。这位成员说:"决定了使用黏合剂以后,我们就再也没有回头。这跟我们每次开会都要(再)讨论一遍需求标准是不一样的。"美敦力公司(Medtronic)就曾因其在开发后期高效控制构思活动的数量而闻名。相反,提到索尼公司的 Playstation 产品,人们经常想到的是索尼因为创新重心过多导致产品延期上市,而不是在最后关头加入许多新元素。

经验丰富的设计者,懂得如何利用时间来磨炼辩论技巧,调整发散性思维。这些都是新手团队需要学习的东西。当设计团队从概念生成阶段进入概念筛选和最终完善阶段时,他们必须实现从积极辩论到执行设计的转变。这对团队来说是一种非常大的挑战,所以我们为大家总结了两点指导。

第一,团队领导或负责人应该定期组织成员讨论当前进展。如果一个项目从最初构思到最终原型一共耗时六个月,那么团队成员可以两周开一次会,讨论何时开始最终确定产品的关键性能,以便按照计划开始制作最终原型。"推动流程阶段打卡讨论"就是一个例子。

推动流程阶段打卡讨论

不管被称为"阶段"、"步骤"、"里程碑"还是其他名字,我们都可以从团队的开发进展了解到哪些行为的成功概率更高。多元重心的发散思维和单一重心的辐合思维,团队应该选择哪一种?其实,这两种思维在开发流程的不同阶段各占有一席之地。选择哪一种,主要取决于团队的需求:是探索新的领域,还是专注于手头的工作?不过,如果时间紧迫的话,团队就必须选择后者了。不同的团队成员会采用不同的思维模式,这也是团队面临的一个难题。有了流程阶段打卡讨论,团队就可以鼓励成员间的辩论(及辩论类型),或者专注于把设计转化为实物。下面的问题可以为团队的流程阶段打卡讨论提供一些灵感,但是,问题的具体形式还是要视实际情况而定:

1. 团队目前处于开发流程的哪个阶段?团队成员是否就此达成共识?
2. 团队目前的需求是什么?是探索多元化的创意与信息,还是从手头的创意中进行筛选?
3. 如果退回至前面的阶段进行迭代,是否对团队有所帮助?
4. 如果使用某种特定设计思维工具进行迭代,是否对团队有所帮助?

第二,团队成员应该制定一份"合约",规定哪些创意不再接受辩论(见"制定'合约',结束辩论")。许多团队都会犯这样一个错误:一遍一遍地讨论已经做好的决定。如果没有特别有用的新信息，团队就应该尽量克制再把决定拿出来讨论的冲动。这时，团队需要的是一项程序。之前我们说过，美敦力公司长期坚持记录设计信息，确保所有成员都能掌握不断更新的设计动态。从消费电器到汽车行业，这种坚持和准则，对复杂产品的开发进程尤为有利。

制定"合约"，结束辩论

在进行创新项目的时候，由于需求不断变化，整个迭代过程会涉及许多备选创意，所以我们很难把重点范围缩小到几个以产品为中心的创意上。但是，到了特定时候，团队必须做出决定，选出几个创意加入产品性能中。为了解决这一问题，某家大型电器公司会参考一系列既定的设计标准，把确定的产品创意进行"打包"。一旦获得了足够的信息来支持最终产品的某项性能，它们就会把这条标准"打包"。这样，项目里的所有工程师和设计师就知道，这个创意不需要进一步讨论了，除非他们又收集到了具有重大意义的新信息。"打包"列表就像一份合约一样，规定了哪些创意不用再进行辩论。团队在制定这类创意合约的时候，可以参考下面的步骤：

1. 给合约命名，如"打包盒"、"密室"或"设计合约"，确保所有团队成员从项目初始就对这项合约有所了解。
2. 确保所有相关成员都能参与每一个关键阶段的创意或性能推选。
3. 说明投票流程。
4. 确保团队成员随时可以使用和参考这份合约。

利用工具消除人员变动造成的影响

在做一个项目的时候，学生设计团队和设计顾问的团队构成基本不会发生变化，但是，现实生活中公司里的设计团队就不一定了。团队成员可能在项目进行一半的时候被调到另一个更紧急的项目，或者新成员从已经结束的项目加入正在进行的项目。这些人员变动之所以能构成问题，主要出于两方面的原因。第一个原因是信息传输。这个原因比较实际。新成员加入团队的时候，需要尽快了解现有团队成员已经掌握的信息。第二个原因是情感方面的信任问题，也就是说，新老成员之间必须建立信任关系，以便推动高效协作。

为了执行这一战略，表 10.1 的第三行给大家提供了两条实践指南。这两条指南都借助了设计思维工具及其成果来改善新成员入职培训的效果。第一，大多数设计思维的原则之一就是可视化工作。比如，在探索需求的时候，设计团队可以借助访谈和观察等工具,在已有的工作平面上分享他们掌握的数据,方便人们从中发现新的联系和灵感。那种能够让团队成员聚集在一起的垂直平面特别适合这种情况。接着,这些信息会被转化成可视化工具,比如旅程地图。之所以要把用户及其痛点信息可视化,是为了在团队成员之间及团队和其他利益相关者(比如客户、管理团队等)之间建立共识,因此,这些工具汇聚了团队长久工作的精华。也正是由于这个原因,这些可视化工具还可以帮助新成员快速了解项目的关键要点。所以,团队应该积极地记录和分享设计流程的过往信息。设计团队的领导必须确保所有成员都能获得所需的工作空间和材料。详细内容见"积极记录和分享已经完成的设计流程"。

积极记录和分享已经完成的设计流程

> 复杂问题是由许多不同种类的信息构成的,了解这些信息的最好办法就是把它们列在一个足够大的平面上,然后去发现其中的各种联系。无论是Continuum 这样的设计咨询公司还是丰田这样的汽车公司,大多数企业的"战情室"(War room)都具备这一功能。理想情况下,设计团队可以使用"战情室"的墙壁来展示他们从访谈、人种学研究、图片、场景展示及探索中获得的信息。如果设计团队没有固定的项目地点,他们也可以使用可移动的平面来展示这些信息。这些可以移动的平面面积从 24"×36" 到 4'×8'。团队领导和管理者的责任就是提供相关材料,并为这些展示板提供储存空间(必须方便存取)。如果是3D 的材料和原型,项目箱(或者"项目盒")是一个不错的选择,它们可以清晰地展示已经完成的设计流程。

第二,在培训新成员的时候,除了设计工具,我们也可以使用其他工具。比如,参加一场有系统的、协作式的头脑风暴会议。这是一种需要密集思考和高度交互的体验,可以帮助新成员了解团队已经掌握的信息和探索过的领域。IDEO的一位设计师说过:"头脑风暴会议让我们了解了设计师和客户的想法,以及如何齐心协力地解决这些问题。"因此,头脑风暴不仅可以帮助管理者和设计团队领导获得创意,还可以让新成员更快地融入团队。详细内容见"有目的地运用头脑风暴推动新成员入职培训"。

有目的地运用头脑风暴推动新成员入职培训

> 头脑风暴是一种非常适合新成员培训的工具。这是因为,成功的头脑风暴会议为创意构思和交流提供了一个良好、有利的氛围。头脑风暴的一些典型原

第 10 章 设计行业之外的设计思维：团队培训和实践指南

则，比如"每次讨论一个主题"、"获得大量创意"、"鼓励各种天马行空的创意"，以及"暂缓裁决"等，共同营造了这种氛围。在这种氛围下，新成员可以更轻松地融入团体中。也就是说，头脑风暴还可以起到"破冰"的作用。某支医疗设备开发团队就曾通过多次头脑风暴会议来帮助新成员"跟上"团队脚步，尽快参与到这一复杂的手术设备项目中。

10.4 总结

这三种关键战略和相应的实践指南可以帮助非设计者们充分利用工具解决实际工作中遇到的设计思维难题。由于越来越多的设计团队成员都没有机会接受专业的设计培训，所以设计过程中的困难可能会挫败他们应用设计思维的决心。借助设计思维，我们可以更灵活地看待问题；同样，设计团队也可以利用这些战略来更灵活地应用设计思维，让设计思维成为创新过程中的一项可以发挥多种用途的宝贵工具。

作者简介

维克托·P.赛德尔（Victor P. Seidel）目前任职于巴布森学院F.W.欧林商学院，主要教授产品设计和开发课程。他还与哈佛大学工程与应用科学学院合作，教授设计与创新流程本科课程。此外，维克托还身兼牛津大学赛德商学院访问学者。他的客户包括戴尔、欧莱雅、雷神公司及通用汽车等企业。维克托的研究领域涉及组织实务支持式创新、在线社区在创新中的影响，以及设计方法应用等。

塞巴斯蒂安·K.菲克斯森（Sebastian K. Fixson）是巴布森学院技术和运营管理学副教授，主要教授创新、设计及与运营相关的课程（包括本科、MBA及高级管理课程）。他主要研究组织如何通过设计和创新实践、工具及措施培养创新能力。塞巴斯蒂安的合作伙伴既有新兴的创业公司，也包括著名的大型企业，如美铝、西班牙对外银行、波音、德尔福、福特、通用、哈雷戴维森、雷神及 Spirit AeroSystems 等。他于德国卡尔斯鲁厄技术大学获得机械工程学士学位，后于麻省理工学院获得技术、管理及政策博士学位。

第 11 章

培养设计思维：通用医疗的门罗创新模型

萨拉·J.D.威尔纳　加拿大劳里埃大学

11.0 简介

　　设计师们都是接受过专门培训的专业人士，但是，企业里许多负责新产品开发的员工对设计思维的了解几乎为零或者非常有限。如果说设计是企业创造价值的重要手段，那么我们必须让设计部门之外的其他部门也参与到设计工作中来。本章的主角是通用电气内部的一个颇具创新精神的设计工作室，我们将介绍这个工作室是如何把设计思维融入这家美国最古老的企业之一（同时也是世界最大的企业之一）的，借此带给大家一些指导和启发。我们将通过回顾门罗创新模型的开发和应用过程，了解建立内部设计思维创新项目的流程、挑战和成果。

　　托马斯·爱迪生在门罗公园的研究实验室经常被誉为史上第一个工业研究和开发实验室。爱迪生某些重要的发明就是从这里诞生的，比如白炽灯泡和留声机。一个多世纪过去了，门罗实验室的精神被传承了下来：发明和创新依旧是通用公司文化和运营的核心，这一点从它们的企业口号中就能看出来："梦想启动未来。"

11.1 通用医疗的设计部门

通用医疗集团的设计工作室是我们这一章的主角。通用医疗是一家总部位于英国的战略业务集团，在全球拥有超过 46 000 名员工。通用医疗曾经的创新成果包括 X 射线管技术。如今，这个组织仍然在不断突破前进，尤其是在医学成像及信息技术、诊断学、病患监控系统、药物研究、生物制药技术及性能解决方案服务等众多领域。

通用医疗的全球设计团队作为一个跨职能部门，在美国、法国、中国、印度及日本都设有办事处。该部门由来自多项学科的 60 多位专业人士构成。他们擅长的领域包括工业设计、交互设计、设计研究、创新、人力因素、人体工程学、认知心理学、视觉设计、平面设计及技术架构等。我们在本章介绍的这个部门，是通用医疗全球设计部门中最大的一个团队，它的工作由集团内部的所有产品部门共同完成，以便推动品牌校准和创新。

通用医疗设计工作室的成就众多。仅在过去的 3 年里，它就获得了 10 项国际卓越设计奖（Internation Design Excellence Awards，IDEA），这让通用医疗在企业设计领域与苹果公司和三星公司并驾齐驱。这支团队的设计理念可以用一句话来概括："发挥科学和共情的魔力。"

> 不管是设计产品、用户界面还是环境，我们的理念都是运用技术、喜悦、希望和对人类需求的理解，去丰富用户的体验……我们的设计理念（包括）力求真实、共情设计、知识共享和互信关系、梦想启动未来、精粹表达，以及关于美的科学和数学。
>
> ——通用医疗"全球化设计/用户体验"，2012 年内部文件

这些理念改善了通用医疗的业务绩效和用户成果。在传播这些理念的过程中，通用医疗用到的一项关键手段是名为"门罗创新生态系统"（下文统称为"门罗系统"）的项目。门罗系统的目的是在团队中推广设计思维。后来，它在集团内部掀起了一系列战略和文化转变，而这场文化转变，可以说是设计思维推广过程中的最大挑战。虽然门罗系统仍然在不断完善，但是它的核心内容始终是一系列为期数日的工作坊活动。这些工作坊可以帮助个人和团队转变思考和行动方式，从而推动内部团队解决业务难题。

11.2 门罗创新生态系统

诞生五年以来，门罗系统逐渐完善，工作坊的内容也在不断扩展。但是，部分与企业独特的需求、历史和技能相关的元素却始终没有改变。门罗系统的负责人测试了一系列工作坊体系和时间框架，最终选定了目前这种耗时约10个工作日的五阶段法（工作坊中期会暂停一段时间以便进行实地研究；见表11.1）。不过，团队不一定必须完成五个阶段。比如，它们可以根据自己面临的问题，用3~5天的时间完成整个过程。

表 11.1 门罗创新工作坊的五个阶段

阶段		目标	参与者	主要活动	耗时
1	探索	业务负责人简要介绍工作坊目标 深入了解团队面临的挑战，了解哪些团队遇到了困难	非门罗员工："出资人"；3位主要管理者 门罗工作坊员工：1~2名项目负责人	出资人简介工作坊内容 确定门罗工作坊需要解决的关键问题 确定工作坊的耗时和框架 确定参与团队的人员构成	1天
2	新手训练营	信任构建；逐步摆脱较不利的企业文化模式 团队构建 通过沉浸式体验培养同理心 构思及制作粗略原型 初审通过研究问题 团队成员带着全新的思维模式和未来框架返回工作岗位	非门罗员工：整支团队 门罗工作坊员工：引导师及教练 门罗工作坊期间就该阶段的团队构成提出建议（类似于"角色安排"）	第一，信任和互相学习 第二，相近或类似的（非医疗类）设计难题 第三，介绍研究和制定规划	4天 • 新手训练营（3天） • "学习目标"研究规划（1天）

第11章 培养设计思维：通用医疗的门罗创新模型

续表

阶段	目标	参与者	主要活动	耗时
3　执行研究计划	在日常工作中应用学习内容/新的思维模式 研究实际工作中的挑战	非门罗员工：不一定涉及所有成员，但是强烈建议所有团队成员参与 研究专家：在研究期间为核心团队提供指导，负责制定整体的研究战略和信息收集/整合 门罗工作坊员工：教练在日常工作中担任协调者和监督者的角色	收集信息等，可能涉及外部信息来源	1~3个月
4　创新训练营：构思+汇报	从研究转向机遇：关键创新阶段 深入分析问题及潜在解决方案 汇报：向高层提出概念/解决方案	非门罗员工：整个团队+可能涉及的客户（内部或外部）+听取汇报的高级管理层 门罗工作坊员工：所有成员	• 研究总结 • 积极倾听客户意见 • 撰写机遇陈述（由个人撰写，然后进行汇总和投票） • 根据研究成果展开构思 • 制作原型 • 解决方案迭代 • 高级别的解决方案（3~5个概念） • 寻找知识产权申请机会 • 汇报	5天

续表

	阶　段	目　标	参　与　者	主要活动	耗　时
5	跟进（全新阶段：目前仍在开发中）	为参加门罗工作坊的团队提供持续不断的支持，确保他们在工作坊结束后仍然能坚持实践心得思维方式和行为	非门罗工作坊员工：根据实际情况而定 门罗工作坊员工：核心教练	• 仍在开发中，可能包括： • 多个团队交流/工作坊 • 定时打卡以监督进展情况 • 为项目团队安排一名教练	待续

第一阶段：探索

在这几个阶段中，最关键的是和团队出资人（他们组织了这次工作坊）的第一次会面。这一阶段被称为"探索"阶段。我们可以把它看成撰写一篇项目概要，首先安排团队负责人和门罗工作坊员工会面，让双方通过这个平台确定关键问题，确保工作坊的流程可以帮助学员解决这些问题。这一阶段也展示了设计思维的咨询流程和同理心构建流程。

门罗工作坊的教练会认真听取出资人的意见，然后诊断问题的根源所在。但是，通常情况下，他们还得进一步挖掘，找出那些限制或影响潜在解决方案发挥作用的复杂因素。这个过程反映了门罗模型中的批判性假设：团队遇到的问题很可能并不是由团队本身的能力导致的，而是由更多微小的问题造成的。于是，门罗工作坊的负责人不仅需要了解企业遇到的问题，还需要进一步探索潜在的阻碍因素。由于团队没有真正了解客户的想法，所以他们就无法进行有效的沟通或者找到有效的解决方案。

在探索阶段，门罗工作坊的员工还得向出资人介绍他们的方法（比如通过示范活动等），让出资人了解门罗的理论和环境，同时管理项目预期，就工作坊的目标和基本框架达成一致看法。这一阶段结束时，成员们将收集到制定工作坊执行规划所需的信息，包括根据团队的实际需求确定工作坊的内容和时长等。本阶段需要做出的决定包括：

- 最适合解决企业问题的项目框架。
- 实现发展所需的团队和个人技能。
- 培养和构建以上技能所需的关键活动。
- 工作坊的持续时间和举办时间。

- 外部考察或特别嘉宾规划。
- 团队出资人今后提供的额外支持。
- 职能/专业技能领域及管理层的人员参与情况。

在门罗工作坊中，最后一项也被称为"角色安排"，就像一个导演在筹备剧组的时候，需要考虑每位演员的独特技能、个性和想法，这些因素会影响整个剧组的状态和工作。举例来说，如果一家企业在开发新产品的过程中遇到了困难，团队管理者可能会觉得这全是工程师的责任。但是，在门罗工作坊的员工看来，市场营销和人力资源员工，甚至与这个项目无关的其他业务部门的员工，都应该参与进来，为项目出谋划策，带来新的灵感。

第二阶段：门罗创新实验室新手训练营

之所以把这一阶段称为"新手训练营"，是因为我们需要在这一阶段进行密集的准备工作，以便培养信任和基本技能，增强团队凝聚力，更好地应对即将到来的"创新战"。和军队里的新兵训练营一样，门罗工作坊的学员会被送到一个陌生的新环境中接受培训，这就是门罗创新实验室。这个开放型的实验室是专为培养人们的沟通和协作能力而设计的。实验室以明亮的橙色为主色调；橙色不仅是门罗标志中的元素，还能激发人们的活力和创造力。负责设计门罗实验室标志的JWD-Creative公司，就是从爱迪生的话里获得的灵感："世上本无规律可循，我们只是在朝着目标前进。"从这个意义上来说，门罗实验室则与新兵训练营完全相反，因为我们的目的不是抹杀创新团队成员的个性，而是让他们的个性紧紧凝聚在一起。

设计思维工作坊的另一个独特之处在于，学员们在此不得使用移动设备。有一位设计教练曾说过："这里就是我们常说的'犯错实验室'。（与其使用各种设备）我们希望学员能够多思考、多分析——用用你的脑子。"（劳伦斯·莫菲，首席设计师及引导师，2014 年 5 月）。他分享过这样一件事：有一次，当一支团队在参加工作坊培训的时候，学员们的注意力全被公司巨大重组的新闻吸引了。意识到这一情况后，门罗的员工给学员们播放了一段本田汽车的广告，广告中提到了本田的"勇往直前"理念。这段广告讲的是一个人在非常艰苦地爬梯子，他每往上爬一级，脚下的横杆就会被拆掉一级。这个比喻告诉我们，重大的变革都不是在平稳渐进的过渡中实现的（一级一级往上爬）；相反，只有当我们毫无退路时，才能实现创新。教练在午休时给学员们放了这个视频，然后在实验室里放了一架五英尺高的梯子，要求学员把他们的电子设备（包括弹出干扰新闻的设备）都放在这架梯子上。

在新手训练营期间，团队需要通过练习来培养成员间的信任、水平思考（Lateral thinking）、同理心、创造力、临场发挥能力和协作能力。这是一种实验性的强化训练过程，目的是打破传统的交互模式，摆脱专业角色的固有面具，创造一支团结协作，并且通过团结协作实现更好效果的团队。

例如，如果我们在这一阶段发现团队成员的人际沟通技巧是导致创新瓶颈的原因，那么引导师应该带领团队进行一项名为"石头堆"的练习。在练习中，大家围着一大堆石头席地而坐，每名学员从石头堆中选出一块石头进行观察，然后再把它放回去。接着，引导师会要求大家从石头堆里找出自己的那块石头。这时学员就会意识到，看似不起眼的细节，其实也是值得注意的。接下来，学员两两一组，向对方描述自己的石头长什么样，方便对方去找到这块石头。要想从这些难以区分的物体上找到特征，我们需要对物体十分细致的描述：只了解"灰色、圆的"是不够的，只有那些能够进行有效沟通的成员，才能在这个练习中胜出。这个练习的重要之处就是让学员们意识到，人们在粗略描述事物时，对形容词概念的理解都是不同的，比如"大"或者"光滑"。

当学员第一次接触这项练习（及门罗团队设计的其他许多活动）时，他们的第一反应是荒谬——这群高级工程师放着好好的项目不做，为什么要跑来从石头堆里找石头呢？但是，如果你觉得这是个"傻游戏"，那你就错了。学员从这个练习中学到的重要一课就是"打破常规"。门罗团队需要学员们"摆脱通用"，这一点很重要。"摆脱通用"不是说无视通用，而是要让学员们明白，打破范式才能创新。通用集团里人才众多，各个成就卓越；他们需要别人交给他们一个系统，这样就能学会使用这个系统。但是，对于那些能够导致颠覆式创新的"棘手问题"，我们需要员工尽快找到解决方案。引入全新的运营形式，会打破现有模式，学员也就不得不开始尝试新方法。

"石头堆练习"大家尽量靠得近一点。注意保持眼神交流，这样才能理解对方说的每一个字，找出对方的石头。通过练习，他们会发现自己并不是很擅长与人沟通，我们很少会用心听别人讲话。类似奇思妙想的活动还有很多，我们想通过这些沉浸式活动让学员意识到哪些地方可能出现问题。当学员在和其他学员的互动过程中遇到问题，并且还没有忘记的时候，我们会问这样一个问题："如果工作中出现同样的问题怎么办？"我们应该尽早让学员把练习和工作联系起来，这样会容易一些。

——道格·迪兹，创新建筑师，门罗核心团队成员，门罗工作坊引导师。

摘自2014年5月15日个人采访

第 11 章　培养设计思维：通用医疗的门罗创新模型

我们从门罗模型中学到的第二点经验是，实验性学习的效果是被动的信息传输远远无法比拟的。工作坊中这些奇怪的活动不是为了锻炼学员们的口才，而是为了在他们的头脑中留下印记，培养出与更大范围的概念相连的情感。与其告诉他们"集中注意力"、"认真听"，还不如让他们通过亲身体验，想出一种有效的战略来帮助同事找到石头。

思考是把经验转化成有用的学习成果的关键环节。在门罗实验室，每项练习介绍时，我们都会留出时间做总结。在进行新活动或新阶段之前，各个分支小组会重新集合在一起，思考同一个非常重要的问题："我们经历了什么？"这个环节有时会耗费和活动本身一样的时间。学员们需要思考的问题包括：回到办公室之后在项目中遇到同样的人际沟通问题怎么办，练习中触动了哪些情绪及触动过程，或者清楚地说明自己的预期和实际体验之间的具体联系，这些都是为了培养"团队才能"，这是卓越团队带来的协同收益。此外，虽然我们建议在活动结束后立即展开思考，但是引导师还是应该有一个完整的框架，让学员早一点获得练习带来的"回报"。学员在倾听、协作、创意解决问题等练习中日渐积累的技巧，最终将汇入团队的新能力中，推动这个整体向着目标前进。通常情况下，用不了多久团队成员们就会发现，整个团队的表现和最初相比有了多么大的改变。

对于大型企业里那些需要参加跨部门甚至跨地域团队的员工来说，这种转变具有变革意义，因为每一项练习都通过高度个人化、有意义的介绍，让他们认识了一直以来只存在于邮箱通信录底部的同事。不管是悄悄形成阵营和其他小团队展开比赛，还是把自己比作一个应用程序，或者通过回答"你觉得哪些方面最具/最不具创新性"等问题来自我介绍，新手训练营活动的重点并不是传统的职能技巧，而是给**所有**学员制造挑战，这是一个以集体才智（而不是个人才智）为重点的均衡过程。

新手训练营教给我们的第三点经验是，建立或鼓励从设计角度出发的思维模式，是进行其他一切实践的重要前提。这可能也是有些公司没能成功应用设计思维的关键原因。门罗引导师们经常强调，前提准备是团队能否成功学习、实践和执行设计思维理论的关键。

你可能不会过早安排学员进行传统的设计思维练习；但是，"早失败，早纠正"。这些练习一般都在第二天过半后进行。你需要提前花一整天的时间来研究团队活动或者进一步的理论，来确保团队取得较好的成果。
——Mark Ciesko，通用医疗美国工作室经理，门罗工作坊教练。
摘自 2014 年 5 月 15 日个人采访

实际上，这些准备工作就相当于让产品开发团队在正式掌握设计思维之前，先体验一下相关理论——制作原型，从失败中吸取教训，建立以客户为中心的同理心等。

团队内部的同理心是非常重要的一项元素。在每个以团队为基本单位的组织中，大部分开发和创新工作都是在团队内部完成的。缺少了这样的同理心和准备工作，你的一切努力只会收效甚微，或者毫无效果。

——Emil Georgiv，高级门罗创新战略师、门罗工作坊引导师。

摘自 2014 年 5 月 16 日个人采访

培养集体智慧即团队通过协作找出潜在的有效解决方案，是门罗系统的一项核心价值观。其实，虽然项目出资人在探索阶段就阐明了项目的目标，但是我们在新手训练营阶段并不会直接涉及项目内容。根据门罗系统的理念，如果从现有的认知、团队动态、项目历史和个人经验出发来解决问题，只能获得缓慢渐进的改变。新手训练营让团队暂时脱离了医疗护理行业的背景，为他们提供了从全新角度来看待和解决问题的机会。

我们来看个例子。曾经有一支参加门罗工作坊的团队认为，他们的工作流程之所以表现不佳，主要是软件的原因。我们给这支团队布置了一项看似和工作无关的作业：重新设计某家快餐厅的得来速服务流程。负责这支团队的一位引导师表示："我们得让学员明白，工作流程与工具（比如软件）的关系不大，真正起作用的是信息、人员与需求之间的重要关系。"团队构思出新概念，然后把这些概念分成若干组进行介绍（学员也可以通过这个过程了解消费者旅程原型制作的概念）。有支团队的解决方案是把菜单投影到汽车仪表盘上，方便司机浏览，让点单员化身为"健康顾问"，在客户等待配餐期间为其提供洗车服务等。

门罗工作坊的某位引导师认为，这种脱离了实际业务背景的早期设计思维练习，为学员提供了发挥创意的广阔空间："由于练习内容与医疗行业无关，所以他们可以开放思维，去幻想完全不同的工作流程。"而学员在练习中总结出的解决方案，甚至可以帮助他们解决在实际工作中遇到的问题——把等待配餐的时间转化为客户痛点，会带来哪些增值收益？如果员工能站在客户的角度看问题，会有怎样的效果？

通过上面这个"得来速改善练习"的例子，我们了解了新手训练营中的其他重要内容，包括问题探究、创意构思、原型制作和迭代完善等。结合实际情况对问题进行深入探究，主要是指培养员工的同理心，包括对其他成员和对客户的同理心。有位引导师说过："同理心无法在人与人之间传递。"这句话的意思是说，如果一支团队没有经历同样的体验，就无法获得同样的共识、采取同样的行动。门罗工作坊一直秉承的"学习-反思"理念，恰好给学员提供了一个共同体验的机会，让他们从中学到"早失败，早纠正"等设计理论。

说起练习在传授理论过程中的作用，怎么夸大都不算过分。在通用这类工程文化氛围浓厚的企业里，员工对问题的反射性解决措施一般都是以系统开发和控制为主的，而不是寻找宽泛的、模糊的或者情绪化的创意。某位教练表示："（管理者们）一般都喜欢掌握控制权。我们很难让他们放弃控制，让团队自己去寻找解决方法。但是，这种控制会抑制团队的创造性，这种情况一般都不会有什么好结果。"

门罗实验室的领导们设计了一系列工作表，让员工能够记录自己的学习成果，方便他们在日后工作中遇到问题时进行回顾和寻找灵感。比如，其中一张工作表的标题是"把设计思维带回家"。这张表一共有三栏。中间一栏是许多彩色的六边形，每个代表一种设计思维基本实践（如"同理心"、"界定"、"构思"等）；这些六边形从上排到下，就像河流上的石头桥。每个六边形里都标注了有用提示（比如，"同理心"下面标注的是**倾听**和**调查**）。左边一栏的标题是"个人行为"，右边一栏的标题是"业务挑战"。整张工作表传递的信息很清晰：只有当个人行为和业务目标同步时，员工才能获得设计思维带来的回报。

在新手训练营的第四天，团队的主要任务是建立学习目标，了解自己需要掌握哪些信息才能推动项目向前发展。这一步为后续的研究计划提供了基础，指导学员去收集那些能够增加解决方案成功概率的信息。

第三阶段：研究计划

设计研究的意思是"为了完善设计流程的背景和了解而采取的所有调查技术"。团队了解了推动创新进程所需掌握的信息之后，门罗工作坊的负责人就会帮助他们确定能够最有效解决问题的研究方法。这些方法可能包括观察、背景调查、文化研究、采访、焦点小组，或者某些了解用户情绪的技术。每个项目都有自己的独特之处，所以团队采用的方法类型和数量需要根据实际情况而定。

这些团队和全球医疗设计所的设计研究者们结对合作，后者负责指导他们收集和分析信息，为后续工作做好准备。虽然这些研究者都是行业专家，而且团队有时还会获得外部供应商的帮助，但是实践体验依旧是门罗系统的根基，所以引导师们会尽量让团队多参与研究。在整个创新工作坊中，这一阶段耗时最长，有时会持续三个月之久。只要条件允许，团队就该参与到计划过程中，这是培养同理心的关键步骤。引导师们发现，当学员亲自参与到客户观察或访谈中的时候，他们会逐渐学会站在这些等待着解决方案的群体的角度看问题。与其苦口婆心地劝学员认真听课，还不如让他们认识到如果不努力就会失败。同样，与其向产品开发者强调用户体验的重要性，还不如让他们亲自接触到正在开发的设备或流程的受众——技术人员或患者。门罗引导师们亲自见证过这类例子：学员通过亲自参与设计研究，建立了以客户为中心的同理心，从而实现了思维和行为模式的深度变革。

这些研究成果为后续的评估打下了基础。

第四阶段：创新训练营

门罗工作坊的第四阶段是创新训练营。学员们将在这一阶段展示他们的研究成果，然后着手解决最初界定的业务问题。由于联合创作是成功的重要前提，所以我们会在这一阶段多次邀请客户前往工作坊分享他们的体验和问题，让学员积极倾听。这对客户和管理者来说都是一种全新体验。这一举动不仅可以强化团队成员间的关系，还可以强化团队与外部利益相关者的关系。除此以外，由于团队现在可以根据客户的信息和反馈来检查研究成果，所以也具备了能力和条件来完善最初设立的业务目标。

学员们将学习如何撰写机遇陈述，即对待解决问题的简要总结。这类陈述一般以"如果……的话该多好"开篇，这为后文的构思做好了铺垫。接着，学员需要说明需要满足的需求，而不是满足这些需求需要哪些特定类型的产品。教练的工作是确保这些陈述内容既不过于宽泛（比如，"如果我们能为患者提供更好的医疗体验的话该多好"），又不会过于狭隘，导致解决方案的选择范围十分有限（比如，"如果能给每位患者一台 iPad 让他们自己控制病房灯光该多好"）。优秀的机遇陈述应该类似于"如果我们能为患者提供更舒适的环境该多好"，因为它不仅有明确的目标，还可以把我们引向多种潜在的解决方案。

我们建议每位学员准备 6~8 份机会陈述。这些写在便利贴上的陈述稍后会被集中贴在一面大白板上，按照主题进行分类。接着，学员们通过在便利贴上粘贴纸的方式选出他们认为最有开发前景的想法。

有了新的工作重点之后，团队就该进入构思流程，一边就机会陈述中的问题思考潜在的解决方案，一边学习如何接纳和吸收其他人的想法（而不是单纯地讨论）。出现失败是必然的，这算是"构建式学习"的副作用。在这个过程中，我们会制作一些简单的粗略原型进行测试。我们会改善那些失败的原型，然后再次测试。这种迭代式的改善过程可以让团队在投入资源之后，专注于有价值且经过实践验证的解决方案，将失败率降到最低。更重要的是，客户多次参与到了原型制作过程中，就各种新创意发表看法，贡献力量。高级门罗创新战略师 Emil Georgiv 认为，在门罗创新工作坊申请的多项专利中，让客户成为共同发明者就是其中之一。

拿出了各种解决方案，测试了众多原型之后，团队最终会选出 3~5 种产品概念，然后怀着自豪和自信的心情，在工作坊的最后一天向高级管理层汇报。

第五阶段：跟进

门罗系统从诞生之初就一直在强调持续改进。因此，虽然在初期，门罗工作坊在思维模式转变和新行为培养方面确实取得了不错的效果，但是随着时间的推移，门罗团队意识到，即使个人和团队在工作坊期间实现了转变，只要一回到工作岗位，他们就会重拾旧习。为了应对这类问题，门罗工作坊最初采用的办法是要求学员完成指定的练习，比如前面说过的"家庭作业工作表"，从而让他们记住学过的重要知识和理论。时至今日，这些练习仍具有重要意义，只不过现在我们有了更多正式流程来防止团队退回到旧习惯。同时，我们会在学员遇到工作难题时，尽责地为他们提供一切资源支持。

这一阶段的整体框架仍然在完善中，而且整个门罗项目一样，它的展开也是由各个团队的具体情况决定的。门罗负责人曾进行过多种形式的实验，成功帮助现有团队以及曾经参加过工作坊的团队解决了他们遇到的问题，构建起了重要的组织学习和支持框架。目前我们的计划包括，组织门罗校友开放活动，分享新的设计技术、难题和创意；设置一系列检查点，保持团队和引导师之间的联系；在团队内部设置教练，为今后的项目开发工作提供指导。

11.3　设计思维对于通用医疗的重要意义

核磁共振成像及其他类似的复杂技术一直是通用医疗产品开发的主要内容。在门罗系统诞生之前，设计部门主要负责人体工程学和款式设计方面的工作。有时，大家会开玩笑地说这些工作就是"涂涂画画"（摘自 2009 年 9 月 8 日的迪兹个人采访）。其实，在不到十年前，通用医疗的主流文化仍然认为渐进式的工程创新比用户体验更重要。

对于通用这样历史悠久的大型企业来说，文化变革并不是一朝一夕的事。对于"人性化"设计的追求最初源自道格·迪兹发起的一个项目。迪兹是通用医疗设计团队的一名成员，他在通用医疗已经工作了 25 年。2008 年，迪兹前往一家儿童医院检查他开发的核磁共振仪器。当他和医院里的技术人员交流时，心里是既满足又骄傲的：仪器运行良好，很好地协助了放射科的工作。但是，谈话进行到一半被打断了，因为有位患者需要进行磁共振扫描。这位患者是个小女孩，一直在哭：她被眼前的这台大机器吓到了，而且不知道接下来会发生什么。

遇到这个小女孩，成了迪兹职业生涯的一个转折点。他开始了一项专为改善通用医疗年幼和病弱患者的医疗体验的项目。迪兹和一支放射团队把客户体验作为早期设计思维工作坊的研究焦点，最终开发出了"探险系列"产品。这些产品彻底改变了儿童患者及其家人对放射成像技术的体验。迪兹及其团队通过充满想象力的故事形式，让儿科放射检查从一种令人紧张恐惧的体验变成了一场如迪士尼般的主题探险之旅。探险系列产品展示了设计对一系列利益相关者造成的积极影响及实现的多个目标。

这一系列产品给通用医疗带来了丰厚利润，部分原因在于，这次设计变革让这类仪器的主要客户（儿科医院）给**它们**的利益相关者（患者）带去了与众不同的医疗体验。以往，成像设备都是医院按需采购的，因此品牌混杂，探险系列提高了客户对通用医疗成像系列产品的忠诚度，而这些产品也与通用的服务供应概念完美融合。最重要的是，探险系列产品让患者更舒适、更配合，从而实现了大量的积极收益，比如镇静类成本和治疗成本都有所降低，并发症减少，患者家属的满意度提升（他们需要全程参与儿童患者的治疗过程）。

探险系列带来的影响不只限于市场和医疗领域。它向通用医疗证明了设计师的工作不仅仅是让仪器变得更美观。虽然这个系列只是源自迪兹在实地考察时遇到的一个小插曲，但正是这个小插曲，为迪兹创造了一个重要的有利机会，让他在通用医疗获得了必要的支持。例如，这个项目最初是通用医疗和匹兹堡儿童医院合作的试验项目。对方的热情参与，证实了企业与关键客户进行共同创造的好处。高级设计师迪兹和莫菲进行了大规模的观察研究，并且与放射科医生、技术人员、儿童健康专家、护士、患者和家属等利益相关者紧密合作以便获得更好的全方位用户体验，最终成功建立了实务典范。探险系列项目的成功，也与通用医疗设计部门新任总经理 Bob Schwartz 的到来有关。2007 年，他从 Procter & Gamble 公司来到通用。由于以往的消费品从业经验，Schwartz 十分重视销售渠道中每一个环节的体验及其影响，包括经销商、买家和终端消费者。Schwartz 加入通用医疗没多久，就赶上了探险系列开发项目，于是，"产品体验"小组正式在设计部门成立了。

当我们在做设计类项目的提案时，一定都知道"来自他人的认可"对于项目的重要意义，因此，探险系列就成了集团里一项重要的公关工具。在通用推出继

"绿色创想"之后的"健康创想"计划时，集团里的各级领导都在寻找能够为这一计划提供支持的案例。当 NBC 环球（NBC Universal）还是通用旗下子公司的时候，他们的负责人联系了 Schwartz，表示他们的制片人被这场儿童体验变革的有趣图片和精彩故事吸引了，突然对放射学产生了兴趣。迪兹到现在还记得对方联系 Schwartz 时激动和急切的样子。

成功因素

门罗系统的开发者们在开发这一创新实验室模型的过程中借鉴了来自许多机构和个人的指导和灵感。他们是斯坦福大学设计学院、宝洁公司 Clay Street 项目、Creative Problem Solving Group，以及来自 Matrixworks 公司的 Mukara Meredith 和 Sean Sauber。斯坦福、宝洁、Creative Problem Solving Group、门罗及其他优秀的创新实验室都具有以下共同点。

环境因素：设置独立的实体空间，一是把项目和"日常工作"区分开来；二是提供了一个专门的环境，让团队能够不受打扰地进行学习和实验。空间布置应该激发人们的创意，配备舒适并且方便移动的家具，准备好充足的材料供人们表达想法。避免将这个空间布置成会议室或者教室。

文化冲突：根深蒂固的组织范式、故步自封的思想和国家地区间的不同文化，都会给人们的沟通和创造构成障碍，引起各种矛盾。门罗的领导们发现，要想改善这些问题，首先要从问题的根源和症状着手。不过，我们一般不会直接处理这些深层的问题，而是通过一系列活动，让这些问题浮上水面，最终一网打尽。

独立自主：在规划设计思维项目的时候，小规模的独立实验室却发挥着惊人的作用，因为繁杂的机构体系是创新的天敌。在门罗实验室，管理层为培训项目提供了大量支持（有些高层管理者还同时担任引导师职务，如美国设计工作室经理 Mark Ciesko），但是，门罗的项目与设计工作室的日常项目是完全独立的。

需要克服的挑战

门罗实验室曾遇到过各种挑战，而新的问题也在不断涌现。这些挑战与问题包括以下所述。

资源分配：不了解项目的预期收益，就不会获得稳定的资金支持，项目进展就会举步维艰。这和设计思维一样。除了争取管理层的支持，我们还要去开发新的业务模型。例如，门罗实验室会通过担任内部顾问的方式获得部分资金支持。

未来发展：成功可以带来机遇，但是成长却会耗费资源。在门罗实验室，我们目前主要面临两方面的（积极）压力：第一，我们需要足够的员工来组织工作坊，始终如一地传授优质的核心思想、技能和价值观；第二，扩大通用集团在全球的规模。对于第一个问题，我们采取了"讲师培训"的方式，鼓励那些对教学工作有热情、有天赋的学员从教练助理做起。另外，门罗实验室刚刚成功尝试在不同的文化环境中授课，比如欧洲和亚洲的设计工作室。

消极阻力：对于那些安于现状、不求改变的员工来说，新的工作模式就像一种威胁。由于门罗项目非常注重团队性，所有这类人会严重限制整个团队处理困难或复杂问题的士气。迪兹（摘自2010年12月1日的个人采访）表示：

> 当你组建一支团队的时候，你能确定每个人都是100%投入吗？当然不能，团队里总会有几个"倔脾气"存在的。我爱这些人，他们只是在通用待得太久，形成了一层名为"习惯"的硬壳。我们可以帮他们慢慢褪去这层硬壳，这个过程需要一些时间。一般情况下，当课程进行到3/4的时候，你就会看到这些人会开始尝试冒一些风险。给他们一些鼓励，你就会看到意想不到的改变。然后，在不知不觉之中，他们就改变了。

门罗工作坊的负责人会有意地在工作坊之间安排一些活动，让客户和通用集团的管理层参与进来，亲眼见证团队的学习成效，从而证明和强化项目带来的收益。这样一来，只有两个小组没能成功完成工作坊内容，因为他们需要优先处理部门变更事宜。

收获的经验

虽然每个组织都有自己的独特文化和战略目标，这些因素影响着内部设计思维项目的开发情况，但是，大家仍然可以参考通用医疗门罗创新项目负责人在艰辛探索中积累的经验，包括：

收集信息和灵感：留意其他创新团体的创意，通过各种资源探索培训技巧和新的研究内容。迪兹平时博览群书，他在设计工作坊的活动时，经常从社区的青少年那里寻找灵感。他表示，如果他能成功地让叛逆的青少年接受新观点的话，对付管理层就不再是难题。

成功需要时间：门罗工作坊项目的开发不是在一夕之间完成的。大型企业都有自己的短期目标、各级使命，并且需要关注瞬息万变的市场形势。门罗负责人们之所以要坚持传授设计思维理念，是因为他们相信设计思维能够让他们获益良多。设计师从培训中学到了原型和迭代理论，而门罗工作坊则从一次次的成功中学到了持续改善的重要意义。

孵化成功的过程也很重要。迪兹曾经说过一个词——"扶摇直上"，意思是当项目遇到瓶颈的时候，突然由于灵感迸发、风险回报和茅塞顿开而有了大飞跃。那些想借助渐进式成果来评估成功的管理者们必须知道，耐心才能带来回报。

规模并不等于效果：门罗负责人也许考虑过在公司内部设立分部来扩大课程覆盖面，但是他们最终还是专注于先稳固根基，再扩大规模。此外，"讲师培训"模式为门罗工作坊树立了良好的口碑，让学习不再是管理层的强制要求。工作坊的出资人通过可靠的渠道了解到了他们的投资颇有成效，因此会更乐于项目能够进行下去。

11.4 总结

无数的杂志和著作都在宣扬设计思维的好处，这会让人觉得在大型组织里筹划一个项目并不是难事。通用医疗的门罗创新模型向大家展示了这类项目带来的收益和挑战。让经理们放下手机、电脑和日程表已经够难了，更别说让他们跳出职业舒适区，向着未知的团队目标前进。许多推广设计思维的文章都在强调突破性创新有多伟大，可是却没有说明这个过程有多艰辛。但是，一旦团队获得了成功，就可以实现意义深远的变革。门罗创新生态系统工作坊通过在团队成员间构建互相关心、高效进取的关系，强化团队与客户间的交流，充分利用团队的科学和情感才智，最终为棘手问题找到了更有效、更有意义的解决方案。门罗实验室的成功证明，设计——科学与同理心的独特结合——是一种人人都可以掌握的魔法。这的确是一种神奇的力量。

作者简介

萨拉·J.D.威尔纳（Sarah J. S. Wilner）博士是加拿大劳里埃大学营销学教授。她的研究领域包括产品设计、开发和创新，管理者对客户需求、欲望和行为的洞察，以及设计（包括工业、服务及图像设计）与消费者文化的交集。威尔纳博士曾多次获得学术奖项，其学术成就曾被多家顶级出版物刊登表彰过。她曾在产品开发管理协会的研究论坛、产品创新管理国际协会、美国营销协会、营销科学学会及其他行业刊物上发表过论文。在此，威尔纳博士要将这一章献给企业设计基金会创始人彼得·劳伦斯，正是由于彼得在这一领域的突破性成果和教诲，才点燃了她对设计的无限热情。

第 12 章

让设计思维成为企业文化

劳内森·欧文·罗森伯格　Insigniam
玛丽·卡罗琳·肖维　Insigniam
乔恩·S.克兰曼　Insigniam

12.0　简介

本章探索了企业文化在设计思维上的重要影响,分为五个部分。在前三个部分中,我们重点关注企业文化在设计思维上的重要影响、我们对文化的认知,以及在各种大型企业中削弱设计思维原则和实践的力量。

12.1　企业文化在设计思维上的重要影响

同感共情,思维能力,共同协助,循环往复。这些不是一个大型企业管理层们每天挂在嘴边的典型词汇。相反,高层管理人员喜欢把注意力放在营收报表、市场份额、投资回报、股票价格和员工流失率上。但是同感共情?不适用于大多数的大型企业。然而,同感共情、思维能力、共同协助、循环往复都是设计思维的关键方面。对于希望引入设计思维以助其公司成功的管理人员来说,了解并理解这些术语,以及其背后的实践和流程对于达成成功的指标至关重要。

多伦多大学罗特曼管理学院的前任院长,设计思维的创始人之一(其他创始人是 Institute of Design's Patrick Whitney 及斯坦福设计学院的 David Kelly)Roger Martin,曾经写过关于设计思维与大型企业结合的一段话:

第 12 章　让设计思维成为企业文化

……这不是简单地雇用一个首席设计官然后声称设计是你们公司的优先事项。为了能够从设计中生成有意义的效益，公司需要从根本上改变，让运营更像一间设计商店，其充满创意的产出是让人觊觎的。为了获得设计的全部效益，公司必须把设计嵌入而不是贴在他们的业务中。

把设计思维嵌入业务中意味着把设计思维嵌入公司的战略、文化、流程和实践、系统和结构中。对于很多大型企业来说，它们的公司文化对于设计思维来说是一种阻碍，或者更甚，是对这种重要的新型业务及管理办法的破坏。然而，我们相信一家可以把设计思维嵌入公司文化中的公司——在企业每一天的工作方式、实践、信仰和价值中——可以获得比那些没有采用设计思维的企业更具有竞争力的优势。

为了获得这种优势，企业需要重新评估其目前运营所处的组织环境。而这就出现了一个难题：一个公司的组织环境对于在公司里工作的人们来说是透明的。

环境文化

人们在一个企业里工作的环境首先就是企业文化。组织环境感染、组成、强调、减弱或扭曲在一个企业里发生的一切。它强调了管理人员的选择，以追求一种战略，同时摒弃其他战略。它无形中让管理人员制定出了一些战术。它鼓励员工做出特定的行为，奖励他们这种特定的行为，并且会因为他们做出不同行为或者新的行为而打击他们，甚至惩罚他们。环境可以是改变的推动力——推动企业持续寻找新的机会，或者阻塞——鼓励企业维持现状，无法认识到市场上的改变。企业文化可以带动创新以满足市场上的重要价值，或是消灭一个很棒的想法。确实，企业文化可以让一个公司看到机会，也可以让另一个公司错过或是拒绝这个机会。从这方面来说，企业文化是一个决定企业有效性的单一因素。

当一个公司决定实施一个颠覆的或者根本上的新倡议，比如说嵌入设计思维，这个新倡议的成功与否并不仅仅是培训和教育的产物，也不是管理人员告诉大家如何去做并进行追踪，更不是一些新的补偿或奖励系统。实施像设计思维这种新的准则只有在符合企业文化的时候才可能获得成功，也许还意味着需要用设计思维里的一些要素取代一些现有文化中的要素。

默认文化

在大多数公司里，文化不是故意或有目的地创造出来的。通常，从公司的创立，从创始人的个性喜好中，文化就随之演变而来。就好像 Topsy 公司一样，它就是这样形成的。

企业文化很可能会默认强调过去成功的事情，避免那些没有成功的事情，特别是避免重大的失败。它是一个过去的产物，有力地塑造了感知和行动，限制了可能性。它经常以给予的方式出现，企业文化是这里运行的方式。即使文化是有意的创造，也是可行的。

在福特汽车公司，亨利·福特从公司创始之初就塑造了其公司文化，避免了失败，引导公司走向成功。他在20世纪80年代初对公司文化产生了深远的影响，以至于这位创始人去世后30多年，大家还说他已经变成福特的鬼魂游荡在公司大堂里。后来，虽然汽车工业和制造方法已经发生了巨大的变化，但福特的文化却一成不变。

有一个小故事，在1985年，我们的同事为福特车身及装配部门的资深和年轻员工做了一期培训。每个参与者被要求写下他们在福特所发生过的一些非常重要的事情，那些已经被放在他们的"银盒回忆"（Silver box of Memories）里的事情。

一位年长的参与者分享了他在福特的第一年，当时他在餐厅吃着妻子做的火腿三明治，亨利·福特坐到他身边。这个参与者说："福特先生每天都有特殊的烤面包，当他出差时，他的面包会送到他所在地。在这种情况下，福特先生对我说：'约翰，你知道你正吃的东西对你的健康有害吗？你不应该吃这个。'然后他起身走开。"

我们的同事问："之后发生什么了？"

老先生好像对大家这么问有些吃惊，就说到："我就从那天起再也没有吃过火腿了。"

一个文化，使亨利·福特成为一位引人关注和鼓舞人心的实业家，给他的公司带来了巨大的竞争优势。但这个文化，已经在这个多变的市场中，成为福特汽车公司获得成功的阻碍。幸运的是，他的继任者——唐纳德·彼得森和哈罗德"雷德"波林，带领了福特公司的文化转型，恢复了其竞争力——第一个有意识改变公司文化的大型企业。

在很多的大型组织中，企业文化是设计思维和有力创新的障碍。企业文化转型是高管希望将他们的公司转向设计思维的特别的挑战。

为什么我们这样说？设计思维是以客户、消费者或随机的最终用户为中心的。设计思维需要最终用户的高度共情，以及承担大量可能产生的风险和失败。因此，设计思维的实践可能与大多数大型公司的企业文化相对立。在这些大型企业中，数据驱动决策、组织等级制度固化、成熟的良好投资回报率，这些都是避免失败的高成本通常首选的运营方式。

第 12 章　让设计思维成为企业文化

企业文化对通过设计思维进行创新的影响

希望嵌入设计思维的公司将首先评估它们当前的文化。它们应该确定公司的感知、思维和行为的共同模式可能与设计思维不一致,而哪些与设计思维的关键原则——共情、定义、理解、原型设计和精炼相一致。"企业文化的独特要素"(见图 12.1)可以用作进行这一关键评估的结构。

从这 3 个维度评估这 9 个独特因素是非常重要的一件事

1. 什么是陈述的/正式的原则?
2. 什么是每个因素的实际做法?
3. 什么是未言明的隐藏驱动力?

01　语言(词汇、内容和关键短语构成了企业的对话网络)

02　客户导向(如何认知、服务客户和与其互动?)

03　价值(什么是定性目标?什么需要高度关注?)

04　问责制(是针对结果、流程还是任务而组织人员的?激励因素是什么?)

05　传统、仪式和人工产物(什么是状态符号?什么带来归属感和自豪感?)

06　领导力(员工是如何看待领导者的?领导风格是什么样的?)

07　成功的不成文规则(什么是禁忌、社会地位、成功的途径?)

08　决策权和过程(谁做什么决定,以什么速度,咨询谁?)

09　遗产(有没有什么失败案例或重大成功?创始人的价值观和哲学是什么?)

图 12.1　企业文化的独特元素

换句话说,设计思维不能简单地嵌入一个其价值观与设计思维的原则和实践不一致的组织里。正如斯坦福大学设计学员的行政教育主任、设计思维的领导者杰里米·乌特利所说:"试图去反对一个文化的人是愚蠢的。你必须找到公司文化的元素支持(设计思维的)一种工作和思维的态度。"

如果一个组织要嵌入设计思维，它必须揭示、面对和负责其当前文化的所有方面。然后，它必须设计出一种文化，这种文化可以利用设计思维在未来的市场上取得成功。（不算巧合，设计思维的应用可以实现这一步骤。）最后，企业必须迅速做出必要的改变。如果只是简单粉饰了旧的文化而不是改变它的话，还是会有风险的。这可能导致新文化不知不觉地继承旧文化的方面，破坏设计思维的优势。

12.2 什么是企业文化

每个规模庞大的组织——无论是商业企业、非营利慈善机构，还是政府机构——都有其自己独特的文化。因为它影响、塑造和改变公司里人们的行为、观念和想法，企业文化是组织有效性的一个决定因素，可以是长期中成功或者失败的一个决定者或者至少是一个关键因素。

区分企业文化

企业文化是人们在独特的组织机构中感知、思考、行动、互动和工作的特殊条件，它的作用就像一个力场或一只无形的手。它塑造、改变和强化公司里人们的观念、思维和行动，无论是否能够实现。企业文化是企业内部对成功的不成文规则，创造了看不见的壁垒和边界。这是公司的范例。简而言之，它能进一步加强公司属性，就像一个公司的个性。

在许多情况下，这种看不见的手为公司在市场上提供了巨大的竞争优势，与竞争对手之间拉开差距。西南航空因长期以其独特的文化和在过去30年中最为持续盈利的美国航空公司而备受赞誉，这是一个很好的例子。

该公司的联合创始人和前首席执行官Herb Kelleher曾经说过，西南的文化是竞争对手最难以复制的事情。竞争对手"……可以得到所有的硬件"，Kelleher说，"我的意思是，波音公司会把这些（同样的）飞机卖给他们。但对于这种软件，是很难模仿的。"

重要的是西南航空的文化是动态的。其文化在过去的几十年里伴随着公司令人难以置信的增长速度，让西南航空一直保持在航空业的领军位置。

对于成熟的公司来说，这是一个特例。通常，企业文化是固定的并且是毋庸置疑的，是绝对的现实，是事情如何（应该如何）进展的指向，与其说是简单的工作方式，不如说是正确的工作方式。在这些情况下，组织失去了灵活性，增加了浪费，减慢了执行速度。

第 12 章 让设计思维成为企业文化

记住，我们说过企业文化是公司内部对于成功的不成文规定。在一个健康的公司，行为和成功的仲裁者是市场，公司文化需要适应市场的力量。当过去的工作方式和文化优于或者适应市场变化的时候，将得以用成功取悦上司并令人满意。

为了避免这种陷阱，组织必须给它们的人赋予权力并使其能够不断地创造新的竞争途径，允许他们尝试和改变市场内部以及公司内部的规则。可以通过有意识的和方法化的文化重塑过程达成这点，或者建立一种针对文化本身不断革新的精神。

设计思维承诺可以做到这点。它挑战关于客户需求的现有假设，不断推动组织重新考虑其市场产品和工作应该如何达成，要求组织中的人员协同工作来建立新的东西。

12.3 破坏设计思维的企业力量

企业惯性

类似地，企业惯性是一个隐藏的力量，把你的员工拉回到熟悉的世界——被证明和已知的世界——而不是自由地发起创新。公司的拉力大于消费者和市场的拉力。企业惯性是世界观以及共存流程、系统和结构的产物，以保护传统商业模式和核心产品或服务。企业的惯性拉动资源，以维持和改善那些被认为企业成功的资源。

为了取得成功，最终任何组织变革必须由首席执行官领导。话虽如此，但对抗企业惯性的解毒剂是任命首席变革官或首席创新官（Chief Innovation Officer，CIO）。这个执行官被视为首席执行官的手和脑，其手下有预算和一个部门，并对在企业嵌入设计思维负有责任和承诺。这个 CIO 有权力和权威可以发起、领导及管理变革。对于走向设计思维模式的公司而言，这种变化可以由一位总监来引导，他可以作为高级管理层与设计和创新团队之间的桥梁使这两个世界更接近。

公司免疫系统

你身体的免疫系统拒绝并反抗外来物质，这是一种无意识的反应。以类似的方式，公司组织似乎也拒绝和反对它们的文化发生改变，即使领导人积极领导变革。

没有生来就抗拒改变的。如果人们受到这些改变的威胁，就不会做出改变的

159

行动。但当人们能够从改变中看到自己的机会，他们将迅速适应和/或做出改变。

所有成功的员工都有一个关键的知识点：如何使他们的老板高兴。老板要求当前的产品开发过程完全按照企业产品开发手册中的规定执行的话，员工还有没可能将设计思维应用到这个过程？可能会破坏这个过程或完全重塑这个过程？那么他们还知道如何让老板高兴吗？

这是领导力中最棘手的挑战之一。有效的企业变革需要很多沟通。管理者必须针对每个人特别传达他们所能理解的信息，或者在大规模的变革过程中，以部门为单位传达特别定制的信息。什么可以激发科学家和工程师？什么可以推动营销人员？经理和高管需要面试和观察哪些部门的人。他们必须设计一个对话，给员工表达的机会。换句话说，高管和经理需要将设计师的工具和方法带到自己的工作中。这样，不仅员工参与变革，他们自己也进行设计思维的活动。

企业近视

有一个笑话：

问题：要多少设计师来改造一个灯泡？
设计师的回答：它必须是一个灯泡吗？

设计思维的能力是要求参与者以不同的方式思考，关于产品本身、消费者使用它的方式、它被生产的方式。一切都可以用于深思和转变角度。对于正在经历设计思维转型，同时还在经营其目前业务的公司来说，都可能是问题。

企业近视使管理层无法看到创新的价值，包括设计思维等新的方法。成功的高管认为他们知道消费者想要什么以及在市场上什么会取得成功。产品或过程中的突破性创新可能威胁到高管的自我价值感，或者不适用于他们对价值的理解，或不符合公司的战略。在一些公司里，任何不符合财务目标，或者在预测销售评估中表现不佳的产品永远都没法进入市场。

有几次，雀巢的高管们试图扼杀现在非常成功的 Nespresso 咖啡。雀巢处在食品行业，而不是厨房工具的行业。高管对不适合大众市场商业模式的研发持怀疑态度，而且是雀巢的主要业务部门。当 Nespresso 作为一个独立的公司，在另设置的办公楼中幸存下来时，它作为外来者，给企业者带来了新的视角和想法。

企业近视的解毒剂是设计思维本身。无须让高管确定创新的价值，因为设计思维原型是被客户或使用者所持有及实际使用的。客户和使用者确定其价值，以及如何提高或增加其价值。

12.4 促进设计思维的四大创新支柱

没有人，甚至就算是专业登山者或住在喜马拉雅山的夏尔巴人都不可能突然在某一个下午出现，然后就开始攀爬珠穆朗玛峰。这是需要多年的经验和几个月的准备才能够达成的，这要求许多事情都按计划执行。

同样，在没有花费时间建立一个稳定的基础之前，企业文化不能围绕设计思维形成，因为变化将在基础上进行，必须在四个关键支柱上建立向设计思维的转变或转型，如图 12.2 所示。

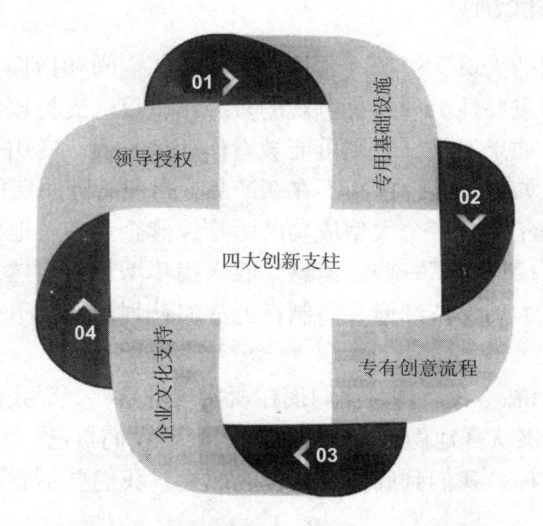

图 12.2 有效的创造力和创新的四大支柱

支柱 1：领导授权

高层管理者必须致力于创新，使用设计思维作为公司优先选择，这等同于 Agamemnon 把他的船送上海滩并烧掉。设计思维要求必须包含在公司战略中。高管必须学习和实践设计思维。他们必须致力于领导整个组织采用设计思维。

他们必须设计并传达创新和设计思维对组织的未来起至关重要的作用。这项任务需要明确和清晰，并且与整个企业的员工都相关。他们还必须明确给出可以创新思考的许可，并配以资金、人力、时间和空间支持。

当宝洁的首席执行官 AG Lafley 在 2001 年开始在公司引入设计思维的时候，

他说："我们只靠技术不会取胜。因此，我们需要将设计思维融入宝洁的 DNA 里。"他用自己的行动支持了这些话。

Lafley 先生经常参加设计思维研讨会，在这里，设计师与高级管理人员配对，以便分享设计思维的想法。他还定期接受第三方的设计委员会（其中包括设计思维创始人）的意见，以设立并评判宝洁的设计决策。他定期与他负责监督改革的设计主管、创新和战略副总裁 Claudia Kotchka 进行会晤，以便他能够随时了解最新进展。几乎每次出差的时候，他都花时间去消费者的家，观察他们的生活。在这些方面，Lafley 先生通过言语和行动，传达并领导了宝洁公司的愿景和承诺，使宝洁成为以设计思维为中心的公司。

支柱 2：专用基础设施

包括组织专用的人员、资源、预算、时间表、空间和指标。专用基础设施总是能反映出任务的重要性。如果有可观的资源用以投入支持该任务，那么这个任务会被认真对待。如果不是，它则可能被看作随口一说。专用基础设施可以包括特定的组织角色，如创新办公室，不在新产品或自我管理团队的功能范围内。

举例说明：几年前，一个大型成功的医疗保健企业在外地举行了一个典型的厂外高层会议。高层讨论了一些好消息。收入稳步增长。当然，利润也随之稳步增长。他们讨论了为确保持续增长而制订的战略计划。但接下来出现了令人惊讶的事情。

一位高管突然说："我发现，我们现在所实现的这些，跟我们的愿景根本不是一回事。我们真应该认真地做一次彻底检讨，问问我们自己：'为了实现当初我们设定的那些战略目标，我们到底需要做什么改变？我们要不要对这些事情进行投资？'"

结果让人大开眼界。公司决定重新设计企业文化，把重点放在以患者为中心上。把这个企业文化作为一个有财政保障、有价值并且引以为傲的企业传统。以患者为中心的理念需要通过变革达成，而这种变革是值得投资的。要改变一个财务稳定的企业的运营价值，金钱、时间和风险都将涉及其中，但是聪明的老板们已经意识到，不做改变，风险将更高。

当一个组织承担这种风险时，不能轻视它。需要系统地、一步一步地进行变革。这个例子里面，他们是这么做的：

步骤 1：进行文化评估

一个定制的文化评估——设计用于访谈和调查的问卷，应用于公司各层、各工作类型及各地区的员工,以揭示当前的文化。这个过程与设计思维用于揭示消费者需求的人种学工具不同。这个评估是针对"企业文化的独特要素"而进行的(见图 12.1)。调查的分析和报告强调了文化的主要方面、得以支持公司战略的方面、会阻碍公司战略的方面,以及建议采用的转型。

步骤 2:建立一个转型的办公室和一支转型的领导团队

他们称这个团队为"领导联盟"。它由来自组织所有部门的 40 人组成。虽然不是每个团队成员都是全职在这里工作的,但他们会为自己的新角色分配一定的时间,类似兼职工作。任命一名全职的转型执行官,并担任团队领导。首席执行官在联盟成立的第一天的开幕词是,"扔掉我们那些头衔,让我们起草一个新的愿景,一个新的使命宣言,建立一种新的企业价值观和新的经营实践"。

步骤 3:设置预算和截止期限

文化转型既不快速又不便宜。它的代价巨大,并需要持之以恒,这是对承诺的考验,所有的事情都应该提前仔细考虑。公司在其第一次最重要的文化转型阶段,有一个 18 个月的"窗口期",并分配特定的金额,以支援改革。领导联盟设定了从"窗口期"开始工作的时间表。

步骤 4:创建一支团队去带动整个团队

从组织的各层和各职能招聘团队,他们的任务是启发和鼓励员工采纳公司的新主张,即使这些新的主张还正在开发中。这些团队成员接受设计思维、如何有效沟通和带动他人等培训。他们对要传递的信息进行设计,同是也对如何传递这些信息进行设计,从而来适应公司和公司的员工。

步骤 5:建立宏伟的承诺、建立组织成员新的能力和需要提高的能力,以及建立大量的项目团队

该公司还创建了一支 30 人的关键基石(Keystone)项目团队。顾名思义,这个团队负责研发和执行将公司推向新的、以客户为中心目标的关键项目。一个关键的项目会历时多年,而产生关键的结果,只能在新的文化中起作用。关键基石项目团队也会任命其他项目团队将关键项目向前推进并达到想要的效果。

与此同时,公司的 18 位高层管理人员参与了为期一年的领导力发展计划,这将使他们有能力在一个比以往更强调合作的环境中工作。作为领导力计划的一部分,每个主管都设计并领导了一个领导力项目。

正如一位执行人员所说:"我们开始真正地把关注点放在团队上。对于管理人员来说,不再是'我如何才能做到这一点'而是'我们如何才能做到这一点'。"

设计思维：PDMA 新产品开发精髓及实践

在 18 个月的时间内，这一举措带来了显著的变化，并取得了明显的成果，利用衡量成功的三个关键指标，将公司从市场的中部转移到接近业界领先的位置。

注意：管理的第一条规则是你奖励什么就能得到什么。显然，每个人都知道需要有奖励机制以支持转型。然而，第二条规则是你度量什么就会得到什么。这不是那么显而易见，作为基础设施的一部分，你必须设置一个记分板来衡量设计思维产生的价值。否则，设计思维的价值会在混合后的整体业务成果中丧失。

从 2009 年加入 Clorox 之时起，作为研发主管以及整个公司的首席创新官的 Wayne Delker 成功地推动了新产品的研发。Delker 博士发明了衡量创新价值的指标，有助于保持管理层执行官对创新的投资，创造良性循环。

支柱 3：专有创意流程

对于企业的创新和设计思维过程来说补充其文化、基础设施和任务，必须是其流程，也意味着必须是专有的。该流程需要反映公司的独特业务和公司资产，以及公司文化，最好该过程随时间而演变。

从尖端企业和教育机构学习可以增加价值，那么为什么不直接将其流程复制到你组织中呢？当组织试图将另一个实体的流程嵌入自己的业务时，在该流程得以成功的原公司中，支持该流程的背景和环境随之消失。所以，引入的公司经常会发现，现成的解决方案并没有与其企业相融合。简单地说，公司 X 的流程不会满足公司 Y 的基础设施或文化——组织环境——因为设计出来的方案不是为了适应该公司的流程。就好像不结合上下文是读不懂内容的，语境是决定性的。

让我们思考一下 Norio Ohga（曾是有效利用设计思维的公司前董事长兼首席执行官）所说的话："在索尼，我们假设我们的竞争对手的所有产品都具有基本相同的技术、价格、性能和功能，而设计是唯一可以让一个产品在市场上区别于另一个产品的能力。"

支柱 4：企业文化支持

一个支持型的企业文化对新的想法是友好的，这些想法可以是小的增量也可以是大的变革，而且不只是那些领导传达下来的想法。文化必须避免滋生对风险和失败的恐惧。风险管理是健康的，避免风险是致命的。支持型文化可以限制企业惯性，抵制企业免疫系统，并对抗企业近视，这是我们在本章前面讨论的三种力量。

比较波音和空中客车的企业文化，你会发现它们的文化一点儿都不相似，而它们的业务基本相同。想想通用汽车和丰田的企业文化差异？

这就是为什么有些文化可以成为一些公司的巨大优势，但也可以成为其他公司的巨大劣势。记住本章前面西南航空公司 Herb Kelleher 的话："文化让公司与众不同。"

文化不是一刀切的，文化转型和任何其他严肃的设计思维努力都不能是一个一刀切的解决方案。它们必须根据现有文化和公司的宗旨及战略意图进行具体设计。它必须考虑公司的历史、领导层和变革任务。任何让公司走上创新道路的行动计划都必须先认识到今天的公司走到了哪里，到底什么状况，无论好坏。

12.5 向设计思维文化转型的四个阶段

如果你已经认可我们所说的，而且你也确信需要通过植入设计思维来变革企业的文化了，该怎么做？如果你已经意识到可以通过植入设计思维设计企业的文化带来企业的竞争优势，该怎么做？除了上面说的五个步骤和四个支柱，还有四个阶段可以让你的企业成功地进行文化转型（或任何转型）。

阶段 1：揭示
- 当前的战略、文化、流程和实践、系统和企业架构方面是如何增强或抑制设计思维的？
- 有哪些隐含的假设和深入脑海的信念形成了组织里那无形的力量，告诉人们什么是可能的或不可能的？
- 对于成功有什么不成文规则么？
- 新产品和服务是如何投向市场的？是公司内部的决策驱动还是客户的洞察？
- 过去的失败及成功如何决定人们对业务、市场动态、竞争和客户的思考？
- 是创新还是只是随波逐流的竞争？
- 公司与市场的关系是主动生成的还是被动的？
- 根据企业文化的九大要素评估当前文化。

阶段 2：解开
- 对于事实你是如何解读的？你坚信什么？
- 你在多大程度上会责怪你可控范围之外的影响？例如，"这就是经济"、"缺乏市场营销的数据"、"研发不能满足我们的客户需求"？
- 你有倾听客户实际上在讲什么吗？还是说你已经知道他们会说什么了？

- 从有很多种做事方法到变成只有一种做事方法，你属于哪种情况？
- 仅仅是口头说过的东西，就已经变成现在要遵循的做事方法了吗？
- 有哪些碰不得的事物需要清除掉？
- 对于所有交谈都负责任，不再把它们与现实相关，而是放在一边。

阶段 3：创造
- 未来的市场是什么？
- 什么样的公司会蓬勃发展，并在这个市场上获得巨大的成功？
- 你公司的目标和雄心是什么，如何激发、挑战和激励公司的人？
- 什么价值会支持你的承诺？ 什么是让人们思考和工作的基本原则？
- 你的设计思维领导力是什么？
- 你的创新和设计思维流程是什么？
- 你需要如何利用设计思维来设计策略、流程和实践、系统、结构和团队？
- 什么奖励和认可将加强和支持设计思维？
- 你将如何衡量设计思维所产生的价值？

阶段 4：实施
- 领导力是否与正在创造的未来相一致？
- 在什么新的对话中，会让你公司的人参与其中？
- 你如何让人们跨职能工作？
- 你如何在几乎每个谈话和每一天的工作里都让客户参与其中？
- 什么项目和倡议能利用到设计思维？
- 你是否有一个足够支持文化变革的沟通策略（沟通能力提高 10 倍）？
- 什么教育和培训将有助于增强企业内部人员的能力？
- 人们是否对与新文化相一致的行为和做法负责？

12.6 总结

本章的所得是什么？设计思维是一个强大的新型商业方法。

如果设计思维嵌入企业文化、战略、流程、实践、系统和结构中，那么设计思维可能带来竞争优势。那些嵌入设计思维的公司会发现，它为客户、员工和它们的公司带来了巨大的成效。嵌入设计思维对于大多数大公司意味着战略和文化的转型。但文化转型是复杂的、困难的、充满风险。为了通过设计思维来实现竞争优势，企业文化必须与设计思维相协调，最终达成设计思维。通过引入某些结构，并通过处理文化的特定要素，管理人员可以提升他们的业务绩效水平。

作者简介

劳内森·欧文·罗森伯格（Nathan Owen Rosenberg Sr.） 是 Insigniam 联合创始人。他用了 29 年的时间为世界上 1 000 家大型企业中的 17%以及与他直接合作的 89 000 多名员工催生了可衡量的突破性成果和宝贵的创新及转型。劳内森是美国童子军、全球女童教育和美国空军学院橄榄球精英基金的董事会成员，并且是经济发展委员会的受托人。本章献给他的弟弟 Werner Erhard，他提供了大部分写作灵感。

玛丽·卡罗琳·肖维（Marie-Caroline Chauvet） 是 Insigniam 的合作伙伴，也是公司的设计和创新团队成员。她在财务管理和企业战略方面拥有 20 年的企业经验。她在巴黎-多芬大学获得了工商管理硕士学位。玛丽在 PDMA 董事会中担任职务（2014—2017）。

乔恩·S.克兰曼（Jon S. Kleinman） 拥有超过 15 年的财富 500 强公司咨询经验。作为领导 Insigniam 设计和创新团队的合作伙伴，乔恩研究、设计并执行了 Insigniam 的新干预措施，为客户提供了非凡的价值。乔恩是新泽西州南部犹太社区中心的董事会成员。

第 13 章

知识管理——实现突破性创新的信息放大器

瓦戴克·K.纳雷安安　德雷塞尔大学
吉娜·科拉瑞莉·奥康纳　伦斯勒理工学院

13.0 简介

　　设计思维是许多行业和企业争相探索的一个全新领域。设计思维是指培养对问题情境的同理心，在灵感和解决方案中注入创造性，在分析和调整解决方案的时候注重合理性。设计思维的理论和实践主要用于解决棘手的人际问题。这类问题之所以棘手，是因为它们缺少理想的解决方案，或者无法用现有的解决方案解决。所以，设计思维就是一种专门解决复杂问题的创意行动和实验方法。

　　在处理缺少理想解决方案的大规模棘手问题时，如何有效地进行知识管理，仍然是一个吸引着知识管理专家们不断探索的领域。通常情况下，企业会利用知识管理系统来积累特定市场和技术领域的知识、经验和专业技能，并且重复利用这些知识来改善效率和效果，从而在竞争中获胜，为股东带来最大利益。部分由于这一原因，知识管理最常被用在企业运营的常规领域，包括产品开发、市场导向、客户关系管理，以及其他需要依靠现有市场和技术、需要在效率和业绩方面超过竞争对手的领域。但是，在设计思维中运用知识管理，也是一个非常值得探索的领域。

　　知识管理起源于信息技术，不同之处在于，知识管理决策涉及的不仅仅是数据，还有信息和知识。许多企业的知识管理部门主要负责信息的获得、应用和传播。在产品或业务开发的部分方面，知识管理工具的确发挥着重要作用。但是，

第 13 章　知识管理——实现突破性创新的信息放大器

传统的知识管理工具并不曾也不能给"创新的模糊前端"带来任何好处。有人认为，这一情况正在逐渐改变。

本章将着重探讨知识管理的观点、理论和实践，从而解决突破性创新的相关问题。突破性创新之所以要用设计思维来解决，是因为这类创新涉及较高的不确定性，以及大规模的复杂甚至棘手问题。我们会讨论如何让知识管理的核心特征完成从"信息工具"到"信息放大器"的转变，从而实现突破性创新。这一转变主要依靠利用可用知识扩大认知范围来实现。

我们会在本章介绍一些工具，大家可以借助这些工具把知识管理应用到设计工作中。另外，我们还收集了一些例子供大家参考，这些例子都来自大型前沿企业和其他组织，比如概念孵化器、创意实验室及咨询机构。我们会从发现、孵化及加速三个领域来介绍这些工具，因为这是实现突破性创意的三项必备能力。本章的受众是企业和组织（如概念孵化器）中负责非渐进式创新的员工，以及那些认为现有知识已不能满足前进需求的人们。我们希望本章能够发挥参考作用，帮助读者发现当今创新局势的变化，引导他们摆脱大多数企业的固有思路，换一种方式来应用知识。

13.1　在摸索中设计

在新产品开发（New Product Development，NPD）过程中，大部分设计工作都采用了传统的"阶段-关口"流程。创意诞生之后，经过筛选，然后得到关口审核小组的批准；项目会按照特定的步骤进行，以确保不同部门在项目界定、业务案例收集、细节设计和开发、测试和验证及发布阶段各尽其职。虽然开发团队不一定能直接接触必要的信息，但是却可以利用传统工具轻松获得。对于那些依靠过往设计、技术和客户忠诚度的渐进式新产品开发来说，这种方法非常有效。

但是，企业也需要突破性创新。这类创新机会主要通过以下几种方式出现。第一，让客户直接参与创新过程，这样我们就能从中发现更深层的问题，找到解决方案，开发出真正意义上的新产品和服务，并且抢占市场先机。第二，利用高级技术和新兴技术，为有价值的问题设计解决方案。注重研发（R&D）投资的企业，都会积累深厚的技术专业知识；它们可以依托技术转变，满足市场上已知和未知的需求。通过第一种方法寻找创新机遇的企业，有时会被称为"需求探索者"，而选择第二种方法的企业，则被称为"技术推动者"。但是，从它们涉及的创新领域来说，这两种方法各有其在技术知识或市场知识方面的不足之处。所以，这两种方法都是在摸索中创新。不过，它们的确能够带来**突破性成果**。两种方法都能借助知识管理框架和工具获得更好的成果，帮助管理者拓宽现有的知识库。技术推动者在设计未来创新的时候，不会参考目前的客户基础。那些深入市场寻找全新需求的人也不一定会参考已有的解决方案，因为他们需要一种新产品来满足这些刚刚发现的深层需求。实际上，他们会与客户建立合作关系，通过实验来共同寻找新的解决方案。

与那些通过"阶段-关口"流程进行渐进式创新的群体相比，上文这些群体的创新过程更模糊，因为他们的预期目标、业务案例、操作模型、市场反应和生产系统都不明确。我们根据奥康纳和德马蒂诺的研究，把突破性创新（Breakthrough Innovations，BI）划分成了三个基本阶段：**发现**、**孵化**和**加速**。

发现：包括创造、发现、规划和介绍潜在的突破性机遇。发现机遇的方法包括发明和实验研究，从公司内部和外部寻找创意和机遇，与大学建立合作关系，为有前景的小型企业进行投资或授予技术许可等。

孵化：把突破性机遇变成业务提案。业务提案指的是特定技术平台、潜在市场和业务模型的运作假设。只有当这项提案（或者这些提案，取决于发现阶段的成果数量）的原型经过市场测试，孵化阶段才算完成。孵化阶段要求团队具备**实验技巧**，不光是技术类的实验，还包括市场学习、市场开拓，以及测试提案与公司战略目标匹配度的实验。

加速：团队需要加快新业务的发展速度，让它能够独立存在于其所属的战略业务单元中的其他业务平台之外。在孵化阶段，团队通过实验和学习，降低了市场和技术方面的不确定性；在加速阶段，团队的目标是掌握业务在销售和运营方面的发展趋势。这一阶段的活动包括：投资进行业务的基础实体建设，关注和应对市场中的先行指标和机遇，以及设计典型业务职能中的可重复过程，比如生产日程、交货事宜、客户关系管理等。团队在扩大业务规模的过程中会遇到来自各方面的不确定因素；这是因为这类机遇的自由性较高，企业和市场对于团队决策的反应及其难以捉摸。

发现、孵化、加速这种三阶段划分法与传统的 NPD "阶段-关口"流程有着很大的不同。在"阶段-关口"流程中，市场和解决方案的诞生依靠的是企业现有的知识和技能储备。在突破性创新过程中，企业不能再依靠以往的知识储备，而是要凭借自己的能力来扩大知识范围。由于企业在发现阶段收获了大量机遇，所以需要和市场机构联手创造新知识，然后经过孵化和加速阶段把这些机遇变成蓬勃发展的新业务。

表 13.1 比较了渐进式创新和突破性创新的区别，以及在这两类创新中应用知

识管理会遇到哪些挑战。我们会在接下来的内容里详细介绍这一部分。

表 13.1　渐进式创新和突破性创新比较

	渐进式创新	突破性创新
流程特征		
客户相关知识	高	低
技术相关知识	高	低
流程特征	有序/阶段-关口	迭代
不确定性	低	高
设计思维的重要性	一般	关键
知识管理相关特征		
作用	才智，杠杆	才智，放大器
目标	利用知识管理工具改善流程效率	知识管理工具可用于创意、发明、实验

13.2　突破性创新中的知识管理工作：从才智杠杆到才智放大器

企业在进行知识管理的时候，会借助一系列才智杠杆工具：储存现有数据和知识，从而提升组织运营的效率。这些工具基本上可以满足信息汇总和传播以及寻找或建立社交网络的需求。这些工具（比如 FAQ、数据挖掘）、组织机制（比如实践共同体）和分析方法（比如社交网络分析），共同构成了知识管理的技术核心；它们把实务典范成功融入了众多组织流程。过去 20 年间，在 IT 革命的推动下，许多企业都设立了知识管理部门。由于企业逐渐认识到，决策过程不仅涉及数据，还涉及信息和知识，于是，知识管理部门就成了一个获得、应用和传播知识的部门。随着时间的推移，知识管理专家和经理们总结出了一系列工具；目前，这些工具仍然被各类组织广泛应用。这些工具发挥着才智杠杆的作用：储存现有数据和知识，从而提升组织运营的效率。表 13.2 列举了几个知识管理术语和目前仍在使用的工具。

表 13.2 才智杠杆的知识管理工具

1. 汇总和传播显性信息或可进行数字化的数据	这些工具包括：数据仓库、知识工程、常见问题解答等。例如，西门子曾借助知识管理工具来改善市场招标过程，把在发展经济过程中收获的知识用到了新兴经济中。
2. 传播隐性信息	这类信息（尤其是实务典范）无法进行数字化，只能通过人与人之间传播。这些工具包括：辅导或实践共同体，为个体提供特定的实践情境（如新产品开发）；这样的学习团体可以推动员工分享实践经验，促进互相学习。有些组织（如 NASA）为了解决由于退休导致的人才稀缺问题（如缺少项目经理），会加大培训和辅导投资力度，培养新一代的项目经理。像项目管理研究所这类的专业组织，也组织了项目经理实践共同体
3. 用于寻找知识个体的工具	我们可以利用这些工具发现公司内外具备知识或专业技能的个人；他们的知识和专业技能可以推动其他个体和团队更高效地完成任务。社交网络分析工具就是其中之一。麦肯锡这类咨询公司之所以出名，就是因为它们的系统可以接触到那些具备特定领域专业技能的个人

上文我们说过，在渐进式创新中，发现、孵化和加速阶段的不确定性都相对较低。因此，参与发现阶段的个人或团队对市场、客户和主导设计（及其深层技术）都比较熟悉。他们掌握的显性知识和伴随释义框架足以满足数据库和知识储备的需求。同样，我们也可以利用自己熟悉的工具来收集有关客户喜好和业务模型的信息，把孵化阶段变成一个条理清晰的流程（如阶段-关口流程）。此外，由于我们可以根据现金流和投资回报情况做出合理预测，因此加速阶段也会有一定的成功概率。在渐进式创新中，知识管理作为一种才智杠杆，通过在知识储备中寻找市场和客户信息、在时间共同体中总结实务典范，改善了整个流程的效率，而产品团队也可以分享经验和构建社交网络，从而推动个人知识的转移。

但是，在突破性创新中，知识管理——收集、传播、利用信息和知识——扮演着不同的角色。这是因为突破性创新的各阶段，尤其是发现和孵化阶段，都具有高度的不确定性。比较常见的一种情况是，参与发现阶段的工程师虽然熟悉解决方案提案中的技术细节，但是他们和负责营销的同事却对市场和客户（也许当前还不存在）却所知甚少。技术推动型的企业通常弄不清如何开辟投资回报高的应用市场，以及如何满足资金成本目标。在需求探索类企业中，越熟悉市场和客户的员工，越看不到能够进一步满足客户需求的解决方案。孵化阶段需要大量的市场互动，这是传统的市场研究技术所无法实现的；不管是制作原型还是开发业务模型，都会涉及当前越来越热门的"打破框架"思维法。加速阶段也是如此。虽然这一阶段的工作重心是扩大业务规模，但是这个过程充满了未知，比如新流

第 13 章 知识管理——实现突破性创新的信息放大器

程、规模问题，以及针对使用不同工具的新应用的市场调查（而不是那些根据完善的已知信息进行判断和决策的应用）。

知识管理这一才智放大器，可以有效推动突破性创新。这里的"才智放大器"，是指个人、团队和组织通过发现、想象和实验，在已有才智的基础上，进一步扩展他们的知识、观点和实践经验。我们追求的不是效果，而是拓展思维、发挥想象、鼓励实验的过程，它们都是发现、孵化和加速阶段走向成功的关键。反过来，这个过程也需要一些不太重要的跨学科信息、推导性信息和天马行空的创意。例如，在寻找创意的时候，参与突破性创新的个人（或团队）必须对他们专业领域之外的潜在市场或应用有所了解；他们需要进一步贴近客户，需要释放想象力的工具，需要比渐进式创新更加频繁地展开实验。为了介绍创意开发的相关活动，我们总结出了知识放大器的五项关键功能。

1. 信息套利。信息套利功能是指数据和知识从一个地点到另一地点的有目的的传播，以便创造价值。在突破性创新中，如果解决方案之间的联系不够明显，我们就可以借助这一功能在信息中的不同元素间创造性地建立关联。信息套利可以解决的问题包括：如何把"问题"和"解决方案"联系起来，从而获得最多回报？或者，如何让技术发挥最大功效，并/或给客户的问题找到最有效的解决方案？在实际工作中，信息套利的例子也有很多，比如 3M 和其他公司联合举办的内部技术展。通过让业务部门或其他地区的员工接触不同的技术能力和发现，3M 公司的员工发现新业务机遇的可能性就会增加，因为他们通过这次机会拓展了自己的技术方案视野。在公司的人力资源政策中，存在着另一种有趣的信息套利。空气产品公司（Air Products）的业务开发总监会鼓励员工每年多参加几次大型会议，这样大家就能接触到新市场，但是有一个要求，员工不能连续两年参加同一个会议。大家必须从每一场会议中收获一些关于新市场的信息。在这些信息套利的例子，人们的想象力得到释放，管理层则通过特别的措施激发了员工的创意。

2. 客户参与。知识放大器需要客户大量参与到产品的设计和使用过程中。如何让客户有效地参与设计过程，从而推动产品构思和原型制作？20 世纪 90 年代中期，IBM 曾尝试过和波音合作开发一款电子书。它们最初是想用这款产品来代替飞机维修技师们使用的笨重的纸质手册。所以，IBM 把手册内容转换成电子版，让技师们开始在工作中使用这款新设备。三个月后，IBM 想听听技师们对这一新技术的评价，于是，根据试用情况，它们对第一代电子书的界面、电池容量、存储能力等方面进行了迭代。像这种让创新团队和客户一起进行实验学习的管理实践，其在激发创意方面的作用，远远超出了传统的知识管理技术。

3. 可视化。这一功能是指用创造性的方式把产品和业务模型用图片表达出来，方便个人（设计者及客户）对产品的美观性和功能，或者对业务模型的逻辑性、完整性和潜在价值有细致了解。我们在对产品和业务模型进行突破性创新的时候，一开始总会觉得无从下手，那么，如何才能帮助个人和团队把产品和业务模型可视化呢？柯达公司曾借助地球卫星摄影来为农业提供支持。第一次介绍这一概念的时候，柯达只是用了一些模拟照片来介绍如何通过规划农作物和土地面积与尺寸的关系，实现产量最大化。正是这些模拟照片，让投资者们看到了这一概念的前景，让柯达成功地把概念推向市场。

4. 快速失败。这一功能强调了快速实验的重要作用。快速试验只需少量成本就能对创意进行测试，尽早淘汰无效创意。那么，个人或团队应该如何进行快速实验，如何通过实验获得成果，以便控制早期资源投入，坚持迭代和递归过程，从而提高成功概率？

5. 应用迁移。这是技术推送和突破性创新中一种常见现象，意思是说产品的最终用途偏离了原本设定的用途。我们如何把突破性技术转化成从未想象或涉足过的市场机遇？怎样才能最有效地推动突破性创新与利基产品的融合？亚德诺半导体在推广一款加速计电脑芯片的时候，最初打算先做一款能够取代安全气囊弹出系统的热门应用程序，但是，应用程序还没做出来，亚德诺公司反而选择了从卫星、陀螺仪、利基游戏产品以及其他许多小型市场机遇入手。这些领域都不在事先预期或规划范围内，但是其中进行的市场实验却给企业带来了不少启发。

以上五项功能中其实暗含着一个结论：知识管理必须协助个人和团队进行"发明创作"，而不是让他们借助已有的"实务典范"，才能在突破性创新中发挥作用。每一项知识管理活动都是一种管理可控行为，这些活动可以启迪灵感，激发创造力，鼓励实验，最终实现知识放大器的成果。

借助组织机制和技术推动因素，以上这些目标都可以通过知识管理实现。组织机制包括个人角色（如知识经纪人、引导师及移管经理等）和制度机制（如实践社区）。知识经纪人发挥着信息桥梁的作用，负责把掌握不同信息和知识的个人或团队联系起来。引导师是指那些接受过培训、能够帮助讨论小组设立具体目标的个人。过渡专家对过渡阶段会出现的挑战了如指掌，可以帮助团体或组织实现平稳过渡。技术推动力包括实体资源、辅助的 IT 工具及知识库等。

接下来，我们会介绍如何同时使用几种知识放大器工具来推动突破性创新的发现、孵化和加速阶段。我们在表 13.3 中对相关内容进行了总结，供大家参考。

表 13.3 推动突破性创新的知识管理支持工具

突破性创新阶段	发现	孵化	孵化	孵化/加速	加速
知识管理任务	信息套利	客户参与	可视化	快速失败	应用迁移
知识管理工具	• 发明者经验 • 技术会议报告 • 技术翻译表 • T-A-P-M 思维地图 • 创意节和创意捕捉工具 • 创意融合工具 • 人种学观察	• 延伸试用 • 客户沉浸式实验室 • 讨论小组/平台 • 协作设计工具	• 制作快速原型 • 视觉模拟 • 互动式模拟 • 业务模型画布	• 学习规划和业务实验 • 发现性规划 • 众包 • 客户关系管理及自动反馈系统	• 技术类出版物中的广告 • 公关 • 电商追踪 • 网络分析 • 使用传感器 • 社交媒体宣传

13.3 突破性创新的知识管理和相关工具

发现

前文我们说过，发现阶段的目标是寻找创意或新技术，然后把它们开发或完善成潜在的业务机遇；接着，我们会在孵化阶段对这些机遇进行测试。我们一共总结了三种知识放大器工具，分别是创意节、技术翻译表和技术市场思维地图。

创意节

IBM 以主持一种全天的会议而闻名全球。这种会议里，他们会邀请来自各领域的专家参与到会议中进行创意构思。这些会议的目标一般是处理重大问题、技术进步、社会挑战等，以及为新的业务平台构思大量创意。2006 年，IBM 组织了第一次创意节会议。这次会议分为两场，每场为期三天，共有来自 104 个国家的 15 万多名 IBM 员工及其家属、业务伙伴、客户及大学研究者参与。与会者们不间断地讨论了潜在的发展机遇。为了从技术中找到最佳创意，创造业务机遇，与会者们讨论和分析了每一个职位的工作内容。IBM 的管理层十分重视这些果酱会议，而仅仅是在第一次会议中，IBM 就确定了 10 个突破性项目。这些年来，IBM 一直在不断完善果酱会议流程，以便更好地利用从中获取的知识。

技术翻译表

当发明家在介绍一项新发现时,很容易不自觉地陷入他们最感兴趣的技术细节里。在我们访问发明者以及随后研究和思考他们的发明成果的潜力的时候,技术翻译表就成了一种非常有用的辅助工具。技术翻译表包含三个部分(见13.5附录1)。这种工具看似简单,但是其中的翻译过程却需要经过仔细考量、沟通和研究,才能让分析人员对机遇的潜力有最全面的了解。技术翻译表的三个部分分别是:第一,业务概念介绍(见附录1A),这部分用简洁的语言介绍了相关技术及其作用和价值;第二,该项技术的主要特征一览表(见附录1B),以及这些特征与已知特征的区别。在这一阶段,我们无须在意这些区别有没有价值,毕竟大家都知道,在突破性创新中,发明者和企业在一开始认定的重要特征,到了后来不一定有价值;相反,一开始看似不怎么重要的特征,到了后来却发挥了重要作用。因此,我们一定要注意说明新技术与现有技术在各个方面的区别。第三,是技术翻译表(见附录1C)。在这一部分,我们需要把前面表格中总结的每一项关键特征分解成知识产权声明,方便之后为相关发明申请专利。每一项声明后面都应该附上备注,说明这些区别的价值所在。这项工作需要我们具备创意思维和广阔的应用视野。

技术市场思维地图

技术市场思维地图是另一种有用的机制。它可以帮助分析者们在探索阶段寻找技术和市场之间的联系,并寻找突破机遇。作为一种系统化流程,这一工具既可以用来寻找应用机遇,也可以根据市场需求寻找技术和产品创意。我们在这里以几个事件为例。有关该工具的具体内容,请见13.5附录2。

每一份思维地图都包含四种元素,它们的排序需要视各个案例的实际情况而定。这四种元素是M(市场)、A(应用)、P(产品)和T(技术)。最常见的排列方式是从市场入手,问问自己:"我遇到了什么问题?"这些问题就是潜在的应用领域。对于每一个问题,我们会想出几种产品方案,让它们从不同的角度解决问题。每种产品代表一项技术。通过这种模式(见附录2图13B.2a),我们就能找到一种能满足特定市场需求的技术。例如,X公司服务于能源市场。能源的应用包括家庭取暖、移动能源及清洁能源。每一项应用都涉及多款产品/服务。比如,电池和燃料电池属于移动能源,但是清洁能源里也包括燃料电池。因此,不同的应用之间也许会存在产品交叉。每一项应用都是通过不同的技术实现的。

另一种常见方法是从有可能带来突破性创新的新技术入手(见附录2图13B.2b)。就像技术翻译工具可以给我们提供指导一样,思维地图也可以引导我们思考这种技术的潜在用途或应用。接着，我们需要思考哪些人比较关心这些用途，从而发现潜在的市场细分。每个市场板块需要的产品配方或设计各不相同。杜邦公司的聚酯系生物降解塑料品牌 Biomax® 就是如此。这种材料应用广泛，降解时间视客户需求而定。杜邦公司针对多项潜在应用进行了实验，包括覆膜、香蕉包装袋、尿片衬里等。每款应用都面向多个市场。我们以覆膜为例，它的目标市场包括家庭园艺、农业或者园艺行业等。而供应给各个市场的产品配方也有所不同，比如制成页状、屑状、丸状或模制成植物容器。同样，尿片衬里的市场也可以细分为婴儿、幼儿和老年人市场，各个市场的产品具有不同的尺寸和形状。

在这个阶段，当我们融合技术和市场寻找应用机遇的时候，信息套利是最关键的知识管理放大工具，可视化也发挥着一定的作用。由于知识管理经纪人接触的信息面较广，因此可以向个人和团队提供与新市场及新领域相关的需求和/或解决方案。知识经纪人可以通过介绍来自公司以外的知识，比如具备相关背景的外部顾问，引导团队和个人跳出固有的需求/解决方案框架。知识经纪人广阔的信息面以及接触新信息的意愿，是企业的一项关键资源，可以帮助团队和个人从突破性创新中获得更多回报。

孵化

一般来说，在孵化阶段，企业需要开发出原型。这个原型不一定具有完善的客户界面，但是却足以满足客户对突破性技术的试用需求。我们知道，如果客户不能把这些改变与目前的使用模式进行比较的话，他们很少会给出正面评价。例如，计算机断层（CT）扫描仪最初之所以没有通过焦点小组和概念测试，是因为医生认为 X 射线技术足以满足成像需求；家庭之所以拒绝使用微波技术进行烹饪，是因为这种技术打破了许多人们习惯已久的范式——烹饪需要时间和能源。还有许多例子都可以证明客户需要试用新产品一段时间后才能提供有效的反馈。在孵化阶段负责人们常用的方法都需要经历漫长的过程才能确定他们是否获得了真实有效的市场反馈。这些方法非常适合用来学习，但实践起来需要花费高昂的时间成本和金钱成本。虽然如今越来越先进的数字技术让这一情况有所改善，但是却无法解决所有问题。

客户沉浸式实验室（包含可视化与互动式模拟）

客户沉浸式实验室指那些配备特定设备和数字技术的实验室。这些设备和技术可以以 3D 形式实时展示产品的组装、设计或应用过程。孵化团队会借助这些设备打造出虚拟体验，直接收集用户对新产品设计的反应和数据。这种可视化沉浸式体验可以用来收集价值链中多个成员的反应，包括最终用户、维护和服务人员、装配人员、销售技术人员和客户经理。因此，这些技术应该尽可能地模拟真实情况。虽然沉浸式实验室无法观察产品的长期使用情况，但是却足以提供有关产品服务性、实用性和组装便捷性的即时反馈。

制作快速原型

如今的计算机辅助设计（Computer-Aided Design，CAD）软件越来越复杂，已经可以创建用于实际生产的 3D 数字模型来替代产品的木制或塑料模型。现在，工人们不再需要 2D 图纸，而是直接利用 3D 模型展开工作。这些模型可以被投影出来，方便设计者和客户一起检查。通用动力电船公司是一家为美国海军供应核潜艇的国防承包商。随着 3D 可视化技术逐步代替了木制模型，时间、费用和返工成本都得以大幅降低。目前，该公司正在研究如何利用这些模型生成潜艇的内部全息图，从而改善潜艇的设计和布局。

3D 打印也是一种迅速升温的热门技术。这项技术是帮助内部协作者和客户体验产品的最有效的工具。3D 打印的关键优势在于它制作模型的速度，可能只需要一小时。企业可以根据用户的反馈对原型进行修改，接着迅速制作出修改后的模型，再拿来给用户进行测试并进行相应的修改。

沉浸式实验室和可视化工具都是进行构建和评估产品业务模型的有用工具。以谷歌为例。谷歌会邀请有潜力的创业团队参加创业训练营，让他们在活动中分享自己所选的商业模式，然后由分析师给他们提出切实的反馈。

孵化阶段的核心知识管理活动包括深入的客户参与、可视化和"快速失败"。知识管理人员可以推动大家进行深入的跨学科探讨，这是客户沉浸式实验室中常见的一项活动。另外，知识管理还可以用于管理内部实验室或外部孵化器。IT 增强技术也可以推动可视化，而过程跟踪则可以通过保存以往的实验记录，实现快速失败。

加速

在加速阶段，企业需要制定流程并将其纳入制度，以便在业务快速增长的同时，确保可靠性、可预测性和扩展性。常规的扩展工具包括可制造性设计、质量功能部署和流程开发。这些发展和品质管理工具都经历了实践检验，具有不可替代的重要意义，新兴的工具则可以缓解阶段负责人的财务和时间压力。这些人此时需在组织适配性、部署和忠诚度等生产流程全都未知的情况下发展业务。

使用传感器

随着市场开始将创新纳入日常生活，人们开始发掘产品在设计意图之外的新用途。例如，小苏打本来是作为一种厨用原料被发明出来的，现在却被人们用来清洁地毯、衣物和给冰箱除臭。这些用途都是原始开发团队从未想过的。类似的例子还包括扩展和深化新的业务经理从未想象过的业务机遇。最近，企业开始采用使用传感器来追踪新产品在设计意图之外的无数应用，这些应用有可能变成真正的商业平台，服务的范围比最初想象的还要广泛。利用这些工具，企业能够通过自动跟踪技术直接从用户处收集和分析使用数据。这些工具尤其适用于基于网络的产品。对于这些产品来说，点击率、停留时间和价格等信息都有助于企业扩展业务。

在这一阶段，虽然知识管理在信息杠杆中发挥的作用越来越重要，但是仍然可以强调突破性创新完成后的产品迁移需求。知识管理可以提供过往的经验，同时在通过构建知识发现其他应用的同时，收集参与团队已掌握的知识。

随着时间的推移，设计和开发团队会从经验中总结出自己的原则和方法。在这种跨学科的环境里，存在着一些尚未被发掘出来的深厚的专业知识，而这些知识很难随时间和地点的推移和变化在组织中传播。此时，这些群体从传统知识管理中总结出来的实践经验和知识就非常有用了。当然，这与任何创新一样，都需要高级管理层的支持，毕竟他们才是组织文化的守护者。

13.4 在组织中实施知识管理

在大公司里，新的业务增长是通过突破性创新实现的，所以知识管理放大器最有用武之地。特别是在突破性创新项目的早期阶段，知识管理有可能影响项目创造价值的方式。为了实现这一目标，企业必须建立完善的组织架构。从表13.4中可以看到，组织架构可能包括创意实验室或知识经纪人等内容。由于这些内容都需要资源投入，所以不同的公司可能会采用不同的机制。

实施知识管理的第二个要求是企业内部应该存在支撑文化。同样如表13.4所示，组织和团队领导应该对跨学科思维和来自外部的创意抱有积极态度，以不怕失败的信念进行低成本实验，最终主动去接受自己熟悉的知识领域之外的知识。这意味着新业务拓展团队、团队领导和相关上司必须承认自己并不知道答案，或者尚未找到答案。这种文化是实现才智放大功能的最重要的领导行为。

表 13.4　知识管理——组织的才智放大器

知识管理功能	对组织文化架构的要求	文化要求
信息套利	信息：知识库、外部资源 人物：技术和应用的知识经纪人	接纳来自不同角度的观点和创意
客户参与	设施：创意实验室 人物：领先用户的知识经纪人	包容跨学科探究
可视化	工具：可视化工具 人物：使用和介绍工具的专家	跳出创意或思维框架。有能力处理复杂问题
快速失败	工具：制作快速原型 人物：擅长使用快速原型制作工具的专业人士	敢于面对失败，并从失败中学习
应用迁移	设施：创业训练营 人物：引导师、机遇经纪人	积极接纳所有反馈，积极抓住一切机会

这些企业通常会遇到两个陷阱。第一个陷阱是强行把才智杠杆作为突破性创新的一种知识管理手段。才智杠杆利用的是已知信息，而不是新信息；作为一种手段，它比较适合渐进式创新。这一点我们在前面也说过。但是，我们还是能看到企业把在某方面的信息缺失视为弱点和一种职业失误。前文讲过，这一点是领导者必须加紧实施文化变革的地方。第二个陷阱是把智能放大工具作为万能药。这些工具的作用是推动知识探索，而这种探索与组织以往熟悉的探索是不同的，因此大家必须转换观念。这是与通常在组织中进行的调查不同的调查形式，因此重点不在于工具本身，而在于大家是否能成功转变观念。

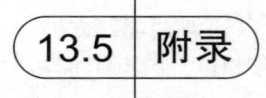

13.5　附录

附录 1：技术翻译工具

附录 1A：各项技术简介、区别与用途

液体镜头的开发工作已经有些时日了，但是利用声波实现水滴快速聚焦的想法却是由 H 博士在不久前提出的。这类技术可以用于手机摄像头及其他小型摄像设备。

目前，已经有两家公司开发出了液体镜头的相关产品。X 公司在过去 10 年中积极投资这项技术，目前已具备生产商用液体镜头的能力。2013 年 9 月，X 公司与 Y 公司展开合作，每月能生产 50 万个镜头。液体镜头的主要客户是小型拍照手机制造商，他们主要考虑的是相机的耗电量。使用一般技术的相机，耗电量一般在 10～100 伏；相比之下，H 博士的发明只需要几毫伏的电量。

H 博士已经证明了他的新发明的拍摄功能。在测试中，他的相机能够在各种焦距下每秒拍摄 250 张图像。他构想过一款能够在瞬间拍摄几十张焦距不同的照片的相机，然后使用简单的图像分析软件来选出最清晰的图像。

简而言之，这项技术的新颖之处在于，利用液体镜头和振荡装置创造了一种高速、可调的镜头。与现有技术相比，该技术的主要优点是速度更快、能耗更低。

附录 1B：各项技术的特点及相关注释

成　本	镜头仅由一滴液体构成，成本低廉
耐用性	由于液体的特性，因此可以更好地抵御意外损坏
耗电量	仅需几毫伏，非常节能
速　度	速度极快，每秒可拍摄 100 000 张照片

附录 1C：发明申请及潜在市场

发明申请及关键特点	申请原因/价值所在及潜在市场
该项新技术的关键特点在于：水滴与表面之间保持连续、稳定的接触，运行时消耗的电量更低	目前的手机摄像头在拍摄视频或照片的时候耗电量较高，其中，镜头对焦时会消耗大部分电量
无须高压或其他外部驱动机制。也就是说，这款新镜头适用于多款不同的应用和设备，应用范围非常广泛	由于采用了声波振荡法，所以对能耗要求较低。最有价值的潜在应用包括手机、网络摄像头和卫星成像等
这款新设备的突出优点在于，人们可以利用液体镜头和小型扬声器制作出一种全新的光学系统；仅需一个体积小、重量轻的包装，就可以容纳它的驱动电路	目前，大部分的手机相机设计都比较传统，体积较大。微型相机仅需占用手机上几平方毫米的区域
利用足够小的孔径和适当体积的液体，就能制作出振荡速度达每秒 100 000 次的镜头，而且仍然能够有效地拍摄图像	快速聚焦镜头非常适合拍摄不同帧数的画面，这些画面可以用于制作视频或全景画面。例如，电影《黑客帝国》中的某些镜头用了 108 帧/秒的速度拍摄
液体镜头每秒可以捕捉 250 幅画面，耗能却远远低于其他技术	

续表

发明申请及关键特点	申请原因/价值所在及潜在市场
这款镜头的设计比早期使用水油混合物（或者其他导电液体）以及使用水、声音和表面张力来进行调焦的液体镜头更简单	液体在收缩和膨胀时消耗的能源，要比移动机械镜头时所消耗的能源少得多。这一优势可以带给手机用户极大的便利。该技术把镜头安装在一个非常小的空间内，所需电量也只是同类竞争产品的很小一部分。因此，手机用户和制造商将成为最大的受益者

附录2：技术市场思维地图

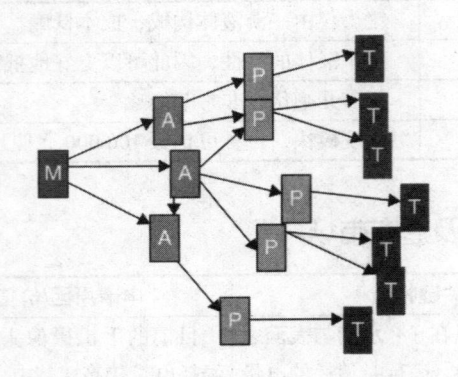

图 13B.2a　从市场需求着手

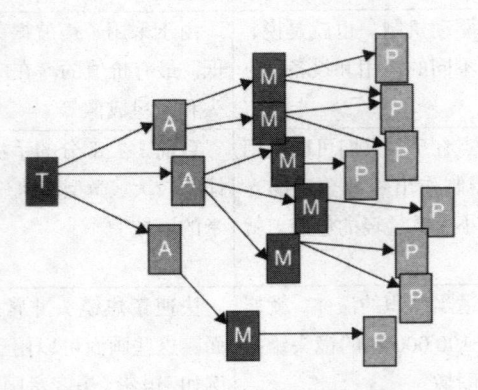

图 13B.2b　从新颖技术入手

第 13 章　知识管理——实现突破性创新的信息放大器

作者简介

　　瓦戴克·K.纳雷安安（Vsdake K. Narayanan）是宾夕法尼亚州费城德雷塞尔大学研究副院长、研究卓越中心主任，以及战略与创业学 Deloitte Touche Stubbs 教授。他的研究主要围绕三个主题展开：行业融合时期的创新、创业和战略，战略规划中的政治和认知，以及战略的认识论基础。他的工作内容涉及生物制药、航空航天、信息产业、教育和创新型政府机构等多个行业。纳雷安安曾为大型制药和高科技公司提供战略实施和企业创新等方面的咨询指导。

　　吉娜·科拉瑞莉·奥康纳（Gina Colarelli O'Connor）是拉里管理学院伦斯勒理工学院市场营销与创新管理学教授及学术事务副院长。她主要研究如何帮助现有企业在先进技术与市场机遇之间建立联系，以及如何培养突破性创新能力。吉娜曾在知名期刊发表过大量文章，如 *Journal of Product Innovation Management*、*Journal of Marketing*、*Organization Science*，以及 *R & D Management*，并与他人合著过几本关于成熟工业企业内突破性创新的著作。目前，吉娜主要从事与组织内部突破性创新变革相关的教学和咨询工作。

第 14 章

让设计思维成为企业的战略组成部分

彼得·米凯利　英国华威商学院
海伦·珀克斯　英国诺丁汉大学商学院

14.0　简介

　　我们已经知道，企业正在开始战略性地利用设计，做与竞争对手不同的事情，推出新品牌或加强现有品牌，并进行战略选择。然而，虽然有各种成功的故事——从苹果到戴森，从宝马到阿莱西——很少有人知道组织如何在战略层面上嵌入设计思维。组织实际做了什么才能使设计视角成为组织文化的一部分？本章讨论的是这个问题的核心，并提出了如何战略性地嵌入设计思维的清晰指南。本章包含在大范围的研究项目中筛选出的大量实例和经验。将设计思维变成战略不是一个简单的过程，我们将展示如何使用三个基本的杠杆来产生实际影响。这些是关键人员、组织实践及组织气候和文化的作用。本质上，在本章中我们强调了使用设计思维作为通向成功的战略驱动力的主要推动因素和障碍。

　　本章的结构如下：我们首先简要介绍研究案例中的战略和设计思维。然后我们谈论我们的研究是如何进行的，并围绕三个主题展示一些新的见解，进行讨论，随后通过真实的成功或是失败的公司和产品案例进行分析。最后，我们会提出如何在战略层面嵌入设计思维的实用建议。

　　研究结果表明，设计可以对公司的财务业绩产生积极影响。例如，Hertenstein、Platt 和 Veryzer（2005）证明了对产品设计的投资得以促进公司财务和股票市场的表现。然而，这种设计投资-绩效的关系并不明确，学者们已经进一步研究了这一点。我们现在知道，设计对绩效的影响取决于几个因素，包括产品/服务的创新水平（是产品内涵变化还是增量）、行业分类（如服务与产品）及设计师的角色和技能。例如，他们研究了英国的中型和大型制造业公司 Perks、Cooper 和 Jones（2005）并发现，设计师可以在新产品开发中承担三个不同的角色：作为职能专家的孤立选手，跨职能团队的成员或战略/流程领导。这些角色中的每一个都可能对结果产生不同的影响。因此，研究开始告诉我们，设计的贡献取决于它是否被战略性地使用，用作区分竞争对手的手段，以及设计思维是否嵌入组织的流程里。

到目前为止，研究人员都一直关注是否以及如何通过在设计上的投资增强财务方面的绩效，而不是去了解公司在引进战略性设计思维时，如何以及为什么成功或失败。本章阐述了这一空缺。根据对大量以及广泛范围内的企业进行的研究，我们总结出设计思维的战略实施中的三个决定性因素：

1. 关键人员的角色。
2. 组织实践。
3. 组织气候和文化。

每个因素都很重要，但这三个因素是相互关联的：基于每个因素的新举措都不应单独考量或实施。例如，如果想要策略性地实施设计思维，CEO 和高级管理层对设计的支持是至关重要的，但这还不够。我们的例子将表明，高级管理层的支持需要与 NPD 的重复方法相结合，并允许产生失败。你需要把事情组合起来，以加强设计思维在公司内的战略指令，更广泛地说，作为一种思考和做事的方式。

在本章的其余部分，我们将讨论这些领域，并强调这些因素如何抑制或促进设计思维在组织中的战略性嵌入。

研究是如何完成的

在已经引入或者刚刚引入设计思维的公司进行了一个大规模的研究计划。对于大多数公司来说，设计正在发生变化，并且产生了正面或负面的影响。参与研究计划的公司都是基于产品和服务的组织。该计划中包括大型跨国公司和中小型企业。为了收集关于设计所扮演的角色的不同观点，我们采访了 CEO 以及设计和营销主管，还有其他职能（如产品开发、财务和运营）的资深代表。我们调查了设计和 NPD 的广泛方法，以及其专注的具体项目，检验其成功或失败的原因、设计职能所发挥的作用、主要推动因素和障碍。

14.1 关键人员的作用

人很重要。我们的研究表明，投资在正确角色上，是嵌入设计思维在战略层面的第一个基石。表 14.1 显示了这些角色如何能够突出并影响设计思维的战略实施。

尤其是中小企业里，来自管理高层的 CEO 或董事长的支持是引入和最终嵌入设计思维的必要步骤。如何在实践中和很长的一段时间里实行？早期的支持可以是任命一个新的设计总监并形成一支新的设计团队。但是这里的关键问题是通过董事会的积极支持和设计团队的内部推广来维持这一努力。在我们的研究中发现，没有做到这些的公司，设计团队往往被赋予了更多运营的角色。但需要注意，同一时间，从上层的支持，或者与 CEO/董事会的直接联系可能会给设计团队带来问题。可能会产生嫉妒情绪。例如，在我们的一个案例中，一个新的公司设计部门成立后，其他非设计部门对其非常敌对。他们认为光鲜亮丽的新部门夺去了他们的自主权和预算份额。在另一家公司，设计导向的 CEO 特别喜欢特定的服务或产品，并在它们身上不惜一切代价。这意味着虽然结果不断令人失望，但仍旧多次重新设计。

表 14.1 关键人员的不同角色如何影响设计思维的战略实施

关键人员的角色	促成	阻碍	结果
支持设计的 CEO/资深管理层	建立并引入设计功能，并持续支持	建立一个功能，但对内部的动力/阻碍管理不善	正面：设计变得更加制度化，是组织结构和文化的一部分 负面：如果没有进一步的努力，设计可能不会被嵌入，或会被降级到操作的角色
CEO/资深管理层参与设计	设计与决策之间的直接联系	不断地重新设计，需要根据高级管理人员的愿望修改或更改产品/服务	正面：设计可以在组织的战略层面提高；资深管理层可以为设计提供保护 负面：长时间的产品开发周期，浪费时间在失败的产品/服务上面
设计总监	影响：为设计发挥起到更具战略性的作用	技术专家：无法与其他功能连接	正面：设计总监可以提高整个组织对设计角色和能力的认识和理解 负面：不会提升设计的角色以超越服务的角色

我们还需要注意设计领导者的非技术性角色，通常称为设计总监或首席设计师。这些是在公司内引入和改变设计思维时的重要因素。这个角色需要具有说服力的个性和技能，有能力并愿意在公司内推进设计可以成为关键。让我们看看如何在以下两个小插曲中实践这些角色。

在帝亚吉欧引入和嵌入设计思维

帝亚吉欧是世界领先的高档饮料公司，在 80 个国家的 180 个市场都有业务，拥有超过 28 000 名员工。它的品牌组合包括吉尼斯、约翰尼·沃克、斯米尔诺夫和百利。2006 年，帝亚吉欧执行委员会认定，设计在公司中扮演的角色微乎其微，因此决定任命一位全球设计总监，并建立一个内部设计职能。正如设计总监回忆说的："我认为作为高级董事会成员进行干预一些事情的时候，比如'品牌名称'重新设计，而如果此时没有内部团队，大家都不明白如何进行设计，这是一件非常糟糕的事情。"帝亚吉欧高管的这种早期投资得以让设计总监和他的团队受到持续支持。事实上，设计总监是一个重要的职能，而不是技能（实际产品设计主要由外部机构承担），是作为能够向公司内部的各个业务部门推广设计价值的人。这在不同业务部门的战略层面上，是不是能够成功地引进设计，将对结果产生巨大的影响。用设计总监的话来说：

我们在这里有很大的影响力，去找赞助商，去说服，去帮助人们理解。如果我们只与财务层面的人谈话，则完全失去了重心。当然，我们必须用商业、金融和投资回报的语言，但它也作为组织内部设计领导者，以协助大家理解其背后的意义。

这些资深管理人员的早期投资和持续关注已经产生了效果。目前，设计应用于阐述产品的品牌和定位的战略决策。一个很好的例子是重新设计了约翰尼·沃克的标签，成为更广泛地推广其品牌的一部分。这是一个非常具有标志性的品牌和奢侈品，该项目是具有一定风险的。然而，该项目最终非常成功，得益于强大的领导力，推动了新的设计。根据公司的介绍，"新的约翰尼·沃克蓝色标签瓶的推出代表重新定义了一个标志。这个设计说明了约翰尼·沃克的最终表现形式背后独有和真实的奢华品质，推动了全球净销售额增长 27%"。（帝亚吉欧年评，2012）

CEO 过分控制将阻碍战略性地实施设计思维

一家中型企业 C 公司的首席执行官参加了一个设计会议，并对中小企业以设计为主导的品牌所获得的成功、忠诚的客户和大量的收入表现出极大兴趣。他思考如何在自己公司中推动设计的角色，让产品设计更加关注客户，并直接看到其对财务绩效的影响？这个事件促使他采取了行动：他招聘了一些新的设计师，并让他们马上参与到几个项目中。然而，虽然他给予了坚定的支持，他与设计团队的合作往往过于直接。他紧密地注视着设计团队，反复审核并告诉他们该怎么做。最终，这不仅阻碍了设计团队完成工作的进展，而且阻碍了他们在开发时承担更多责任和影响战略决策的能力。此外，公司对客户反馈过度依赖。一位业务总监的报价报告中对此进行了总结，他指出，事实上这反映了公司对于设计在新市场中的能力缺乏信任。谈到一个非营利的产品，他说："内部设计师已经重做了可能有八九次，但客户总是回复：不行，我们不想改变它成这样……所以我们尝试重新设计了很多次，没有一次成功，这完全是浪费时间。" CEO 的严重干扰以及过分依赖客户的反馈，事实上妨碍了设计师可以做的事以及设计思维可以提供的事。

我们可以看到角色影响在企业中实施设计思维的复杂和对比。在帝亚吉欧（以及维珍大西洋和 Herman Miller），高级管理者不仅支持设计，而且要相信设计能够实现什么和设计师能做什么。这种信任可能来自公司历史（如 Herman Miller 的情况），从领导者的设计和创新可以产生积极影响的信念（如维珍大西洋），或从设计总监的影响力（见帝亚吉欧）。在其他情况下，CEO 自己可以简单地支持实施设计思维。这是 Trunki 的情况，一个规模不大，但是在市场领先的儿童旅行装备公司。在这里，公司的创始人的背景是工业设计，在嵌入设计思维方面发挥了至关重要的积极作用："作为能做教授设计的首席执行官，关键在于解决问题和用其他角度看待事情。为什么我们这样做？是否有更好的方式？所以这种思维已经应用于整个业务，而不仅仅是在产品中。"这可以对比那些临时性的或者缺乏连续性的支援，或者设计总监只是作为技术专家，或者 CEO 的支持与控制最终只是阻碍了设计功能的公司。

14.2　组织实践

定义设计概要、让客户参与 NPD 过程、跨多个功能单元进行协作、测量和评估设计，所有这些都可以支持或阻碍在战略层面嵌入设计思维的企业的实践。表 14.2 显示了这些做法如何产生正面和负面结果，取决于障碍或促成因素的普遍程度。以下两个例子说明了不同的做法会产生的不同情况。

表 14.2　组织实践如何影响设计思维的战略实施

组织实践	促成	阻碍	结果
设计介绍的定义和沟通	该介绍是在不同职能之间合作开发的	设计职能能够接收到一个狭义的定义，并必须给予回应	积极：设计元素和观点包含在介绍中；更具战略性的设计观点更可能会被采用 负面：设计是在战略决策之外的，主要是"服务"的角色
促进各职能间合作的系统	在功能组别之间运用正式和非正式系统共享观点	功能组别之间清晰的界限	积极：更有效的合作和更多的信息共享会带来项目成功率提高并缩短进入市场的时间 负面：设计没有在长期体现
客户参与	设计在识别和解决客户的问题方面发挥着重要作用	客户过多或者不足	积极：设计可以发现和帮助解决"隐藏的需求"，并获得成功的全新的产品/服务 负面：过度参与导致不断修改以及"委员会的设计"；不足之处（通常由过度设计引发）意味着客户的声音没有被听到，颠覆的设计可能无法满足客户的需求
设计的测量和评估	在每个项目结束时进行的评估	每个项目从开始，就彻底参与进设计之中；不停要求详细的财务信息	积极：给予设计极大自由，对于功能组别充满信任，特别是项目开始之初；更大的创新潜力 负面：保守的设计，更长的上市时间，以及更低的产品/服务比例

维珍大西洋的高级套房

　　维珍大西洋航空公司因其创新和设计而闻名。但大家也许并不那么熟悉它组织实践的形式和设计的影响力项目，以及最终设计是如何渗透入组织的。高级套房的设计就是一个很好的例子。在项目的早期阶段，公司开发了一个概念介绍：如何创建一个平躺的地方，为客户提供更好的飞行体验。然而，设计师和营销人员并没有只关注于这个清晰的、范围窄的、简短的目标，他们一起对于最初的想法脑洞大开。这给出了更加以客户和效益为导向的概念：我们如何为客户和他们的全部需求创造空间？设计师通过客户的种类，直接观察客户的行为。设计负责人表示："这不一定是问客户想要什么，主要是观察一个人，观察他们的行为，观察什么东西刺激了他们，而不一定要直接问他们，因为他们经常不知道他们到底想要什么，直到你告诉他们，他们可以有什么。"

品牌和客户体验总监回忆说："也许我们的一些竞争对手都集中精力在如何让座椅放平，让客户能够睡觉，还是更关注于我们如何为客户创造空间以满足他们的所有需求？"这种专注于一个更广泛的问题使公司能够制定更广泛的介绍，然后带领关键的内部人员和客户参与其中，并质疑现有的产品。维珍大西洋采用了更全面的服务设计视角，以及相关的组织实践，在这种情况下，利益相关者如何参与设计和开发过程？通过设计思维。最终，该项目非常成功，因为它创造了一个套间，现在其他航空公司也开始复制这个想法。

设计即服务

像许多其他公司一样，C公司的CEO和他的资深管理团队认识到，设计思维似乎推升了他们许多竞争对手的品牌认知度和客户忠诚度。因此，他们决定进行一些改变，并成立了新的单独的公司设计职能部门。然而，尽管有领导的支持和良好的意图，设计团队在公司里依然举步维艰。设计师的工作经常被以轻蔑的方式对待，设计师被要求处理其他的职能。正如设计总监所解释的："其他部门说：'我告诉你我想要什么，你帮我做到就行。'"设计经理感到沮丧，相对于市场功能，他觉得自己非常被动，无法影响介绍的定义。一个设计经理说："在许多项目中，我们是一个服务行业，在许多情况下，我认为我们的项目是突破性的或真正令人兴奋的，因为它们已经……从一开始就受到限制。"所以内部员工认为公司采用"牛仔文化"，其设计和产品开发的方法实际上是规避风险的，严重依赖通过调查和小组座谈获得的消费者反馈。

上面提到的两个小故事展示了支持组别之间的协作是多么实际，特别是要允许对设计介绍进行询问和塑造，这是引入设计思维的基础。我们还了解到，公司与客户的互动方式可以影响设计的战略角色。维珍大西洋等公司观察并影响客户，而不是让他们参与正式调查或讨论小组。

最后，你如何衡量和评估设计思维，并做这样的实践影响设计的战略实施？再次，我们看到不同结果的对比实践。例如，在公司A，非常强调定量数据在设计中的正式测量，特别是在NPD过程开始时。此外，在职能的参与和预算方面，各种发展阶段都有严格的定义。根据多少想法的成功，项目领导获得相关的财务奖励。在维珍大西洋、Gripple（见下文）和Herman Miller，被要求提供正式的证据和采取绩效措施的时间要晚很多。例如，在Herman Miller的表现仅仅是在学习回顾期间完成项目时测量的。事实上，我们的研究表明，如果有实践来不断评估和挑战设计的价值，其影响可能是微不足道的。设计顾问说："最糟糕的事情是当信任消失或根本不存在，当你不断质疑他人的价值观、专业知识、能力和驱动力的时候，这就是地狱。"虽然不断地评估和修正原始设计看似能够最大化设计带来的战略价值，但是，如果不能恰当地进行这些活动，反而会让设计自曝其短，自贬身价，最终走向自己写下的失败结局。

14.3 组织气候和文化

成功地将设计思维嵌入战略层面可能意味着需要做出勇敢和危险的决定，而这些决定可能威胁现状。这是组织经常真正纠结的地方。我们的研究发现告诉我们，组织气候和文化的本质对于促进或阻碍勇敢的决策起到至关重要的作用。这方面的核心是对风险的态度、正式流程的使用及工作环境（见表14.3）。在下面的小故事中给出了企业如何应对这些挑战的真实案例。

表 14.3 组织气候和文化如何影响设计思维的战略实施

组织气候和文化	促 成	阻 碍	结 果
对风险的厌恶/欢迎	不气馁失败，而是把其当作学习的机会	害怕失败；成功得到奖励，失败受到惩罚	积极：探索更多的机会和创新的潜力 负面：设计是增量/效益，而不是用以区分公司与其竞争对手。害怕做任何冒险的事
依赖于正式流程	流程是结构化的，但不过于僵硬，特别是在探索方面	由于控制机制，流程有时太过僵硬；有时流程几乎不存在，因为被认为约束个人的企业家精神	积极：流程的一致性增强了创新成果。特别是其产品为服务的组织中，设计者经常参与开发流程，以便创造一致性，同时不减少创造力 负面：过于僵化的流程可能扼杀创新，并造成不良后果（遵循流程，但结果令人失望）。缺乏正式的流程往往导致缺乏清晰度，并造成功能和低效率之间的冲突
工作环境和物理空间	创建一个协作空间，通常也在内部反映品牌价值	个人和职能之间的物理分裂	积极：更大的协作潜力和归属感 负面：功能分区得到加强

设计思维：PDMA 新产品开发精髓及实践

Herman Miller 的 SAYL®椅子

作为知名的室内家具生产商，Herman Miller 创造了几个标志性的设计，如 Eames 休闲椅、行动办公室和 Aeron 椅子。拥有这样的成绩，加上强大的组织价值（质量、人体工程学和环保）和一个清晰可辨的品牌，这一切可能证明该公司对其内部设计部门的强力投资。然而，实际上当涉及设计工作时，Herman Miller 几乎完全依赖与第三方的合作。此外，虽然大多数在这个行业里的公司会通过市场部门来回应它们对市场机遇的考虑，Herman Miller 却更具有探索精神，它们的财务总监说："找到几个真正好的设计师，然后相信他们。我们大概是那种：'好了，这里有一个问题要解决。发送给设计师，看看他们有什么想法。'"此外，许多想法都是从设计咨询公司获得的意见。第三方的设计师甚至有权利去挑战整个概念，他们会说不喜欢，并提出替代的建议。该公司的成功不依赖于严格的规范和控制，而是依赖于开放并深入了解设计思维，对风险的积极态度，选择与外部设计师合作的能力，以及执行项目的能力。

同时，建立了一个结构化和透明的过程。洞察和探索的总监说："产品设计和品牌存在的应用都有一定的深思熟虑，所以我们不是随机地做事情。我们非常有目的地做事情。"Herman Miller 的设计和开发过程具有三个特征：

1. 资深管理层在与外部设计机构合作之前经过了很多的审查程序。成功的合作者成为值得信赖的合作伙伴，并且通常会被长时间留存在名册上。

2. 虽然公司有一个文档化的设计流程，从洞察、探索到发布，更新迭代和实验都是 Hermann Miller 设计思维的方方面面。正如全球营销高级副总裁所说："鉴于我们可能正在开发或设计的东西是与众不同的，所以我们允许有相当大的差异。"

3. 商业案例和财务是在项目期间进行开发的，而不是在过程开始时就确定的。正如财务总监所说：

> "假设"我们想要一个设计师去做一个椅子。我们可以给他一些财务信息，比如，嘿，物料成本大概需要在多少的范围内，而产量大约是多少。"但是"现在你就开始过多限制设计师，把他的思维困住了……"我们"真正做的是："我们"从一种理论、猜测和估计开始，而且"我们"试图消除所有那些在一个商业计划里你可以经历的流程。

SAYL®椅子，由 Fuse 工作室的 YvesBéhar 设计，是设计实践的一个很好的例子。最初，Herman Miller 认为需要进入低价市场，旨在创造一个可以把零售价格定在 300～400 美元的办公椅。这是一个比其他类别的产品低很多的价格。所以挑战是设计一个低成本的椅子，同时不损害公司的价值观。Herman Miller 向几个设计机构发出了一份简短的说明，希望获得有效并且标准的答案。YvesBéhar 给出了回应。他曾经与该公司合作过，但从未设计过椅子。他回复了一个视觉上非常高调并且具有更好性能的产品，并且在同一价格范围内。Herman Miller 对其外部设计师的开放和信任意味着他们最后选择了这个设计师，尽管企业外部的设计师缺乏该类型产品的经验。最后，SAYL®椅子是一把高性能的椅子，不仅达成了利润目标，而且是在亚洲和美国具有销售量飙升前景的产品。

克服文化障碍的挑战

B 公司采用了一个典型的设计过程：开发人员从一个需求的概念定义到实施；与客户几乎没有互动；新产品推出。在令人失望的结果和不良的客户反馈之下，创新的新思维终于出现，并建立了新的设计功能。这听起来很直接，但在获得了积极结果的同时，证明了文化障碍是一个令人头痛的问题。正如一个设计师所说："如果你的设计师或者设计伙伴不熟悉设计，或者对于设计流程不习惯。那么，这就会出现问题。"与公司 A 相似，缺乏对设计的作用和价值的认识，在功能组别之间的相互作用中的困难，都证明了是该公司嵌入设计思维方式的主要障碍。一个设计师说过：

"'挑战'是让一个从没有让设计主导过的组织来理解：这样做有什么好处？而这是一个巨大的挑战。"事实上，在大多数项目中，公司倾向于使用已知的和已经经过测试的流程，而不是开发加入设计单位的新流程。在这种情况下，对维持现有流程的顽固性会阻碍新工作方式的引入。

事情已经有进展，但是这意味着需要努力发展出对待失败和更新迭代的工作的不同态度。正如数字营销总监所说：

我认为公司内部越来越多的人在接受这件事。如果我们要采取这种设计主导的方法，我们需要习惯失败。如果失败了一次，通常人们只记得几个星期，因为设计师会非常快地从这件事上转移过去，无论是从中快速地学到些什么，还是摆脱困境并且快速更迭。

在这里，物理工作环境的变化对于设计工作的方式也很重要。传统意义上，办公室是小隔间或者人们沿着标准的长桌并排坐。根据设计主管的话：

这些非常没有创造性，没有创新性，也没有实用性。没有空间进行书写、草稿、创造和设计——完全没有。我们已经进行了彻底翻新，并且设计开发了新的办公室布局——一种新的工作方式……它非常不同于其他的办公地点。所以，在很多方面也驱动了文化变革。

工作环境的变化平行地改变了项目团队的结构和动态：

我们"现在"有一个灵活的工作环境……如果要开始一个新项目，我们将任命一个设计师、一个业务分析师、一个操作人员或技术人员，以及一个项目经理或客户经理，然后让他们聚在一张桌子旁并单独负责这个产品。他们都非常密切地在一起工作，而不是在整个建筑物里进行多次的会议。

将设计思维嵌入为战略视角需要依赖可以承担风险的公司文化，需要相信设计师（无论是内部还是外部的设计师），并且重要的是，需要容忍失败。中型制造公司 Gripple 是另一个很好的例子。在那里，我们发现公司给予很多自由来探索想法并从失败中学习。特殊产品经理说道："我们不觉得一个项目的失败是一件坏事情，事实上，恐惧失败意味着你实际上不会把一个设计用到极致。"

我们的例子都表明了对风险的厌恶和对失败的恐惧可以很容易地将设计降低到一个简单的"服务"角色，从而抑制设计思维的引入。如何把流程正式化引入也是比较棘手的：在维珍大西洋、Herman Miller 和 Diageo 都建立并结构化了公司的步骤和流程。它们解决了如何通过开发足够的灵活性以适应项目的特定方面。在公司 B 中，流程和工作环境中微妙但关键的变化是很有必要的，有助于开始嵌入设计思维工作的新方式。

14.4 嵌入设计思维

到目前为止，我们已经展示了企业需要如何仔细思考它们对设计角色和新的组织实践的引入，以及战略性地嵌入设计思维所需创造的环境氛围。我们已经展示了这些方法和技术如何起到推动或阻碍的作用。然而，这些技术不能独立地运用。它们是相互关联的。让我们以 Herman Miller 为例。简报的合作方式其实来源于公司对失败的积极态度和高级管理层对设计角色及其贡献的深刻理解。相反，在 A 公司，我们看到，由于简报的定义被市场营销、前期对财务数据的关注，以及对失败的恐惧所禁锢，所以导致了对设计角色的贬低、功能之间的冲突，以及令人失望的结果。

不同的结构和操作方式可以引发良性循环或恶性循环，这可能导致在战略中的设计思维成功实施，或者设计被边缘化到服务的功能。图 14.1 的左侧，我们可以看到设计的价值并不清晰。在开始和开发过程中对设计的过度审查和评估，会导致对设计的过度干预，加剧对失败的恐惧。这反过来意味着设计仅可发挥狭隘的操作作用，其价值将是边际性的。相反，图 14.1 的右侧显示了如何在相似的起点，公司允许设计发挥更具战略性的作用（如在 Diageo 的案例中，以及在 B 公司案例的一部分），并且最终分析项目，以学习为目的，而不是对失败进行惩罚。这增加了对设计师的信任及对设计的更高评价。最后，设计思维的关键属性产生在了这几个公司中，从在 Trunki 公司明确的聚焦问题，到在 Herman Miller 观察用户并采用以人为本的方法，以及在维珍大西洋重新定义的简报，还有在公司 B 更迭的工作方式。

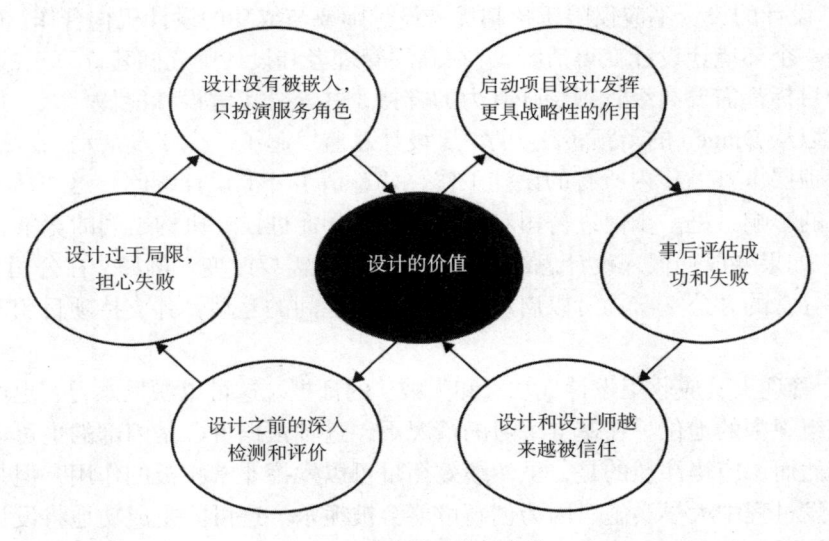

图 14.1 设计思维的价值

实际影响

将设计思维嵌入组织中并不容易。顽固坚持现有流程和惯例，组织职能之间的冲突，对客户反馈的过度依赖，对失败的恐惧及缺乏高级管理人员对设计的欣赏往往会形成难以克服的障碍。然而，有几个动作可以被用来策略性地嵌入设计思维：

1. 设计有助于引起与客户的首次联系，从而加强品牌。要做到这一点，对客户经常隐藏的需求需要有深刻理解，而不是对狭义定义的简报进行响应，所以应该启动设计流程。这种理解可以通过观察、模仿、创造"人物角色"以及采用其他设计方法和工具来获得。

这些比调查明确的客户需求更加有效。该过程应该以用户为中心（为客户创造价值），而不是用户驱动（不断地对客户偏好变化做出反应）。一个明显的例子是维珍大西洋公司创造的高级套房。

2. 应通过多个功能组（如营销、工程、设计）之间的合作来开发简报，并留有随时间进行变更的余地。正如我们在维珍大西洋和 Herman Miller 的案例中所看到的，简报被重新定义，以扩大其范围并解决更广泛的问题：我们如何提高客户体验？我们如何创造一个负担得起的舒适并环保的椅子？重要的是，更广泛的简报并不意味着缺乏纪律和过度自主的设计师来提出不合格的产品。相反，他们可以让 NPD 团队质疑现有的产品并开发具有创新精神的解决方案。

3. 设计的投资不应仅限于招聘优秀设计师或与成功的设计机构合作。重要的是创造一个环境让设计变得活跃，并在高层管理者和设计师之间建立真正的信任。这两个目标都需要高级管理层强有力的支持，并充分了解设计能做什么。例如，我们可以从 Diageo 的新颖实践中学习。设计总监发起了一个年度活动，在活动中，高级管理层审查一年内所有的设计工作，并邀请了外部设计顾问。这一活动有两个积极的影响：进一步促进公司对设计的欣赏和促进设计机构之间的竞争。

4. 如果要成功嵌入设计思维，工作环境可能需要改变。例如，在公司 B，创新和不寻常的办公室布局可以启动更多的功能之间的互动，并支持项目团队的工作。

5. 管理人员应收集设计成功（和失败）的证据。这可以激发学习，也增强了设计在组织中的地位。在基准练习的情况下，这种证据可以是内部的也可以是外部的。然而，应当注意的是，虽然绩效衡量可以发挥非常积极的作用，但是不应该在开发过程中太早实施，因为创新可能会被扼杀。这可能是成功地将设计思维提升到战略角色的公司与那些没有成功的公司之间的真正区别。

6. 管理者应该确定设计师可以实现的多种角色。设计师通常最初是以具有功能性的技术专家的身份开始他们职业的。但是，为了使战略设计思维起作用，他们必须能够加入跨职能团队，并以自身之力带动设计思维的应用。他们必须能够使用和理解不同的语言和观点，并充分意识到商业上的考虑。在获得高水平的信任和定位后，他们也可以发挥领导作用，越来越多地参与到阐述概念和未来的场景中。

最后，你准备去到多远？一些组织能够把设计深深地嵌入其思维模式和操作方法中，而不是保持简单的发展。从根本上说，一些公司与其他公司的区别在于它们对设计和文化更广泛的整体推进，而不是个别有技能的设计师或设计单位在公司层级中的地位。正如维珍大西洋的设计主管所说：

> 你打算嵌入什么是非常重要的。你是嵌入设计还是设计团队？或者你嵌入一个观点？你只能和你所处的文化……所以这不是设计师、设计团队的质量，这个质量是……作为一个整体的组织。

作者简介

彼得·米凯利（Pietro Micheli）博士是英国华威商学院的组织绩效副教授。他获得了克兰菲尔德大学的管理学博士学位和管理硕士学位，以及意大利米兰理工大学管理和生产工程硕士学位。他的主要专业领域是战略执行和绩效管理，以及创新管理，特别研究设计于产品和服务开发中的作用方面的相关内容。作为一个从业者和顾问，彼得曾与30多个公司（组织）合作，包括荷兰皇家壳牌、英国石油公司、荷兰皇家航空公司、美国烟草公司、英国能源公司、Wartsila 公司、美国国际开发署、联合国及英国、意大利和美国政府。

彼得的研究论文已发表在顶级的学术期刊上，如《产品创新管理杂志》《长期规划》《国际运营和生产管理杂志》，以及《研究技术管理杂志》。彼得能讲流利的英语、意大利语、法语和西班牙语。

海伦·珀克斯（Helen Perks）博士是诺丁汉大学商学院营销教授，以及英国曼彻斯特商学院市场营销和产品创新荣誉客座教授。在进入学术界之前，她在欧洲各地的跨国集团担任高级职位，包括 Olivetti（意大利）、PA 咨询集团（伦敦）和欧盟委员会（布鲁塞尔）。她是《产品创新管理杂志》（JPIM）副主编（欧洲）、英国和爱尔兰 PDMA 的学术主席，并担任多个顶尖期刊的编辑委员会职务。海伦教授是 EIASM 国际产品开发管理（IPDM）会议委员会的成员，并于 2012 年担任会议主席。她在服务创新、创新设计、创新网络/协作、国际 NPD 和定性方法学方面有着特殊的研究兴趣，她在 JPIM、《工业营销管理》《研发管理》《国际创新管理杂志》《国际小企业杂志》《服务行业杂志》《服务营销杂志》和《国际市场评论》等期刊发表过她的研究。

第 3 部分

具体背景下的设计思维

第 15 章　设计思维简介

第 16 章　通过服务设计故事了解环境信息

第 17 章　颠覆性新产品的优化设计

第 18 章　商业模式设计

第 19 章　大型企业使用以人为核心的设计思维进行的精益创业：实现转型创新和破坏性创新的全新方法

第 15 章

设计思维简介

玛丽娜·坎迪　雷克雅未克大学创新与创业研究中心
艾哈迈德·贝尔塔古　伍尔弗汉普顿大学

15.0　简介

服务设计一直是从业者和学术界思考的难题。面对无形的服务，怎么才能让设计发挥用武之地？根据一般理解，设计是一种为工业制品赋予形式的活动。因此，当涉及无形的服务时，设计师似乎就没有施展技能的空间了。然而，随着服务行业的重要性与日俱增，制造业的就业机会日益减少，人们逐渐认识到，服务设计可能为设计行业开辟了另一条发展道路（Candi, 2007）。苹果的 iPhone、Bang & Olufsen 的音响系统，还有大众的甲壳虫汽车，都传达着明确的信息：产品设计可以创造非凡的意义。这几个例子都没有涉及最先进的技术创新，但是却都凭借突出的设计而身居高位，收获了持续的市场认可。同样，虽然听起来似乎不太可能，但是设计却可以创造出服务的竞争差异（Candi, 2010）。

要想了解服务设计，关键在于认识到设计不仅仅是给有形物体赋予形式。设计思维是一个通过重构问题来发现新型解决方案的过程（见本书第 1 章）。这些解决方案是否为有形实体并不重要，重点在于谁能从中受益。换句话说，设计的最终目标是影响客户体验，在他们的头脑中形成持久的印象，并鼓励他们对产品保持忠诚度。交互设计师都知道，虽然客户体验不受他们的直接控制，但是他们却可以通过设计影响客户和产品之间的情感联系。这意味着设计的重点已经从与客户交互的产品或服务转移到了客户本身的行为（Redstrom, 2006）。正如赫伯特·西蒙在第 1 章中的定义所指出的，设计是将当前状态转变为偏好状态的行为。因此，良好的服务设计应该给客户带来转化效应和积极的情绪结果，并以某种方式改善他们的生活。

为了更好地理解服务，我们可以借助剧院这一非常形象的比喻。像剧院一样，服务也是一群人在为另一群人表演。因此，我们在管理服务过程的时候，可以参考剧院在数千年中的发展过程（Grove, Fisk & Bitner, 1992）。剧院演出需要准备和计划，服务（或者设计）也一样，这样才能在客户的头脑中造成独特的反应和持久的记忆。和写作剧本一样，设计思维在服务中的作用应该是创做出精彩的内容，吸引观众，给观众带来意想不到却极难忘的体验。

在本章中，我们首先会介绍产品设计和服务设计之间的差异。我们将借助剧院这一比喻来说明如何展开服务设计。接下来，我们将讨论客户体验的难以把握之处，然后和大家分享三个适用于服务设计的法则：叙事、参与和惊喜。为了更形象地说明这些法则，我们引用了两个案例。这两个案例中的公司为了达到吸引客户的目的，都选择了通过设计"表演"来创造精彩难忘的服务体验。

15.1 产品、服务和体验

说起优秀的服务，我们首先想到的可能不是设计。丽思卡尔顿酒店因为授权员工花钱解决客户提出（甚至没提出）的问题而闻名；西南航空公司因为通过一系列开创性举措打造更精彩的乘机体验而闻名；Nordstrom 的无条件退货政策引发的许多故事被一代又一代人传颂。这些例子与设计有关系吗？这些商家提供的商品当然不是传统意义上的工业设计物品。但是，如果我们把服务设计的对象看作客户，把设计成果看作一段精彩难忘的体验，那么，员工角色、服务环境和退货政策都相当于舞台布置。通过扩展设计观，我们把剧场这个比喻应用到典型的服务业务中的所有领域（见图 15.1）。事实上，把商业比作舞台的概念早已有之，而客户就是我们的观众，业务部门则负责制作一场能够吸引和留住这些观众的演出，从而打造一段令人难忘的体验。

企业管理者和所有人相当于导演、制片人和出资人，负责给整场演出制定框架。员工负责节目的创作和演出，相当于舞台上的演员和后台的技术人员。演员们在舞台上进行表演，而舞台需要借助美学设计来吸引观众的想象力。企业的信息系统和设备就相当于舞台上的音响和照明设备。最后，剧本就相当于运作流程，确保演员的表演流畅顺利。

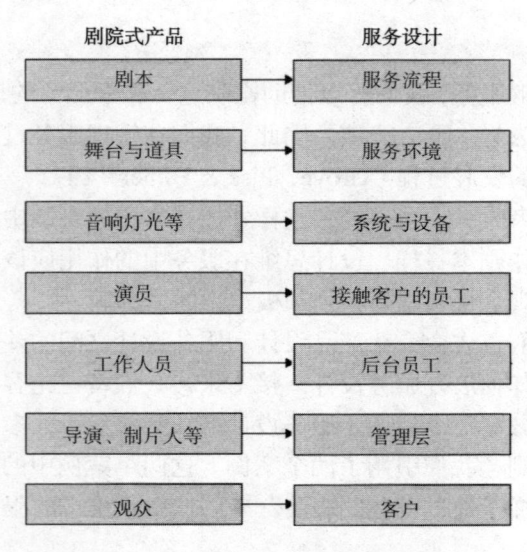

设计思维：PDMA 新产品开发精髓及实践

剧院式产品	服务设计
剧本	服务流程
舞台与道具	服务环境
音响灯光等	系统与设备
演员	接触客户的员工
工作人员	后台员工
导演、制片人等	管理层
观众	客户

图 15.1　剧院表演和服务设计的相似之处

根据剧院这一比喻，金融服务企业的任务就是编排金融服务类的演出，为客户创造他们所需的体验。因此，"演员"们除了关注价值主张的技术核心，还需要重视服务对客户心理和情绪的影响。同样，医疗保健服务的对象是客户的身体，但是通过剧院表演式的体验，服务人员可以借助心理因素对身体健康的重要影响，让客户在面对打击或不幸的时候也能以积极的态度面对。

难以捉摸的客户体验

设计师经常会借助他们设计的东西来表达概括的理念，比如让世界变得更美好。然而，人们在评价这些设计作品的时候，往往都着眼于作品的特征，而不在意作品是否满足了设计师设计它的最终目的。管理大师西奥多·莱维特曾说过一句名言："人们真正需要的不是 1/4 英寸长的钻头，而是 1/4 英寸深的钻孔。"也就是说，设计的好坏不是由产品本身决定的，而是由设计对客户的生活造成的影响决定的。站在这个角度我们就会发现，产品设计和服务设计其实是一样的，即使服务设计的对象是无形的。我们的目标是创造良好体验（这也是我们的一贯目标），而产品和服务就是用于实现目标的工具。体验是指一个人与设计产物互动之后产生的一种精神状态。因此，设计师面临着双重挑战：他们无法直接控制用户的体验；没有任何两个观众的体验是相同的，即使使用了相同的道具和具备。这两个挑战如图 15.2 所示。

第 15 章　设计思维简介

```
设计师 → 设计 → 客户
              ↔ 客户
              ↔ 客户
```

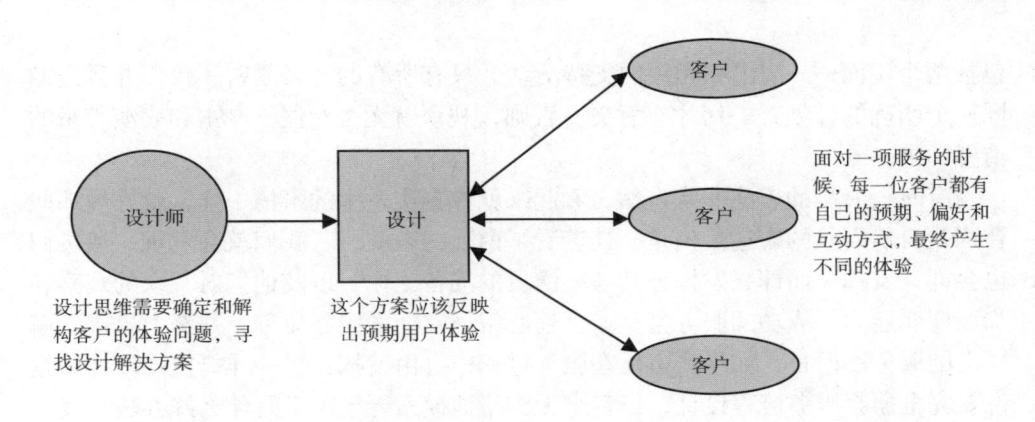

设计思维需要确定和解构客户的体验问题，寻找设计解决方案

这个方案应该反映出预期用户体验

面对一项服务的时候，每一位客户都有自己的预期、偏好和互动方式，最终产生不同的体验

图 15.2　企业可以为服务体验设计环境（条件）。但是，服务体验只能从客户和服务的互动中产生

我们可以把这个设计难题看成编写一部戏剧。编剧希望给观众留下一个深刻印象，教育他们、娱乐他们，或者挑战他们。这一点可以通过唤起观众的思考和情感来实现，但是只能通过剧本内容来间接表达，并且需要经过导演的诠释和演员的表演才能传达给观众。至于每个观众能从最后的表演中收获多少，则是由完全无法控制的因素决定的。这些因素包括个人的认知、经历，以及他在感知这场体验时的实体和社会环境。两名观众对同一场演出的看法可能完全不同；同样，两位客户对同一项服务也可能产生完全不同的评价。设计思维的目标是识别客户的问题，通过重新构建问题来寻找解决方案，然后根据客户的实际情况调整该解决方案。客户体验是短暂、多变、难以把控的，其难度不亚于创作一部经典戏剧。使挑战等同于创建经典剧院。企业可以做的就是控制和设计预期服务体验的前提条件。接下来，我们将介绍一些法则来帮助大家实现这一目标。

15.2　如何设计引人入胜的服务体验

企业在为预期的服务体验创造条件的时候，通常可以借助三种主要工具。他们可以控制提供服务的环境，包括部分或全部的有形和无形环境；他们可以设计服务流程，包括企业期望员工采取的行为。在剧院里，这个环境既是舞台，也是礼堂、门厅和后台。这些区域都会影响观众的体验。设计师应该意识到，任何因素都可能推动或阻碍观众形成良好的体验。服务过程包括演员的剧本、音响和灯光技师的工作步骤，甚至入场时检查票证的过程。我们可以看到，这个过程至少

203

包括两个层面——演出和相关的支持活动。只有所有的元素紧密一致，并且遵循同一个明确的计划，一切才有意义。否则，观众就无法专注于剧本和表演带来的情感冲击。

有时，演员的表演非常自然，看起来就像真实发生的事情一样，就好像那些台词是自然而然的表达。但是，连着看了两晚的表演后，我们就会发现，演员们也会即兴发挥，而即兴发挥极其考验演员的准备工作，以及他们对观众的观察和临场应变能力。成功的服务型企业会精心策划它们的服务流程，并努力提供无懈可击的服务。但是，如果员工能在服务过程中自由发挥，也一样能成功。这不是说要完全摒弃服务流程设计，毕竟毫无头绪地摸索行事可不是什么好办法。我们需要的是设计出完善的服务流程，预测我们在提供服务的过程中可能会遇到的各种情况，做好各种应变准备。服务流程应该真正帮到员工，让他们能根据实际情况灵活发挥，同时确保服务交付流畅和高效。

但是，如果我们继续借用剧院的比喻，那么，什么样的服务过程（也就是剧本）才能给客户带来精彩难忘的体验，让他们愿意再次体验并推荐给他人呢？其实，要做到这一点，我们可以在服务价值主张的核心添加许多内容；但是我们在这里主要强调三点。这三条法则看似平常，实则非常有用，它们是叙事、参与和惊喜。

叙事

体验是指先后发生的一系列事件，它涉及数个不同的行为者，并且包含几个不同的角度。因此，描述一段体验就好像讲故事或者叙述一件事一样，是属于讲述者的专属体验。对于设计师来说，故事结束时，想法被付诸实践，销售开始。然而，对于客户来说，属于他们的故事才刚刚要开始。设计师在设计体验的时候，需要置身于客户的角度，从客户的角度来看，成功的服务企业通常会使用服务蓝图等映射工具来精心地规划流程。服务蓝图可以识别接触点，例如，服务员在餐厅接受客户点单，而后厨也需要同步展开准备工作，比如将订单传递给准备饭菜的厨房工作人员。它可以识别可能出现故障的地方，以及设计师应该特别注意的地方。设计通常是一种视觉活动，部分是因为这类活动需要的创造力可能涉及右脑，而人类的右脑负责处理视觉信息，而非语言信息。因此，让无形交互实现可视化的映射工具在服务设计过程中非常有用。然而，这些工具往往侧重于业务流程。这意味着它们只能以企业为视角，而忽略了客户的感受。

接触点（从企业的角度出发）和客户旅程中的时刻（从客户的角度出发）之间存在着细微但重要的区别。Jan Carlzon——一个将 SAS 航空公司从破产边缘带到其行业顶端的人，曾说过这样一句著名的话：他的公司每天会经历 50 000 个"关键时刻"。每当员工和客户互动时，就会产生一个改变或改善客户体验的机会。可惜，在这些时刻发生的事情并不完全由公司控制。例如，即使航空公司的工作完美无缺，但是客户还是会因为交通或机场安全导致的延迟或者夜间睡眠不足而产生不满。虽然我们不能完全预测这些事情，但是却可以参考服务交互带来的情感影响以及这些影响对客户叙述的作用。

所有通过服务影响客户典型旅程的流程、环境、有形物和交互都可以被识别和规划。关键任务之一是检查每一项内容可能给客户造成的情绪影响。这里的关键不仅是检查发生了什么，还要了解客户的感受。这样做有助于发现客户体验叙述中的不一致或者确定改善机会。另一项重要工作是寻找失败点，如服务蓝图所做的。但是在规划客户旅程时，失败点不在于流程有没有效果，而在于能不能给客户带来积极体验。

设计思维的吸引力之一在于，我们可以用它来解决所谓的棘手问题，也就是那些问题包括许多相互关联的复杂问题。在应用设计思维的过程中，我们可以从客户的角度理解问题，考虑所有细节，同时放眼更大的图景。组织中所有看似从事不相关工作的人员汇聚在一起，共同思考如何创建客户的服务叙述。因此，除了考虑每个过程的细节，设计师还需要考虑如何把他们的工作组合在一起，并确保他们传达一致的消息。

在银行中，员工们需要穿着正装以表示这是一家信誉良好的机构以及他们是严肃、勤奋、值得信任的人。他们之所以不会穿 T 恤或者牛仔裤，是因为这类着装与客户的预期叙述不一致。同样，如果一家银行想要被视为高级机构并且让客户感到受尊重和重视，就不会向客户赠送批量生产的廉价笔作为礼物，因为这不符合预期的客户叙述。

参与

虽然我们倾向于把戏剧观众看作被动消费者，但是，随着时间的推移，观众主动参与的程度变得越来越高。演员们都希望听到观众的反应，这有助于鼓励和激励他们的表现。然而，也有许多例子试图通过打破第四面墙，让观众直接参与到故事中。在 Stuart 和 Tax（2004）的传统英国哑剧中，观众的主动参与是绝不可少的一个环节。在《小飞侠》和《杰克和豌豆》等家喻户晓的儿童故事中，总会有一个人人喊打的反派和一个人人爱戴的英雄。孩子们在观看表演的时候，会冲着处于危险之中的主角大喊"他在你身后"。这种体验就源于此。另一个例子是经典的恐怖电影《洛基恐怖秀》。在这部电影里，人们身着不同的服装反复登场；

观众与其说是在看电影，不如说更像和其他观众一起创作了这场集体体验。同样，漫画或科幻小说的角色、音乐节和体育赛事的参与者也会通过穿着服装和营造气氛，增加趣味、幽默甚至噪声。如果没有他们的参与，整个活动就不会完整。

让我们回到设计这个话题上。服务总是会涉及客户参与。事实上，我们在定义服务的时候，参考的并不是它的有形或无形程度，而是客户在生产过程中的存在性。客户始终提供各种输入，比如他们的财产（例如发快递）、信息（例如，保险公司需要分析客户的信息才能报价），或者他们的思想或身体（例如教育、医疗或剧院服务）。服务要做的不仅仅是处理这些输入，还要推动个体客户的积极参与并最终实现关联客户的集体参与。

最常见的一种客户参与类型就是自助服务。这类服务看似为了给客户提供便利，实际上是为了降低成本。我们可以通过两种方法来提供自助服务。

实际上，为了节约成本，企业可以把识别流程交给客户去做。航空业已经经历了彻底改革，现在，客户需要在线预订机票、打印票证，甚至在线办理登机手续。这些节约又被反馈到了客户身上，让他们可以买到更便宜的交通选择。然而，这类服务往往不能给客户带来愉快的体验。这些体验虽然难忘，但是却是因为不愉快而让客户记住的，所以客户今后可能会选择其他航空公司。

爱尔兰航空公司瑞安航空一直是毁誉参半。这家公司曾尝试撼动欧洲市场领导者的地位。最近，瑞安航空承认其为了提升效率和节约成本而给客户造成了负面经验，但是却对客户（和员工）充满了不重视。公司重新考虑了限制手提行李等细节规定，试图以此来改变形象。这些行动都是在客户多年的强烈批评之后突然出现的。原因何在？瑞安航空的 CEO 在 Twitter 上和客户们进行了交流，了解了客户们的不满程度，并发誓要扭转公司形象，尽量不给人们造成不良体验。在这个互联网时代，他们的管理人员仍然在使用电话投诉或人工结账等方式为客户提供服务。

瑞典家具巨头宜家向我们展示了另一种提供自助服务的方法。和瑞安航空公司一样，宜家也把运输和组装等许多过程转移到了客户身上，以此来降低产品价格。宜家之所以大受欢迎，一部分原因在于客户可以在这里方便、便宜地采购到所有家居用品。另一个原因则是行为学家口中的"宜家效应"（Norton, Mochon & Ariely, 2012）。他们的实验表明，当人们参与到创作过程中的时候，会更重视产品。为了建立客户和产品之间的情感联系，宜家推出了一种方案，最终实现了宜家品牌的积极体验。通过将设计与功能、生产和装配相结合，再加上一些情感设计，宜家以自助服务的形式鼓励客户参与，最终建立了客户忠诚度。

近年来，电子商务技术无疑是实现自助服务的最大驱动力。从书店到银行，整个商业领域都已经或开始实现网络化。大多数情况下，企业所做的只是简单地消除了人这一因素，取而代之的是缺少人性化、经常令人感受到压力的体验。然而，有许多客户会通过支持和协作形成社区，这些社区会反过来推动创新。开放源码软件运动就是一个例证。在这个运动中，志同道合的人形成全球社区，利用自己的业余时间开发软件。大多数参与者是为了认可或挑战而来，而不是为了钱财上的收益。我们可以从维基百科和 OpenOf.org 等网站看到这些运动的成果。

人类有强烈的归属需求，而服务客户之间形成的社群，则可以有效地满足这种需求。社交网站的兴起和令人惊异的火爆程度说明了企业可以借助连接客户产生的杠杆作用。美国运通的公开论坛就是一个很好的例子。这是一个由美国运通为拥有小企业的持卡人创建的在线论坛。在论坛里，小企业主可以认识其他小企业主，交流关于经营小企业的想法、建议和故事。借助客户社群的优势，美国运通可以有效减少客户流失。

在线客户社群或线下用户群可以提供大量的信息，而公司则可以把这些信息用于服务设计。在网络领域，这一行为有时被称为网络志或大数据分析：企业跟踪客户的对话或分析他们的行为数据，试图辨别他们想要或将来可能想要什么。虽然这样的市场研究可能是公司尝试鼓励创建客户社群的一个原因，但是如果这些社群能够发展，也可以建立客户的忠诚度。许多时候，这种忠诚面对的是社群，而不是公司。但是，如果公司可以满足整个社群的需求，个人客户对社群的忠诚将使他们倾向于留在社群并且继续使用服务。

客户社群可以成为变革的强大力量。现在已经出现了一些社群与企业对抗的例子。例如，网友为了抗议英国品牌 Twinings 公司对茶叶混合配方的改动，在 Facebook 组建了一个社群，迫使公司重新推出原始的伯爵红茶混合配方。历史上，人们也曾围绕茶叶展开过抗议，如今，一切再次登上网络舞台。

因此，服务设计师应该思考，怎样的设计才能让客户产生共鸣、团结、归属或亲近感。方法之一就是让客户通过设计进行交流和交互，或者充分利用现有的社交媒体。

惊喜

一直以来，企业都希望自己能够预测一切。企业为了效率和效益而采取的标准化流程，非常适合用于评估和改进。对于客户来说，当他们在制定购买决定的时候，也会希望自己拥有预测能力。然而，当涉及体验时，惊喜就是一种为客户提供精彩体验并且让他们保持忠诚的重要元素。经常乘坐商业航班的人都知道客舱安全指南的大概内容。西南航空公司曾经用诗歌的形式取代这些严肃的内容，让客户眼前一亮，从而获得了很好的反响。新西兰航空知道《魔戒》系列电影是许多乘客来新西兰旅游的原因，所以制作了魔戒主题的安全演示视频。在视频中，霍比特人、半兽人等中土世界的角色纷纷亮相。关于如 Nordstrom 和丽思卡尔顿等优秀的服务供应商都很擅长运用惊喜元素。最经典的例子就是一家没有出售轮胎的 Nordstrom 商店接受了一整套车胎退货的故事。惊喜（或者变化）经常源于客户，但优秀的服务提供商却能灵活应对。丽思卡尔顿利用客户至上的政策，在酒店网站上发布自己的故事组合。这一步虽然有点迈得太远，但是如果能预测到的话，它就不是惊喜了，对吧？这里面有着非常微妙的界线。

四季酒店员工会遵循公司称为"黄金法则"的一套准则："待人（宾客和员工）如己。"这一法则之所以能够传承，是因为酒店赋权于员工，让他们为客户提供个性化服务。员工积极践行（四季酒店曾多次入选《财富》杂志全球最佳雇主 100 强），客户从中获益。从这个例子中，我们还可以学到两条重要的经验：第一，由于客户的不可预测性，人们在设计服务时不可能考虑到每一种可能，所以对任何服务来说，员工都是至关重要的；第二，由于员工如此重要，所以他们自身的良好体验也是至关重要的。赋予员工必要的权力，是在他们提供或实现的服务中构成惊喜所需的条件。员工需要善于"解读"每次服务过程，并决定最合适的惊喜时机。

所谓惊喜，必须具备出其不意这一特征。也就是说，客户应该对一切毫不知情。他们可能更喜欢看起来比较真实的突如其来的惊喜，而不是一场精心编排的事件。话虽如此，我们还是可以提前安排惊喜的，比如，在一个小型艺术机构的开业典礼上安排一群歌手进行快闪演出。

15.3 会"表演"的服务

接下来，我们会用两个例子来说明什么是会"表演"的服务，希望对大家有所启发。

会"唱歌"的服务

有一家网络开发公司一直苦恼于办公空间有限。有一天，这家公司决定化问题为机会，邀请潜在客户参观开发者的工作过程。公司的客户会议室与工作区之间隔着一道玻璃墙。这道玻璃墙就成了公司后台的表演窗口，就像一些餐厅里的开放式厨房一样。作为一个年轻的公司，它的员工年龄也相对年轻。公司里会随机播放一些现代音乐。员工们不用戴耳机：大家都听同样的音乐，个别员工还会大声跟着唱。这时会发现一件奇妙的事：所有人都开始跟着他唱。当现有或潜在客户经历过这种体验后，他们会感觉到这些员工都很爱自己的工作，而这种爱会传递到他们提供的服务中。在这个例子里，"唱歌"并不是服务过程的一部分，也不是任何人的就业合同的一部分。但是，随心而唱的习惯已经融入了公司的文化中，为客户甚至员工都创造了难忘的体验。值得一提的是，这为公司带来了一个潜在好处。Candi、Beltagui 和 Riedel（2013）的研究表明，强调为客户创造精彩体验的企业，通常比那些忽视体验设计的企业更能吸引和留住优秀员工。因此，客户不是体验创造的唯一受益者；员工不仅能从中受益，而且还会给公司带来利益。

这家公司把真实存在的事件（而不是预谋事件）作为惊喜元素融入服务。这个惊喜是由公司的文化和员工的集体意识共同创造的。惊喜的元素强调了客户的预期叙述：一家洋溢着愉快氛围的公司，可以提供愉快的服务，带来愉快的结果。

会"跳舞"的服务

这个会"跳舞"的服务的例子也是围绕一个窗口展开的。这是一家销售个性艺术品和设计品的小店。这家店也面临着空间布局的问题：店铺在人行道旁边有一扇窗户，但是要想进入商店，客户必须跨过门栏，沿着非常陡的台阶下到一个没有窗的地下室。因此，这家公司决定充分利用这扇窗，把它变成"跳舞"的舞台，不再用它来勉强展示各种商品。有时，路人们透过这扇窗，看到了一位艺术家正在专注作画。有时，他们又会看到音乐家的表演或模特们展示时装设计师的最新作品。这些表演不一定有严格的脚本或编排，但肯定能吸引行人们的注意。接着，这些行人可能会走进店里，买走心仪的商品。这是一个通过不断创新和变化服务环境设计从而为客户创造惊喜体验的优秀例子。另外，窗外的观众们也会进行互动和交流，这也是一个潜在的利益点。这一群体虽然只是暂时的，但是群体会比个人更有可能跨过门槛走下楼梯。

有一点需要注意的是，虽然企业应该努力创造引人注目的服务体验，甚至将体验置于服务商业模式的中心，但提供服务的方式同样重要。Beltagui、Candi 和 Riedel（2012）曾经提到过一种空心陷阱，指的是那种没有实质内容的"表演"型服务。

15.4 设计服务体验永无止境

服务体验的设计是一个永无止境的过程。体验需要不断更新，以免它们变得陈旧和无趣。这意味着服务设计永远都不会结束。这也意味着在许多情况下，我们可以尝试不同类型和变体的体验。通过尝试各种体验方法和举措，公司可以一边维持客户的参与和兴趣，一边继续完善体验。

设计服务体验是一个迭代过程。在大多数情况下，企业应该从服务流程和服务环境开始，牢记体验叙述，然后在其中添加其他要素，比如客户参与或惊喜。设计永无止境，公司必须对服务体验不断进行再思考、再创作、再设计，同时始终关注提供核心服务。表 15.1 中的工作表由一系列问题组成，这些问题可以帮助你把服务转化成由叙述、参与和惊喜构成的精彩体验。

表 15.1 服务体验工作簿

服务传达的内容（或故事）是什么？
• 怎样调整服务流程才能为服务内容提供支持？
• 怎样调整服务环境才能为服务内容提供支持？
• 接触客户的员工需要怎样做才能为服务内容提供支持？
是否计划设置有积极影响的自助服务？
• 怎样调整服务流程才能为积极的自助服务提供支持？
• 怎样调整服务环境才能为积极的自助服务提供支持？
• 接触客户的员工需要怎样做才能鼓励和支持自助服务？
是否计划让客户参与到提供服务的过程中？
• 怎样调整服务流程才能支持客户积极地参与到提供服务的过程中？
• 怎样调整服务环境才能支持客户积极地参与到提供服务的过程中？
• 接触客户的员工需要怎样做才能鼓励和支持客户的积极参与？
是否计划为服务的客户建立客户社群？
• 怎样调整服务流程才能为客户社群提供支持？
• 怎样调整服务环境才能为客户社群提供支持？
• 接触客户的员工需要怎样做才能鼓励或参与到客户社群中？
提供服务的过程中是否有惊喜元素？
• 怎样调整服务流程才能创造惊喜？
• 怎样调整服务环境才能创造惊喜？
• 接触客户的员工如何自主地创造惊喜？

本章介绍了三种方法来打造精彩和难忘的服务体验。这三种方法即叙事、参与和惊喜。然而，还有更多方法尚未介绍，如实体纪念（纪念品）、注重人体工程学、提供定制选项等。每家企业都需要仔细考虑其服务的性质，然后选择一种最有可能带来竞争优势的方式来创造预期服务体验。

15.5 总结

创造引人注目的服务体验可以改善盈利，提高公司的声誉，吸引员工以及开拓新市场和吸引新客户，从而帮助企业走向成功。我们在设计服务的时候，应该侧重于创造一种会"唱歌、跳舞"的服务，这样才能创造出精彩难忘的服务体验。

那么，公司如何设计出会"唱歌、跳舞"的服务？假设服务的核心功能完美满足客户需求，并且至少与竞争对手提供的服务一样有效，通过叙事、参与和惊喜三种方法。企业在设计环境和流程的时候，应该充分理解客户的想法，思考如何帮助客户构建一个圆满结局的服务叙述，鼓励客户再次使用。任何服务都需要客户的参与，但是这种参与不应该是阻碍流程顺利进行的因素，而应该是完善服务体验的机会。因此，企业可以围绕客户参与来设计流程和员工角色，并鼓励客户形成社群。最后，设计思维——重构问题和开发新的解决方案——可以通过不断地重新定义服务给客户带来惊喜，从而推动服务设计。公司应该从具有较高灵活性、比较完善的服务流程和专为预期体验设计的服务环境入手。此外，公司应将服务体验作为其服务价值主张的核心。另外，还要依靠持续不断地创意，这一点可以通过赋权于员工并让他们提供灵活的服务流程来实现。

作者简介

玛丽娜·坎迪（Marina Candi）是雷克雅未克大学商学院副教授，雷克雅未克大学创新与创业研究中心主任。她于哥本哈根商学院获得商业博士学位。在进入学术界之前，她在IT领域工作20多年，担任过软件工程师和项目经理等职务。在她职业生涯的后半段，她担任过IT公司的高层管理职务及董事会成员。她的研究兴趣包括以设计为驱动力的创新、基于体验的创新、商业模式创新和互动营销。她曾在 Journal of Product Innovation Management、Technovation、Design Studies 和 International Journal of Design 等多家刊物上发表过研究成果。

艾哈迈德·贝尔塔古（**Ahmad Beltagui**）是伍尔弗汉普顿大学商学院运营管理讲师。他拥有诺丁汉大学商学院博士学位以及斯特拉斯克莱德大学工程硕士（产品设计工程硕士）学位。他主要研究设计在商业中的作用，特别是在服务管理和创新以及产品开发中的应用。他曾在 *Journal of Product Innovation Management*、*International Journal of Operations and Production Management* 和 *Design Management Journal* 等多家刊物上发表过研究成果。

第 16 章

通过服务设计故事了解环境信息

卡塔琳娜·韦特尔·埃德曼　卡尔斯塔德大学
彼得·R.马格努森　卡尔斯塔德大学

16.0 简介

产品制造商逐渐提供越来越多的服务，这通常被称为服务化。与产品相比，服务被认为具有更长的生命周期和更多的利润，并且更能抵抗商业周期。从营销的角度来看，服务可以用于与竞争者之间的区别并增加对客户的价值。此外，服务还可以是加强客户关系的手段，因为服务需要与客户交互并理解客户。然而，对于以产品为导向的公司来说，解决服务的问题往往很麻烦，部分原因是缺乏方法和工具。在本章中，我们提出了一种叙述性设计方法——CTN 方法（通过描述感知内容），捕获用户的当前做法、经验、情况、内容和期望，并将其集成到服务创新中。

服务化被描述为一个多阶段的变革过程。不同服务模型的共同点是供应商开始提供支持其现有产品的服务，以提高产品的可销性，例如提供备件和维护。在服务化频谱的另一端是支持（至少是支持一部分）客户的操作，提供完整的解决方案。稍微简单地说，服务化可以合成为三个步骤（见表 16.1）：① 支持产品的服务；② 支持产品使用的服务；③ 支持客户操作（过程）的服务。服务化因此需要加强对终端客户以及/或者客户操作的理解。提供备件和维护并不需要了解很多客户的操作。

表 16.1 服务化步骤

步骤	描述	例子
1	支持产品的服务	提供备件，产品维修
2	支持产品使用的服务	通过例如定制、训练和编程来优化和定制机器人
3	支持客户操作（过程）的服务	优化由机器人组成其一部分的客户流程

在最后一步，供应商提供的服务也可以是独立的实体机器人，其目的是通过提供一个完整的解决方案来支持客户的操作。例如，如果客户使用机器人喷涂特定的组件，供应商可以提供整个过程的设计，并承担喷涂的全部责任，即服务是根据客户需求"喷涂一个部件"。机器人只是执行服务的一种手段。

在步骤 2 和步骤 3 之间有一条分界线，供应商需要对客户的流程，即产品的用途，以及客户的应用和环境有透彻的理解。因此，这可以定义为是否为解决方案提供商的边界。供应商对服务化步骤越深入，则对创新及开放服务的新方法及工具的需求就越大，因为使用者需要通过生产者获得新知识。

成功的创新需要两种类型的知识：技术知识和使用知识。技术知识涉及实现创新的相关方面，包括材料、化学、热力学等方面的力学知识。技术还包括非产品的特定技术，例如服务支持技术和组织惯例。因此，技术包括制造产品和服务所需的所有有利的组织资源。

然而，不仅提供产品而且还提供对客户问题的解决方案意味着需要具有"使用知识"，也被称为使用经验或应用领域知识。运用从用户/客户角度理解创新/技术的知识。换句话说，技术应该为预期用户做什么，是需要更深入地了解客户的流程和需求，通常称为采取客户或服务的角度。重要的事情不再是公司有什么产品，而是它们能为客户做些什么。产品被认为客户在使用时创造价值的手段。

操作知识比技术知识更抽象，通常与创新活动脱节，至少在实体产品方面是这样的。然而，服务的性质与实物产品的性质截然不同。服务是无形的，可以被描述为一系列活动，其中客户是共同参与者。在服务期间与用户积极交互，以及那些通常在供应商外部环境中所发生的事，给予供应商对使用方所需的更好理解。因此，对于服务来说，操作知识比产品更重要，但是当产品制造商旨在提供服务时，也可能缺乏操作知识。

从定义上来说，一家以产品为导向的公司可以有大量的技术知识，但没有必要拥有操作知识。在图 16.1 中被描述为"产品提供者"。成为解决方案提供商必须增加的技能，进一步可以转到服务化，包括操作知识。把操作知识视为至关重要的竞争力资源，将对公司的创新过程有所影响。深入了解使用方是提供更先进

第 16 章　通过服务设计故事了解环境信息

服务的必要条件,因为这些服务不仅支持供应商的产品,还支持供应商的流程和业务。

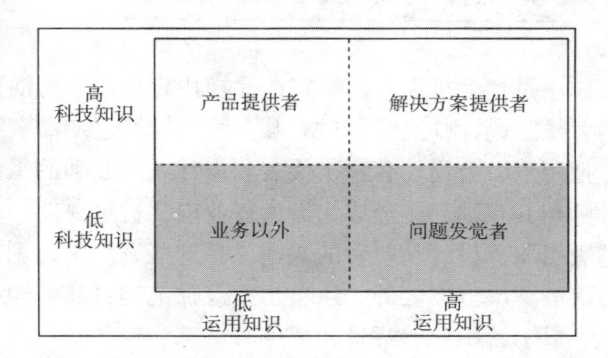

	低 运用知识	高 运用知识
高 科技知识	产品提供者	解决方案提供者
低 科技知识	业务以外	问题发觉者

图 16.1　两类知识与公司职位

设计通常会通过理解、解释和转化客户的需求从而获得令人满意的解决方案,换句话说,理解用户方的问题并且解决这些问题。最近,出现了服务设计这个概念,其中具体的目的是针对服务进行设计的解决方案。

16.1　服务设计

如本书前几章所讨论的,在过去 15 年中,设计越来越多地被视为创新的驱动力。设计对组织创新能力的贡献可以归因于更新迭代和以用户为中心的方法、多学科团队的使用,以及使用想法外部化和在模式上使用美学技能(例如可视化和样品设计)的能力。此外,设计师解读和重塑社会文化关系和配置的能力在服务设计中比传统产品设计更加突出。服务总是与最终用户共同生产的。

服务设计的核心是将用户的视角作为一个完整的体验,给出这些经验的外部视图,并进行可视化,然后采取迭代方法让用户参与整个过程。在服务设计中,强调了在早期阶段和整个创新过程中最终用户参与的方法。

对比传统的市场调查,这种服务设计的设计者包括了用户和其他利益相关者,以及他们的知识,其方式和理由均不同。以客户为中心的参与方法可以在设计初期获得共情和灵感,可以通过录入用户的信息,或者通过创造设计师们经历过的情境。如果这不能实现,建立一个情境,让用户有机会分享他们的经验。与传统的市场调研相比较,设计为用户/客户的参与提供了截然不同的方法。

16.2 内容故事及作为解读者的设计师

语境理解的作用是扩大重点，以了解产品在用户生活中扮演更广泛的角色。为了了解用户的背景，设计师经常通过对其在特定情境下的潜在需求、渴望和期望中获得共情。把用户、公司（客户）代表和设计人员互动的工作室设计成不同式样，并让设计师与其互动，已经成为设计行业内日益重要的一环。基于游戏理论的方法越来越吸引服务设计从业者的兴趣。在这些方法中，用户和其他利益相关者除了参与可能的解决方案之外，还参与并鼓励他们分享经验。强调对话、故事和对话的角色，以了解用户的背景和观点。

故事是我们人类沟通的基本手段之一。我们回顾以往的回忆和经历，我们告知我们的意图、愿望和梦想。简而言之，故事是我们理解周围世界的主要手段之一。在一个故事中，演员、时间和情境经常会被有效地捕捉到，并成为对设计有益的目的。人类观察的故事甚至可以作为客户和公司之间的桥梁。允许客户讲述自己的经验，可以更多地了解他们，而不是从采访或调查问卷中获取。在这里提供的情况（和模型）中，设计师是用户的解读者。在设计驱动的创新中，设计师被定位为用户社会技术背景的解读者，并且作为分支机构和组织知识的经纪人。

公司与其周边网络之间的这种中介角色已经被描述为知识的经纪人，这表明设计师在不同公司之间流动时，会在新的领域使用和再利用其已知的技术。在下一节中，我们提供了一种方法和案例，其中参与方式是故事而不是可视化。我们将指出设计师作为这些故事的解读者，对实现预期重点所起到的关键作用。

16.3 通过叙述的语境——CTN 方法

可以使用包含四个阶段的双菱形流程来大幅简化说明服务设计的过程：发现、定义、发展及传递。这个过程与本书第 1 章中提出的设计思维框架具有很强的相似性。CTN 方法位于第一个菱形中，代表了探索和定义对于进一步创新工作的需求以及可能出现的问题，主要侧重于广泛的用户和环境研究，但也旨在探索组织先决条件和策略以及潜在的新的或相似的合适技术。它从一个组织所定义的问题开始，然而，它试图超越规范并探索更大的环境。

CTN 方法包含四个步骤：准备、行动、处理及结束（见图 16.2）。我们使用服务设计试点案例来进行说明。服务设计试点的目标是更广泛地了解用户的观点、情境和经验，而不是对服务创新本身进行开发，这是后期进行的。服务设计试点包含可重复的工作坊模式，这样的体验可以通过设计公司随时再次获得，更重要的是，可以转移给客户公司以供未来内部使用。

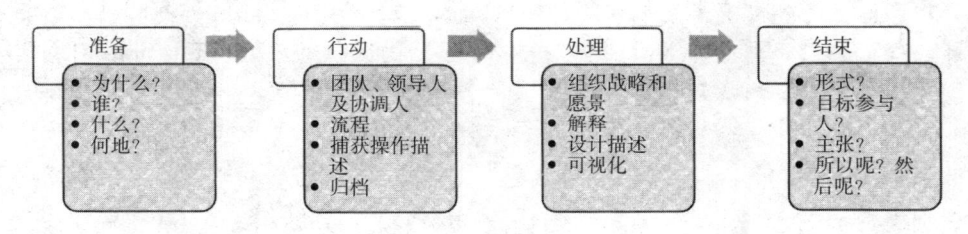

```
┌──────────┐    ┌──────────┐    ┌──────────┐    ┌──────────┐
│  准备     │    │  行动     │    │  处理     │    │  结束     │
│ •为什么？ │ ─▶ │ •团队、   │ ─▶ │ •组织战略 │ ─▶ │ •形式？   │
│ •谁？     │    │  领导人   │    │  和愿景   │    │ •目标参与 │
│ •什么？   │    │  及协调人 │    │ •解释     │    │  人？     │
│ •何地？   │    │ •流程     │    │ •设计描述 │    │ •主张？   │
│           │    │ •捕获操作 │    │ •可视化   │    │ •所以呢？ │
│           │    │  描述     │    │           │    │  然后呢？ │
│           │    │ •归档     │    │           │    │           │
└──────────┘    └──────────┘    └──────────┘    └──────────┘
```

图 16.2　CTN 方法的四个步骤

客户公司 IndComp（在下文中描述）的目的是更好地了解其用户群体，其中之一就是用自动挤奶机（AMM）的农民。为了这个目的，该公司雇用了一家设计公司 Veryday Agency。对于这一合作的完整描述，见 Wetter—Edman（2014）。

16.4　CTN 方法的案例分析

"我们试图满足客户，但是这并非易事。我们需要获得许可，需要有一个很好的理由去获得许可。因为会有很好的理由和不怎么好的理由。但是我们只需要和一个不怎么受欢迎的农民一起玩。"

——Business Developer at IndComp，2009

Veryday 中的案例是真实的。IndComp 及所有的姓名都是虚拟的。

公司简介

IndComp 是为农民提供全面服务的供应商，开发、制造及分销牛奶产品及畜牧业的设备及完整系统。牛奶生产的相关设备包含了从真空操作挤奶机到可以管理 5 000～10 000 头牛的牛群系统。它们还制定畜牧管理系统，涉及繁殖效率、健康和喂养。这些系统需要定期维护，偶尔需要紧急服务。LndComp 还有开发和销售相关的服务。服务由中央服务部门专门处理，但通过本地服务机构提供给客户。中央服务部门管理总体服务特点，另外，还负责备件管理和服务协议的准备。

在前面提出的服务模式中，IndComp 在第 1 步中主要提供产品支援服务。然而，它们已经初步开始涉及以客户为本的立场。2009 年 2 月，该组织推出了新的服务理念（New Service Concept，NSC）。从外部看，其仿佛一个功能，但内部由三部分组成：连接——计划维护服务、准时——紧急服务，以及专业——知识咨询服务。专业是发展最不完善的，因此成为未来设计研讨会的重点。另外，专业知识是具有最强的"服务支援客户"的概念。然而，IndComp 对如何向这个方向发展的认知还是很少。

Veryday 设计机构（veryday.com）成立于 1960 年，具有工业设计、人体工程学和用户研究的深厚知识基础。如今，该公司跨越 10 多个设计学科，在三大洲拥有约 70 名员工。该公司的理念是将用户的观点与美学能力一样严格地整合进专业设计中。

如上文所述，LndComp 是一家旨在提供超越传统维护服务的工业公司。通过一年半的客户调查，可以得知这一重新定位获得了客户支持。总体而言，评级是好的，像往常一样，客户很满意。然而，最新的客户调查显示，评级略有下降，特别是与 LndComp 的主要竞争对手相比。LndComp 希望更加深刻地了解客户的需求和期望，因此，决定采用服务设计。

准备工作——为什么？合作的目的

准备步骤的目的是对所进行的项目中的目标、目的和期望达成统一，也就是"为什么"。这样对客户公司的资源有了共同理解，也为未来解决方案提供了可用的资源，客户对用户的内部关系，以及客户对使用设计方法和工具的熟悉程度。当选择项目的方法时，后者很重要。实际上应该怎么做呢？

在一些很有能力、有时独立的销售机构通常会出现这样的情况，客户的声音只能以"耳语游戏"的方式隐含地呈现。例如，一位客户向销售人员说了一些话，然后销售人员传递给区域经理，区域经理继续传递给本地销售机构的负责人，最终这些话传达给了负责服务开发的人员。在耳语游戏中，信息总会被曲解。

不是用户/客户的直接参与，主要吸收到的信息是客户调查，正如上面所提到的，每年进行一次，从而造成了"硬数值"。即使满意，这个数字也传达不出为什么他们会满意。开展服务设计案例的一个重要问题是建立客户与其自身客户之间的服务与业务发展的联系。

在准备阶段，IndComp 的业务开发人员瓦尔特与设计公司的两位设计师安娜和维克多多次会面，设定了研讨会的范围。这些会议涉及：

1. 为什么——设定项目的目的和重点、选择将使用的方法。
2. 什么——决定需要讨论的主题、选择图片、设定工作坊形式。
3. 谁——a. 决定参与者、负责筛选，以及邀请客户（在这种情况下是农民和公司代表）。b. 定义并邀请"正确的人"进行最终交付会议和介绍会。
4. 哪里——工作室的场地和时间范围。

在这种情况下，IndComp 负责邀请其客户（农民），以及其他细节。例如，场地、茶点等。与农民有密切关系的区域销售经理负责邀请农民。工作坊包括 7 名农民，年龄在 45～65 岁，他们拥有自动挤奶机和 160～200 头牛。

Veryday 开发了工作坊的格式，包括内容、流程和材料。根据设计对话（Brandt, Messeter & Binder, 2008），他们决定使用一种称为景观美化的方法展开对话。设计公司和客户选择了照片，这些照片与农场的生活有或多或少的联系，因此可以进行相当自由的诠释和结合。这些照片开启了讨论，参与者回忆起各种事情或情况，并围绕这些产生了对话。

工作坊安排了六个主题，探讨了农民生活的不同方面，以及他们与 IndComp 的互动：售前服务、服务、开票、应急服务、采购自动挤奶机，以及在农场的工作。这些主题印在使用预先准备好格式的纸张上，农民被要求记住并告知一个与这些情况有关的特别好的体验以及一个很糟糕的体验。

行动

行动步骤通过故事和图像捕获用户的体验。重要的是需要有一个记录故事的框架，并与用户一起解读这些故事。工作坊的与会者包括 7 名农民、2 名公司代表、3 名设计人员。

参加者进行过介绍和活动后，工作坊就开始了。这个模式是以六个主题应用于两组中，每组有三个主题（见表 16.2）。在每个小组中有一个设计师负责做笔记，用关键字和短句记录，并且增加图片到准备好的问题纸上农民的描述中。各个主题部分持续 30 分钟；在这些过程中，各小组聚集在一起，并且把情境按景观的形式布置出来。目标是做一个合作式的景观结构，以展现农民的故事以及当天的体验。

表 16.2　工作室组织

	第 1 组	第 2 组
简介：15 分钟	汇报格式	
第 1 部分：30 分钟	主题 1	主题 2

续表

约 30 分钟	协作规划	
第 2 部分：30 分钟	主题 3	主题 4
约 30 分钟	协作规划	
第 3 部分：30 分钟	主题 5	主题 6
约 30 分钟	协作规划及总结	

协调功能的设计师在各组之间移动，保持节奏和鼓励，并且指导景观建设（见图 16.3）。根据主题和经验来放置含有描述的纸张。

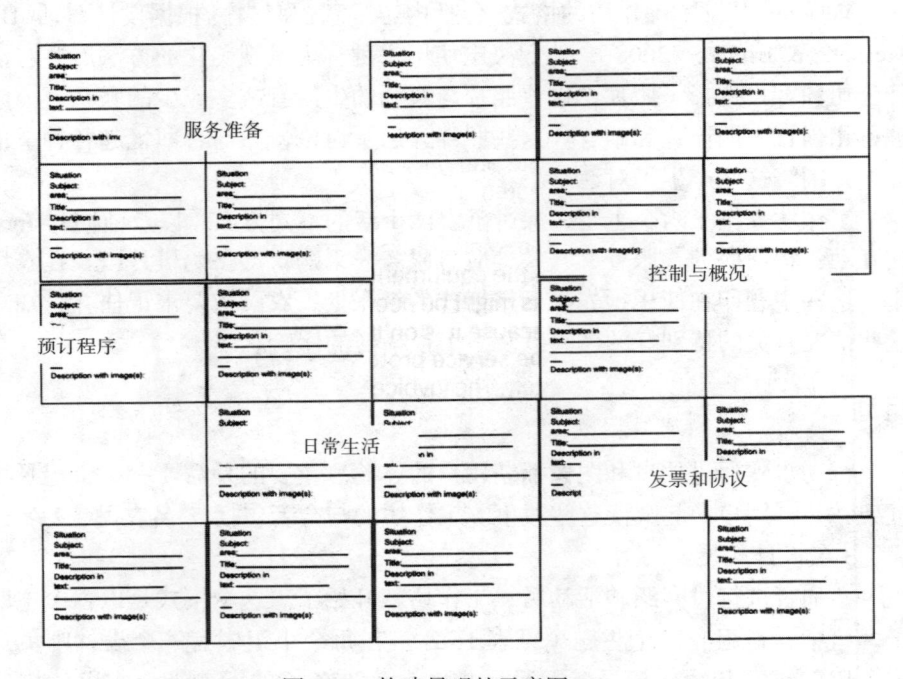

图 16.3 构建景观的示意图

各个主题的介绍性问题将以以下形式组成：
- 服务指的是关于在服务中及围绕服务所产生的活动。
- 你对于 IndComp 的服务是如何体会的？

描述一些情况：
- 两种经典的情况是服务接触做得不错。
- 两种经典的情况是服务接触做得不好。

这个阶段重点是对体验和场景的讨论，而不是在自动挤奶机功能上的讨论。

每组的设计师需要先在 Post-its 上做笔记，写下农民们在情境讨论中说的这些故事的关键词和片段，在很重要的情境下需要报告的事项，之后在准备好的纸上写下并配以图片。在"在工作坊的行动过程中用描述方法的例子"中，我们展示了一些已经被编辑过的农民讲的故事。虽然这些描述与自动挤奶机有直接关系，但故事的重点在于周围的情况和背景，也就是自动挤奶机和 IndComp 在农民的生活中所起的作用。使用第 1 章的术语，这些故事构成了客户感官周或大或小的"小赌注"。

在工作坊的行动过程中用描述方法的例子（续）

挤奶前的准备

> 当自动挤奶机进行维护的时候，挤奶程序和流程将被打断。在维护操作过程中，自动挤奶机不能挤奶，这种情况大概每次会有一小时。所以，挤奶程序需要在维护之前进行或者在维护的同时手动进行。每台自动挤奶机的正常维护用时 4~6 小时。通常，挤奶前准备会在技术服务人员到来之前由农民自行解决。如果技术服务人员早上 8 点到，那么农民需要从早上 5 点起开始挤奶，这样才能够按时完成。有些技术服务人员协助挤奶过程，缩短准备时间，但是增加了他们在农场的工作时间。有时，服务技术人员在夜间接到紧急电话，必须取消预订的维护。由于夜间工作时间，服务技术人员只是在到达之前打电话给农民。然而，在这个时候，农民通常已经花了 3 小时在进行挤奶准备了。一个农民说："他可以发短信，然后我就知道用不用去农场了。"

发票和协议

一旦进行了服务，就会有服务协议。以前，协议是在现场写的，然后放在农场办公室的一个文件夹中，靠近控制自动挤奶机的计算机。经过行业机构重组后，协议在服务产生后的几天通过信件发送。对于农民来说，这意味着在真实情况里，协议通常被放在他们的房子里，无论是在厨房还是在办公室，都远离了设备。然而，协议需要放在农场里，如果自动挤奶机发生了什么故障，可以用来参考。因为在协议里面可以找到上一次更换以及提供的服务是什么。服务协议还可以证明发票，发票会分开送达。发票很容易理解；日期、工作时间、配件等都列得很清楚。有时，农民想对比发票和协议上所做的事情是否一致。这样，如果发票也在办公室的话会好很多。协议看起来很复杂，而且全是技术性细节，有各种条款和复选框。农民们觉得很难看懂。

农民是系统的一部分

自动挤奶机包含一些元件，这些元件不归 IndComp 公司所有，但是对于自动挤奶机的功能会产生关键影响。一个农民的体验是，当他的电脑崩溃时，一个服务技术人员在获得紧急呼叫后赶来。但他不能修复电脑，因为这个电脑不是 IndComp 自己的技术所有，他只能从紧急储备中拿了一个新的换掉它。稍晚时候，当事情归于平静，这个农民直接打电话给这个电脑公司。令人惊讶的是，这台电脑其实可以很简单便捷地被修复。在第二天，电脑被修好并且还给了农场。如果电脑公司和 IndComp 可以合作，将可以帮这个农民节约大约 1 000 欧元。

处理

处理的目的是让从工作坊中得出的结果有意义。这些故事对于客户公司的服务来说有什么实际意义？这是通过组织相关主题的故事，并以对客户公司可行的方式构成的洞察。结合和解释用户和公司的投入，从而产生了设计叙述，然后结合情景。这些将在本章稍后介绍。

在工作坊之后，设计师和业务开发人员开始研究从中汲取的经验。主要的问题包括正在进行的项目与被谈及的问题之间所涉及的部分、公司的服务策略，以及可能与之相关的新想法。三周后，第一次正式解读的会议在 Veryday 举行，会上只有设计师参与结构、分析以及讨论结果。他们使用在纸上捕获的情况，用在工作坊中记录下的情况进行说明。简短的记录让他们可以回忆起工作坊上农民们讲的整个故事。这是一个全天的会议，通过这些文件的提示，设计师安娜和维克多讲述并重写了他们所听到的内容，并且也重现了一些小场景来解释他们的意思。白板最初是用于记下有趣的方面。他们很快就转移到电脑上，创建了数字思维导图。在导图中的重点是关于机会和临时的主题。第二天，与瓦尔特（IndComp 的业务开发者）举行了会议，讨论了所见情况和未来机会的草案，思维导图起了主要作用。在草案报告的幻灯片上，Veryday 主张的重点包括更多地了解 IndComp 的服务愿景以及 IndComp 与该特定项目的潜在关系。他们还讨论了对于 IndComp 及其客户所看重的是什么价值，这些价值在哪里或者如何创造。因此，公司的宗旨和愿景与农民的经验、现实情况和期望相结合，作为构建设计叙事的依据。会后，设计师和瓦尔特分享了更多的见解。这个早期阶段研究的结果和见解是通过两种场景来呈现的。第一个场景是重现农民在今天的情况（2010），另一个场景是未来的情况（2015）。需要、问题、可能性以及每天的现实生活都融合进这些场景。

第 16 章 通过服务设计故事了解环境信息

结束

CTN 方法的最后一步叫作结束，是项目从其目前情况达成一个总结的时间，并且与利益相关方有总结及沟通。准备工作包括安排会议内容并邀请相关参与者。

被邀请来的人处于组织的不同部门，他们都是那些可以对项目的某些结果采取实际行动的人。共有来自 IndComp 的 8 名关键员工参加。除了服务部门经理和瓦尔特，参与者都是全国和北欧市场的经理，以及全球服务培训负责人。

Veryday 展示了两个情况，分别描述了当前和未来，从而揭示了这两种情况之间的差距以及 IndComp 的需求以向前推进它们的市场地位。这些情况包含了五个场景，每个场景都集中在工作室里讨论的某一个特定场合。这五个场景在两种情况下都是一样的设定。服务日的代表性场景在两种情况下的展示如下。

第一种情况是用积极的词语描述技术服务人员；然而，看起来他并没有真的给予支援以及拥有工具来做好工作。主要关注设备本身、更换备件等（见图 16.4）。

在 2015 年情景的相应场景中，许多已知的需求和问题通过提供新的服务来解决。农民预定了额外的清洗服务，技术服务人员打电话确定其拜访时间，服务协议和其他文件都可以在不同的地方看得到。因此，农民想要获得什么方式的服务才是重点，而不是 IndComp 今天能够提供什么方式的服务。

服务日
- 我的技术服务人员约翰开车来了。他了解我的农场，这感觉非常好。
- 他带了一堆额外的东西。他在上次的服务中没能全部完成。
- 约翰在液压方面非常出色，但奥利弗更了解数据。
- 这次又是冷却槽的问题。约翰尽力了，但是看起来还是有些什么问题。
- 约翰非常努力并且做了全部他可以做的事情。虽然他还是没法完成第一台设备。
- 我感谢约翰在开始服务前先帮我把奶取完。
- 嗨，约翰，今天是大问题还是小问题？我需要在 5 点前离开。

"嗨，约翰，今天是大问题还是小问题？我需要在5点前离开。"

图 16.4　服务日场景（2010）

这些情景，特别是2010年的情景，引起了参与者的大量讨论和参与。这些故事由设计师以重现的方式把农民的情况和经验转述给组织，敦促其采取行动。设计叙述有助于他们与农民共情，了解他们的观点。

16.5 总结和建议

本章介绍了在服务化中越来越多的意向和需求，以及企业在服务化中经历的三个基本步骤，并且强调了增加对客户的了解是开发的先决条件。此外，服务设计被认为符合整合客户视角的设计理念。我们通过案例，展示了"上下文贯穿"的叙述方法，以重视客户的生活、环境和需求。在以下部分，我们总结了该方法对服务化的贡献，并提供了一些关于如何实施CTN方法的实践建议。

总结：CTN对服务化的贡献

从服务需要从用户的角度来看，需要真正了解用户所需的服务，即客户的流程和环境。如以上应用了CTN的案例所示，叙述扩大了信息的范围。从工作坊中，客户公司了解到不能把自动挤奶机看作一个"独立岛"。它是系统的一部分，与其他供应商的组件和产品一起作用，让农民对自动挤奶机的体验产生影响。例如，那台坏掉了的计算机，农民认为其是自动挤奶机的一部分，因为它是用来控制自动挤奶机的。然而，IndComp对任何硬件故障不承担责任，甚至没有任何电脑配件的库存。这仅仅是如何获得信息的一个例子，后者可以转化为新的服务，所以供应商会对农民的系统负全责。

从信息的角度来看，描述可以捕捉到技术的使用程度，包括希望被实行的复杂产品及服务。设计叙述已经被证明是当需要引入更为先进的服务阶段时可以用来获得重要信息的一种富有成效的方法。

成功使用CTN的先决条件和建议

展示的CTN方法提出了一种通过利用描述来理解用户观点的办法。该方法由四个步骤组成，均位于服务设计过程的第一个菱形中：准备、行动、处理和结束。每一步将重点放在需要解决、谈判和参与的不同问题上。我们强烈建议在服务开发部门的客户代表或者负责客户职责的员工参加工作坊。他们的角色是直接听用户的故事，而不是捍卫公司。以下，我们提供用于安排工作坊的清单，以及分析和解读的步骤。

实施 CTN 方法的清单

在工作坊开始前：
- 邀请了解情况和经验丰富的参与者：用户和在服务开发部门的员工。
- 主题需涵盖整个用户体验和周围事件。
- 为初步讨论制定具有经历型的问题。
- 准备用于记录用户故事的文档模板。
- 准备用户日常生活中不同情况的图像，以触发讨论。

在工作坊进行中：
- 接受意见并集中注意力；目标是获得并且了解用户的故事。
- 在构建叙述景观时，让用户用自己的话来呈现和描述他们的情况。
- 在便笺纸上记录，然后在情境模板上添加小组中所选择的图像。
- 与参与者一起合作构建景观。
- 用照片记录整个景观。

分析与解读：
- 重新审视公司的愿景和策略，以确定使用叙述可以在哪里补充、加强和/或威胁现有的想法。
- 阅读并重述使用叙述，目的是记住原始故事的细微差别和方面，提出"这些真正的情况是什么？"的问题。
- 让公司代表参与公司愿景并促进实施。
- 根据不良、好和不好、利和弊来归类使用叙述。
- 确定有问题和良好的情况，以及可能的解决方案，允许在下一个检查点进行重述。
- 结合使用叙述和公司愿景。
- 创造设计"基于现在和潜在未来的叙述，识别场景之间的差距"。

如上所述，用户的故事（使用叙述）应在预先设定格式的纸张上记录下来；可以用包含关键字或相邻故事的便笺，添加可以让故事会说话的图像（见图 16.5）。该文件会被标记为"好"或"不好"，以描绘该经历的质量。

CTN 明确把重点放在终端消费者的情况和优先事项上。因此，使用这种方法的公司需要对新事物呈现开放态度，并具有心理准备要改变自己的观点。虽然在各种论坛上都会收集到故事，但在这种情况下，我们看到设计功能对将用户的故事解读和转化为可行知识至关重要。设计功能在制定情境和提出针对过往经历而不是产品功能的问题时也很重要。

例子

情景
主题领域：开票
标题：直接在文件夹中获取服务协议是很好的
文字说明：当随后发送邮件的时候，服务协议也许不能正确送达。
图片说明：

需要增加的图片

图 16.5　在特定情境中使用叙述来记录的例子

然而，如果企业的战略沿着服务化持续发展，通过服务创新从根本上改变客户的经历和过程，那么公司就需要开发内部设计能力。服务也将影响公司的战略；产品功能将不再是销售的焦点，而是为客户提供解决方案。与战略重组的联系让设计工作成为不能仅仅由外部顾问处理，而是应该由内部员工处理。这可以通过两种补充的方式进行：第一，通过内部学习设计方法和工具，建立内部服务设计的知识，促进具有不同功能的技能，例如使用 CTN 方法。第二，由于我们在上述情况下介绍了设计师的角色，所以我们确信专业设计知识在解读和阐述设计叙述中起着重要的作用。因此，我们还建议通过聘请专业服务设计师作为跨市场营销和研发职能的资源跨越式地发展内部设计能力。因此，用户的观点将在组织内战略性和专业性地整合。

CTN 方法是一种精心设计的方法，其目的是探索、揭示和阐述服务提供商在客户生活中实际的作用，是好或是坏。此外，该方法还包括用于进行设计和提出新产品的工具。

作者简介

卡塔琳娜·韦特尔·埃德曼（Katarina Wetter-Edman）博士是卡尔斯塔德大学设计系高级讲师，并拥有哥德堡大学设计与工艺学院 HDK 的工业设计艺术硕士学位。韦特尔·埃德博士在工业设计和设计管理方面有 10 年的实践经验。她的研究重点是阐述服务设计、设计服务、设计实践和用户参与设计的潜在贡献。她对公共部门服务设计的作用越来越感兴趣。

彼得·R.马格努森（Peter R. Magnusson）博士是瑞典卡尔斯塔德大学服务研究中心的副教授。他拥有查尔姆斯大学电气工程硕士学位和斯德哥尔摩经济学院博士学位。马格努森博士在计算机和电信行业的研究与开发方面拥有20年的实践经验，为爱立信和Telia Sonera等公司工作。他的研究重点是新产品/服务创新，专注于开放创新和用户参与。

他的研究已经获得了多项提名和奖励，并在主要的评审期刊上出版，包括《产品创新管理期刊》、《营销科学学报》、《服务研究与创意学报》、《创新管理学报》。

第 17 章

颠覆性新产品的优化设计

史蒂夫·霍夫勒　范德堡大学
米哈尔·赫曾斯坦　德拉瓦大学
塔马·金兹伯格　范德堡大学

17.0 简介

在本章，我们将为有兴趣设计和创造颠覆型新产品的新产品开发人士提供一些针对性的建议。颠覆型新产品就像一种机会，让我们可以做一些过去无法做到的事情，比如 3D 打印机、TiVo，以及最近的谷歌眼镜。不管是"设计"这个话题，还是颠覆型新产品，都是营销中相对较新的领域和话题，但是让设计发挥作用，创造出颠覆型新产品，我们需要改变目前使用的许多方法，才能实现这些创新产品的成功。

本章介绍了一系列流程，设计专业人士可以借助它们创建一个用于生成新想法的独立流程。我们一共介绍了六种方法，希望以此来提高企业设计出突破性产品的能力：

1. 公布挑战目标：颠覆型新产品。
2. 回望过去，放眼未来。
3. 在整个消费链中集中推广新兴技术。
4. 鼓励运用类比思维。
5. 为简单问题寻找全新的解决方法。
6. 通过众包吸引更多创意者。

表 17.1 通过例子介绍了如何把这些流程转化为行动。这些例子包括采用这些流程的企业和产品。

表 17.1 六种方法的实践过程

创新领域	实践方法	案　例
分享挑战目标 • 定期尝试，在传统的 NPD 流程中融入颠覆式设计 • 领导者必须营造一种"直面失败"的文化 • 避免开放和封闭式行为之间的矛盾影响开放式创新团队	**个人层面**：新产品开发团队成员应该把 $X\%$ 的时间用于开发个人兴趣所在的颠覆型创意 **组织层面**：组织应该把来自不同背景的员工组成团队。这个团队享有高度的自主权，并且可以不公开工作内容	谷歌公司允许员工每周抽出一天的时间开发自己感兴趣的任何项目 Lockheed Martin Skunk Works 允许员工自由发挥创意；谷歌 X-Lab 是一个半公开的机构，以研究先进技术为主要任务，比如自动驾驶汽车
转变时间框架 • 只需要那些在遥远的将来有发展前景的创意 • 避免想象局限，推倒思维围墙	设计团队需要思考的问题： • 构思一些在特定时期内"不可能"实现的创意（今天/1 年/5 年/10 年） • 构思那些你曾幻想过但是还没有被发明出来的东西	1961 年 5 月 25 日，肯尼迪总统宣布，美国会在接下来的 10 年内把一名人类送上月球
鼓励以新兴技术为重心 • 如何应用某一特定的新兴技术？ • 如何把两种新兴技术融合成一种新技术？	自主设计团队的头脑风暴活动：每个人提出一项技术供大家讨论；然后团队就此展开头脑风暴。这种技术融合有哪些用途？能够实现哪些成果？与我们的行业有联系吗？	通过技术融合为消费者带来新产品：把家用 3D 打印机（新技术）与即日达服务（新挑战）结合。亚马逊把设计文件通过电邮发送给客户，让客户在家中自行打印，从而实现即时送货
鼓励类比思维 • 把自己的行业和另一个较不相干的行业进行类比。确定了明显的相似之处后，想想还可以从哪些行业中寻找创意灵感	自主设计团队的头脑风暴活动：一半成员提出问题，另一半成员思考一些毫不相关却非常优秀的想法/产品。然后整个团队展开头脑风暴，寻找这两者之间的相似和相异之处	Sungard 是一家网络安全云计算公司。它们提出了一项创意：往云端传输数据就像躲过一场丧尸攻击。两种攻击者的目标都是"吃掉你的脑子"，而防御攻击的唯一方法就是提前做好准备
不要忽略简单问题 • 在你每天的工作中或行业流程中，有哪些问题或挑战？你能改善它们吗？	两步式练习： （1）请设计团队把他们每天遇到的问题/挑战列成清单。坚持记录一个月。（2）组织一次高度自由的团队会议	Coravin 实现了不打开酒瓶木塞也能倒出酒的创意。这个创意之所以能诞生，是因为发明者想在妻子怀孕期间照常享用美酒

续表

创新领域	实践方法	案　　例
通过众包吸引更多创意者 ● 人们需要什么？或者人们觉得自己需要什么？众包可以带来源源不断的创新	获得用户信息，邀请用户加入创意流程。利用现有的沟通技术和虚拟平台，吸引全球人士分享创意 ● 提供认可、奖励、雇用机会；或者邀请人们参与到创意过程中，为自己喜欢的品牌出谋划策	Quirky.com 请每个人提交一份产品创意（从涂鸦到化学公式，形式不限）。接下来，经常访问网站的人会对这些创意进行投票。最后，公司会围绕本周最佳创意展开设计和生产

17.1 公布挑战目标：颠覆型新产品

当企业尝试突破现有的新产品开发模式并推出完全新颖的设计时，高级管理层需要明确地把这些目标传达给内部新产品开发人员（对于内部任务）和所有外部创意者。这一步很重要。我们建议企业在传统的 NPD 定期进行颠覆式设计，而且还要突出其独特性以便获得特别的关注。为了推动这些行为，组织的高级管理层应该采取三个步骤。

第一，管理层必须营造一种文化，告诉员工失败是可以接受的，否则，开发团队会不太愿意承担大风险。经验表明，如果直接负责新产品开发团队的经理态度积极，并且能够包容问题和挑战，那么 NPD 团队的心理安全感会更高，在其工作中也愿意承担更多风险。如果企业文化允许犯错，NPD 团队就会拿出更多颠覆型想法和设计。企业对 NPD 团队的绩效评估也会影响他们的创意的颠覆程度。为了保证评估的有效性，绩效评估应该强调长期收益而不是短期收益，强调过程而不是结果。例如，无论成果好坏，团队是否从经验中有所收获。

第二，管理层可以把这一过程看作两个阶段，以此来帮助创新开发团队：第一阶段是开放行为，第二阶段是封闭行为。开放行为包括勇于冒险，从不同的领域汲取灵感，颠覆大胆。而封闭行为主要关注实践的可能性。挑战目标应该从颠覆和大胆的想法入手，晚一些再考虑实施的问题。企业在早期应该避免实施过程带来的紧张，但它在后期很有帮助，因为它可以推动创新者想出创造性的解决方案。

第三，管理层必须允许团队跳出组织的常规流程。换句话说，管理层应该允许开发团队自主工作，不受体系限制。这意味着开发团队应该获得更多资源渠道

(例如，增加团队成员、添加材料、采购新技术和设备并参加相关培训等)，更自由地报告开发进度。在传达了开发全新产品的挑战目标之后，企业应该采取以下步骤展开变革。

1. 制定新标准。首先，高级管理层应该制定和传达面向新产品挑战的新评估标准。因此，构思阶段的重点应该是独特性，而不是可行性。也许管理者很难接受这一点，因为他们经常是以具体的成果来进行评估的，因此，这个指令必须来自高级管理层。例如，当焦点是创造颠覆型的新产品创意时，就无须考虑（或减少重视）可行性（常见的一项新产品审查标准）。

2. 设置目标。企业应该为提出的颠覆式创意设定具体的目标数量。这些数字可以颠覆式创意所占的百分比和/或每个员工应该为构思颠覆式创意所花的时间百分比。

3. 有系统地进行创意审核。为了评估颠覆式创意的构思成果，公司可以请外部人员来评估这些创意的新颖性或创造性。企业应该坚持跟进评估过程并与NPD团队及团队成员分享。

4. 评估团队的有效性。开发新产品的团队应该具有自主能力。这一点需要不断进行确认，方能保证团队运作良好。有时，高级管理层应该询问团队（改编自Edmondson, 1999）：

a. 你的团队是否获得了完成工作和制订计划所需的所有信息？

b. 当你对问题束手无策时，你的团队是否能方便地获得专家的帮助？

c. 你的团队是否能够获得有用的工作培训？这样管理层才能确保开发团队的成果。

此外，管理层应该不断跟进，随时关注问题，避免情况变得过于复杂。

17.2 回望过去，放眼未来

要想把创意者从目前传统设计的限制中解放出来，方法之一就是要求他们想出几个到未来某个日期（未来5~10年）之前都不切实际的创意，用Google X Lab的话来说就是"科幻小说一样的创意"。这种未来式思维可以帮助人们在寻找设计创意时摆脱束缚。此外，这种超前式思维还可以消除人们自身对新想法的限制，让创意者踏上实现创意的道路。想象力受限，是导致创新者无法想出颠覆式创意的主要原因。所以，高层管理者应该想办法消除这种心理上的限制，允许创新团队提出各种天马行空的想法。从时间框架上来说，管理层在实施变革时应该采取以下步骤。

1. 明确未来时间框架。除了让 NPD 团队构思未来将要开发的产品，企业还应该针对特别的时间框架设定具体的挑战（比如，要想在 5 年、10 年、25 年等期限内开发出一款产品，需要解决哪些挑战）。这些挑战可以是技术类的，比如截肢者通过大脑控制假肢拿起小件物品；或者使用纳米发电纤维制作服装，这些服装就相当于灵便、可折叠、可穿戴的电源，人们在行走的过程中就可以发电，而且还能把电量收集/储存起来供以后使用。另一些挑战则是跟社会接受度或者法律有关，比如谷歌眼镜引起了社会对隐私和安全问题的关注，无人驾驶汽车带来了一系列法律问题。

2. 回望过去。为了寻找新技术诞生的灵感，一个有趣的方法就是回顾当前这些技术是怎样诞生的。人们总会把已有产品中蕴含的技术看成是理所当然的。但是，如果我们能看看这些技术背后的历史，找出最初开发这些技术的动机，也许就可以在这看似独特的开发过程中理出一些头绪。这里面有许多技术最初是为了某种行业开发的，最后却被用在了完全不相干的行业中。

3. 创建图片存档。如果想在日后回顾过往的变化，方法之一就是用直观的方式记录这些变化。这个想法可以帮助我们收集行业中所有竞争产品的形式，回到产品类别的介绍。我们在制作和整理这些图片的时候应该注意方法，方便日后随时查看产品的历史和发展历程。

17.3 在整个消费链中集中推广新兴技术

赋予产品独特性的一种方法是把开发过程与新兴技术相结合，并思考如何在焦点领域中使用这些新兴技术。另一种方法是将两种新兴技术混合在一起，然后把结果应用在特定领域（与公司的核心行业相关）。此外，我们还可以为所有可能对行业造成影响的新兴技术制作技术路线图，然后在创新设计过程中把几种新兴技术结合起来使用。

把精力集中到新技术上，其实就类似于蓝色海洋概念，也就是说，创新者创造出一个新的行业，而不是与当前的对手竞争。任天堂的 Wii 游戏机就是一个非常具有代表性的例子。这家公司并没有打算与索尼的 PlayStation 或微软的 Xbox 在分辨率和动画方面展开直接竞争。相反，任天堂开辟了一块新的竞争市场，将关注点转向主机游戏行业从未关注过的受众（妇女和老年人）。通过加强对新兴技术的关注，公司可以重新划分市场，以新颖取胜。与其在现有市场展开竞争，新产品开发人员可以借助打破常规的技术，在一个全新、未知的领域创造新需求。在设计过程中注重新兴技术，有助于推动创新。企业在运用新兴技术时应采取以下步骤。

　　1. 确定消费者消费链中的步骤。首先是确定与消费者消费链相关的步骤。然后，对于消费链中的每个步骤（见表 17.2），NPD 团队可以确定可能对消费者在不同阶段的决策产生影响的新兴技术。

　　战略性地考虑消费者在使用产品时经历的各步骤，开发团队就能利用非常规技术解决方案创造性地增强消费者体验中的每一个步骤。

　　2. 技术混搭。团队在上一步确定的新兴技术，将被作为新产品开发的焦点技术。接下来，团队应该把不同混搭方法造成的影响列出来，从中寻找新产品的创意灵感。我们可以拿当下比较热门的两件事来举个简单的例子：3D 打印机和即日达送货。如何把这两种事物结合起来创造一种颇具价值的颠覆型新产品？方法之一是对于简单的产品，设计师可以把文件发给客户，让客户在家中使用 3D 打印机进行打印，这也是一种即时送达。这个例子的精髓在于，它汇集了两种看似无关的产品/服务，然后创造出了一种具有开发潜力的产品。

表 17.2　消费者消费链中的步骤

人们如何意识到他们需要你的产品或服务？
人们如何发现你的产品或服务？
消费者如何制定最终购买决定？
人们如何订购你的产品或服务？
你的产品或服务如何送货？
客户收货后该怎么处理？
你的产品如何安装？
客户如何付款？
产品如何存放？
如何搬运产品？
消费者选择你的产品的真正目的是什么？
如何退换货？
如何进行维修或售后服务？
废弃或不再使用的产品该如何处理？

17.4 鼓励运用类比思维

设计团队应该从极其不同的行业的相似领域中找到处理一些相同抽象问题的想法。类比是企业获得创造性解决方案和复杂的创新任务时一项常见的重要技术。这个练习的目的是找出两者的相似之处，更重要的是，找出眼前的问题和类比的基础之间的差异，以便为那些看似毫不相关的问题找到解决方案。

Nest Learning Thermostat 的诞生故事就是类比思维的一个很好的例子。这支设计恒温器的团队想重新打造一款在过去 20 年里都没有改变过的东西。这个团队的负责人就是 iPod 的发明者。他的想法是，我们怎样能做出一个和 iPod 相似的恒温器？其实，拆开一个 Nest 看看的话，你会发现里面的构造和智能手机差不多——一块高功率处理器、内存、闪存、无线电和天线等部件。通过类比转移，这个团队成功地重新塑造了这款"不受关注却非常重要的家庭用品"。

除了类比思维，场景思维可以从心理上模拟尚未发生的消费和体验式使用场景。创意者可以借助潜在使用场景来确定消费者内心不确定性的具体类型，因为这些不确定性可能会影响新产品或服务的有用性。霍夫勒（2003）表示，消费者在预估全新产品的认知有用性时，内心会产生更大的不确定性。他把这些不确定性的来源划分为以下几类：① 利益不确定性——消费者对新产品或服务认知有用性的预估；② 学习成本不确定性——消费者需要做多少准备才能完全发挥新产品的作用；③ 符号（或情感）不确定性——应用颠覆式新产品时格式塔式（gestalt）的情感反应。

在思考这些不确定性的过程中，人们有可能找到一些存在着全新机遇的特定领域。激发新颖设计创意的途径包括画图、制作原型、情景再现等。此外，只要能够有策略地控制接触时间，避免出现设计定式，我们也可以通过向创意者展示视觉化案例，激发他们的灵感。在实践这一新兴技术时应，我们应采取以下步骤：

1. 识别关键的消费者不确定性。第一步是确定消费者对现有可用产品抱有的不确定性。这一步可以通过对照表 17.3 中不同类型的不确定性来完成。列出了相关的不确定性之后，开发团队就能更加专注于如何通过创新解决方案来改善消费者体验，降低不确定性。在以下三个小节中，我们会介绍几个如何消除不确定性的例子。开发团队可以从他人的经验和解决方案中进行学习。

表 17.3 消费者不确定性类型

预　　测	不确定内容	举　　例
预测获益	消费/使用不确定性	• 替代目前的行为/模式 • 获得新收益 • 不确定的消费限制
	性能不确定性	• 新性能（新增或改善） • 结合数种产品的功能
	网络外部不确定性	• 升级架构/技术（标准化） • 配套产品是否完善 • 性能升级
预测缺陷	成本转换不确定性	• 物质（重新制模） • 心理（威胁或完善现有技术）
	学习曲线不确定性	• 学习如何购买 • 如何使用（实际收益）
	价格变化不确定性	• 消费者购买后产品降价
预测社会影响	标志不确定性	• 消费者（我对这一创意有什么构想？） • 同行（同行们对这一创意有什么构想？）
	情感反应不确定性	• 积极或消极

2. 减少利益不确定性。当苹果公司在 2001 年推出第一款 iPod 时，它们面临了大量的消费者不确定性——消费者对产品本身、功能和使用一无所知。苹果公司在广告里说"把一千首歌装进口袋"和"你好，iPod；再见，硬盘"。但是消费者仍然抱有抵触情绪，销售状况十分不景气，直到苹果公司在 2003 年推出 iTunes 音乐商店服务（截至 2003 年 6 月 23 日，苹果公司共售出 100 万台 iPod；截至 2004 年 1 月 6 日，共售出 200 万台）。自从苹果推出 iTunes 以来，消费者可以从 iPod 中获得的价值显著增加，而他们对使用、功能和网络的不确定性也逐步减少。

3. 降低转换成本和学习曲线的不确定性。我们来看另一个例子。2007 年，美国铸币局宣布用硬币取代 1 美元纸币（因为纸币的寿命只有 18 个月，而硬币却耐用得多）。为了吸引人们使用新的 1 美元硬币，铸币局宣布将发行一系列印有往届总统头像的硬币。但是，随之而来的是消费者对转换成本和学习曲线的不确定性增加。因此，铸币局只能宣布继续使用一美元纸钞。几年后，美国铸币局停止铸造上述硬币。与这一事件形成鲜明对比的是加拿大皇家铸币局在 1987 年发行的一加元硬币和 1996 年发行的两加元硬币。目前，这两种硬币都在广泛使用中。

为什么会有这样的差异？这是因为加拿大铸币局在推出新硬币的同时，就停止了一加元和两加元在市场上的流通。虽然大多数公司都不能把消费者用过的产品或竞争对手产品从市场中全部赶走，但是它们可以通过经济手段鼓励消费者进行转换。

4. 减少社会接受不确定性。2001年，诺基亚推出了第一款用于手机的蓝牙耳机。这个例子展现了它们处理标志性不确定性的能力。消费者对蓝牙耳机的社会接受程度抱有怀疑——他们不想让别人看见自己戴着一个奇怪的设备在自言自语。随着越来越多的公司也开始生产这些耳机（如摩托罗拉、LG、三星），它们说服了许多国家修改法律，禁止司机在驾驶时使用手机。当消费者发现在接电话的时候也能解放双手之后，蓝牙耳机开始在世界各地普及起来。

17.5 为简单问题寻找全新的解决方法

很多时候，公司只会专注于解决"大"问题并绞尽脑汁寻找最新颖的设计。但是，我们也建议它们可以从常见的小问题入手，寻找突破型创意。这样做的目的是从日常的"小"问题出发，为这些简单问题寻找最新颖的设计。

怎样才能发现那些需要解决的日常问题？首先，公司可以扩大其创意团体，并邀请各个部门各抒己见。让客户和潜在客户参与到头脑风暴阶段，可以扩大创意库，激发灵感（我们会在下一部分介绍如何从"众包"中获得新创意）。通过仔细界定发现的各种问题及其核心，企业就能从设计思维过程中获得创新和前所未有的解决方案。

例如，Leonard Bosack和Richard Troiano在斯坦福大学的两个不同部门担任计算机管理员。他们希望他们的计算机能相互通信。于是，为了让不同网络中的计算机能够相互连接，这二人发明了世界上第一台路由器，并给他们的公司取名为Cisco。这个因简单问题而生的解决方案，却成就了世界上最大的计算公司之一。

17.6 通过众包吸引更多创意者

一直以来，公司为了源源不断地推出新产品，通常都会依靠内部的专业创新者来寻找和评估创意。最近，有些企业开始尝试从其他渠道寻找新创意。比如，通过外包渠道寻找创意并把收获的创意纳入创新过程。众包背后的理念是，公司可以找到分散的非专业人士（例如，消费者、员工）并加以利用。扩大创意者队伍包括以下步骤。

1. 寻找更加多元的创意者团队。在通过众包服务寻找设计创意的时候，需要注意的一点是众包团队的组成。Parjanen、Hennala 和 Konsti-Laakso（2012）对某个虚拟创意平台的使用情况进行了研究，并建议企业选用拥有多元化经验、专业知识和观点的人来提高成功概率。之所以要组建一支具备多样化知识和技能的创意团队，是为了避开能力陷阱，否则，企业收获的只有渐进式创意，很难获得颠覆式创意。例如，在 2005 年的 Nespresso 设计大赛中，参赛者的任务是构想未来的冲泡咖啡过程。主办方收到了来自世界各地的用户的创意，其中之一就是 Nespresso 芯片卡。这张卡存储着你泡咖啡的偏好。当你把卡片插入自动售货机时，机器会为你冲泡一杯个性化咖啡。这种公开竞赛并不是为了改进 Nespresso 的现有产品/服务，而是为了寻找全新的创意。

2. 众包团队与公司内部创业团队展开挑战。为了刺激众包团队发挥创造力，方法之一就是让他们意识到他们将和公司内部的创意团队展开比赛。这个方法会吸引旁观者加入"优胜劣汰"的比赛中。毕竟，谁不喜欢炫耀自己的创新能力和创意思维呢？此外，伴随创意而来的，还有可能是就业机会，甚至其他更好的机会。和开发团队一起创新，也是鼓励用户分享他们的创新技巧的强大动力。

3. 强调独特性。正如我们在第一种方法说明挑战目标中提到的，这样做是为了确保大家创造出最新颖的创意。对于那些能够推动公司发展的最佳创意，公司可以考虑给予其丰厚的奖励甚至分红。

图 17.1 总结了前面列举的六种关于改善产品开发过程的创意。

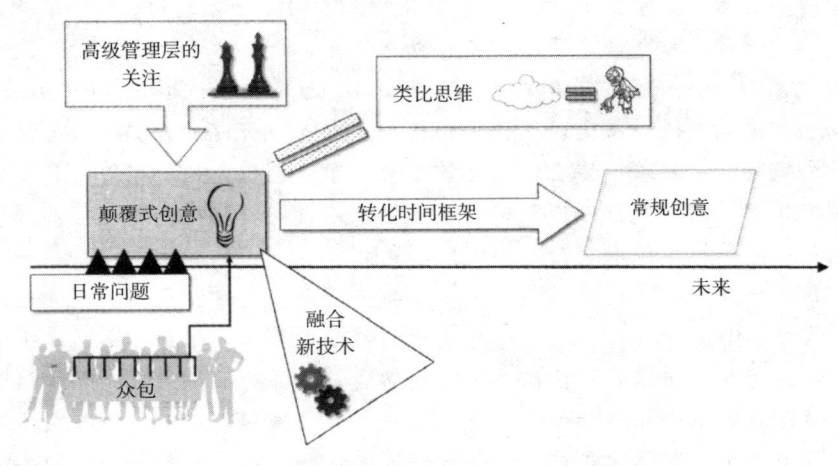

图 17.1　六种方法，带你找到颠覆型的新产品创意

17.7 总结

为了改善创新，有志于提高产品设计新颖性的产品开发从业者们首先应该了解改进现有产品设计和创造全新产品设计之间的独特差异。如图17.1所示，有效传达创新挑战，再加上阶段性焦点的转移，包括新兴技术、类比思维练习、关注日常问题和众包等，都可以有效地改善设计的新颖性。在这六个过程的帮助下，我们希望新产品设计团队可以在寻找突破性产品的道路上勇往直前，重新定义整个行业。

作者简介

史蒂夫·霍夫勒（Steve Hoeffler） 现任范德堡大学欧文研究生管理学院教授，曾为北卡罗来纳大学教堂山分校Kenan-Flagler商学院营销系助理教授。史蒂夫的研究领域包括多类别产品定位、颠覆型新产品营销，以及强大品牌的优势等。他曾在 Journal of Consumer Psychology、Journal of Product Innovation Management 及 Journal of Marketing Research 等刊物上发表过作品。此外，史蒂夫曾担任过NCR/AT&T 的市场营销职务，并为宝洁、IBM和富士通等企业提供过咨询服务。

米哈尔·赫曾斯坦（Michal Herzenstein） 是德拉瓦大学朗纳商业和经济学院市场营销学副教授。自2006年完成罗切斯特大学的博士学位后，米哈尔就成为了朗纳学院的一员。米哈尔的研究重点是消费者决策（特别是金融决策）、众包和亲社会行为等。她的论文曾发表在 Journal of Marketing Research、Journal of Consumer Psychology，以及 Organizational Behavior and Human Decision Processes 等多种出版物中。在攻读博士学习之前，米哈尔曾在以色列一家著名的咨询公司担任市场顾问，同时兼任以色列国防军中尉。她拥有特拉维夫大学经济学、统计学和运营研究学士学位以及营销学MBA学位。

塔马·金兹伯格（Tamar Ginzburg） 拥有范德堡大学欧文研究生管理学院的营销和战略MBA学位，以及特拉维夫大学经济学和阿拉伯语言文学学士学位。目前，塔马为纳什维尔歌剧执行委员会列席成员，并为歌剧院董事会提供服务。此外，她还是田纳西州纳什维尔阿齐瓦学校董事会成员、PTFA联合主席及学校招聘委员会委员。塔马曾在广告公司担任过咨询顾问和营销分析经理职务。在涉足投资银行业之前，她还在施乐公司担任过市场营销分析实习生。

第 18 章

商业模式设计

约翰·阿切蒂　Analogy partners LLC
托尼·辛阿亚　Analogy partners LLC

18.0 简介

2006年，亨利·伽斯柏在他的经典著作《开放式商业模式》（Open Business Models）的开头写下了这样一句话："人人都知道创新是企业的核心业务需求，但是却少有人知道要去追求商业模式的创新。"不过，随着商业模式创新越来越普遍，这件事也就不再是新闻了。现在人们关注的是可以用哪些方法来分析、设计和执行商业模式。因此，商业模式设计自然也就成为设计和设计思维中的一部分。

哪些人最关心商业模式设计？寻求更强竞争手段的管理者，需要发布新产品的产品经理，想要证明创新能够创造价值的研发经理，以及希望争取更多市场份额的营销经理。在这些人中，可能有不少都听说过商业模式这个词，但是据我们了解，很少有人了解自己的企业采用的商业模式或者运作原理。

虽然创新型商业模式越来越流行，但是还是有人不了解它的相关定义、作用，以及它在设计思维和战略中所扮演的角色。本章将围绕这些问题展开详细论述。我们会向大家展示如何借助商业模式设计来发现新机遇，改善竞争能力，推出全新业务，或者进一步扩大企业规模和市场份额。

18.1 什么是商业模式

商业模式一词首次出现于个人电脑的兴起及电子表格的发明，用于建立假设金融模式。这些模式让人们无须真正推出业务，就能了解企业的某项金融模式对众多变量的敏感程度。人们可以通过建立模型和模拟企业的财务运作来寻找答案和发现未知，而管理者也能从中获得企业发展的相关启示和动力。于是，人们意识到，既然企业的财务运作可以被模式化而且其有效性也得到了证实，那么企业的其他业务方面应该也可以被模式化。

2002 年，琼·玛格丽特在其具有开创意义的论文《论商业模式》中写道："商业建模会日益超出财务建模的范畴。"她认为，商业建模由两种元素构成：第一是逻辑故事（琼称之为"叙述"），第二是基于叙述建立的经济模型。逻辑故事的作用是交代客户背景和他们重视的内容，以及企业如何创造收益；而在此基础上建立的经济模型则取决于故事中提出的假设。最后，琼总结道，对于企业来说，这两种元素缺一不可。虽然这些理论仍有待进一步完善，但这是第一次有人提出商业建模的相关方法。

2008 年，马克·约翰逊、克雷·克莱斯坦森和亨宁·卡格曼共同创作了《商业模式再创新》（*Reinventing Your Business Model*）一书。在这本著作中，他们把商业模式定义为三种元素的综合体：价值主张、利润公式，以及关键资源和流程。他们证实了商业模式能为行业或领域创造巨大的新价值，并且总结出了评价商业模式的几项标准。这是人们第一次为商业模式设立评估标准并提供建模框架。此外，他们还颇具开创性地指出，商业模式设计的意义在于，它们具有引领市场变革甚至开辟新市场的巨大潜力。

不过，这些专家们并没有给出一个完善的框架让管理者和产品经理用来分析、设计和实施商业模式。图 18.1 展示了商业模式思维的演化过程——从理论到现在的商业模式设计思维。

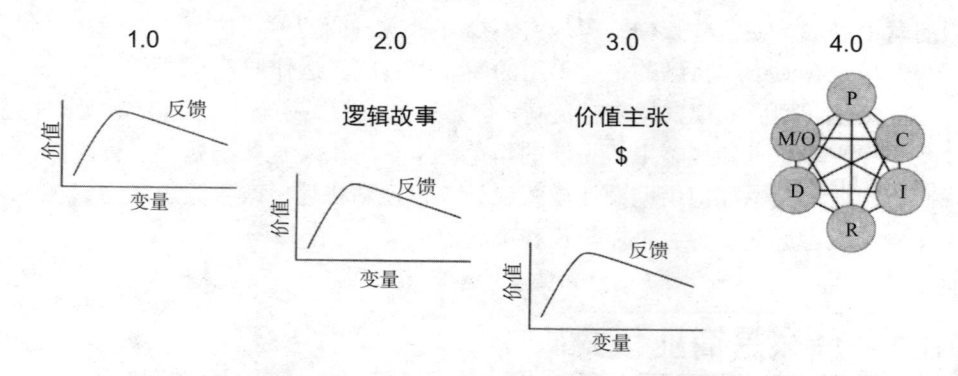

图 18.1 商业模式思维的演化过程——1.0 只是单纯的财务模型，2.0 新增了逻辑故事作为支持，3.0 融入了价值主张、资源和财务模型，而今天的 4.0 则涵盖了商业中 6 个互相关联的关键领域

但是，不管使用哪种框架，大家都要记住商业模式设计的指导原则——该模式必须在企业可接受的风险构成的前提下，尽可能地优化其为客户和组织带来的价值。所有的商业模式设计方法都应该严格遵循这一原则。这里有一个问题：这个简单的原则并不能回答以下 4 个有关商业模式的重要问题。所以，在接下来的内容里，我们会逐一回答这些问题：

1. 企业什么时候需要检查自己的商业模式？
2. 商业模式可以为我的企业带来哪些价值？
3. 如何设计商业模式？
4. 如何实施全新或者经过修改的商业模式？

18.2　企业什么时候需要检查自己的商业模式

根据我们的经验，企业管理者在遇到以下两个关键触发因素时，就会开始考虑商业模式设计：第一，企业正在主动或被动地经历危机；第二，企业打算扩展新业务或者推出新产品。我们可以把第一种情况称为"乌云情境"，把第二种情况称为"白云情境"。

在"乌云情境"中，管理者需要在变化莫测的环境和不断升级的客户需求中，发掘企业的可持续发展潜力。面对不断展开的未知画卷，有先见之明的管理者知道，亡羊补牢已经没什么用了。他们需要的是一份围绕企业现有商业模式的完整分析，这份分析会告诉他们企业的商业模式是否已经落伍，以及企业需要做出哪些调整才能满足今后的市场需求。"乌云情境"中的预言者们可以看到市场的变化和活动，成功案例包括 IBM、Netflix、HP 等，失败的案例则包括柯达、黑莓（Research-in-Motion）、Blockbuster 等。吉姆·柯林斯（2009）在 *How The Mighty Fall* 一书中非常贴切地概括了这种情况：

> 根据我个人的经历，企业的衰落过程就像疾病的不同时期一样：早期症状难以察觉，但是最有希望治愈；晚期症状很容易察觉，但是已病入膏肓。一个企业也有可能金玉其外，败絮其中，随时有可能陷入深渊。

在"白云情境"中，企业家们会用新技术、新产品、新工艺和新服务来迎接这个全新的世界。他们会在传统的商业模式中引入新元素，或者建立一个更有创新性、更有潜力的模式。有很多企业都采取了把创新和新商业模式相结合的手段，比如谷歌在广告模式中介绍了它的搜索引擎，Fresh Direct 在家具派送模式中引入了新鲜餐食的概念，Zip Car 在"随时随地租车"模式中采用了汽车刷卡技术，苹果在 iTunes 音乐销售模式中推出了 iPod 产品。

不管是"乌云"还是"白云"，管理者们总会在某个时刻意识到，改变已是大势所趋。与其花时间评估那些看起来"很美"的行动导向型战略计划，倒不如想想如何从商业模式分析中为战略计划寻找灵感。所以，当你遇到"乌云"或"白云"情境并且尚未展开战略规划前，就是检查现有商业模式的最佳时机。

根据我们的经验，企业最好在一开始就展开严格的自我评估，看看自身的商业模式能否招架住当今的竞争。方法之一就是完成"商业模型优势调查"（见 www.analogypartners.com/methodology.html）。这份调查可以帮助大家直观地评估自身与竞争对手之间的对比，帮你发现可能存在的薄弱点。

18.3 商业模式可以为我的企业带来哪些价值

迈克尔·波特（1985）在其经典著作《竞争优势》（Competitive Advantage）一书中指出，一个企业的潜力往往是与它的竞争对手挂钩的："竞争力决定了企业的成败。"他建议，商业模式的主要作用应该是通过向客户提供杰出的价值来建立企业的竞争优势。因此，商业模式设计必须包括"与竞争对手的比较"这部分内容。

竞争类型和竞争优势决定了如何改善你的商业模式。你的竞争对象是一家强大的企业还是客户的时间或关注（不管是隐性还是显性，竞争始终存在）。如果你的竞争对手实力较弱，缺乏发展潜力，或者创造的价值极其有限，但是市场又确实存在需求，那么你就可以比较容易地建立竞争商业模式。如果你的竞争对手是像苹果、星巴克或者耐克这样的大企业，那么你面临的挑战自然会大得多。知己知彼，百战百胜；而完善自身的商业模式，则可以帮助我们从更多方面来满足消费者的需求，为他们创造他们所重视的价值。

另外，迈克尔·波特还指出，企业的竞争优势包括成本优势及非成本差异化优势。当今一些专家表示，企业如果想在国际市场中立足，必须兼具这两种优势。商业模式设计可以帮助企业通过多种方式（甚至一些另辟蹊径的方式）来培养这些优势。例如，Target 的产品成本较低但品质卓越，而且客户的购物体验也很好，所以在成本和差异化优势方面赶超了沃尔玛；玉兰油与其他大品牌化妆品相比成本较低，因而选择了差异化定位。这两个品牌都选择了"大众精品"型的商业模式，即通过大众渠道销售优质产品。由于生产效率提高，丰田通过巧妙的产品设计和成本降低实现了差异化优势。对于消费者来说，这意味着他们可以用实惠的价格买到安全可靠的汽车。商业模式设计能够（并且应该能够）帮助企业获得成本和非成本差异化优势。

最后，人们普遍存在这样一个误解：商业模式设计很难给企业创造价值。诚然，有些变革确实难度大、风险高，但是在大多数情况下，切切实实的成果并不需要天翻地覆的变革才能实现。人们头脑中的想法有些能为企业创造可观价值，有些会给企业带来巨大风险，还有些想法虽然非常合理，但是企业却缺少相关的资源或方法。围绕这些想法展开有条不紊的行动，就是商业模式设计诞生的过程。因此，你应该从商业模式设计的过程中找到以下两个问题的答案：① "如何在众多想法中进行抉择"；② "哪些想法能够在可承受的失败风险前提下实现有效变革"。

18.4 如何设计商业模式

商业模式设计仍然是一门不断发展的学科，有许多可以采用的设计方法。但是，在选择相关方法的时候，我们应该从以下几个方面进行考虑：

1. 易于团队成员理解和操作。
2. 结合实际的竞争情况。
3. 培养企业在各业务领域的创新型低成本优势和差异化优势。
4. 推动创新想法转化成企业的战略和执行流程。

一般的商业模式设计方法都能满足前三个标准，但是，很少有方法能够做到第四点。有些方法使用了比较抽象的构建模块，比如价值主张、关键伙伴、关键活动等；这些内容虽然是商业模式讨论中的关键要素，但是却与企业的使命或责任关系不大，因此无法顺利执行。我们建议大家使用 "六管齐下" 法（见下文）来同时满足上面的四个标准。

"六管齐下" 法的框架涵盖了企业的六大基石或构建模块（见图 18.2）。这六者分别是产品（或服务）、客户、影响者、收益、渠道及生产或运营。此外，这个框架适用于所有组织，比如营利和非营利组织、大型集团或者创业企业。

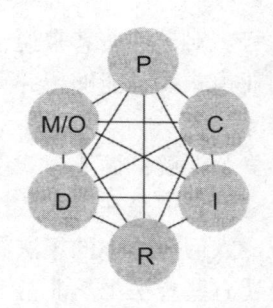

图 18.2　六管齐下商业模式框架

注：P=产品/服务，C=客户，I=影响者，R=收益，D=经销渠道，M/O=生产或运营。

首先，我们需要了解每一块基石所代表的内容。下面我们将一一介绍。

产品/服务指的是组织提供的有形产品或服务，以及组织为了开发和保护产品所采取的方法。此外，它还包括所有构成产品或服务独特性的辅助内容，包括包装、配件、培训或教育、免费服务支持，或者防御性资产，比如知识产权（如专利、商标、商业秘密、版权等）。如果你提供的是服务，那么你的产品指的就是客户体验、客户服务、服务表现，或者服务环境等。

客户指的是最终用户或决策者。他们可能是直接购买洗发水的人，也可能是为终端客户挑选和购买产品的中介，比如为病人挑选植入式起搏器的医生。这一部分受市场营销的影响较大，因此，组织需要考虑自己的产品在功能（实质性的功效）、体验（情感因素）和符号化意义（精神和自我实现）等方面是否能吸引消费者做出购买决定。

影响者是指产品生态体系内能够影响消费者对产品的感知、试用、购买或忠诚度的角色。这一角色可以是个人、媒体、协会、购买机构、关键意见领袖、知名专家，或者马尔科姆·格拉德韦尔在其著作《引爆点》(*The Tipping Point*)中提到的"先行者"。影响者可以帮助客户挑选产品，或者帮助他们在购买产品或服务之后从中获得最大化的利益。

收益是指企业获得收益和利润的方法。即使在"免费"商业模式中（免费赠送产品），也必须包含一些收益方式让企业得以经营下去（比如赞助商出资宣传）。

经销渠道是指产品传递到最终消费者手中的过程，分为三种：第一种需要消费者亲自前往某个地点（实体店）；第二种是通过邮件、网络、无人机或上门服务向消费者提供产品；第三种是虚拟渠道（电视及在线销售）。此外，为了积累更多竞争优势，企业还必须为消费者提供丰富的选择和卓越的购物体验。

生产或运营是指组织生产产品或服务的方法。这个方法可以是有形的过程（比如制造滚珠轴承、汽车发动机或者电动牙刷的过程)、无形的过程(比如软件开发)甚至一种体验(比如迪士尼乐园、百老汇戏剧或者维京游轮)。

这六种基石是商业模式设计的基本元素,但是除了这些,还有许多其他元素。从图 18.2 中可以看到,这六种基石是互相联系的。这种联系有着非常重要的意义。在这千丝万缕的联系之间,每一条线都有其独特的意义和重要作用。例如,如果产品是由客户来定义或设计的,那么产品和消费者两个基石之间的联系绝对与批量生产的产品展示的情况不同。Threadless Tee Shirt 公司就是一个很好的例子。这家公司主要生产由消费者自主设计的 T 恤。在这种情况下,产品技术和消费者基石之间的联系就成了商业模式中一个关键的差异化元素。由于篇幅有限,我们就不在这里详述这些联系间的细微差异了。之所以要向大家提及这一点,是为了说明这个框架涵盖的内容远远超出了六种基石的范围。

18.5 商业模式设计流程

有了一个框架之后,接下来我们就要了解如何利用这个框架来设计商业模式。这个过程可以帮助你的团队发现所有能让你们在竞争中胜出的方案,并且选择出最佳方案纳入企业战略。商业模式设计流程分为 6 个步骤。

1. 确定竞争对手的商业模式。 由于这是一个相互比较的过程,所以我们有必要先确定对手的商业模式。我们可以利用基石模式来评估对手的优劣势。为了保证评估的一致性,我们在进行比较分析的时候要从消费者的立场出发,即消费者是如何评价他们从各基石中获得的价值的。如果消费者认为某个行业中最优秀的公司仍然需要改进,那就说明这个公司还不算行业最佳。在有些市场中,"影响者"或者推荐者对企业竞争优势的看法也非常重要。比如,医生影响着病人会选用哪款起搏器(虽然病人才是真正的消费者)。

我们建议大家先给竞争对手的六种基石配上不同的颜色。比如,用绿色突出显示竞争对手在消费者眼中属于业界翘楚的基石,用红色表示表现欠佳的基石,用黄色表示其他基石。

2. 确定自己的商业模式。 这一点要通过公正客观地评价竞争对手来实现。在推出新业务之前,这样做可以让你大概了解消费者会如何对待竞争双方的产品。在这里,大家也可以用之前在竞争力分析中使用过的色彩法:用绿色显示消费者认为你有望赶上或超过行业翘楚的业务;用红色显示你的弱势,用黄色表示其他。图 18.3 就是一个商业模式的例子。

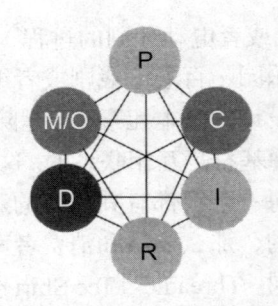

设计思维：PDMA 新产品开发精髓及实践

图 18.3　商业模式自我评估

注：M/O（生产/运营）和 C（品牌推广）是优势，D（经销渠道）是劣势。

3. 确定需要改善的基石。 现在，把你的商业模式和竞争对手的进行比较。表 18.1 可以帮助你更形象地了解这一对比结果。在这个例子中，1 号竞争者的产品本身不如你们的产品，但是却能比你们更好地利用影响者在市场中的作用，所以他们获得的利润较高。接着是 2 号竞争者，他们的产品颇具优势，但是在客户和影响者方面却表现欠佳，所以他们的利润并不高。很明显，1 号竞争者应该成为你的竞争战略中的焦点，而你应该想办法通过竞争争取到更多的市场份额及增长。

表 18.1　把你的商业模式评估结果和两个最主要的竞争对手进行比较

	自我评估	1 号竞争者	2 号竞争者
产　　品			
开　　户			
影 响 者			
利　　润			
渠　　道			
生产/运营			

4. 开发一套完整的价值加速器（Value-Accelerator™）。 从创新角度出发，改善评估中暴露出来的劣势。所谓的价值加速器，其实就是指能够给企业创造价值或者帮助企业从市场中汲取价值的创意（我们会交替使用这两种称呼）。它们可以帮助你赶上甚至超越竞争对手。

这一步需要管理者、关键意见领袖和客户的高度投入和参与。此外，我们也可以借助工具和方法进行自主开发，目前有许多专业的创新加速器可以推动企业的创新流程。也许你会觉得某些想法看起来远远超出了你的能力和资源范围，但是你总要给它们一个机会。商业大师拉姆·查兰在《所有行业都是成长型行业》

《Every Business is a Growth Business》）一书的序言中写道：

> 成长型思维来源于对世界需求的无止境的好奇。这种人不会局限在已有产品和现有市场的框架内，他们会不断地探索新机遇，希望能突破这并不存在的边界。用一句大家常说的话来概括，就是要"打开思维"——通过寻找和接触改变带来的需求，从而扩大你的业务活动领域。

我们再回头看表18.1的例子。表中这家公司应该着重改善自己与竞争对手相比较弱的领域，利用价值加速器来改善自己在影响者和渠道两方面的表现。

为什么我们在强化优势的同时，还要完善劣势？如果你的企业在某些基石上的得分和竞争对手不相上下，那么这意味着两件事：① 如果你选择强化优势，客户可能并不觉得这种强化的意义何在；② 在客户看来，你和对手此时已经势均力敌，所以继续强化并不会提升你的企业在客户心里的地位。你能让星巴克里评价最高的咖啡变得更好喝吗？假设你和竞争对手的咖啡一样好喝，如果你选择改良口味的话，会对消费者造成足够的差异化影响吗？如果你投入了大量的精力和资源用以改善已经足够强大的优势，你只能获得非常有限的回报，而且更糟的是，你占用了本可以用来改善竞争劣势的资源。如果这两种情况都没发生，那你就需要考虑是不是自己已经落后于竞争对手了。

5. 根据效果对价值加速器进行优先排序。此时，对于如何完善自己的商业模式，你应该已经有了许多想法。在这些想法中，有的可能会给你的企业带来深远影响，有的可能只会带来短期或者暂时的改善。为了选出最好的想法，我们建议大家根据以下两个标准对它们进行评估和比较：一是它们能为企业创造的价值；二是它们的风险水平。毫无疑问，那些高价值、低风险的想法，必然要优于那些低价值、高风险的想法。为了便于理解，我们建议大家使用记分卡来来评估每一种想法。记分卡主要分为"价值"和"风险"两项，每一项下面又有次级标准进一步说明各个想法的特点。例如，"价值"项下的次级标准可能包括：预期的渐进式利润是否足够，是否符合企业的整体战略，能否有效地杜绝模仿等。"风险"项下的次级标准则包括：所需投资水平，是否具备内部资源，以及管理层是否愿意接受风险等。

表18.2就是这类记分卡中的一种。在这里，我们按照1~10的范围进行评分，10分代表着想法的价值最高，风险最低。

表 18.2　价值加速器评估记分卡

价值加速器	商业价值					商业风险			
	利润潜力	可持续优势	战略匹配度	防御性	价值总计	资源投资	具备技能经验	执行信心	能够化解风险	风险总计
产品价值加速器	10	8	8	8	**34**	3	8	8	3	**22**
消费者价值加速器	9	4	6	2	**21**	9	9	6	7	**31**
影响者价值加速器	7	7	4	4	**22**	7	7	4	4	**22**
利润价值加速器	4	9	6	2	**21**	1	3	3	1	**8**
渠道价值加速器	8	7	1	4	**20**	8	7	7	4	**26**
运营价值加速器	9	9	7	9	**34**	6	6	7	3	**22**
7 号价值加速器	3	7	3	3	**16**	3	7	1	1	**12**
8 号价值加速器	6	2	5	7	**20**	6	2	7	3	**18**
9 号价值加速器	8	7	3	7	**25**	3	7	9	7	**26**
10 号价值加速器	2	8	9	2	**21**	1	8	9	3	**21**
11 号价值加速器	8	6	4	4	**22**	8	6	1	4	**19**

这个记分卡会把各次级标准的得分进行汇总，得出每个想法的价值总分和风险总分。例如，你在价值一栏下有四个次级标准，那就需要把这四个分数相加得出"价值"项的总分。然后用同样的方法算出"风险"项的总分。我们可以画一个简单的图，以便更直观地对比各个想法。每个想法都对应两个坐标点：价值总分和风险总分。根据这些分数，你可以得到一个 2×2 的坐标图（见图 18.4）。

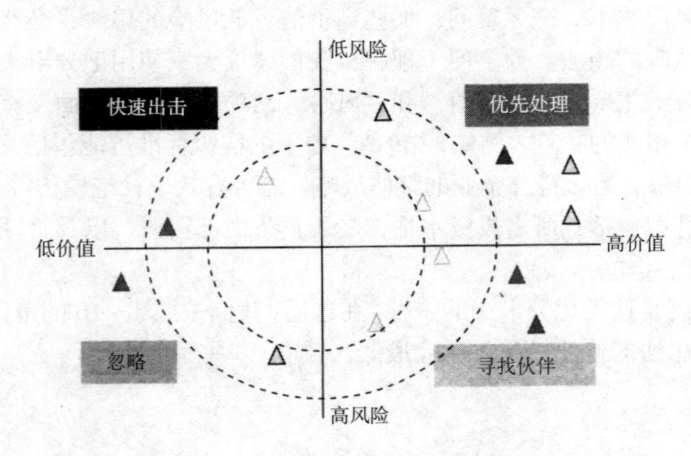

图 18.4　价值和风险坐标图

这个坐标轴可以帮我们把想法分成四类：右上象限的为"优先处理"，因为它们的潜力最大，而且易于执行；右下象限的为"寻找伙伴"，因为这些想法虽然重要，但是执行难度较大，因此需要寻找合作伙伴才有把握成功；左上象限为"快速出击"，因为这些想法虽然执行起来很方便，但是也很容易被人模仿，所以要谨慎选择；左下象限为忽略，意思是忽略那些难度高、价值低的想法。

此时，你已经对这些想法在各基石方面的表现有了全面的了解，这些想法可以帮你建立或者完善自身的商业模式。这些想法经过了大家的审核、评分。接下来，你需要设立一个标准，挑选出那些有待实践的想法。这一步在很大程度上取决于能够用于实践和推广这些想法的资源和时间。

6. **在业务战略中应用最有效的价值加速器**。这是最关键的一步，只要能把这些价值加速器应用到实践中，你就能在竞争中大幅领先。我们建议大家在战略流程中借助价值加速器坐标图（见图18.4），这样大家就能根据自身的需求和可用资源尽量多地选出合适的加速器。如果你想在短期内实现收入增加，你可以参考"快速出击"象限中具有最高业务价值的想法。高价值、高难度的想法一般都属于"寻找伙伴"象限。对于"优先处理"象限中的想法，你应该集中大部分的资源进行处理。想法离坐标系中心越远，就会给你的业务带来越大的变革影响。如果你觉得很多想法都颇具吸引力，而眼前的资源却优先，那么你可以制作一份价值加速器路线图，规划好今后如何处理这些加速器。

表18.3总结了商业模式设计的六个步骤。

表18.3　六基石框架下的商业模式设计流程

商业模式设计的六个步骤

1. 确定竞争对手的商业模式	根据六基石框架确定竞争对手的相对优势
2. 确定自己的商业模式	根据六基石框架确定自身的优势，或者对于某项新业务的感知优势
3. 确定需要改善的基石	如果你发现自身在某项基石上缺少优势或差异化优势，那么请思考你可以利用哪些价值加速器来改善这些相对情况
4. 围绕每一种基石开发一套完整的方案或价值加速器	尽可能多地寻找想法或价值加速器，以强化基石或联系
5. 根据效果对价值加速器进行优先排序	使用记分卡对价值加速器进行优先排序，选出那些对业务最重要的想法；了解哪些想法需要独立实践，哪些需要寻找合作伙伴
6. 在业务战略中应用最有效的价值加速器	选出你需要的价值加速器并把它们融入你的业务规划中

18.6 如何实施全新或者经过修改的商业模式

Strategy & 公司（原名 Booz and Company）曾于2014年发布过一份战略执行调查。调查显示，55%的受访企业领导都认为他们的企业没能有效执行企业战略。这些领导最关切的三个问题是：企业战略不够大胆、企业战略缺少连贯性，以及企业战略不够明确。另外，他们还会担心企业上下不能同心协力地执行战略，以及战略执行过程中可能出现的各种冲突。商业模式设计可以帮助管理者解决这些问题，同时最大限度地简化和改善企业制定战略的过程。

一个企业的战略计划必须明确说明企业打算如何实施它的商业模式。在商业模式设计的辅助下，企业就能量化其中的关键挑战和目标，完成有关利益的内部讨论，同时用计分结果和优先排序来争取管理层的认可。有了一整套明确的价值加速器，战略规划就会容易得多。即使存在异议也不会有多严重，可能只限于时机、资源等关键问题。最重要的是，商业模式设计可以实现以下目标：

大胆革新。商业模式设计最吸引人的地方之一就是可以帮助企业发现弱点，生成突破性创意——价值加速器。但是，仅仅是产品或品牌创意，并不能为企业构建足够的竞争优势；这些优势来源于坚持不懈地开发围绕各基石的优秀创意，而这些创意从整体上来说更具突破性，也更有效。

职能匹配。商业模式六基石框架的关键优点之一，同时也是其他模式的缺陷之一，就是它在成果和企业管理者之间建立了牢固的纽带。每一项基石都与特定的管理职位完美匹配，从而促进最适合的价值加速器发挥作用。大多数企业都明白：

- 研发部门的职责是产品。
- 销售部门需要负责客户、影响者及渠道。
- 财务部门需要负责利润。
- 生产或运营部门需要负责业务的实施。

清晰明了。有些商业模式框架采用了比较抽象的模块构成，比如价值主张、关键合作伙伴、关键活动等。这些模块虽然对商业模式的设计过程很重要，但是却和组织的职能划分联系不大。随着六基石的故事叙述逐渐渗透到组织中，关键的目标和职责也会逐渐清晰。

观点一致。要想完成业务战略计划，管理层必须齐心协力，明确自己的角色和职责。前文介绍的记分卡就是用来评估这一点的完美机制。如果管理者们的评分都比较一致，那就说明组织很清楚选择某种价值加速器的目的和原因。如果评分差异较大，则说明大家对创意想法的价值或风险还没有理解透彻。这时，他们就需要通过进一步的讨论、交流和数据来解决这个问题。

18.7　总结

商业模式设计是显著提升产品/服务和企业竞争优势的首要和最重要的方法；企业必须将其和产品/服务的设计思维进行整合。此外，六基石法还可以帮助组织统一思想，为大家的讨论和交流提供一个通用的框架，推动大胆创新，实施战略占据市场优势。这个框架简单易懂，同时又可以用于更复杂的思维。它可以推动人们交流想法，让沟通变得更简单，并且有效减少误解。这种框架立足于当前的竞争环境，然后推动企业进行创新。当企业把商业模式设计纳入常规流程之后，所有的设计思维就能进行有效的实施和贯彻。最后，企业需要详细记录这些想法、评分和建议，并且明确实施过程中的责任划分。

从创业公司到财富 100 强企业，从盈利企业到非营利组织，从 B2C 企业到 B2B 企业，这一框架曾被许多管理团队采用过。我们认为，商业模式设计最有用的一点就是它能够促进团队团结，统一理念，鼓励自由的创意思维。

关于创办成长型企业这一点，拉姆·查兰在《所有行业都是成长型行业》一书中给出了最好的总结：

> "要想实现企业的盈利增长，并不是通过某一种方法就能实现的；我们不能只靠空想，也不能一蹴而就。这个过程并不容易。企业的领导者需要以身作则进行变革，同时也要对企业的成长有着清晰的看法，然后向员工传达这种看法。"

作者简介

约翰·阿切蒂（John Aceti）身兼技术人员、发明家、企业主管、创业者等多种职位。他曾在美国国内三家实验室供职 30 年。在这些年里，他的主要工作是把新技术转化为可以盈利的创新型产品，这些产品涉及的领域包括制药、医疗设备、消费者健康及消费者市场等。另外，他还是三家医疗设备公司的创办人和发明人。

这三种设备分别涉及听力、糖尿病及健康监控市场。约翰本人拥有30项美国专利。目前，他主要致力于推动设计思维团队开发出全新的创新型产品及商业战略，以及帮助他们从早期投资中获益。

托尼·辛阿亚（Tony Singarayar）是一位商业模式建筑师，负责为企业高层提供专业建议，帮助他们改善企业的竞争优势、收益和利润增长。之所以选择这一职业，主要是受以往经历的影响：他曾在强生公司任职20年，担任过商业模式创新、新类别及产品、研发、业务发展/L＆A、供应链、企业社会责任、新兴市场、财务、营销及信息技术等多个部门的职务；在某次面向700家企业进行的独立研究中，他建立的团队成功位列全球内部咨询团队15强；他创办了Analogy战略咨询公司，期望通过运用专利数据库（包含了数百种商业模式）来帮助企业实现收入和利润增长。另外，他还是斯里兰卡一家有着44年历史和400名员工的技术公司的董事总经理。

第 19 章

大型企业使用以人为核心的设计思维进行的精益创业：实现转型创新和破坏性创新的全新方法

彼得·科恩　史蒂文斯理工学院

19.0 简介

突破性创新往往要求企业超越技术本身，通过反复或详细调查的方法来重新思考其商业模式及学习方法，这代表了设计思维的关键原则。康宁的光纤程序、通用电气的计算机轴向断层扫描、摩托罗拉手机以及 Searle 的 NutraSweet（Lynn，Morone 和 Paulson，1996）都创造了全新的市场，并取得成功。在这些案例中的技术创新伴随着一种新的商业模式，因为这些新产品需要的运营能力、供应商和客户渠道与公司现有产品不同。

然而，大型企业特别倾向于利用现有的商业模式，在开发新的商业模式时往往会面临很大的困难。例如，索尼开发了随身听音乐播放器，为移动音乐设备建立了市场。但是，苹果公司在一个新的商业模式中展现了移动音频空间，其中包括一个新的传递渠道—— iTunes。主导摄影市场的柯达未能支持数码摄影所需的业务模式，最终其市场被佳能和尼康等公司占有。

精益创业流程与其反复学习周期特别适合需要反复的过程和新业务模式的突破性创新。维持创新代表了大型公司的大部分产品开发活动，不需要精益创业流程，因为客户需求很好被理解，公司能够利用其当前的商业模式进行开发。大多数大公司都有一个完善的过程和一个正式的阶段-关口的过程，包括一系列连续的活动（阶段）和决策点（关口）。由精益创业过程所接受的反复过程可能会与有顺序性的阶段-关口过程有冲突。

精益创业过程开始在企业中使用，例如 GE 和 Intuit。该方法具有与探索和学习流程以及设计思维相一致的一些独特功能，但其最重要的贡献在于专注于商业模式。这是初创企业的起源，需要创造一个新的商业模式。相比之下，企业对于它们的可持续业务已经有了商业模式，但可持续业务模式可能不适合突破性创新。因此，精益创业流程提供了在开发业务模式时所需的重点。

本章的目的是介绍精益创业流程，将其与以人为本设计的关键概念相结合，展示如何用于突破性创新的开发。本章分为五个部分。在第一部分，讨论了精益创业的方法和原理。第二部分把突破性创新在可持续发展、转型及破坏型创新的背景下进行定义。第三部分对商业模式进行了定义，并展示了精益创业的方法是如何使业务模式成为关键结果的。第四部分通过以人为本的设计原则讨论了精益创业的方法，并评估了在不同商业模式平台上的属性。第五部分介绍了企业实施精益创业方法的经验教训。

19.1 精益创业

精益创业流程

图 19.1 中所示的精益创业流程包含四个部分。Blank 在他的模型中描述了三个部分：商业模式、客户开发和敏捷式开发。而第四个元素是最小可行原型（Minimum Viable Prototype，MVP）[①]，因为它是精益创业团队验证其假设的主要实验工具。该过程涉及客户开发、MVP 和业务模式变化的连续重复，直到出现可扩展的可重复业务模型。精益创业方法的价值在于其严谨的商业模式平台，是流程的主要融合点。

[①] 精益创业将 MVP 定义为"最小可行产品"。但作者更喜欢将其定义为"最小可行的原型"，因为"产品"一词意味着可以出售的东西。相比之下，原型只包含了从客户获得响应所必需的功能集，通常不是一个完整的、可销售的产品。

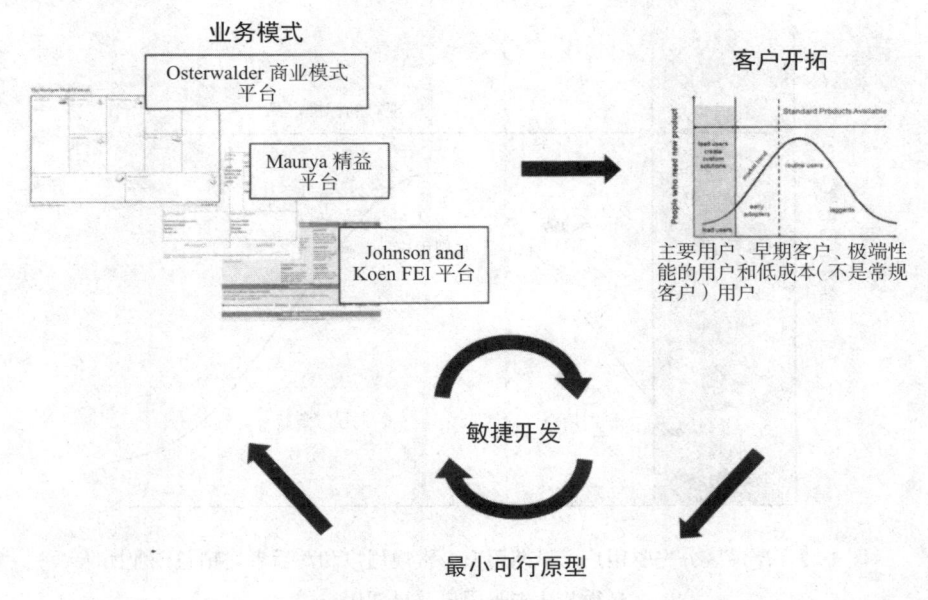

第 19 章　大型企业使用以人为核心的设计思维进行的精益创业：实现转型创新和破坏性创新的全新方法

图 19.1　精益创业方法的四个要素

在客户开发阶段，团队通过客户在他们所在的环境下的行为研究验证业务模式。拜访客户是精益创业方法和以人为本的设计的中心主题。初创企业经常犯的错误是去拜访"常规用户"（见图 19.2）。这些客户常常满足于目前的解决方案和产品，因而提供的见解很有限。对目前解决方案不满意的先驱用户或早期用户则更可能提供具有洞察力的信息以供研究。先驱用户（von Hippel，1986）和早期用户与其他客户不同，因为他们处于新兴产品或流程需求的前沿，并且很可能去找原始的解决方案以满足自己的需求。例如，开发新型农田灌溉系统的团队如果在干旱地区的农民，或者在灌溉成本高的农民身上花费时间，会比在足够的负担得起现有的灌溉解决方案的农民身上效果好。

精益创业方法的第三部分是开发 MVP。通常会混淆到底是什么构成 MVP。当第一次遇到这个概念时，大多数人会认为 MVP 实际上是一个最少功能的最终产品。然而，事实并非如此。相反，MVP 包含了早期客户对其进行反馈所需的最小功能集，即公司的长期愿景。取决于开发阶段和原型需要带来的信息，MVP 可能有多种形式。例如，图 19.3（a）所示的 MVP 仅仅显示了一种新的鼻腔清洁器的基本设计特征；而最终版本如图 19.3（b）所示。

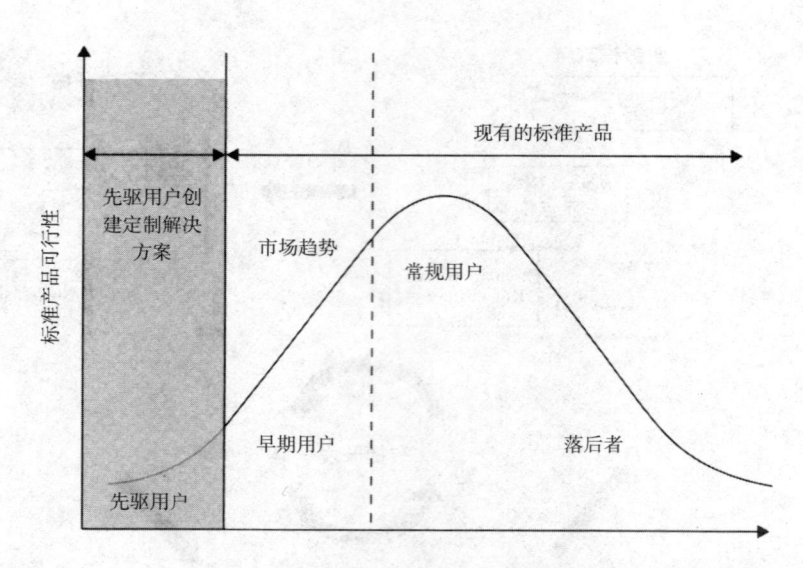

图 19.2 严谨区分先驱用户、早期用户、常规用户和落后者。精益创业团队必须关注先驱用户及早期用户

图 19.3 MVP 的例子

注：（a）一个非常简单的原型，用于展示给外科医生，以获得快速、坦率的反馈所需的最小特征的外观和设计。（b）Diego Gyrus ENT debrider 最终产品图片。

Blank（2013b）提供了一个具有说明性的例子，表达了需要将 MVP 集中在客户的需求上。一家位于加利福尼亚州的初创公司计划开发一系列无人驾驶飞机，这些飞机可以携带高光谱成像的摄像机，拍摄的结果可以告诉农民，他们的土地需要更多的肥料或是水。该团队将 MVP 设想为装备有高光谱相机的无人机。他们的商业模式是用高光谱成像相机来打造无人机。但农民真的不在乎是如何收集数据的，他们只是想要数据而已。该团队混淆了 MVP，试图将其预想产品的早期工作原型开发成具有高光谱相机的无人机。事实上，农民并不关心数据是用无人机还是用飞机收集的，对于这类客户来说，只是要数据而已。最后，该团队租用了一台高光谱摄像机以及一架单引擎飞机，飞过田间地头以收集数据，然后向目标市场的农民展示。

精益创业过程的最终组成部分是开发和测试 MVP 的重复循环，可以将其描述为敏捷式开发或构建评估学习反馈的循环（Reis，2011）。该流程的关键指标是，团队通过该流程循环的速度，用于开发连续的 MVP。

19.2 转型和颠覆性创新：确认应该使用精益创业流程的领域

为了了解精益创业方法在企业中可以最有效地实施的地方，重点是要开发一个共同的框架和类型。并非所有的颠覆创新都可以从精益创业方式中受益。例如，英特尔的双核处理器在降低功耗的同时，性能提高了一倍。这是一个颠覆的创新，但它不需要一个新的商业模式，英特尔可以利用其目前的商业模式。因为该产品使用的是公司现有的渠道，销售给现有的客户。为高风险项目设计的技术项目管理工具，例如阶段-关口的科技（Ajamian & Koen，2002），更适合这些创新的管理。相比之下，英特尔可能已经发现，精益创业的方法在它们尝试进入手机市场并失败的情况下是非常有价值的。它们使用了现有技术构建的芯片，但通过新的渠道，基于新的价值主张，向新的客户出售。

在大型企业里，现有的商业模式之外的创新一直是很大的难题。贝纳公司在对 154 家公司进行的一项研究中发现，当大型公司试图从其核心产品中以两步的形式开发产品时，其中一个步骤是商业模式的变化，而成功的概率降低了 10%（Edwards，2012）。

造成大企业这些问题的重点在于，创新进入一个新的价值网络。创新空间图通常具有两个维度，即把市场的新颖性和技术作为两个关键轴。Christensen 和 Raynor（2003）以及 Koen、Bertels 和 Elsum（2011）提出了一个比传统市场维度更广泛的价值网络维度，以捕捉企业与上游渠道（供应商）和下游渠道（分销商和客户）建立的独特关系。

Koen 等人（2011）提出了一种三维的创新类别，得以捕捉价值网络、技术新颖性和最低资本回报率。图 19.4（a）显示了该模型的价值网络和技术维度。在技术层面上，划分了增量、架构和颠覆的创新。增量创新涉及在现有技术上的增强

设计思维：PDMA新产品开发精髓及实践

和改进。构架创新涉及将现有组件以新的方式集成到系统中，但没有新的技术。例如，iPod 不包含新技术，但提供了全新的设计。最后，英特尔双核处理器则是可以说明颠覆创新融入新核心技术的例子。

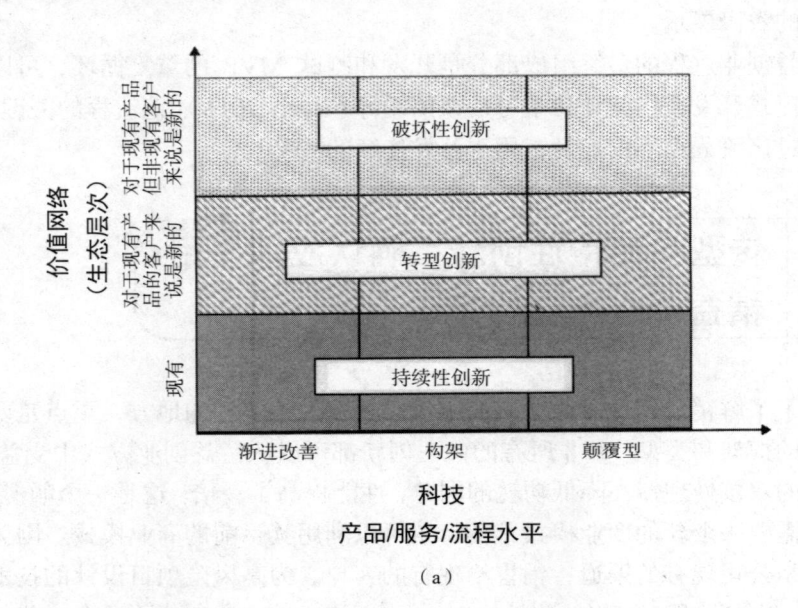

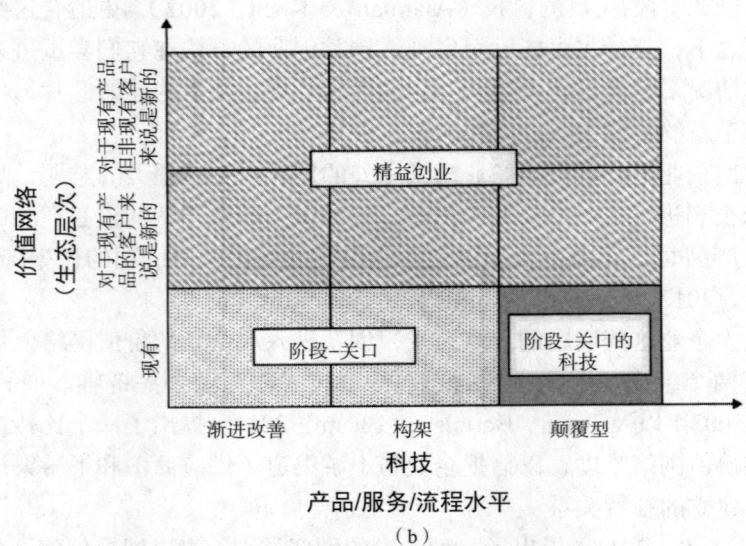

（a）

（b）

图 19.4 （a）商业模式展示了可持续、转型和破坏性创新之间的关系；
（b）精益创业方法最适合应用的领域

258

第 19 章　大型企业使用以人为核心的设计思维进行的精益创业：实现转型创新和破坏性创新的全新方法

宝洁公司自主定义了不同类型的创新：可持续、转型和破坏（Brown & Anthony，2011），这些覆盖在 Koen 等人的模型中，如图 19.4（a）所示。

可持续创新对现有产品进行强化改进，其中可能包括颠覆的技术创新，如双芯微电极芯片的例子。

转型创新有时称为邻接（adjacencies），是对现有产品线的显著改善，并经常将公司引导到新的价值网络中。一个例子是 Nespresso，它将雀巢的咖啡业务引入一个新的价值网络，并聚焦于在城市里的年轻职业人，他们愿意为好咖啡支付高价。

破坏性创新建立了一个全新的价值网络，这个网络包含非消费者——那些尚未进入市场的客户。

索尼的随身听是一个聚焦于青少年的构架创新的例子。这些青少年之前并没有音频播放设备。

创新和价值网络的不同组合，需要使用不同的项目管理工具，如图 19.4（b）所示。阶段-关口及阶段-关口的科技应用于可持续发展领域的项目，因为公司已经对价值网络进行了深入了解，精益创业所需的重复将为流程增加成本和时间。相比之下，精益创业方法更该应用于转型和破坏性创新，这些需要采用探索-学习的方法来收集所需的客户信息。

19.3　为什么商业模式是精益创业流程的价值部分

商业模式的概念首次被提出是在 1957 年的一篇学术文章里（Bellman，Clark，Malcom，Craft，& Ricciardi，1957），背景是构建商业游戏用于培训的用途。这个词持续混淆着学者和从业者。Wirtz（2011）在回顾关于商业模式的学术文献时，表示在学术文献中，很少对于是什么构成了商业模式这一意见能达成统一。

Osterwalder 和 Pigneur（2010）创建的商业模式平台（见图 19.5）是通过提供商业模式的视觉封装和清晰的解读来解决这个困惑，这样做有助于讨论和辩论，而不会影响业务的复杂性。

商业模式平台允许开发团队先独自评估不同的部分，然后再一起评估，从而促进一些之前不可能的新见解。作为精益创业方法的一部分，商业模型平台帮助团队验证商业模型的假设，直到确定了一个可重复可拓展的假设。

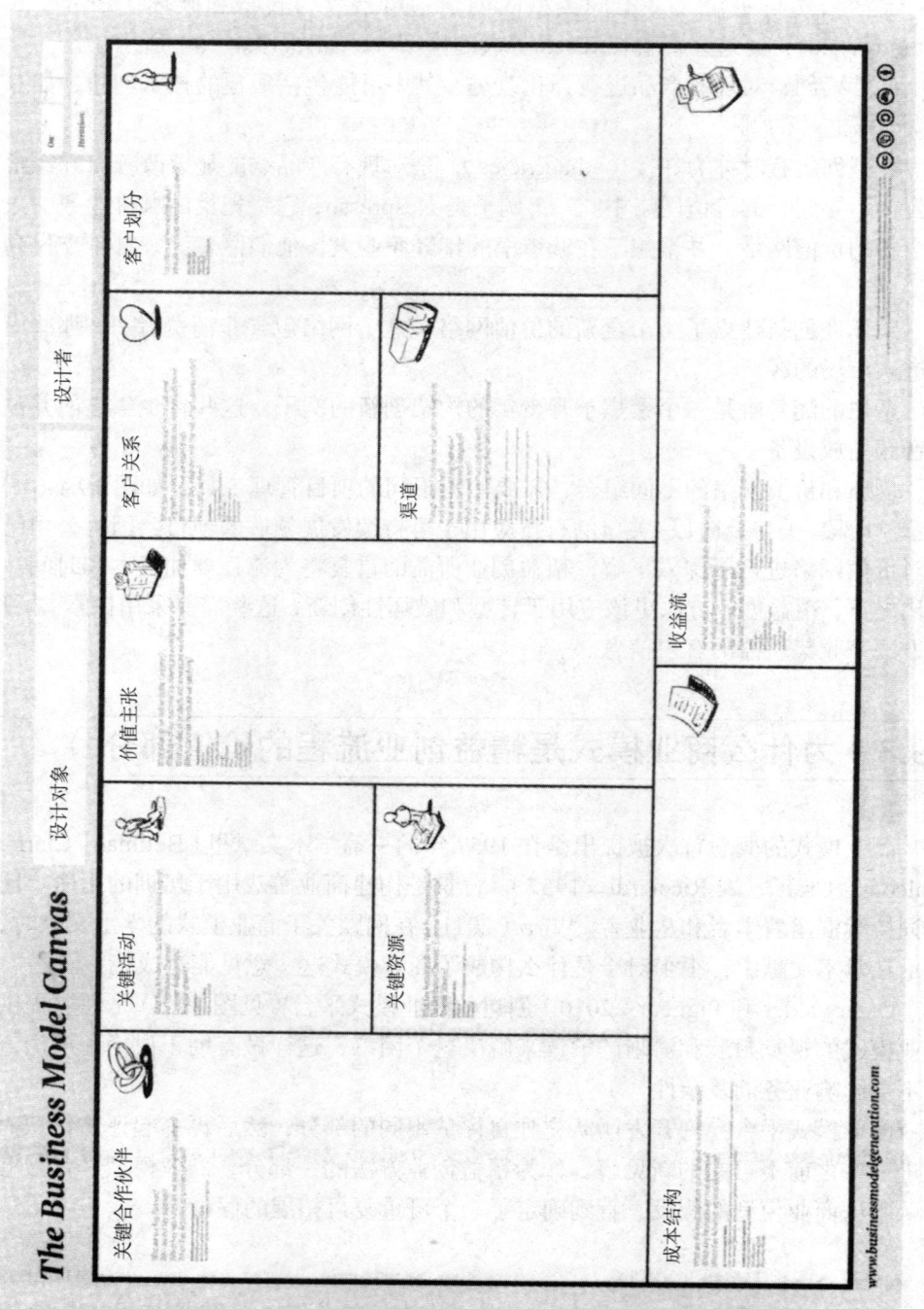

图 19.5 商业模式平台

第 19 章　大型企业使用以人为核心的设计思维进行的精益创业：实现转型创新和破坏性创新的全新方法

　　Edward Tufte（1997）是信息设计和视觉识别领域的著名学者，他鼓励使用丰富的数据图表，并强调能够在"一双眼睛的范围"内看到所有关键数据的重要性。他探索了导致 1986 年航天飞机挑战者爆炸的决策，这个决策导致七名宇航员因为 O 形圈的泄漏而死亡。Tufte 认为，如果在一双眼睛的范围内可以把所有的关键信息都绘制在一份描述性图示中，那么灾难可能会被预测到。商业模型平台为团队提供了这样一个布局，可以在一个易于查看的图表中获得所需的可视化业务数据。

　　由于商业模型平台的功能是项目团队的融合工具，它是精益创业流程的关键要素。但是，大多数团队一开始无法理解其价值，感觉平台中没有任何新的见解，只是复制了他们已知的内容。当他们开始使用平台作为组织和测试假设的工具，同时考虑连接商业模式的不同元素时，他们很快就会了解其价值。

19.4　通过以人为本的设计的镜头进行精益创业

　　精益创业规定了以人为本的设计过程中的许多要素，通过开发简单的原型，将人们的需求与技术上的可行性相匹配，从而解决问题。然后不停重复，直到出现可以转化为客户价值的可行的商业战略。

　　为了实现这个目标，以人为本的设计过程始终着重于中心问题：商业的问题是什么？这种方法可以帮助团队避免发生过分关注想法或解决方案的典型错误。很多创新的失败并不是因为解决方案中的致命错误，而是因为公司不了解正在解决的问题。研发苹果公司 PDA——Newton 的团队对于这一科技理念非常满意，然而他们未能考虑到移动用户需要解决的特定问题。Segway 的失败是因为它的发展流程集中在所有人的交通工具上，而不是为特定用户做特定的产品。该公司一开始就建立了一个巨大的工厂，并基于所有人对运输的想法，最终导致了明显的产能过剩。

　　找到正确的问题代表了标志性的设计公司 IDEO 运用设计流程的顶峰。IDEO 的方法包括三个关键问题：

　　1. 什么是真正的问题？

　　如前面的讨论所示，苹果的 Newton 和 Segway 项目失败了，是因为它们不理解目前解决的问题。

　　引用爱因斯坦的话来进一步强调理解问题的重要性：

　　　　如果我只有一小时来拯救世界，那么我会花 55 分钟来找到问题，而只需要 5 分钟的时间来找到解决方案。

2. 谁有这些问题?

以人为本的设计流程的核心是关注人的价值观,并与用户共情。因此,必须要确定团队需要在哪些客户身上花时间。

3. 解决这个问题对用户来说具有什么价值?

客户解决方案的价值是通过观察人们在做什么、他们是怎么想的、他们需要什么,以及他们想要什么来决定的。这些决定了解决方案的属性(而不是解决方案本身)。

商业模式平台允许团队跟踪新兴商业模式里各种元素之间的交互。在以人为本的设计方法的背景中使用商业模型平台时,单独评估这三个核心问题和解决方案是非常值得的,这样的话解决方案属性不会与解决方案混淆。在平台中把问题、客户、解决方案属性和解决方案区分开,这样可以让精益创业团队建立以人为本设计流程的关键原则。

可惜的是,Osterwalder 和 Pigneur(2010)的平台做不到这点,而在某种程度上,Maurya(2012)的精益平台和 FEI 平台都能做到这一点。图 19.6 所示的精益平台是特别为初创企业家开发的,旨在更好地捕捉到初步创业的不确定性和风险(Maurya,2011)。图 19.7 所示的 FEI 平台是为了支持大型企业的创新前沿而开发的。

问题 首要的三个问题	解决办法 首要的三个特征	独特的价值主张 单一、清晰,并令人信服的信息,可以说明为什么你是不同的并值得被关注	不公平的优势 不可以被轻易复制或者购买	客户分类 目标客户
	关键指标 需要拓展的关键活动		渠道 通向客户的道路	
成本结构 获得客户的成本 分销成本 托管服务 人员等			收入来源 收入模式 产品生命周期价值 收入 毛利润率	
产品			市场	

图 19.6 精益平台

第 19 章 大型企业使用以人为核心的设计思维进行的精益创业：实现转型创新和破坏性创新的全新方法

FEI 平台初创

客户价值主张（CVP）				运营模式
构成 POV 的问题 什么是客户/客户的问题还是你在解决的"工作"？ 问题是根据用户的观点产生的。与"要完成的工作"有相同的概念	**客户/客户情况** 我们怎样以人的形式定义客户/消费者？他们是谁？他们的情况怎样？	**解决方案属性** 我们需要向客户提供什么属性？我们用这些属性来解决我们客户的什么问题？		**具有竞争力的优势** 提供 CVP 人员、技术、合作伙伴和资金所需的关键资源和过程是什么？ 实现竞争优势的独特之处在哪里？
			渠道 公司用来接触客户的主要渠道是什么？ **支付结构** 价格是多少？客户如何支付这个解决方案？	
利润公式				
营业收入和协议 代表了公司从每个客户分类中获得的现金。包括动态协议销售/使用第一年，第二年等				**成本结构** 经营商业模式的成本（直接和间接费用）是多少？
←──────── 外部 ────────→				←── 内部 ──→
危机和假设				
什么是首要的三个危机和假设				

图 19.7　FEI 平台

表 19.1 比较了三种平台的属性。精益和 FEI 平台与 Osterwalder 和 Pigneur 平台共享五个属性，但也包含许多其他属性。这些差异反映了三个平台的不同意图。例如，精益创业平台没有为外部资源提供集合，因为 Maurya（2011）认为，初创企业应该在寻找开发合作伙伴关系之前先聚焦于客户。类似地，FEI 平台包括用于获得大型公司中在特定背景下前端创新的附加集合。Osterwalder 及其同事（2014 年）最近出版了价值主张平台（见图 19.8），对原始版本中的很多空缺进行了填补。

表 19.1　商业模式平台的属性

属　　性	特别的方面	Maurya 的（2012）精益平台	FEI 平台
主要焦点	可持续项目	初创项目	大型企业的转型和破坏性创新
关键合作伙伴	1. 谁是主要合作伙伴、供应商？我们从合作伙伴收购的关键资源和活动是什么？	错误的是创业开始首要关注的是客户而不是合作伙伴	合作伙伴将作为重新定义的关键流程集合的一部分

续表

属　　性	特别的方面	Maurya 的（2012）精益平台	FEI 平台
主要活动	2. 我们的价值主张、分销渠道、客户关系和收入需要什么关键活动？	错误的是以为一旦知道什么是解决方案，关键活动就可以确定了	完成商业模型所需的关键活动嵌入在平台的其他元素中
关键资源	3. 我们的价值主张、分销渠道、客户关系和收入需要什么资源？	由独特优势集合所取代，因为很多关键资源——但不是全部——会创造具有竞争力的优势	1. 关键资源需要交付客户的价值主张
价值主张	4. 我们传达了什么客户价值？我们解决了什么问题？我们提供了什么解决方案？我们满足了什么客户需求？	1. 价值主张：强调令人信服的信息，说明你为什么与众不同并值得关注	价值主张即 CVP，涵盖从第一项到第八项
客户关系	5. 我们的客户期待什么类型的关系？	包含在客户分类集合中	
渠道	6. 通过什么渠道可以接触到我们的客户？	2. 渠道	2. 渠道
客户分类	7. 我们为谁创造价值？谁是我们最重要的客户？	3. 客户分类	3. 根据客户情况制定
成本结构	8. 包含在我们商业模式中最重要的成本是什么？	4. 成本结构	4. 成本结构
收益流	9. 我们的客户愿意支付什么？	5. 营业收入	5. 营业收入和协议
适用于 Maurya 精益平台和 FEI 平台的特殊情况			
问题	你在解决的问题是什么？	6. 问题，以单独的集合重点显示，大多数初创企业因为无法理解他们正在解决的问题而失败	6. 问题，组成一个 POV 或"待完成工作"的声明
解决方案	什么是解决方案？	7. 解决方案，打破了问题和价值主张的束缚，帮助团队聚焦重点	7. 解决方案

第 19 章　大型企业使用以人为核心的设计思维进行的精益创业：实现转型创新和破坏性创新的全新方法

续表

属　性	特别的方面	Maurya 的（2012）精益平台	FEI 平台
关键指标	定义初创公司应该解决的关键指标	8. 关键指标，鼓励选择三个关键指标来强调聚焦	有没有这一点，对于企业来说并不是很重要
独特的优势	竞争优势或市场屏障	9. 独特的优势：不能轻易被复制或收购的优势内容（或者其他公司的）	8. 竞争和壁垒
适用于 FEI 平台的特殊情况			
关键流程	这些是公司用于可持续、可重复、可扩展和可管理的方式交付其客户价值主张的关键流程		9. 关键流程：公司独有的流程，在提供价值主张并实现竞争优势是必要的
解决方案属性	你需要向客户提供什么属性？你用这些属性解决哪些问题？		10. 客户属性：将解决方案属性从解决方案中分离出来
支付结构	价格是多少？客户如何支付这个解决方案？		11. 支付结构
风险及假设	什么是首要三个风险和假设？		12. 风险和假设：所有 FEI 项目都需要有明确的风险和假设

　　如表 19.2 所示，三个平台中与"以人为本"的设计方法都各不相同。在原始商业模式平台中，以人为本的设计的四个构建块中的三个都未被考虑，不过价值主张平台解决了所有这些缺点。例如，在价值主张平台的客户分类部分，使用"待完成工作"的语言定义了问题，以及解决问题对于用户的价值，这些在原始商业模式平台中仅仅是概括，不过在价值主张平台上都拥有各自的集合。原始平台中也没有解决方案，但在价值主张平台中却被细分。尽管价值主张平台如果替代原始平台，会违反 Tufte（1997）的观点，即有效的工具必须能够在一眼所见的范围内看到所有关键信息。

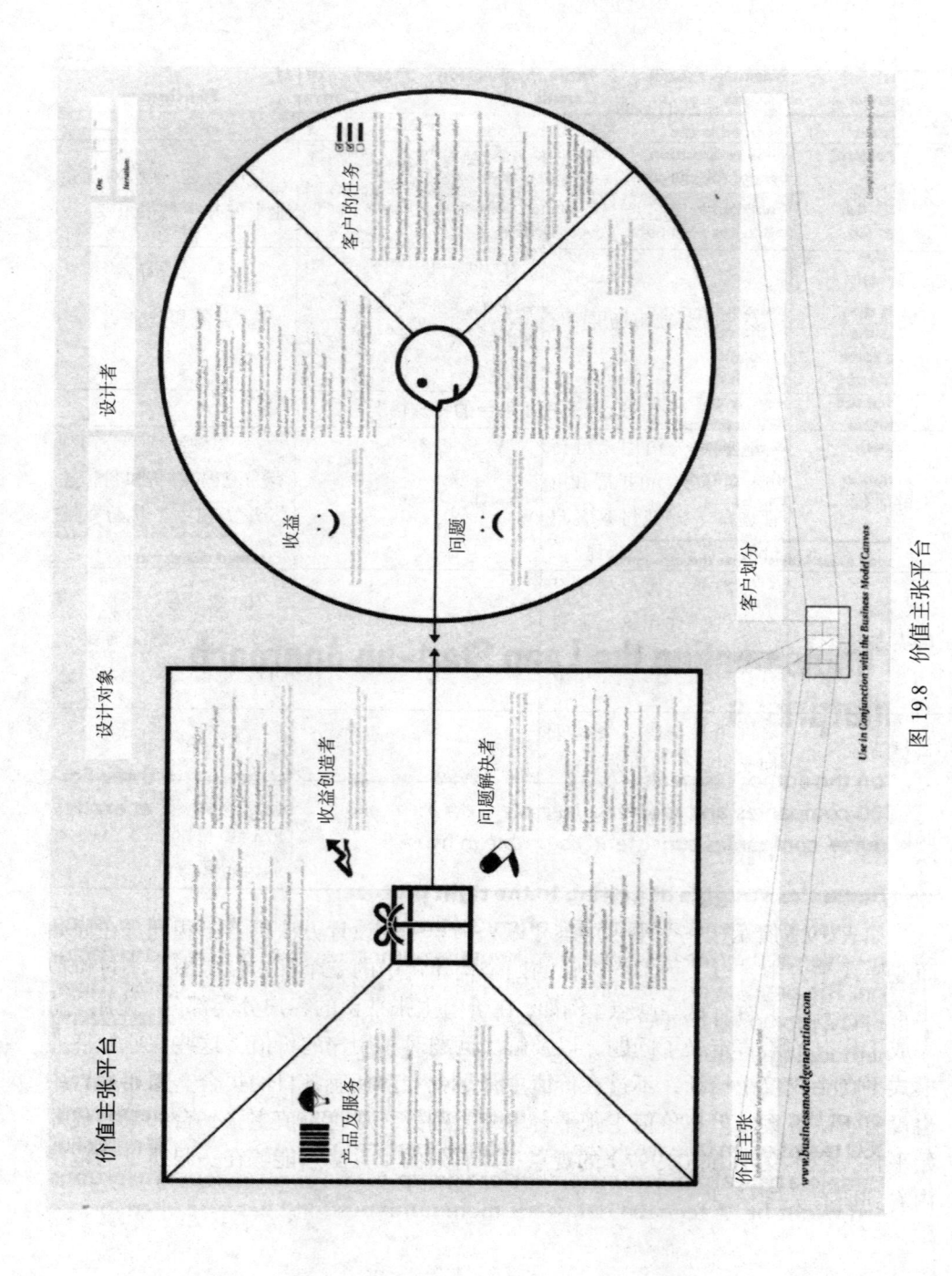

设计思维：PDMA 新产品开发精髓及实践

图 19.8 价值主张平台

表 19.2　以人为本的设计属性与不同商业模式平台的对比

以人为本的设计属性	Osterwalder & Pigneur（2010）商业模式平台	Osterwalder et al.（2014）价值主张平台	Maurya（2012）精益平台	FEI 平台
什么是正确的问题？	把价值主张部分包含在平台中	客户工作，是客户分类的一部分	问题集合	问题集合
谁有这个问题（例如，谁是客户）？	在客户分类中获得	拓展客户分类的定义	客户集合	客户分类集合
解决问题对于客户的价值是什么（例如，什么是解决方案的属性）？	虽然不完全清楚什么是"价值主张"，但还是包含在价值主张集合中	创造的效益和面临的问题	虽然没有明确指出，但还是包含在价值主张集合中	解决方案属性集合
解决方案	没有在平台上包含	重点标注为产品和服务	解决方案集合	解决方案集合

注：阴影区域表示平台具有与以人为本的设计属性相同的独立集合。

精益平台将问题区分开、哪些客户有问题，并将解决方案也区分开。解决方案不分配给特定的集合；假设他们应该被包含在价值主张集合中，这需要是一个"单一的、明确的、令人信服的信息，这个信息会说明你如何与众不同，并且值得为你花钱"（Maurya，2012）。按照以人为本的设计理念组成的 FEI 平台在主要的四个设计原则中都有分别的集合。

总而言之，以人为本的设计方法通过问题对项目进行评估，要求开发团队确定问题，确定谁有问题（客户是谁），并规划价值主张或在解决方案中所需的属性。Osterwalder 和 Pigneur 的原始商业模式平台设计的目的是用于可持续的业务，这种业务并不着重定义问题的重要性。这可能会限制其作为转型和破坏性创新中头脑风暴工具的使用，而这方面正是需要团队能够鉴别问题、客户、解决方案的属性和解决方案的。相比之下，精益和 FEI 平台将这四种以人为本的设计属性划分到不同领域。

19.5 在企业实施精益创业方法

根据作者在三家财富 100 强企业中实施精益创业方法以及数个星期在 EMBA 课程教授精益创业的经验，公司总会遇到的五个问题如下分述。

1. 公司很难找到正确的问题。即使经验丰富的团队，也常常不确定他们正在努力解决什么问题，即使他们通常很清楚没能满足客户的什么需求和解决方案。以 IDEO 流程（Bootcamp Bootleg）中的用户或 POV 的角度来确定问题的做法，是一种基于用户需求的有效的重组方法。

POV 有三个要素：用户、用户的需求，以及用户在其环境中的观察和对于观察到的情况的阐述。IDEO 团队通常需要几周甚至几个月的时间来确定正确的 POV。例如，一个致力于开发营养食品的团体对于问题的典型陈述可能是："一个十几岁的女孩需要更多有营养的食物，因为维生素对健康至关重要。"在组成 POV 的时候，同样的问题可能是："一个十几岁的女孩，在吃健康食物时，需要感觉到被周围所接纳。因为在她的社会团体中，社交风险比健康风险更危险。"（Bootcamp Bootleg, 2010）第一个表述是一个事实陈述，而第二个 POV 表述是一个可操作的描述，可以引出移情，为开发解决方案的努力提供方向，为团队定义其目标。

2. 公司经常将解决方案属性与解决方案混淆。将解决方案属性分离出来，而不是陷入谈论不同解决方案的价值的陷阱，是很难做到的。如图 19.9 所示，使用解决方案属性图可以防止团队陷入陷阱。在为一次性的咖啡产品提供假设的示例图中，四个关键的解决方案属性是：咖啡的味道、到可以饮用的时间、清洁时间和简单使用。该图说明了每个竞争对手是如何衡量每个属性的，以及是如何评估每个属性对用户的相对重要性的。在这个例子中，属性、竞争者评级和相对重要性评级都是可以被说明的；在实际使用中，这些因素将来自客户的反馈。

3. 团队聚焦于错误的客户。几乎所有作者参与的项目中，团队都采访了常规用户，而不是先驱用户或早期采用者。常规用户通常希望在当前使用的同样产品或服务中，获得更高的性能或更低的价格，他们通常看不到跨功能或破坏性创新的价值。Steelcase 在开发他们的 Aero 椅子时犯了这个错误，最终证明这是他们最成功的产品之一。许多他们的主流客户都不喜欢这个新椅子的设计，说它看起来像一个尚未完成的草坪椅的架子。后来的被采访客户中包含了对目前椅子很不满意的客户，还有些人有背部问题，换句话说，这些都是目前解决方案不能解决他们最大问题的用户。

第 19 章　大型企业使用以人为核心的设计思维进行的精益创业：实现转型创新和破坏性创新的全新方法

图 19.9　解决方案属性

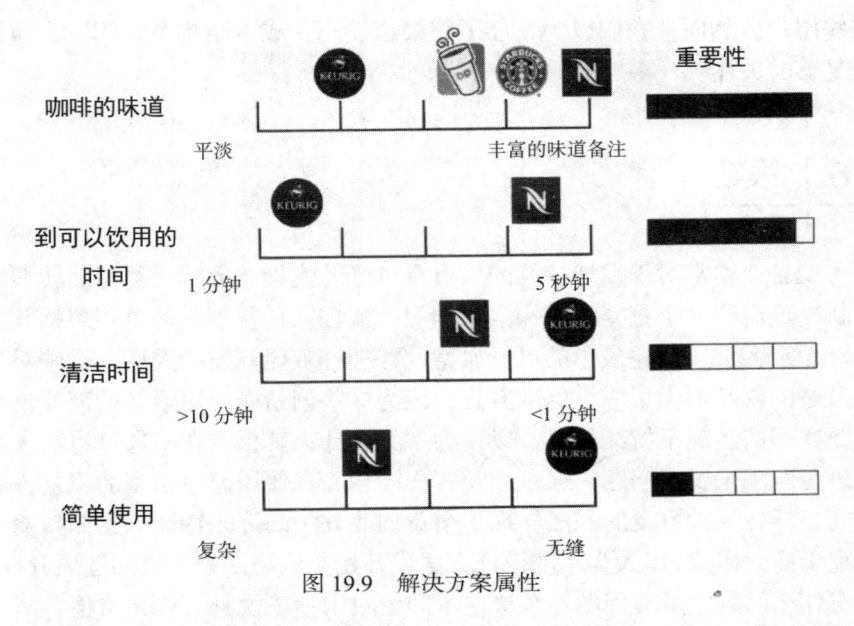

4. 大多数团队将原型都设计为一个功能齐全的解决方案。在大多数情况下，团队成员希望向潜在客户展示一个全功能的样品原型，大概是为了避免尴尬或让客户觉得不被冒犯。正如一个团队所说："我们如何向经验丰富的外科医生展示这个非常粗糙的原型？毕竟，我们是一家高素质的医疗器械公司。"团队很难理解原型的价值是邀请对话和获得反馈。设计思维的支持者主张用手纸、毛根（一种外面缠绕着短绒的钢丝，可以用来做手工）、纸板和乐高砖组成的低资源解决方案原型，在一个有形的维度上快速描绘了解决方案。原型的目的是测试正在开发的产品的特定解决方案属性，而不是提供一个最终产品的现实模型。

5. 团队一贯对渠道、成本结构和采用率做出不正确的假设。Bertels、Koen 和 Elsum（Bertels，2015）在三家大型企业发展业务模式的深度回顾性研究基础上，确定了最容易受到假设的新业务模式的三个组成部分：渠道、成本结构和产品采用率。这些企业在平台的其他领域的错误假设较少，主要是因为这些变化相对容易被识别，企业可以通过努力来解决已知的不确定因素。例如，研究的新业务之一涉及在传统市场上的巨大变化。该公司花了六个月的时间，进行复杂的客户行为研究来确定市场的需求。然而，公司根深蒂固地对成本结构进行分析，往往期望对于新产品，甚至突破性创新产品也有与它们持续生产的产品一样的采用率，并且认为新产品应该符合现有的渠道。因此，它们采用与其现有业务相关的架构来组成新的业务模式。它们很清楚，它们不了解新的市场，所以广泛地研究了这些用户。然而，它们以为自己了解渠道动态、成本结构及采用率，所以没有给予足够的关注。

19.6 总结

大型企业通常对于发展持续的项目有良好的流程，但缺乏类似的转型和破坏性创新，这需要一个重复的"探索与学习"流程。精益创业的过程包括开发业务模式、识别客户、构建最小的可行原型，并拥有敏捷开发的周期，这些对于需要学习策略的创新提供了一个标准方法，因为这些创新需要搜索新的商业模式，同时还要在当前情况下持续创新。以人为本的设计，其根本在于通过将需求与可行技术进行匹配来解决问题，通过涉及客户同理心和使用简单原型的重复方法来实现这些目标，这种重复的方法体现了精益创业方法的许多特征。正如精益创业流程侧重于商业模式，以人为本的设计方法最开始是围绕四个关键问题展开探索的：业务有什么问题？谁有问题？解决这个问题对用户来说具有什么价值？解决方案的属性是什么？

精益创业流程中使用的商业模式平台可以不同程度地适应这些问题。原有的很流行的商业模式平台（Osterwalder & Pigneur，2010）不允许团队分离出这些领域，不过新的 Osterwalder and colleagues'（2014）的价值主张平台允许了。专门为初创企业开发的精益平台（Maurya，2012）分离出了首先的两个项目。为大型企业支援 FEI 而开发的 FEI 平台，为所有这些项目提供了独立的空间。

在大型企业实施精益创业时，主要的努力在这五个方面：确定真正的问题，专注于真正的客户，从解决方案中分离出解决方案的属性，设计最小可行原型，以及质疑创新产品的渠道、成本结构和采用率的假设。精益创业流程有可能成为转型和破坏性创新的黄金标准项目管理流程，其方式与持续创新的黄金标准流程阶段-关口流程相同。

作者简介

彼得·科恩（Peter Koen）是新泽西州霍博肯市史蒂文斯理工学院的商学院副教授。他现在也是企业创业联盟（CCE）的董事，该联盟是他在1998年创立的，其使命是在"创新前沿"（www.frontendinnovation.com）中大幅提高绩效产品和服务的数量、速度和成功概率。目前的联盟成员包括 3M、康宁、埃克森美孚、固特异、英特尔、宝洁及戈尔。他还发表了大量关于开发前端的文章,并于 12 年前建立了流行从业者的开发前端会议。另外,他还首次提出了 FEI 一词。目前,彼得已经积累了 19 年的行业经验。他拥有纽约大学机械工程学士学位和硕士学位,以及德雷克塞尔大学生物医学工程博士(peter.koen@stevens.edu)。

第 4 部分

消费者反应与价值

第 20 章　消费者对产品形态的反应
第 21 章　导致消费者对产品设计的审美反应出现差异的因素
第 22 章　符合未来的设计：对应未来客户的设计

第 20 章

消费者对产品形态的反应

玛丽埃尔 E.H.克雷伊森　代尔夫特理工大学

20.0 简介

产品的外观传达产品信息，对于消费者来说也具有价值（Bloch，1995）。产品形态或者外观指的是产品的视觉外部设计，并且通常是人们对产品感知的第一手信息。因此，产品的外观应该吸引消费者并且正确地传递出产品的其他属性。产品的视觉外观还能用来表达品牌价值。最理想的情况是产品形式应被视为产品的一个组成部分，并在开发过程的早期加以解决。设计思维方法在产品开发过程中明确地包含客户的需求（包含很多容易被遗忘的需求），不断地把具有较高市场成功机会的理念聚拢在一起。制作样品并基于外部的反馈（例如，消费者的反馈）以进行更新迭代，其中包含产品外观，在更迭中要向着可行的产品方向进行。

本章提供的观点可以协助制定对于产品外观的战略性决定。另外，这些观点有助于进行用于客户测试的设计创作，并以创新和评估的设计思维框架模式（见第 1 章）解读客户的反馈。本章的重点在于有形的产品。本章首先概述了产品视觉外观对消费者对产品的感知和偏好的影响。接下来，本章将阐述产品形状特征，如形状和颜色，如何影响消费者的感知。这有助于产生对产品形式的特定印象或影响。本章还涵盖了有关产品、消费者和环境是如何干扰了产品形式对消费者的影响的。这有助于管理人员决定新产品的外观。本章结尾引入了新产品开发实际情况。

20.1　产品形式如何影响消费者对产品的评价

对于一个产品外观能够如何影响消费者的方式总结为六个"产品外观的职能"（Creusen & Schoormans, 2005）。产品形式能够给客户提供美学价值。产品的外观可能会吸引客户或是赶走客户。人们总是选择那些适合他们的个性或者能表达他们个性的产品形式，产品可以看起来严肃认真、玩世不恭或者充满男子气概。例如，男士除臭剂通过它们深色的包装表达了男子气概，而女士除臭剂通常是柔和的色彩。另外，一个特别的设计能够用来表达社会地位，例如一些限量的手袋。

产品的外观还传达关于产品价值功能类型的印象。即使在提供更客观的特征信息之后，这样的印象还是会影响对特征的判断（Hoegg & Alba, 2011）。通过看到一件产品，消费者对其使用的便利性和功能性就产生了印象。例如，一件有较少按键的产品看起来更易操作，同时，有很多按键的产品看起来有更多功能。另外，产品外观能够传达出品质上乘的信息给客户。例如，一台黑色的有金属配件的咖啡机看起来比一台白色塑料的质量更好。这种关于使用、功能和质量是否便利的印象可能正确，也可能不正确。在任何情况下，公司都有必要了解人们通过观察它们的产品而做出的推断。

产品的外观设计可以引起人们的注意，例如，在零售环境中。这类设计在其产品类别中与其他设计不同，以吸引消费者的注意，例如推出的飞利浦 Alessi 咖啡机（见图 20.1）。然而，如果一个产品与其他产品看起来太不相同，人们可能不会认出其作用。例如，咖啡机。这使我们能够轻松识别产品，以及是否将其归为新的子类别，并将其与该类别中的其他产品分开。产品的分类可能受其视觉外观的影响。例如，戴森无扇叶的独特设计让人们将其分为一种新型风扇（见图 20.2），而素食者的食物通常看起来与肉制品相似，以便消费者将其视为肉制品的替代品。

对于管理人员来说，重要的是要知道这些"产品外观角色"中的哪一个将在市场上发挥作用，本章稍后将给出一些指导原则。下一节将介绍特定产品是如何用产品的外观特征影响消费者对产品职能解读的，这有助于设计产生某些对印象和影响有关的产品形式。

图 20.1 飞利浦 Alessi 咖啡机

图 20.2 戴森冷气扇

20.2 产品形态特征和消费者观念

许多研究都集中在如何产生影响和美学吸引力的设计因素上,如视觉因素上的视觉复杂性、对称性、视觉典型性、尺寸和颜色。然而,这些设计因素对消费者对其他类型产品价值的感知造成的影响效果甚微,如性能质量和易用性。对于经理来说，重要的是考虑产品形态特征对所有相关的产品价值的影响，而不仅仅是审美上的吸引力。例如，较小尺寸和较少的按钮可以增加产品的美学吸引力，但也可能降低其感知表现和易用性。

一些重要的视觉设计因素对消费者对产品的感知影响如表 20.1 所述。

表 20.1 产品形态特征对不同产品外观的影响

	典型性	新奇性	统一性	复杂性	对称性	比例匀称	尺寸/形状/颜色
增加吸引力	−	+					
易于分类	+	−					
提供美学价值	+	+	+	−		+	
提供符号价值		+					
传达功能性		+					
传达易用性	−				−		
品质印象		+	+	+			

注："+"表示已经发生了积极的影响；"−"表示已经发生了负面的影响；空白的阴影表格表明影响取决于这些因素的执行情况（见文字）。

视觉典型性和新奇性

视觉典型性与大多数产品类别相关的外观相似（Garber，1995）。例如，一把有四条腿的椅子比单腿椅子更典型。视觉典型性在影响审美偏好方面是积极的。视觉新奇性与设计的独创性有关。视觉典型性和新奇性是负相关的，人们倾向于喜欢组合了两者的最佳设计，例如具有典型整体形状的台灯，但是使用过的是新奇的材料（Hekkert，Sneiders & van Wieringen，2003）。这样的产品看起来很熟悉，但也略有不同，从而很有趣。

虽然一般来说，具有新奇感的视觉典型似乎是首选，但对于某些产品或人来说，更具特色的设计更好。这种产品的重点在于声望或排他性，例如跑车就属于这种情况。此外，有些特立独行的人（Le，"唯一性的需求"）倾向于非典型的设计。非典型的外观也可以帮助区分产品与竞争对手或负面归类的印象，如轮椅。独特的外观可以帮助传达新的功能属性，如戴森无叶风扇（见图20.2）。此外，视觉新奇性往往会降低可用性，并提高对性能质量的认知（Mugge 8：Schoormans，2012a，2012b）。

通常设计师的困难在于，消费者在第一眼的时候会不喜欢新奇的设计，并对在概念测试中的设计做出负面的反馈。重复的曝光加强了操作的便利性，从而增加了美学的喜好（Reber，Winkielman & Schwarz，1998）。事实上，反复曝光增加了创新设计的吸引力，而不是更典型的设计（Carbon & Leder，2005）。所以为了得到对消费者喜好的有效评估，企业应该多次进行曝光，或者让消费者习惯使用新奇的设计。

视觉设计原则

一般的视觉设计原则如复杂性、对称性、统一性和比例都影响审美偏好。研究表明，一般来说，人们偏爱较低（但不是太低）的复杂性、较高的对称性、较高的统一性和良好的比例。统一性展示了设计中元素之间的一致性。产品的长度与宽度的比例可以影响购买意图（Raghubir & Greenleaf，2006）。对特定比例是有美观偏好的（例如"黄金比例"），但这几乎没有证据可以证明。消费者看中的是不同产品种类的产品比例。

除了美学偏好之外，这些视觉设计原则也影响对其他类型产品价值的看法。例如，设计中更高的视觉统一性提高了感知到的产品质量（Veryzer & Hutchinson，1998），更多的视觉复杂性也有此功能（Creusen，Veryzer & Schoormans，2010）。视觉复杂性引导了消费者对功能性的解读。另外，当人们想要很少的功能时，视觉上的复杂性就会降低产品易用性的感知，但可以提高想要多种功能的人对其可用性的印象。设计中的视觉复杂程度应该谨慎处理，因为人们普遍不喜欢复杂的东西。较低的对称性增加了对产品易用性的感知，这可能是因为按钮的放置、形状和尺寸的区别，也就是说，用户在使用这些按钮的时候，较低的对称性有助于区分这些按钮（Creusen et al.，2010）。

尺寸、形状和颜色

形状对产品价值感知的影响已在上一节的视觉设计原理中介绍了，但是仍有许多其他的形式会影响感知的方式。例如，产品或包装形状会影响稳定性的感知（Murdoch & Flurscheim，1983），从而感觉到方便使用。例如，与小而高的产品相比，具有大底座的锥形形状看起来更稳定。虽然产品设计目的是稳定，但消费者可能会在看到它之后改变对它的看法，并选择另一种产品。弯曲的产品通常优于有角度的产品（举例，Bar & Neta，2006），尽管这样的偏好可能随时间而改变。例如，汽车从20世纪80年代的棱角分明变化到20世纪90年代以后的更多流线形状。然而，方形或棱角形的产品比圆形产品更适用于放置在拐角处，并且有可能会因为这种使用方便的特性而受到青睐（Creusen & Schoormans，2005）。另外，人们对某些产品的形状赋予了关联印象（Schmitt & Simonson，1997）。例如，圆形往往看起来更柔软和女性化，而棱角和直线往往看起来更动感和有男子气概。

大的形状被认为是强大有力的，而小的形状感觉上是精巧柔弱的。另外，较大的物品看起来更重一些（Walker，Francis & Walker，2010）。评估大小的方式在不同的文化和区域规范里有很大差异（Schmitt & Simonson，1997）。产品尺寸也会对使用产生很多间接影响，例如，产品是否可以放入抽屉中，这对客户来说可能很重要（Creusen & Schoormans，2005）。此外，包装容器的高度影响消费者对体积的感知（Raghubir & Krishna，1999）。

颜色影响对审美、关联印象、易用性和质量的感知。另外，它可以引起注意，并用于培育公司品牌的识别和认可（Elliot & Maier，2014；Schmitt & Simonson，1997）。与使用相关的认知有一个例子是较暗的物体会比较明亮的物体看起来更重（Walker et al.，2010）。另外，按钮的颜色与产品外壳的颜色不同，会更容易找到按钮，这可能对于闹钟来说很重要。明亮或彩色的包装可能意味着质量较低，而使用低饱和度的颜色则表明质量较高（Scott & Vargas，2007）。食物及其包装的颜色奠定了对味觉的期望（例如，Hoegg & Alba，2007）。颜色的一些关联印象似乎是相对稳定的，虽然颜色的期望和意义取决于对象（例如，咖啡机或台灯）和该对象的风格（例如，现代或经典）（Labrecque，Patrick & Milne，2013）。颜色的影响也取决于产品的其他部分，因为审美的判断是整体的。例如，飞利浦 Alessi 咖啡机的三文鱼粉红色（见图20.1）适合本产品，但不适用于经典形状的咖啡机。此外，个人、文化、时代和环境的经验对形式和颜色的感知会有很大差异。所以消费者与颜色的关联最好能够在实际目标客户群体中进行测试。

20.3 产品形式会影响消费者对产品的评估

产品外观影响消费者对产品评估的几个因素将在下面进行分析处理。

产品类别——相关因素

对消费者重要的产品因素影响不同功能的产品外观，取决于消费者购买动机的类型，以及数量和产品类别的社会重要性（见表20.2）。

设计思维：PDMA 新产品开发精髓及实践

表 20.2 产品类别——相关因素和不同产品外观的重要性

	较低参与度的产品	较低产品知识（新奇）	表现购买欲动机	功能性购买动机	社会价值引入重要产品
增加吸引力					
影响					
分类					
提供美学价值					
提供符号价值					
传达功能性					
传达易用性					
品质印象					

注：阴影表示有较高的影响。

购买动机的类型。 可以分为两种主要的购买动机，即实用性和表现动机，后者可以分为享乐性以及符号性的动机（举例，Park & Mittal，1985）。对于购买的主要为功能性动机的产品，如电钻，其功能性能对买方至关重要。当享乐是购买的主要原因时，感觉享受对于消费者来说是重要的，例如购买冰激凌、DVD 或者放在墙上的漂亮照片。符号性的购买动机表示希望通过产品（如手表或手提包）来增强自尊和/或向其他人投射所期望的印象。许多产品对消费者都具有实用性和表现动机。想象一辆汽车：性能方面，如燃油消耗；享乐和符号性方面，如一个有吸引力的造型让你成为你想要成为的人。所以这两种购买动机都在扮演角色。

产品的重要性。 消费者的决策可能更多地放在汽车或一双鞋上，而不是订书机或牛奶盒，因此需要对这类产品做出更多的努力以做出决定。消费者的参与在购买风险较低的产品类别（例如消费者包装商品）和更昂贵或赋予社会性更多的产品类别之间会有所不同。当产品对他们来说不重要时，消费者希望尽量减少他们做出购买决定的努力。在这种情况下，吸引注意力和易于基于产品外观的分类会起到作用，因为消费者只会看到引起注意的产品替代品或由于其典型外观而容易识别（见 Gerber，1995）。人们经常因为习惯购买相同的品牌。所以对于知名品牌来说，改变设计是不明智的，因为人们可能会不再能识别出这个产品了。这可能会导致选择另一个品牌。另外，对某些产品类别的兴趣不高或对产品知识不足的消费者倾向于使用易于查询的产品特性，如价格或品牌名称，作为质量的暗示。产品的外观可以暗示产品质量（Dawar & Parker，1994）。这意味着产品形式更多地被用作消费者参与较少或产品知识较少的产品质量暗示，例如，在一种全新的产品中。由于客人对于了解详细的信息方面缺乏兴趣或知识，所以产品外观给

280

消费者的产品质量印象可能相当有价值。

产品的社会重要性。表现力和功能性比产品的社会重要性更为重要（Creusen，2010）。这些产品是在公共而非私人用途中使用的产品。例如，汽车、椅子或咖啡机可以在街上或者在家里被其他人看到。然而，只有少数人会看到您的闹钟、浴室秤或除毛刀。对于社会性重要的产品，应该是在美学和符号方面、功能、易用性和质量方面比较重要。

产品类别可以根据一般的参与度和特定等级的参与度来表达和/或实用（Ratchford，1987；Voss，Spangenberg & Grohmann，2003）。低参与度的功能性产品的例子是杀虫剂和卷纸。一些较低参与度表现的产品的例子是比萨饼和贺卡。相机和洗衣机/干衣机是高参与、功能性的产品。高参与度表现的产品包括跑车和壁纸。虽然这给出了产品形式如何影响消费者评估的一般概念（见表20.2），但功能性方面需要更多的具体见解。产品外观可以通过显示其功能特征、易用性和性能质量来影响消费者感知其使用价值，并且这些方面在不同产品类别之间会有重大差异（Creuseh，2010）。

消费者类型

个人性格、人口特征和对产品的了解都会对消费者产生重要影响，从而影响产品外观的理想表现形式（见表20.3）。此外，购买动机的类型和某些产品的重要性（前一节所述）在个人之间也有所不同；有些人比其他人更喜欢购买电脑，有些人比别人更注重产品的审美价值。

表20.3 消费者特征与不同产品价值类型的重要性关联

	性别	年龄	教育程度	收入	CVPA	对于独特性的需求
美学价值	+		?		+	+
符号价值	+	−SSP	?	+		+
功能价值	+	+		?		
易用性		+	+			
质量		+	+	+		

注："+"表示被发现是正面影响；"−"表示被发现是负面影响；"?"表示研究报告中发现了不同的结果。CVPA=视觉产品美学的中心地位；SSP=具有重要社会性的产品。

个人性格。人们对视觉产品美学的重要性会有不同认识，可以通过CVPA（视觉产品美学的中心地位）量表（Bloch，Brunei & Arnold，2003）进行评估。在这个模块上得分较高的人（如专业设计人士）更加重视产品的审美价值，更能评价

美学（见第 21 章）。影响产品审美和符号价值重要性的另一个个人性格变量是其对独特性的需求（Hunt, Radford & Evans, 2013）。具有高度独特性的消费者需要感到自己与别人不同，并且往往喜欢独特和新颖的设计（Bloch, 1995），从而更加注重产品的美学和符号价值。

人口特征。性别、年龄、教育水平和收入的不同会对产品特性有不同考量。

对于女性来说，产品的表现力方面更为重要（Williams, 2002）。相比于男性，女性表现出对于产品美学吸引力更为看重，并且注重产品样品可以投射出其他人或者她们自己的正确形象（符号价值）。此外，相比于男性，女性也表现出多种功能和易用性也更重要（Creusen, 2010）。

年轻人表现出更注重产品的表现力（Henry, 2002），虽然 Creusen（2010）表示这种影响似乎仅限于注重社会性产品的象征性方面。如前所述，描绘正确的印象（符号价值）对于那些会公开使用的产品来说更为重要，但这似乎只适用于年轻人的情况；当你变老时，你给人们的印象显然变得不那么重要了。此外，一般来说，多功能性、易用性和较高的产品质量似乎对老年人更重要。对于易用性，这是显而易见的，因为认知和身体功能随着年龄而降低。

教育水平和社会相关性也都被发现有不同程度的影响。教育是一个很好的预测因子，这可能是由于调查的国家不同。在澳大利亚和美国，具有较高社会阶层的消费者在购买产品时更注意品位和自我表达（Henry, 2002；Holt, 1998）。然而，在荷兰，受过高等教育的人对符号价值的重视程度较低，教育似乎并不影响审美方面的重要性。另外，较高教育水平的消费者表现出对于产品质量更为看重。收入也会影响结果。在荷兰，对于产品审美方面并没有出现不同收入等级存在不同的感知，同时，较高收入的人群会更注意符号意义、易用性以及该产品是否具有多种功能（Creusen, 2010）。在美国，随着收入水平增长，消费者显示出降低了功能性购买的标准，特别是较少有社会相关性的产品（Williams, 2002）。所以教育程度和收入程度对产品特性的影响并不明确，并且可能存在国家/文化上的差异。

对产品的理解程度与参与度类似，缺乏对产品的理解会导致消费者很难评估产品的全部特性。因此，产品质量的印象需要从产品外观进行沟通，尤其是当消费者对于产品知之甚少的情况下，或者很少涉足该产品的类别（见表 20.2）时。对产品的理解在个体消费者之间是不同的，取决于，例如，他们对产品的兴趣。另外，对产品的理解也可能在不同产品类别中有所不同，例如，客户可能对于新的产品的理解不如旧的产品。

品牌优势及印象

品牌实力是产品质量的重要提示。相对于品牌优势明显的（例如，知名品牌和积极价值的品牌）产品，外观对于品牌较弱的产品会有较大的在质量上感知的影响，这意味着通过产品外观传达产品的高质量，会对品牌弱势的产品尤其重要（Page & Herr，2002）。

产品外观非常有助于传达品牌形象和认知给消费者，并且可以用于品牌识别。例如，许多汽车品牌可以从视觉设计中识别出来，因为它们在后续模型中会使用相似的元素。品牌应该战略性地决定新产品的外观是否与公司产品组合中的其他产品相似，以及是否与品牌以前的产品类似（Person，Snelders，Karjalainen 和 Schoormans，2007）。相对于较弱的品牌，创造视觉品牌认知对于较强的品牌而言更为重要，因为强大的品牌要被方便地认知，并将积极的品牌效应转移到新产品上。

产品的视觉设计也可用于表达品牌的核心价值（Karialainen & Snelders，2010）。Orth 和 Malkewitz（2008）分析了几种关键类型的整体包装设计，这些包装对应的品牌是不同的。例如，令人兴奋的品牌应该有冲突的设计，而沉稳的品牌应该有自然或精巧的设计。

产品生命周期阶段

产品形式影响消费者的方式会随着产品所在的生命周期（Product Life Cycle，PLC）的阶段不同而不同（Bloch，1995；Luh，1994）。在引入产品期间，通过使用新鲜的形式吸引消费者的注意力可能是至关重要的。然而，外观不应该看起来太新，因为消费者将很难对产品进行分类，这样就可能会产生负面影响（Geode，Dahl & Moreau，2013）。在这个阶段，目标市场通常包括高素质的先驱用户，他们希望产品可以被他人所识别并且是很显眼的（Luh，1994）。另外，设计应该具有优越的功能和安全的操作。由于许多消费者具有较低的产品知识，产品形式会对于暗示产品质量来说有较强的影响力（见表20.2）。这意味着，在这个阶段，新颖的形式是有益的（见表20.1）。在产品的增长阶段，功能变得更加标准化，诸如易用性或质量等标准可能变得更加重要。此外，产品形式和款式应该是可以被更多主流消费者所接受的。在成熟阶段，进行区分变得重要。设计可能在强调提升表现的时候变得重要（Bloch，1995），并且需要强调可直观理解的操作或审美价值（Luh，1994）。由于有自我表达的需要，因此外观的符号价值将更为重要。在产品的衰退阶段，应该保持成熟阶段的大部分期望（Luh，1994）。

表 20.4 概述了产品形式在 PLC 不同阶段可能发挥作用的途径。空的格子并不意味着这一角色在这个阶段并不重要；不同的产品外观所造成的影响也取决于其他因素（见前几节）。

表 20.4 产品形式在产品生命周期的不同阶段的作用

	引入阶段	增长阶段	成熟及衰退阶段
增加吸引力	独特的设计/新颖的形式		
影响分类	新奇的外观		
提供审美价值	吸引高收入的先驱使用者	吸引主流使用者	提供差异化
提供符号价值	显著性消费（状态）		自我表达的机会
传达功能性	传达优秀的功能		强调表现提升
传达易用性	传达操作安全	传达用户友好型	
品质印象	传达质量		

文化与时代

文化和时代上的差异已经在产品设计的符号价值联系以及主题偏好中被发现（Bloch，1995；Crilly，Moultrie & Clarkson，2004；另见第 21 章）。然而，文化和时代对其他类型的产品所造成的感知影响却很少被研究。在感知审美和符号性产品的价值时，可能会由于文化和时代的不同而产生非常大的差异。这种差异可能会大于对于产品功能和易用性的感知，因为在功能和易用性的感知上，主观性较差（Creusen & Schoormans，2005）。例如，大多数人会认为较大的按钮更容易操作。但尽管不同文化和时代对功能性的观念可能相对相似，但个人偏好可能会有所不同。例如，产品上有很多按钮往往使其看起来在技术上更先进，但不易使用（Norman，1988）。一些文化可能比其他文化更喜欢技术先进并功能繁多的产品，但是在这方面还没有太多的研究。

背景因素

购买时的背景环境对于某些类型的产品价值具有相对重要的影响。例如，匹配的环境可以强调产品的美学价值（Bloch，1995），并提高其对消费者的重要性。事实上，产品有时会与其他相同的风格或颜色的产品一起展示，这样看起来最好看。因此，在设计产品及其外观时，要考虑到产品的销售环境，包括竞争对手的产品。例如，一般来说，明亮的颜色会吸引消费者的注意。但是当许多竞争对手都使用明亮的色彩时，那较暗的颜色反而可能是吸引消费者关注的更好方式。此外，设计的分类也可能受到产品呈现内容的影响，无论是在商店还是在广告中，内容是可以产生影响的，例如一个典型的设计。一个例证是，典型的产品设计在非典型的环境中被认为是非常具有典型意义的（Blijlevens, Gemser, & Mugge, 2012）。此外，家庭室内装饰的环境可能会影响消费者对产品的审美，因为他们可能希望产品能够符合家里的室内装修（Bloch, 1995）。有人可能会喜欢某种产品的外观，但因为这颜色不符合家里的装修而不会去购买。

20.4 总结

产品的外观为消费者提供了价值，并影响了他们对几种产品属性的看法。本章概述了产品形式或外观对消费者的影响，即引起注意、进行分类、提供美学价值、提供符号价值、传达功能价值、提供并传达其易用性以及产品质量（Bloch, 1995；Creusen & Schoormans, 2005）。这显示了不同的产品形态特征会如何影响消费者对不同类型产品的价值感知。此外，还概括介绍了哪些因素关系着产品形态对消费者的影响。

本章介绍的信息可能有助于通过设计吸引某一特定群体的注意。例如，高品质的印象通常可以通过具有视觉复杂性、高统一性和新颖外观的设计来传达。然而，产品形式对消费者的影响就难以预测，因为形式特征的综合影响是无法预见的。设计师们都了解如何创造美学价值，并与美学价值产生某些关联。然而，为了确保产品的外观对消费者具有预期的效果，则应该与目标群体一起审视该视觉设计的吸引力及其引起的联想。

影响产品外观的美学和象征价值是非常具有挑战性的，因为这些方面很具有主观性，并且在不同文化与不同时代的情况下具有很大差异，这些差异远远大于消费者对功能性和易用性的看法。此外，设计师和消费者之间的美学品位可能会有所不同（Crilly et al, 2004）。因此，重要的是设计师将自己沉浸在目标群体的背景下以及其审美和符号价值的品位中。生动地描述不同类型的消费者可能会有所帮助（见第3章）。此外，让消费者指出某些产品或者其包装可以产生什么关联（例如"自然"或"阳刚"）的方法，可能有助于设计者了解这种设计可以产生怎样的联系。对于某些产品，另一种方法是依靠大规模的客户定制来让消费者通过使用在线工具在某种程度上来决定产品的美学价值。

理想情况下，视觉外观应被视为产品的一个组成部分，并从产品开发的开端就有策略性地考虑进去。设计思维的方法适合于此，因为可以通过客户的反馈测

设计思维：PDMA 新产品开发精髓及实践

试潜在的解决方案，并在之后的产品中得到改进。产品的预期市场定位和产品价值的类型将是设计产品及其视觉外观或包装的重点因素，应在产品开发的开端就以消费者的需求和偏好或公司战略决策以及品牌核心价值观为基准进行确认。通过这种方式，外观可能会符合市场组合，并将产品的意图传达给消费者。这样可以让产品符合目标群体和预期的市场定位。

作者简介

玛丽埃尔 E.H.克雷伊森（Marielle E.H.Creusen）是荷兰代尔夫特理工大学工业设计工程专业的营销和消费者研究专业的助理教授。她的研究重点包括新产品开发中的消费者研究方法和消费者对产品设计的反馈。她曾在《国际市场研究杂志》《产品创新管理杂志》《欧洲市场营销学杂志》及《国际设计期刊》等发表过文章。

第 21 章

导致消费者对产品设计的审美反应出现差异的因素

阿黛勒·格伦

21.0 简介

每当问及人们艺术与产品设计之间的主要区别时，你会经常听到这样一个答案：设计是一项有目的的活动，而产品的目的就是供人们使用。这个基本思想促进了以用户为中心的设计的诞生，同时也促使产品开发人员开始思考：哪些人会使用？他们的使用方式、目的、时机和共同使用者是什么？除了设计出美观的外表，设计师还要思考如何在用户和产品之间建立积极的体验联系。因此，用户信息就成了产品开发过程的核心。在营销研究领域，学者们一个多世纪以来一直在研究消费者（产品用户）。对于产品开发者来说，有必要了解一下这个学科的研究进展，因为他们能从中收获到有关消费者行为的理论、工具和实例。学会站在营销学术研究的角度看问题，不仅可以让设计者受益匪浅，还可以帮到设计经理、产品开发人员，产品经理，以及所有拥有目标消费群体的产品开发者！

设计思想研究者们建议新产品开发者以用户体验为一切的核心，而这种体验在很大程度上取决于产品的美学设计。因此，美感因素应该在设计思维中占据一定的比重，尤其是在用户研究方面。产品开发者应该确定消费者的类别和消费背景，因为这些因素影响着消费者的整体偏好（包括审美偏好），而消费者的审美偏好是决定产品的未来走向或规避内容的重要因素之一。这就是为什么在分析原型产品获得的反馈时，对消费者审美偏好的思考是至关重要的一环。

本章我们将谈谈如何通过营销了解消费者审美反应的多样性。审美是指"对美，或者有关美或美学理论的哲学分支的感受"（Veryzer，1993）。审美反应是指一个人根据其对物品（比如产品）的感知而产生的反应（Berlyne，1974）。Veryzer（1993）进一步指出，审美反应可以是对产品的有意识或无意识属性（刺激，如颜色、形状等）的反应，这种反应会影响人们对产品的喜爱或欣赏（比如，在购买之前产品）。

第 20 章介绍了消费者对产品设计的普遍反应。本章作为前一章的延伸，将向大家介绍哪些因素影响着消费者对产品的审美偏好。为什么大家对设计的喜好各不相同？在这一章，我们首先会从文化带来的广泛影响着眼（国家文化、消费者文化、阶层文化等），然后专注于消费者个体（个性、品位等），最后对情境因素的重要意义进行总结（见图 21.1）。

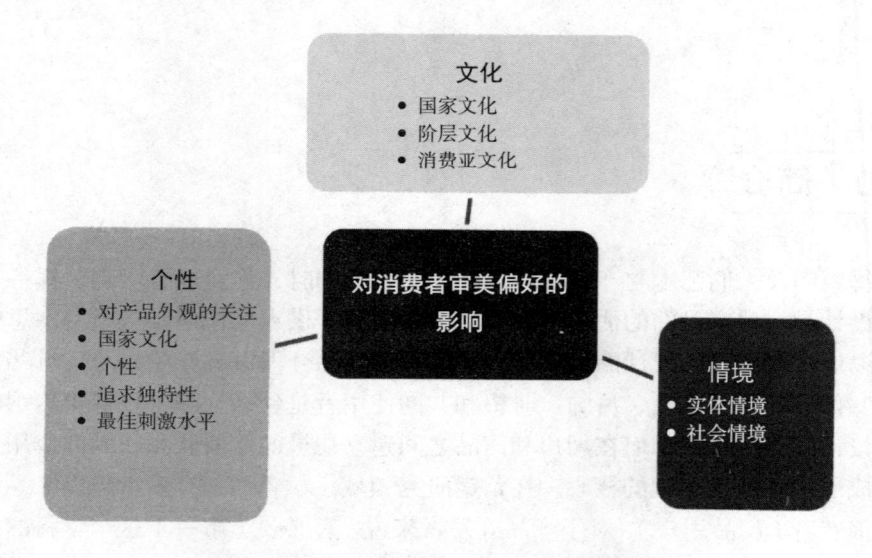

图 21.1 影响消费者审美偏好的主要因素

21.1 文化

国家及地区文化

文化就像一面镜子，人们可以透过它来观察、理解和吸收某种现象（McCracken，1986）。据说，"美"在一定程度上是由文化而非个体决定的（Berlyne，1971）。文化影响着人们对世界的认知以及他们对产品设计的视觉评价。因此，特定个体的文化对他的审美品位起着重要的导向作用。

Hofstede（1980）提出了一种根据价值观对文化进行分类的工具。这有助于我们从整体上了解文化在审美偏好方面的差异。下面我列举了三种文化维度，它们在不同的文化中各具特色，而且可能会影响个人的审美反应[①]（见表21.1）。

- **个人主义/集体主义**。西方国家一向倾向于个人主义文化（北美及欧洲），而东方及非洲国家则倾向于集体主义。
- **男性化/女性化**。男性化文化推崇竞争力和物质主义（日本就是最典型的国家之一）。女性化文化推崇生活品质和幸福感（北欧国家在这方面比较典型）。
- **长远导向/短期导向**。这一维度是指国家对于历史和传统的重视程度。程度越高，就说明国家越偏向务实，鼓励现代主义；反之则说明国家比较倾向于传统和规范。

表 21.1 视觉偏好和文化维度

维　度	代表国家	价　值　观	视觉偏好
集体主义	中国、大多数亚洲及非洲国家	社会和谐、社会成员间相互依存	圆润、对称、平衡
个人主义	美国	创造力、个体独立	新颖、创新、变革
短期导向	法国	传统、规范、历史	复古、怀旧
长远导向	美国	现代、未来	新颖、创新
男性化	日本	男性主义、竞争力力量	棱角分明
女性化	北欧国家	生活品质和谐、幸福	圆润

在日本和中国，受众比较喜欢能够促进社会和谐的设计，因为这些设计与国家的集体主义价值观是一致的。举例来说，这些国家很喜欢运用对称和平衡元素，因为它们能够构成和谐设计。在美国（可以说是100%的个人主义文化）等个人主义国家，社会十分重视个人的创造力。因此，富有新意的创新设计更容易被受众接纳。另外，时间导向也可以影响人们的视觉品位。在那些非常重视历史和过去的国家，比如中国和欧洲，传承较久的传统设计具有更高的价值（比如经久不衰的香奈儿5号香水）。

[①] 有关维度及相关信息请参考 Hofstede 网站：http://geert-hofstede.com/。网站中还提供了各国间的对比和特色。

Henderson 等人（2003）还发现，美国的消费者比较偏好有棱有角的形状，而亚洲的消费者则更喜欢圆润的外形。Zhang、Feick 和 Price（2006）等人在他们的著作中详细讨论了这一现象。他们发现，对这两种外形的偏好和人们的自我建构有关。具体来说，独立的自我建构（例如，个体是独立于他人而存在的）对应的是对抗，而依存式的自我建构（例如，个体与个体是相互依存的）对应的则是避免冲突。因此，重视冲突的独立式个体更喜欢棱角分明的形状，而相互依存的个体更喜欢圆润的外形。棱角分明，往往象征着冲突和力量，因此经常与男性化文化相连。女性化文化，则更喜欢圆润、和缓的外形。在设计产品外形的时候，重视生活和谐的女性化文化，会倾向于选择这类形状。

这些都只是框架，像日本这种同时推崇男性化和集体主义的国家来说，情况又怎样呢？Hofstede 表示，在日本，男性化文化盛行于集体主义之上，但是，在这类看似存在着价值观冲突的国家发布新产品的时候，企业必须对社会的价值观和文化需求有着详细的了解。

每个国家对颜色的联想也是千差万别的。例如，在崇尚个人主义的西方国家，白色象征着纯洁，大多数新娘也会穿着白色的礼服；但是，在日本，白色却多用于哀悼和沉痛的场合。

通过对产品功用造成影响，文化会影响除外观美感之外的其他设计内容。产品的设计会受到各个国家不同生活方式的影响。例如，美国和荷兰的自行车设计就有所不同。在美国，道路越来越宽，人们习惯了使用汽车作为代步工具，而自行车属于休闲产品，在周末与家人或朋友郊游时会用到。因此，北美市场的自行车需要能满足这些户外活动的需求。在荷兰，道路非常狭窄，而且平均旅行距离较短，因此人们习惯骑自行车出行。在遇到堵车的时候，自行车会更方便。在荷兰和大多数北欧国家，城市居民会把自行车作为唯一的交通工具。所以，荷兰的自行车更轻便实用，比北美的自行车更适应城市骑行。在法国和英国，自行车需要同时满足以上两类需求，因此便有了混合式设计，例如法国迪卡侬旗下的 B'Twin 品牌（见图 21.2）。

当然了，国家或地区的界限并不是文化的界限。不是每个北美消费者都喜欢创新的产品设计，也不是每个非洲人都喜欢传统产品。文化是一个复杂的多层次现象。为了准确把握消费者，企业必须了解诸多影响消费者身份构建的因素，包括（但不限于）社会阶层和消费文化。

第 21 章 导致消费者对产品设计的审美反应出现差异的因素

（a）　　　　　　　　　　　（b）

（c）

图 21.2　（a）美国、（b）荷兰和（c）法国的自行车设计

阶层的定义

法国社会学家皮埃尔·布尔迪厄（Pierre Bourdieu）在他的著作《区隔：品味判断的社会批判》（*Distinction: A Social Critique of the Judgment of Taste*）中表示，受到文化资本的影响，我们的品位是由我们所属的社会阶层决定的。皮埃尔发现，抽象绘画非常受"小资产阶级"的喜爱，因为这类绘画能把他们的品位和劳动阶级的品位区分开来。劳动阶级群众比较喜欢描绘日常生活的画作，比如初食圣餐或民俗舞蹈，因为他们了解并且熟悉这类内容。尽管布尔迪厄的看法受到了许多批评，但是他的分析还是很有趣的，有一定的参考意义。一个视觉上太复杂的抽象产品可能吸引不了劳动阶级。但是，对于希望跻身于精英阶层的个人而言，他们反而会无视那些格局有限或比较大众的产品，青睐那些辨识度较高的产品。这也是咖啡机和咖啡胶囊制造商 Nespresso®能够大获成功的原因。Nespresso 的产品（简约、优雅）和经销渠道（旗舰店设有门童）都有着出众的格调。这种特别的设计反映了上流阶层的品位，不过，不认同者可能会觉得这种设计略显功利。事实上，如今在欧洲，拥有一台 Nespresso 咖啡机已经成了社会地位的象征。布尔迪厄证明了品位与个人社会起源之间的重要联系。

霍尔布鲁克（1999，2005）研究了品位和职业的联系，发现两者之间存在着很强的相关性。从事专业性较强的工作的人，往往有能力区分好品位和坏品位。品位可以被定义为"个体通过与外部标准高度相关的五感之一，对美感消费对象的一致、合理的反应"。专业人士对品位与外部标准之间相关性的定义，有助于我们了解布尔迪厄的著作（1979 [1984]）。上流阶层在品位方面有着丰富的"知识"和"专业积累"；随着时间的推移，文化背景较差的下层阶层，随着时间的推移，将品位转化为"专家"所建立的标准，但是，当时上层阶级就会遵循这些由"专家"建立的标准。但是，到了这个时候，上流阶层对"美"就会有了新的定义。因此，不同社会阶层人士之间总会存在着品位差异（Bourdieu，1979 [1984]）。

消费亚文化

消费亚文化是另一个影响视觉偏好的框架。遵循特定类型消费的人，可能有着自己的审美标准（Schouten & McAlexander，1995）。例如，哥特爱好者们在着装、音乐和生活方式上都有自己的审美（Schilt，2007）。这种特定消费文化之下的个人会倾向于选择按照哥特群体标准设计的产品。比如，哥特爱好者们喜欢穿黑色的衣服，或者用装饰着尖锐金属配件的黑色物件来表达自我的戏剧化。所以，在设计面向这类受众的商店时，设计师需要意识到，店里播放 Lou Reed 的音乐，会比播放流行音乐更能吸引这类客户。许多亚文化或群体都有自己的审美标准，例如摩托骑手、摇滚爱好者、朋克和嬉皮士等。

文化是一种多层次的复杂现象。因此，在开发新产品之前，我们必须时刻思考几个与这些未来用户所处文化相关的问题（见图 21.3）。

国家
该国家或地区的文化、价值观、生活方式……如何？

亚文化
品牌群体或部落的情况如何？

社会阶层
布尔迪厄会怎样想？

图 21.3　影响消费者审美偏好的诸多外部因素

21.2 个性

虽然特定的文化会产生相同的影响，但是处于该文化中的个体仍然可以有着完全相反的审美品位。让我们以凯特和珍妮这两个年轻女孩为例。她们都是英国人，25岁，住在伦敦。二人毕业于同一家商学院，目前都在企业担任高管职务。乍一看这些描述，我们可能会把她们"划分"为同一类人，比如"国际大都会中的青年"。然而，进一步了解二人之后，我们就会发现她们的不同。凯特是一家大银行的分析师，来自英国农村资产阶级家庭，有自己的房子，喜欢逛古董精品店，穿着复古服装。珍妮是设计顾问公司的一位时装设计师，土生土长的伦敦人，现在和母亲住在一起，绝对不会错过任何前先锋展览，大部分衣服都是自己制作的。现在，我们对这两位的审美偏好可能已经有了不同的看法。如果要为这两位女性设计一张书桌的话，我们可能会给凯特设计一张传统样式的木桌，给珍妮设计一张更具现代感的书桌。但是，我们怎样才能知道我们的消费者是谁？如果文化分析可以帮助新产品开发者对目标受众的审美标准和预期有一个大概的了解，那么对受众个性的分析将进一步完善这些了解。例如，设计对于个体生活和个性的意义在很大程度上影响着个人的审美偏好。

视觉产品美感的中心性

Bloch、Brunel 和 Arnold（2003）曾设想过个人的审美偏好取决于产品的视觉外观对于个人生活的重要性。他们将这一特征命名为"视觉产品美感的中心性"（CVPA），并开发了一个概念模型和衡量这个变量的标准。视觉产品美感的中心性的核心是指"在产品和消费者的关系中，视觉美感的重要程度"（Bloch 等，2003）。这个概念可以通过三个维度解释：价值、敏锐和反应（见图 21.4）。

价值。这一细分是指个体对产品整体设计的重视程度，即人们认为设计是否具备改善"个人和社会整体生活质量"的能力（Bloch 等，2003）。例如，你是否同意"美丽的产品设计可以让我们的世界变得更美好"？这个细分衡量了个人对产品外观在改善个人和社会福祉方面的作用的看法。设计师、艺术家和大多数具备艺术觉悟的人，都会给予这一维度一定程度的重视。还以前面凯特和珍妮的例子为例，我们可以猜测这两位女性都会重视这一方面，因为她们愿意花心思挑选自己的衣服和家具。

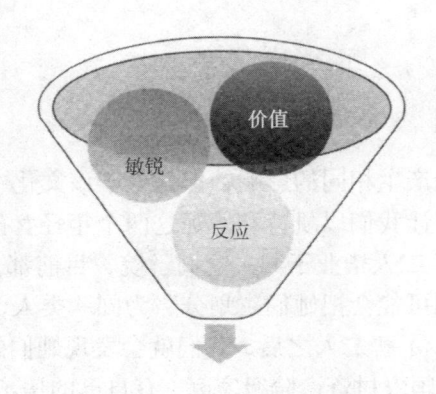

图 21.4 CVPA 的构成

敏锐。这一细分是指个体对产品设计的评估、鉴别和分类能力。有些人的审美意识要高于其他人。在制定产品决策的过程中，他们会对设计元素给予更多重视。如果一个人身处的环境具有出众的审美品位，那么这个人对设计的敏锐度就会高于其他人。珍妮在时尚顾问公司工作，每天跟赏心悦目的产品和服装打交道，身边的人讨论的也都是与艺术或视觉相关的内容。所以，根据她的工作环境，我们可以猜测她的美感敏锐度比凯特更高。

反应。这一细分是指人们对产品设计的审美反应程度，包括心理反应（享受、喜欢等）和生理（行为）反应（接近、有意购买等）（Bloch，1995）。好的设计可以激起人们的购买欲。有些人在挑选产品时，可能更倾向于"感情用事"。这些人与所有物的互动更多，联系更紧密。前面提到的凯特就属于这类人。她喜欢复古时装和家具；她很重视产品的历史价值和意义。

作者认为、CVPA 得分较高的个人，会更喜欢和更欣赏具有美感的产品，并且有更高的可能购买这些产品。在时尚界，这些人更有可能成为意见领袖和时尚创新者，而 CVPA 得分较低的个人则更有可能成为时尚追随者（Workman & Caldwell，2007）。在开发产品时，一定要弄清目标用户对视觉产品美感中心性的看法。CVPA 较低的个体不会过于介意产品的美感。在功用相同的情况下，产品美观与否并不会对他们的行为和购买意向产生任何影响（Bloch 等，2003）。简而言之，那些懂得欣赏复杂设计、重视生活美学的个体，会更难以取悦。这些人在购买产品时，不太会把价格或功能作为首要考虑因素。

视觉化趋势

Holbrook（1986）认为，个性变量对个体的审美反应有着重要影响。他表示，个性变量可以推动审美的多样性，比如倾向于视觉或言语处理信息，或者倾向于浪漫主义或古典主义及性别。他的研究表明，人们的个性不同，审美判断也会有所差异。例如，视觉型人群在处理信息时更加注重整体模式（Holbrook，1986）。这类人群多为浪漫主义者，也就是说，他们比倾向于用言语处理信息的人更欣赏复杂的设计。Bloch等人（2003）的研究也证明了这一点：视觉型人群在视觉产品美感中心性方面的分数更高。Holbrook还发现，视觉型人群大多数为女性。例如，视觉型的女性在选购衣服的时候，倾向于购买"格子外套和（最多）单色或简单的双色条纹"。视觉型人群更注重服装的整体感觉，因此会格外留意外套上各种元素的组合。但是，对于那些不具有这种整体意识的言语型女性来说，可能就会选择"格子外套"。视觉型和言语型之间的区别对于男性来说不那么重要，因为他们会"避开对比强烈的设计，走稳妥路线"。最后，古典主义者可能更喜欢设计精巧的产品，而浪漫主义者则更喜欢时尚、华丽的设计。当然了，我们也不能说所有男性都不喜欢对比强烈的设计。

追求独特性和最佳刺激水平

人们在决定对物体采取的行为时，需要考虑的一个重要因素就是该物品能否把自己和他人区分开（Snyder & Fromkin，1980）。我们每天都在使用各种产品，这是一个缓慢构建身份的过程。这些产品被买卖、消费、展示和销毁，最终构成了我们的身份（Belk，1988）。对于那些追求独特性的人来说，他们购买的产品有着非常重要的意义。这些人在选择产品时会格外认真："这件产品对我来说足够独特吗？"Snyder和Fromkin（1980）表明，这些人更喜欢能够反映其独特个性的新颖或不寻常的产品。Bloch等人（2003）也发现，CVPA分数较高的人群，同样倾向于更有个性的产品。

对于大多数人来说，最佳刺激水平（Optimal Level of Stimulation，OSL）只要保持在适度水平，就足以引起他们的反应（Berlyne，1960）。然而，也有一部分人可能需要多一些刺激有所反应。这类人就是所谓的"高级别最佳刺激才水平个体"（Steenkamp & Baumgartner，1992）。笔者发现，这些消费者会很快对某种产品厌倦并转向寻找更有趣的替代品。此外，这类人也勇于冒险。Raju（1980）研究了OSL与个性和人口特征之间的关系。OSL较高的个体容易被新鲜或不常见的刺激或情况吸引。这类人可能在刺激元素较多的环境中工作，如博物馆、剧院和艺术学校。产品设计者需要用更多的视觉刺激和创造力才能吸引他们的注意。

从人口统计学角度来说,受过教育、拥有工作的年轻人一般有着更高的 OSL(Raju, 1980)。在设计公司工作的珍妮在装饰房间的时候,可能倾向于购买新颖的原创家具,这些产品能够满足她爱冒险、追求花样和新意的性格。

21.3 情境因素

情境因素是消费者研究中的一个重要领域,是影响消费者行为的关键因素(Belk, 1975)。这些因素调节着产品设计与消费者反应之间的关系(Bloch, 1995)。也就是说,个体对产品的反应(审美、行为)可能会随着情境的变化而变化。这些情境包括实体情境和他人的影响(社会情境)。

情境是指产品将被展示或者消费的环境。新产品与已有产品之间的匹配程度,可能会影响消费者对它的感知。消费者也许很喜欢某件产品的外观,但是却可能因为它和家里的装修风格不一样而不会购买它(Bloch, 1995)。住在乡下老房子里的人,一般会用老式家具来布置房间,而不会选择那些具有现代感设计的沙发。另外,情境也可以改变产品的功能。例如,许多复古产品都变成了装饰品,不再发挥它们的功能(Veryzer, 1995)。我们经常会看到有人用老式缝纫机或复古钟装饰客厅。

社会情境也显著影响着消费者对产品的审美反应。身边是否有他人在场,会影响到消费者对产品的行为方式(Belk, 1975)。Zhang 等人的研究(2006)证实了这一点。他们发现,独立型的个体更喜欢棱角分明的形状。但是,只有当他人在场时,这种关系才会产生显著影响。在社会中,我们总想塑造出一个自信的形象,这个形象可能比真实的我们更自信。喜欢棱角分明形状的个体,可能会被认为个性直率。事实上,一直以来,人们经常把这类形状经常与男性特征联系起来。

设计师在设计产品的时候,需要思考产品的用途、使用地点以及共同使用对象。比如,一把椅子是只放在卧室里供家人使用,还是放在客厅向其他人展示我们的身份(通过我们拥有的物品)?

21.4 讨论

本章为新产品开发者介绍了一系列要注意的因素。虽然这个列表并不详尽,但是我的目标是鼓励产品开发者考虑众多影响消费者审美偏好的因素。笔者本人比较关注文化、个性和情境的影响。

首先，我们了解了文化的关键作用。文化作为我们了解世界的镜头（McCracken，1986），影响着消费者看待新产品的方式。受集体主义文化的影响，中国消费者更青睐圆润的形状。这一点也影响着商标的设计。有人发现，在中国和新加坡，和谐自然的品牌标志可以给品牌带来更积极的影响（Henderson 等，2003）。但是，美国的消费者可能更喜欢创新设计。另外，文化也影响着产品的功能，比如我们前面举的自行车的例子——在北美主要用于休闲，在北欧则主要用于出行。文化不仅是一个地域问题，因为社会各个阶层也有自己的审美标准。当消费者参与特定的消费活动时，他的整个生活包括审美偏好都会受到影响，比如哥特爱好者或机车骑手。

其次，我们探讨了个性特征和个人特征对消费者反应的影响。我们知道，有些消费者把美视为生活的重要组成部分，他们更注重产品的设计，要求也更多。喜欢追求个性的人，更青睐不常见的产品。还有一些人需要更多视觉刺激才能对产品产生反应，因此他们喜欢亮眼的颜色或者独特的设计。尽管我们很难根据这些标准对人口进行细分，但是其中的一些信息还是值得参考的。例如，Holbrook（1986）发现，视觉型人群中女性占据了多数。Raju（1980）发现，受过教育、拥有工作的年轻人更有可能需要新颖、多样和创新的产品。工作环境也影响着消费者对生活中的美学的重视程度以及他们需要的次级水平。例如，从事艺术工作的人可能会更挑剔。另外，我们还要弄清这些产品是为谁设计的。如果是面向广泛大众的，那么我们最好采用中等程度的次级水平；太少，产品可能不会被消费者注意到，太多则可能会被拒绝（Berlyne，1960；Steenkamp & Baumgartner，1992）。但是，如果目标人群是意见领袖，目的是建立品牌或产品的形象，那么设计者就可以选择刺激水平较高的创新设计（Workman & Caldwell，2007）。

最后，我们需要关注新产品的消费情境。消费者对产品的购买意向取决于产品的消费环境和共同消费对象。我们建议产品开发者在设计产品前，先思考消费者购买、使用、展示和消费该产品的情境。

21.5 总结

本章为读者列举了一部分影响消费者审美偏好的因素。大家在参考这些元素的时候，一定要注意：在美学的领域里，没有什么是肯定和绝对的。时尚瞬息万变，品位也随着改变、演化、更新。另外，消费者在选择产品之前，也会考虑许多未在本章列举的因素，比如价格或功能。我们建议大家在推出新产品之前，先围绕目标消费者展开有针对性的活动：目标消费者是谁，有哪些审美偏好，他们的购买决定受哪些因素的影响，等等。这些都是我们在开展设计之前应该考虑的问题。

作者简介

阿黛勒·格伦（Adèle Gruen），巴黎第九大学博士在读。她的博士学位论文主要探讨了设计在协同消费背景下物品分配中的作用。本章内容主要基于她在巴黎第九大学学习时的硕士论文和研究方法。

第 22 章

符合未来的设计：对应未来客户的设计

安迪·海因斯　休斯敦大学海恩斯学院

22.0　简介

新产品的理念和设计是针对未来市场的，但是想法和设计通常是根据当前消费者的需求而开发的。本章提供了一个用于了解长期价值观转变的框架，从而深入了解消费者的偏好在未来是如何改变的。本章还介绍了推动这些变化的两种新兴价值类型，并描述了其随时间变化的轨迹。这些转变的价值观是新兴消费者需求的核心，这些需求展示了具有代表性的未来角色。在直截了当的消费者背景介绍及工具包中，对设计师和开发人员的启示也被揭示出来。

寻求创新设计和产品的设计师及新产品开发人员（以下简称开发人员）会不断面临理解消费者偏好变化的挑战。如果能够简单到直接问问他们将来想要什么该多好！然而，事实是消费者自己也不知道。因此，需要寻找未来消费者喜好的线索。20 世纪 90 年代，我曾在 Kellogg 公司担任全球趋势经理，正是这份经历让我意识到，消费者价值观暗含着消费者喜好的改变，也就是他们可能会想买的东西。更重要的是，这些价值观的变化具有长期的模式。我建立了 Kellogg 公司最初的价值观框架，多年来一直应用在数十个客户上（Hines, 2011）。

价值观变化的长期模式可以为理解新兴消费者需求提供一个有效的框架，为他们的购买偏好提供线索。它们是五项新兴需求的核心，为设计人员和开发人员提供了"未来友好型"设计和产品的见解。由于其目标是探索未来的改变，所以重点是转变价值观和新兴需求。专注于新颖的价值观和需求，为突破性创新提供了最佳机会。但是，应当牢记的是，目前的价值观和需求仍然是重要的，并且这些价值观会形成或推动大部分的产品。

22.1 用于了解不断变化的消费者价值观的框架

价值观的定义是"个人对于生活中最重要事情的观点，并且用于指导其决策和行为"（Hines，2011）。实质上，这是消费者用来帮助自己做出重要决定的关键，无论是去哪儿上大学，还是购买什么车。价值观还潜意识地引导了很多的日常决定，例如，我应该买这个贵一点儿的天然产品吗？

目前价值观的映照可能是有用的，但更为实用的是，数据表明它们已经在一段时间内会向一个方向改变。世界价值观调查网站（www.worldvaluessurvey.org/）定义了这种模式，并提供了自1970年以来，收集到的反映价值观变化观点的纵向数据。此外，研究已经确定了20多个与价值观相关的系统（Hines，2011）。本文提取了与未来变化相关的见解。

我们从四种类型的价值观开始。前三种类型是从世界价值观调查网站的调查数据中得出的，而第四种是通过螺旋动力系统假设的（Beck & Cowan，1996；Inglehart，1997）。

图22.1中的长期变化从左到右为：从传统到现代，再到后现代，然后到整体。下面的估算百分比来自世界价值观调查网站的调查数据和螺旋动力系统。由于它们最近没有更新，所以应该谨慎判断。

四种类型价值观
个人对于"生活中什么是最重要的"的观点反过来可以指导决策和行为。

传统	现代	后现代	一体化
循规蹈矩	达成	这些意味着什么？	有所区分
实现自己的预定角色，强调这些是一种"正确"的做事方式	受到成长和进步、提高个人社会经济地位能力的驱动……并展现出来	从物质考量转向寻求意义、联系和更多参与	价值变化的前沿强调了最适合特定情况的实用性方法和功能性方法

图22.1 四种类型价值观

- 传统价值观是历史最悠久的，并且在人类历史上流行一时，但是在发达国家（现在占总人口的25%~30%）这种传统价值观正在消退。在设计上，

第 22 章　符合未来的设计：对应未来客户的设计

设计师的关键任务是产出与他们的信仰、实践、历史、礼仪、教科书等"相一致"的设计。
- 现代价值观正在发达国家里达到鼎盛（30%~40%），同时也在新兴国家里蓬勃发展。在设计上，设计师的关键任务是产出"最好"的设计——一个可以打败竞争对手的最有价值的设计。后现代价值观在发达国家（25%~30%）不断增长。其关键任务是"参与式"的设计过程，聆听每个人的意见和投入，尊重个人带来的独特视角。
- 整体价值观刚刚出现在发达国家（约占 2%）。其关键任务是"共同创造"的设计，这超越了投入，而是直接参与设计过程，比如开源的方法。

价值观类型强调了模式中的偏好和优先级，但应该注意的是，更加强调的是变化，而不是二选一。例如，后现代高度重视自我表达，但这并不意味着现代或传统就没有自我表达，这些只是对他们来说并不重要。

传统和现代的价值观在发达国家正在衰退，而后现代和整体的价值观正在发展。后现代价值观产生于 20 世纪 60 年代末至 70 年代初，并且可能正在接近群聚效应，类似于 Gladwell 的"转折点"，或者"当一个想法、趋势或社会行为越过了门槛的魔法时刻，就像星星之火的燎原。"（Gladwell.com, n.d）。整体价值观与 60 年代至 70 年代萌芽阶段的后现代价值观相似，如果模型符合，可能有望在一代人或两代人的时间达到群聚效应。

一个关键的含义是，设计师/开发者和客户之间的区分会越来越模糊；"我们和他们"正在向"我们"发展。"制造者运动"是其中的一个体现。设计师和开发人员有机会与这些消费者一起，根据他们的新兴需求来开发产品。

22.2　新兴的消费者需求

大多数产品开发是假设消费者想要做什么，这个问题至少在某种程度上被定义了。与创新、发展和设计团队合作的大部分工作，特别是在与未来学家合作时，都会针对未来的问题和未明确的挑战提出概念和想法。这种面向未来的核心原则是从消费者及其需求开始的：将价值观的转移与趋势的识别结合起来，预测新兴需求，以预见未来可能如何演变。请记住，变革是伴随着延续的，这里强调的后现代和整体的价值观是变革的一部分，而传统和现代的价值观是延续的一部分。

创造 5 个新兴需求的几个步骤需要在这里提到。共确认了 39 个普遍需求，34

个后现代价值观，16 个整体价值观和 13 个消费者趋势，然后将其集中、分析并合为一个包含 120 个潜在新兴需求的原始列表，将其以日常生活情况分类，用 John Robinson 的"时间日记"研究报告和他出色的 *Time for Life* 一书（Robinson & Geoffrey, 1997）作为构架，并且现在是美国劳工统计局对于调查"美国人如何花费时间"的基础（见 www.bls.gov/tus/）。该团队通过组合、整合和缩减这个大型列表，来查找该矩阵中的模式。经过多次反复，对下面描述的 5 个新兴需求进行了确认和推敲。

设计师和开发人员如何利用这些知识？新的价值观的出现和价值类型组合的变化与消费者趋势相结合，并加以分析，从而产生了 5 个新兴需求。"新兴"这一描述是比较谨慎的，因为这些需求在某种程度上已经出现在消费者的生活中，而且今后将变得越来越重要。例如在全球范围内的瑞典，或在美国范围内的加利福尼亚州，是对于后现代和/或整体价值观指数偏高的地区，5 个新兴需求在这些地区相对于指数偏低的地区来说更加明显。当然，传统和现代的价值观也可能会追求这些需求，它们并不是后现代和整体价值观独有的，而是更为普及的。5 个新兴消费者的需求：

- 保持真实：喜欢直截了当的故事。
- "执着地"追求幸福：为他人的福祉负责。
- 社区至上：喜欢本地的产品。
- 我们"真的"是世界：感觉对地球的福祉负责。
- 玻璃屋：每个人都在看。

这些新兴需求同时附有代表性的未来角色。

角色是具有代表性的，符合某个有此类需求的人的显性特征。这些角色如今正在出现，预计在未来十年将变得越来越明显。未来的角色可以帮助设计师和开发人员想象他们设计产品的使用"对象"。它们有助于使抽象的需求更加具体。应该记住的是，这些角色都是一般化的。正因如此，他们将会错过将来实际出现的新兴需求的多样性。例如，人口特征说明安妮是一名 35 岁的女性，但并不是意味着只有 35 岁的女性才会有这种需要。这是试图找出需求的中心，必须在提供的细节方面进行一些取舍，以帮助创造人物的精神画面。很重要的是，要注意个人可能会有不同的需求。实际上这很可能是真的。一些带有"保持真实"需求的人可能也有"社区至上"的需求。角色不是排他的。提供单独角色的意图是向开发人员和设计者提供一个形象，从而显现特定的需求。实际上，可以通过构建属性，从而组成一个复合的人物角色。未来的角色描述中会全部包含以下内容。

- **总结说明**：在第一段中总体描述了个人角色。

- **人口特征**：体现新兴需求的"典型"人物，包括性别、年龄、家庭收入、教育程度和人生阶段。
- **插图**：视觉上帮助理解"真实的"人物角色。
- **表格**：包含新兴需求的总结表，可能会包含角色的价值，以及人物出现的相关趋势。
- **专职活动**：角色是如何涉及职责期间的各个方面的——工作、家庭和家庭关怀、购物、个人/生活必需品。
- **闲暇时间的活动**：描述角色在空闲时间是如何活动的——学习、休闲（娱乐/休闲）、所在组织和沟通。
- **缩影**：简短一天的快照，提供了人物在日常生活中的信息。

这些特定的内容作为基本的信息，并且可能会有所变动，根据特定项目的需求增加或减少，这可能包括年代、个性或思维风格、世界观等。

保持真实

一个对于后现代和整体价值观的消费者来说的关键词是"真实性"。这是新兴需求的核心价值。他们要求组织直接把事实告诉他们，并相信他们能够处理。他们拒绝任何家长式的"为你好"的糖衣。他们的观点是："把我当作一个有脑子的成年人，平等对待。不要控制我。"图 22.2 通过"真实的安妮"角色个性阐述了"保持真实"。

他们反对过度管理的世界。"让客户高兴"已经走到另一个极端。

随着越来越复杂的消费者体验管理，其创造出一种情况，即每个方面的体验都是微观管理的，而且消费者能够感受到，并且感觉到他们不断受到操纵，而他们希望停止这种操纵。

对设计师和开发人员的启示

- 这些消费者将会欣赏"做了功课"的设计师和开发人员提出的真实性，比如对历史、起源、材料和处理方式的了解。
- 拥有"优点和弊端"的产品可以通过展示其真实性从而吸引这些消费者。
- 这些消费者欣赏那些繁复的简约。
- 特征或关键词：原真性、简约、天然，以及"以简驭繁"。

设计思维：PDMA 新产品开发精髓及实践

人口特征 女性，35 岁 家庭收入：125 000 美元 教育程度：公共健康硕士 人生阶段：职业中期，初为父母		
在生活缩影中的一天	**活 动**	
安妮的朋友之前觉得她很时尚。他们现在拿这个开玩笑，因为有了孩子之后，某种程度上对她产生了改变。现在，她给家人买东西的时候更关注买的东西本身，而不是产品上的标签或牌子 幸运的是，她找到了很多"妈妈博客"，这些博客给了她一些很棒的建议……她已经好多年没有在主流媒体上看产品评价了。当然，有时她买的东西贵了一点，但是没关系。她觉得自己的选择让事情有所改变，她也喜欢自己的决定是与众不同的感觉。可能她并没有完全放弃对品牌和标签的喜爱	**职责期间** **工作：** 在女性健康非营利机构做兼职 **家庭/家人：** 感谢轮班的工作模式，她可以有一些时间在家里与孩子们在一起 **购物：** 对于重要的物品，会在本地购买或者面对面形式地采购。在线购买"日常用品" **个人（生活必需品）：** 使用个人护理品牌 Tom's of Maine	**闲暇时间** **学习：** 园艺课程 **休闲（娱乐 & 消遣）：** 阅读最新的 *Dwell* 或 *Real Simple* **所在组织：** 山脉社，当地的家长教师联谊会 **沟通：** 与从妈妈博客认识的朋友用 Facebook 沟通
需要说明	**价 值**	**趋 势**
• 原真性溢价 • Au Naturale（天然有机成分研制的专业级彩妆产品） • 简约溢价 • 以简驭繁	• 原真性 • 经验 • 得体 • 功能 • 设计 • 自我表达 • 简单 • 酷 • 可持续	• 真实 & 看似真实 • 足够好 • 可持续消费 • 具有限制的生活 • 生活转移 • 所有权连续

图 22.2　保持真实：真实的安妮

"执着地"追求幸福

　　价值观的转变是消费者重新审视生活目标的主题。追求幸福是许多人共同的目的。它反映了后现代消费者在经济相对稳定的情况下日渐增长的选择。图 22.3 通过"Becky 2.0"角色说明了"'执着地'追求幸福"。

第 22 章　符合未来的设计：对应未来客户的设计

人口特征 女性，19 岁 家庭收入：无 教育程度：心理学本科在读 人生阶段：学生		
在生活缩影中的一天	**活　　动**	
与院长的会面比她预期的要好。她表达了自己对于大学应该种植自有的水果和蔬菜，并且放弃部分与企业合作的食品服务的愿景。她的前提是以这种非常简单的方式来联系学生与他们的食物，以降低学校的碳排放，并提供一个身心健康的环境。 幸运的是，她在 Facebook 上找到了 CampusGrows 的网站。她从其他学校里在做类似计划的学生身上学到了很多东西……获取作物/菜单的想法、工作计划、可以自我维系的财务建议等。她的座右铭是"总会有更好的办法"。下一个目标……与大学校长会面！棒极了！	**职责期间** 工作： 5 节课，2 个志愿演出以及 12 个学生活动。足够多了…… 家庭/家人： 生活在宿舍；讨厌她的室友 购物： 二手店的衣服；全食和农民市场的食物 个人（生活必需品）： 全部使用天然产品	**闲暇时间** 学习： 在学校的广播台学习 DJ 休闲（娱乐 & 消遣）： 玩吉他 所在组织： 为当地农场的移民工人子女做志愿日间看护 沟通： 通过 Facebook 与其他对当地食物感兴趣的学生进行联系
需要说明	**价　　值**	**趋　　势**
• 自给自足 • 可以识别的产品、服务和体验 • 系统性和一致性 • 重塑自我 • 我不是一个消费者 • 追求幸福，也就是"过得好"	• 满意 • 享受 • 健康 • 自我表达 • 激情 • 灵性 • 可持续 • 相互依存 • 质疑 • 探索 • 原真性	• 足够好 • 共同创造 • 消费者扩增 • 真实 & 看似真实 • 个人授权 • 可持续消费 • 虚拟电子团体

图 22.3　"执着地"追求幸福 Becky 2.0

传统价值观并不把追求自己的幸福放在首位，因为除了强调上帝或其他人以外，人们的角色都已经大部分在出生时决定了。现代价值观追求的幸福往往侧重于经济成就和物质繁荣。具有后现代价值观的人们，在有了相对的经济稳定后，有了考虑更广泛意义上的幸福的自由。具有讽刺意味的是，现代到后现代的转型

305

往往伴随着一种焦虑。许多人经历了物质繁荣的空虚感，并质疑其生活的意义。因此，在生活中寻找意义，并不总是件轻易或愉快的事。幸福成为必须实现的东西，不一定是后现代价值观的消费者自己的幸福。

这样的不懈追求在某种程度上反映了目标的重要性："什么让我开心？我该怎么办才能开心？"这种追求往往涉及协助他人，努力为社区带来好处。它也可能涉及对更高级别的权力的信任，但这个概念通常有多个来源，而不是一个单一的信念。

对设计师和开发人员的启示

- 这些消费者正在寻求提供更广泛的生活方式、价值观和目标感，并以此为准进行采购的决策。这些消费者寻找提供"自给自足"的设计师和开发人员。他们可能对共同创作特别感兴趣，可以提供工具、模板和建议给他们，然后让他们自己处理剩下的事情。对于一些产品和设计，可以简单地做到快速、简单和便宜，但对于其他可以彰显其"身份"的产品，设计和产品将越来越多地与其如何带给人们"幸福感"或健康相关。
- 特点及关键词：自己动手、幸福、健康、援助。

社区至上

正在出现的价值观转变表明，规模的转变正从大到小进行，而范围的转变正从大型生产向客户定制进行。这在新出现的需求中最为明显。它得益于分散的方法。它是感知的一部分，在其他需要说明的情况下，生活变得太复杂，过得太快，变得没有人情味。正是这种人格解体特别地推动了对社区的兴趣，因为人们寻求个人生活与他人的重新联系。在现代社会的增长曲线上，疯狂的增长速度被视为经济回报的平衡。后现代价值观的消费者对成本更为敏感，对经济安全的需求较少，从而开始拒绝这种权衡。图22.4通过"好邻居鲍勃"的角色说明了"社区至上"。

这种对联系的渴望体现在现实和虚拟世界中。

这些消费者质疑为什么他们会不认识自己的邻居，甚至市长。

他们正在寻找方法来参与周围发生的事情，因为这有助于在这个越来越混乱的世界中找到一个立足点。Facebook和其他社交网站的爆炸是虚拟世界作为联系机制的证据。

人口特征 男性，28 岁 家庭收入：34 000 美元 教育程度：大学程度；从网络上自学 人生阶段：与未婚妻一起生活在社区里		
在生活缩影中的一天	**活　　动**	
鲍勃记得当他从美国服饰商店里给自己买第一条裤子时自己的自豪感……那是一个开始，但是这似乎已经不再满足他对于本地化的品位了。这就是为什么在过去的两年中，鲍勃一直在通过他的新 Localals ONLY 手机应用程序来连接邻居和艺术家以及手工艺人。有些像 eBay……有些像 ePinions，但内容都是本地的。那么为什么不呢？无论您是寻找面包师还是手工翻新的自行车，布鲁克林都能提供一切。而应用程序的社交方面则是从您购买的人中推测出来的……鲍勃的下一个挑战——将他的"Localals ONLY"运动输送到其他城市	职责期间 **工作：** 布鲁克林录音工作室的工程师 **家庭/家人：** 生活在社区里；订婚了但是还没有准备好结婚 **购物：** 本地购买！如果本地买不到，那么去 Freecycle.org 购买 **个人（生活必需品）：** 在他的工作室里与本地药剂师购买自制的牙膏、止汗剂等	闲暇时间 **学习：** 在本地社区大学上课 **休闲（娱乐 & 消遣）：** 修整自行车；在乐队演奏 **所在组织：** 社区协会理事 **沟通：** 写给本地报纸和博客
需要说明	**价　　值**	**趋　　势**
偏好本地化 社区支持 信任网络	社区 连接 得体 有影响 相互依存 合作 可持续 质疑 怀疑论 忍耐	重新定位 极简生活 可持续消费 个人授权 虚拟电子团体 新兴市场起步

图 22.4　社区至上：好邻居鲍勃

对设计师和开发人员的启示

- 这些消费者重视本地生产的产品，以此来支持本地社区。如果与一家大型跨国竞争对手相比，他们也将倾向于其他地区的小型本地生产商。
- 如果设计师及开发人员为本地社区提供了一些好处，这些消费者可能是主要推动力。
- 这些消费者对自己的现实和虚拟的网络都有信心，并且可以依靠这些网络进行建议、转介，甚至通过众包方式共同创建，这个趋势将持续增强。
- 特点及关键词：本地、社区、网络、众包。

我们"真的"是世界

这个新兴需求的标题来自 1985 年"我们是世界"的歌曲，这是一首关于支持非洲慈善事业的歌曲。这首歌曲获得了一些短期的关注，但随后一切很快恢复正常；这个想法显然触动了目前正在回归生活的消费者，因此在引号中包含了"真的"。这一次，全球责任感或行星意识的兴起正在组成一股更强大更真实的力量。图 22.5 通过"Stewart'ship"的角色说明了"我们'真的'是世界"。

随着世界的"缩小"，支持的价值观被加强了，在全球各地，都可以方便地获取到任何实时的事件或情况信息（Friedman，2005）。

几乎没有某处是全球媒体和通信无法接触的。远程的问题更容易联系，行动的选择也增加了。现在比 1985 年更容易对这些价值观采取行动。所以，虽然这一新兴需求的价值观可能在 25 年前就已经出现了，但是当时的配套基础设施还不完备，然而目前已经存在，并且在未来会持续增加。

对设计师和开发人员的启示

- 这些消费者认为自己是全球公民，并会通过超越国界的设计和产品进行思考，真正关心地球的福祉并愿意采取行动。
- 这些消费者在追求理想主义的宏图上做出了实质性的改变，提出将视觉性和实用性融合在一起的设计和产品。
- 全球社会责任感将成为吸引这些消费者的设计和产品的附加标准。他们会倾向于询问这个产品可以增加什么共同的福利？
- 特点及关键词：全球化、可持续、愿景、不同。

玻璃屋

这些消费者是积极分子，许多人都会有积极的态度。他们不会容忍自己认为错误的行为，也不害怕让对手或其他利益相关人知道。他们觉得自己不会被玩弄，并且他们的价值观和信仰非常重要，需要被尊重。图 22.6 通过"高科技蒂娜"的角色介绍了"玻璃屋"。

第 22 章　符合未来的设计：对应未来客户的设计

人口特征 男性，58 岁 家庭收入：靠储备金生活 教育程度：耶鲁大学本科毕业，哥伦比亚大学硕士毕业 人生阶段：开展他的"加演"职业生涯		
在生活缩影中的一天	**活　动**	
飞机刚刚落地，斯图尔特就迫不及待想下去。他从他的团队那里听到，他们要微型融资计划的试验点村庄对于这个项目感到兴奋。这肯定与在华尔街做交易是不一样的，但他很高兴他辞去了华尔街的工作。当他想到这件事的时候，他的转型很可能是在拜访了海地的教堂之后开始的。他没有变得温柔或者其他怎样……如果有的话，那就是这件事增强了他的信念，即自由市场和商业是唯一的答案。这件事让他意识到，自己可以产生真正的影响。所以他把他在华尔街作为副总裁所积累的 20 年的储备金拿了出来，建立起一个小型基金，并且将尽自己的一份力量把大家带入全球经济之中，一次驱使人们进行极端主义的小额贷款	职责期间 **工作：** 靠他在华尔街工作时的储备金开展小型融资基金 **家庭/家人：** 家庭现在需要在预算内生活 **购物：** 支持新兴市场的小型业务，例如，咖啡展销会、TenThousandVillages.com **个人（生活必需品）：** 在选择中尽量选用低碳环保产品	闲暇时间 **学习：** 语言课程，这样他可以与他的基金会工作人员和客户进行沟通 **休闲（娱乐 & 消遣）：** 努力保持与洋基队的联系 **所在组织：** 统一教会，乐观主义者国际会 **沟通：** Avid 博客并提供免费的本地个人财务工作坊
需要说明 • 全球公民 • 有所不同	**价　值** • 体贴 • 有影响力 • 一体化 • 得体 • 相互依存 • 超越 • 自我表达	**趋　势** • 可持续消费 • 个人授权 • 新兴市场起步 • 极简生活 • 重新定位 • 消费者扩增

图 22.5　我们"真的"是世界：Stewart "ship"

309

人口特征 女性，61 岁 家庭收入：65 000 美元 教育程度：本科 人生阶段：空巢 丈夫退休		
在生活缩影中的一天	活　　动	
在 Woodstock 成立 40 周年之际，如她所愿，他们推出了自己的非政府组织。这是她和詹姆斯相遇的地方。他们当时是那么年轻……天啊，如果有技术的话，他们愿意现在就回到那时。 这个非政府组织被称为"守望台"，它们会建立一个网络工具，帮助个人实时追踪其投资公司的社会绩效。用户输入其股票和共有基金，从他们所关心的 50 多个事项列表中选择，例如公司对公平交易、员工待遇、环境记录、本地和全球采购等方面的立场。他们可以获得基础报告以及实时警报。他们也可以选择联系投资者关系部门表达支持或不满。	职责期间 工作： 社区大学教授；丈夫退休，非工作时间都放在守望台团体上 家庭/家人： 享受空巢 购物： 对于重要的物品，会在本地购买或者面对面地采购。在线购买"日用用品" 个人（生活必需品）： 与所有和她有业务联系的公司进行交叉比对	闲暇时间 学习： 她的儿子正在教她用谷歌地图进行空间聚合 休闲（娱乐 & 消遣）： 皮划艇，远足，家族宗系谱 所在组织： 友谊会（Quaker），社会责任投资俱乐部 沟通： 对于她在公共场合分享的内容很谨慎
需要说明	价　　值	趋　　势
• 因为新的不安全性而信任合作伙伴 • 真相、全部的真相，只有真相 • 责任扩大	• 可持续 • 社区 • 协助 • 承诺 • 原真性 • 质疑 • 怀疑论 • 一体化	• 可持续消费 • 真实 & 看似真实 • 个人授权 • 极简生活 • 新兴市场起步 • 重新定位 • 所有权连续

图 22.6　玻璃屋：高科技蒂娜

　　这些消费者通常一直在观察。他们通常是技术知识渊博的用户，也是信息世界的专家，他们用它来支持其事业。"责任"是流行语，这不总是愉快的，也并不总是公平的。一个公司可以做到的是保持一贯和真实，或者回到我们最初的新兴需求：真实性。"扭曲事实"和信息控制等工具只会使公司陷入困境。实话实说才是人们获得尊重和信任的最根本的方式，而尊重和信任将最终给我们带来收益和回报。

对设计师和开发人员的启示

- 这些消费者倾向于采用透明和开放的方式；他们想知道一个设计或产品是如何派生的，或至少知道他们可以获得这些信息。
- 这些消费者正在寻找值得信赖的合作伙伴，为他们在这个看起来复杂甚至不安全的未来里导航。他们会欣赏愿意承认错误和过失的合作伙伴，将其视为诚信的标志。
- 这些消费者可能会采用合作的方式来参与设计和开发。
- 特点及关键词：开放、透明、参与、合作。

22.3 进一步向前

新兴需求被提供给设计师和开发人员，作为开发未来设计和产品的手段。

角色有助于说明和创造一个关于描述消费者的心态或形象。在本章中建议了两种主要思路：

- 也许在长期应用来说更有价值，是潜在的额外设计和开发工具包。
- 是参考每种需求和角色背后的具体含义以及一系列衍生的关键主题。我们会在下文详细介绍这些内容。

工具包

价值观框架为理解和洞察未来消费者的偏好提供了基础，从而使设计师和开发人员的工作得以与时俱进。消费者对设计师和开发者的期望逐渐增加，他们期待被理解。对价值观的洞察是一个理解什么对他们来说才是至关重要的基本框架。

当然，设计师和开发人员都非常忙碌。因此，这里提供的工具包可以作为"捷径"，这取决于有多少时间来了解消费者偏好：

1. 这四种价值观类型提供了一个"快速随性"的框架。
2. 结合消费趋势的价值观提供了额外的见解。
3. 将价值观结合到五个新兴的消费者需求中，增加了另一层理解。
4. 伴随着新兴的消费者需求，研究这些角色，有助于使这些需求变得生动。
5. 角色可以定制和增强，以提供一种多层次的方法来理解消费者的目标。

未来的角色旨在通过提供体现新兴需求的消费者的视觉图片用于设计师和开

发人员的目标。他们提出了一种方法，来解决这一章开始时所面临的设计和产品开发挑战。这种方法以未来将如何变化为基础，而不是认为目前的情况会持续下去。角色可以用于创意会谈，以产生想法，消费者需要什么类型的设计或产品。角色还可以帮助设计师和开发人员更清晰地了解这些消费者的动机，用来重新定义产品概念。

一些关键主题

本章主要介绍了消费者整体正在以一种我们可以理解的方式改变着。了解消费者的价值观具有重要意义，因为它们揭露了消费者需求背后的原因。消费者期待着设计师合开发者跟上他们的步伐，了解他们的需求，感受他们的体验。这5种新兴的需求和角色，背后都有其各自的特别含义。在本章的最后，我们介绍了一些通用于这两类价值观（后现代价值观和整体价值观）的主题或想法，这些代表着最新的消费者偏好。这并不是说这些需求是必然发生的。未来主义者发现，每种趋势都拥有潜在的逆向趋势，因此，在推进变革时，一定要留意未来动向。

- 消费者偏好存在两种分歧：一种是通用或商品化的产品，如易得、便宜和简单的解决方案；另一种是具有特别意义的产品或设计，也就是符合他们身份和价值观的产品。对于后者来说，消费者更关注它们的设计和开发过程。
- 对于这些商品，尤其是与身份个性产生共鸣的商品，消费者倾向于企业采用更开放的方式，鼓励消费者的参与和创作。
- 这类商品设计和开发背后的故事，将成为推动消费者购买决定的关键因素。
- 当消费者参与其中的时候，他们需要与设计师和开发人员建立更深入的联系，从而获得相关建议、工具和模板，为消费者的创作提供环境。

应该记住，本章的重点是未来和新兴需求。目前的需求将不仅与我们共存，而且还将涵盖大多数产品。按照这种走向，即使新兴的需求，也已经确实地发生在我们身上了。研究表明，在日益更新的变化中，这些新兴需求将在未来十年逐渐成为主流。理解和接受这些新兴需求的出现，将为设计师和开发人员提供洞察力，从而引导他们的开发设计。

第22章 符合未来的设计：对应未来客户的设计

作者简介

安迪·海因斯（Andy Hines）博士，休斯敦大学预科研究生课程的助理教授和项目协调员，自创企业 Hines Hineight 的讲师、活动策划员和顾问。海因斯博士有着24年的从业经验，曾就职于凯洛格公司、陶氏化学公司等，并在 Coates 8: Jarratt，inc. 与 Social Technologies/lnnovaro 等企业担任过顾问工作。他的著作包括 *Teaching about the Future*，*Consumer Shift: How Changing Values Are Reshaping the Consumer Landscape*，*Thinking about the Future*，以及 *2025: Science and Technology Reshapes US and Global Society*。另外，他还发表过名为"The Role of an Organizational Futurist in Integrating Foresight into Organizations"的论文。

第 5 部分

设计思维专题

第 23 章　硬件与界面：融合用户界面与工业设计，获得更丰富的产品体验

第 24 章　设计作品的知识产权保护

第 25 章　可持续设计思维

第 23 章

硬件与界面：融合用户界面与工业设计，获得更丰富的产品体验

基思·S.卡恩　Bresslergroup

23.0 简介

当用户打开电灯开关、调整音量旋钮或者用手指在触屏上滑动时，都属于在和产品的用户界面（User Inferface，UI）交互。用户界面是指实现用户和机器或设备交互的所有实体和数字组成部分。我们周遭的一切设备都在不停地更新换代，尤其是在过去的 50 年甚至 20 年间，更是有着天翻地覆的改变。自然而然，这些设备的用户界面和 UI 设计也发生了巨大的改变。

本章将从硬件和软件的 UI 开发着眼，在许多企业中，这项工作是由几个独立的部分各自完成的。接着，我们会对新产品开发中用到的新兴 UI 技术有一个大致的介绍，让设计师们突破实体控制和显示屏的限制，寻找更多可能。在本章的后半部分，我会向从事 UI 和工业设计（ID）的读者们介绍几种方法（前提是团队已经发现和明确了产品需要解决的问题，即将进入产品概念生成和评估阶段）。由于每个项目都有自己的进度安排，而且采用设计思维的项目并不是完全按照线性顺序展开的，所以我总结了七个问题供大家思考。虽然每个项目都会不可避免地走些弯路，但是这七个问题将尽量帮助大家在整个项目进程中保持明确的前进路线。

第 23 章　硬件与界面：融合用户界面与工业设计，获得更丰富的产品体验

概念说明

在本章，我会使用"数显"来指代数字显示技术，这种技术通常与触屏搭配使用。如今，几乎所有的新产品都会运用触屏技术，但是这种技术并不一定总是最佳选择，我们会在后文详细讨论这一点。

在产品开发领域，人们经常把用户界面和其他类似术语搞混，比如用户体验（UX）、交互设计（LxD）等。由于这些学科相对较新，所以还没有明确的定义。为了方便起见，本章将用 UI 指代人类用户或操作者和设备之间的所有实体和数字（通过触屏）互动。我个人倾向于把用户界面看作人类和机器交流的媒介。

交互设计师就是那些从事 UI 设计工作的人士。LxD 是指用户界面设计的艺术和科学，但是人们总会误以为它只是指界面中的数字部分。UX 经常被误认为只适用于网站设计，其实，UX 涵盖的范畴更广，涉及更综合的人类-产品体验，比如购买流程、产品维护、储存方法、客户支持，以及产品寿命周期内的所有活动。

虽然 UI 是指涉及产品控制和显示的所有实体和数字组成部分，但是为了清楚地说明各部分的开发过程，我们会在本章的个别地方把实体和数字两部分分开来谈。

23.1　发散型路线：实体和数码产品的用户界面

独立型开发路线

1980 年之前，用户界面设计一直属于工业设计和机械工程的范畴，因为它主要是利用按键、开关和旋钮等控制部件实现的实体设计。但是，随着计算机时代的到来，硬件和用户界面软件开发逐渐变成两个独立的学科，这一认知也开始转变，而企业内相关部门的分立也是从这时开始的。一般来说，硬件的设计、生产和测试所需的周期更长，而且通常采用线性的"阶段-关口"开发流程。"阶段-关口"模型把整个流程分成了一系列任务（阶段）和决策的（关口），团队需要按顺序各个击破。这种开发流程不如软件开发流程灵活。它就像盖房子一样，你必须先打好地基，并且有一份完善的建筑计划，才能展开硬件施工。

软件开发则更为灵活，通常采用敏捷开发流程。敏捷开发这一概念最初出现于 2000 年左右。它强调的是适应性规划，一种迭代式的方法和快速、灵活的反应。

敏捷开发的特征是涉及大量环节、短期冲刺、可交付的软件成果，以及尽量简化的书面文档，因此软件开发过程是由许多简短的周期组成的。和硬件开发这样的实体原型不同，软件开发者编写、测试和完善代码的时候，反应速度更快。

虽然 3D 打印和其他先进技术让原型制作更便捷了，但是实体产品从开发到投入生产所需的时间仍然比软件开发要长。因此，我们通常会先进行硬件开发，然后才是软件。当硬件团队进行到用户界面的控制和显示部分的时候，UI 软件的交互设计往往还没有开始，这就注定了用户体验多多少少会受到影响。因此，这种把硬件和软件开发分隔开来（包括部门和顺序）的做法，最终会对产品质量造成负面影响。

两大开发流程的重新整合

20 世纪 80 年代是 UI 开发的高峰时期，以键盘和鼠标为主要控制媒介。游戏玩家们最先意识到了这类控制方式的局限性。当人们使用电脑来完成几乎所有工作时，大多数用户都把键盘和鼠标的存在当成了自然而然的事情。对于大多数用户来说，他们只知道这两种输入设备。但是，主机游戏玩家们却并不满足于这些设备，而且他们还发现了一般电脑输出设备（色域有限的显示系统和简陋的音频系统）的局限性。因此，游戏业应运而生，并且带来了新的控制设备，比如操纵杆设备和手柄设备等，这些新设备可以更好地模拟自然用户输入。很快，游戏企业开始追求越来越高的分辨率，并且开发出了游戏专用主机，比如 Xbox、PlayStation 等，让玩家体验到了更好的画质和音质。

这些趋势——为了特定用途开发处理器（区别于不限用途的电脑），寻找除了键盘和鼠标之外的其他用户输入工具——一直在不断推进。如今，市面上出现了无数种基于专用微处理器的产品，而按键和开关等实体控制方式也有回潮之势。随着联网设备（"物"）的不断涌现，"物联网"这一概念开始流行。这些联系让设备无须实体输入或用户辅助就能实现相互交流。这项技术必然将推动产品创新和新的业务模式和流程的诞生，并且能够大幅提高效率，减少成本和风险。产品开发者需要考虑如何利用这些输入应用到产品的功能中。说到这里，就不得不再次谈到身份认证问题了。

另外，消费者和开发者也逐渐认识到，并不是所有设备都需要通过触屏来控制。有时，实体按键或旋钮反而是最佳选择。理想情况下，触屏适用于紧凑型的通用型设备，因为用户可以通过这一块小小的屏幕进行多种操作。例如，我们的智能手机既是手机，同时又兼具照相机、网络浏览器等功能。但是，也有许多设备更适合硬件控制（实体按键及开关）和触控界面相结合的方式。为了实现硬件控制和屏幕/数字控制的最佳结合，产品开发者需要把 UI 设计和工程及工业设计流程进行整合，最好在设计思维框架内实施。

23.2 新兴用户界面技术

目前，有越来越多的工具可以供交互设计师使用。随着音频技术、触觉反馈技术及手势交互技术等新兴技术的学习和成本曲线趋向最优，设计者们迎来了前所未有的丰富机会来探索视觉屏幕之外的其他产品。越来越多的设计者开始意识到，如果能对这些新工具加以合理利用，产品的可用性、用户的体验和品牌的辨识度都会有显著提升。

听觉反馈

大多数 UI 设计都忽视了听觉这一方面，许多产品设计公司甚至都没有专门的音效设计师。大家肯定不能想象如果 iPhone 没有发送邮件时的那声"嗖"或者连上电源时的那声"叮"会怎样。目前市面上很少有产品具备这样的听觉元素。与 20 世纪 80 年代之前的产品（实体按键、旋钮和开关都有特定的声音）相比，如今的产品在听觉反馈方面反而落后得多。

假设有一种可穿戴/可安装式的相机（类似于 GoPro Hero 那种）。这种相机一般会安装在头盔上或者皮划艇/冲浪板前部等人手够不到或者视线范围之外的地方。用户可以通过视线之外的按钮装备来遥控这种相机。在这类产品中，听觉反馈是一项非常重要的元素，因为用户在拍照时看不到相机的状态。他们要么通过触觉来摸索和确定正确的控制键，要么通过音效反馈来选择所需的功能。

触觉技术

触觉技术通过运用力学、振动或动作等手段来刺激用户的触觉。这一技术经常用在用户的手部或足部，但是也可以用在其他身体部位。例如，设备启动时可以用振动来提示用户，无须利用视觉或听觉方式。触觉技术调动的是用户的触觉和动觉。这类技术需要设备与人体接触（用专业术语来说就是"肤表刺激"），涉及温度、痛感、振动、压力等感官反应。动觉是指根据肌肉力量来判断肢体的运动和位置。

大多数人都对手机振动这种触觉技术并不陌生，不过，这只是冰山一角。在如今的市场里，振动功能就像听觉技术中的一声蜂鸣或视觉技术中的一盏指示灯一样简单。它的作用是提示用户，但是蕴含的信息量又十分有限。大家可以想想看，一声简单的提示音和一段信息丰富的语音或者优美的乐曲会带来哪些不同的效果。目前，振动功能在触觉领域的角色就和提示音差不多，可是它本可以有更广的发挥空间。问题就在于，涉及力学的反馈技术非常复杂而且成本高昂。

手势界面

手势界面是指运用算法让计算机理解人类的手势。对于用户来说，这就代表着无须触碰电脑就能发出控制命令。手势界面起先只是简单的感应控制，然后一路发展到今天。低成本相机和高速处理技术让摄像头输入越来越普遍，而且日趋成熟。比如 Amazon 的 Fire Phone，这款手机设有四个前置摄像头可以用于手势控制，用户只需要点头或者摆手就可以控制手机屏幕。同样的还有 Leap Motion 控制器，用户可以像使用鼠标一样的手势来控制电脑屏幕，无须产生任何实体接触，也就是说，用户只需动动手指就能控制电脑。

增强现实

自 20 世纪 80 年代起，听觉和触觉反馈在屏幕中的应用就日渐式微。视觉反馈的地位逐渐上升，但是仍然有很大的提升空间。增强现实技术就是一个把视觉反馈提升到更高境界的机会。这种技术让电脑生成的感官输入（比如声音、视频、图片等）映射到现实情景之上。用户可以同时看到现实世界和虚拟图片。增强现实硬件和三维建模技术的不断改善，让越来越多的用户得以接触到这一技术。

23.3 新技术需要新流程

我们在前面说过，随着时代的前进，硬件和 UI 的开发逐渐分离。如今，产品的硬件设计经常是 ID 团队和机械工程师密切合作的成果，而数字界面设计则是由 UI 设计师和软件工程师共同完成的。不过，一般来说，分开设计硬件和软件界面会影响最终产品的整体效果。为了给市场带来更好的产品，开发团队需要整合硬件和软件开发流程。而设计思维则可以为这一整合过程提供渠道。

整合开发流程

硬件开发通常是按照线性顺序进行的。首先，开发团队要经历漫长的设计和开发过程。然后是生产、预计加工交货时间、测试、政策法规事宜等；到成品交付运输前，这些事情可能还会花上六个月的时间。这就让 ID 流程变得非常紧迫，而工业设计师必须尽快敲定设计。相反，UI 设计则灵活得多，周期也较短，通常都是非线性流程。交互设计师可能在发布软件前的几周就在进行迭代开发，而且在软件发布后仍以软件升级的方式继续迭代。既然这两种开发过程在性质上就无法同时进行，ID 和 UI 开发基本上都是分开进行的，到最后才整合在一起。我们在前面说过，这种分离可能会影响最终成品的整体体验。

要想把 UI 和 ID 开发流程整合起来，我们可以从几个关键点入手（见图 23.1）。在 UI 和 ID 中，有些元素是一样的，例如，两者都需要通过前期用户研究与目标终端用户建立共情，发现尚未满足的需求，然后提炼出关键的客户信息。另外，这两者都需要进行原型制作，虽然数字化的 UI（屏幕）原型的保真度并不高，但是在早期的迭代评估中却非常有用。最后，硬件和软件都需要视觉品牌语言开发。因此，我们可以从这些共同点入手，把这两种开发过程结合在一起。例如，同时进行软件和硬件评估（通常是可用性或概念测试）。

UI 开发流程最初是指软件开发，通常由数个"冲刺周期"组成。而开发就是在限时的冲刺周期内（一般为几周）实现的。在每个冲刺周期中，设计师需要在有限的时间内尽可能多地解决问题，并且在周期结束时拿出有功能效果的交付物。这是一个很灵活的过程，随时都有可能发生变化；这一点与 ID 开发流程非常不同。硬件设计师在一开始则是广撒网，尽可能多地收集方案，然后进行筛选，直到他们敲定最终方案。这一方案会经过不断完善，最终投入生产。

要想把 UI 设计中的敏捷开发流程和硬件设计中的"阶段-关口"线性流程结合起来，并不是一件容易的事，但是我们仍然可以通过增加迭代流程来实现这一点。产品开发者可以通过一系列设定好的冲刺周期来完成这一目标（见图 23.2）。在每个冲刺周期中，硬件团队必须制作一个实体原型，但是不用做得特别完美，因为这些原型主要是为了测试硬件和软件并从中收集用户反馈。这种方法反映了新产品开发背景下的设计思维框架：开发团队制作出简单的原型，然后收集反馈进行迭代。这样一来，整个开发过程就会更顺利、快速、高效，最终产品体验也更和谐。

同步原型制作

在开发初期，UI 软件通常是在线路图和流程图中诞生的，这些图打印出来之后就成了纸上的原型。接着，当初步的实体原型做好后，开发团队可以把图纸放在实体模型上模拟最终产品上的屏幕设计。

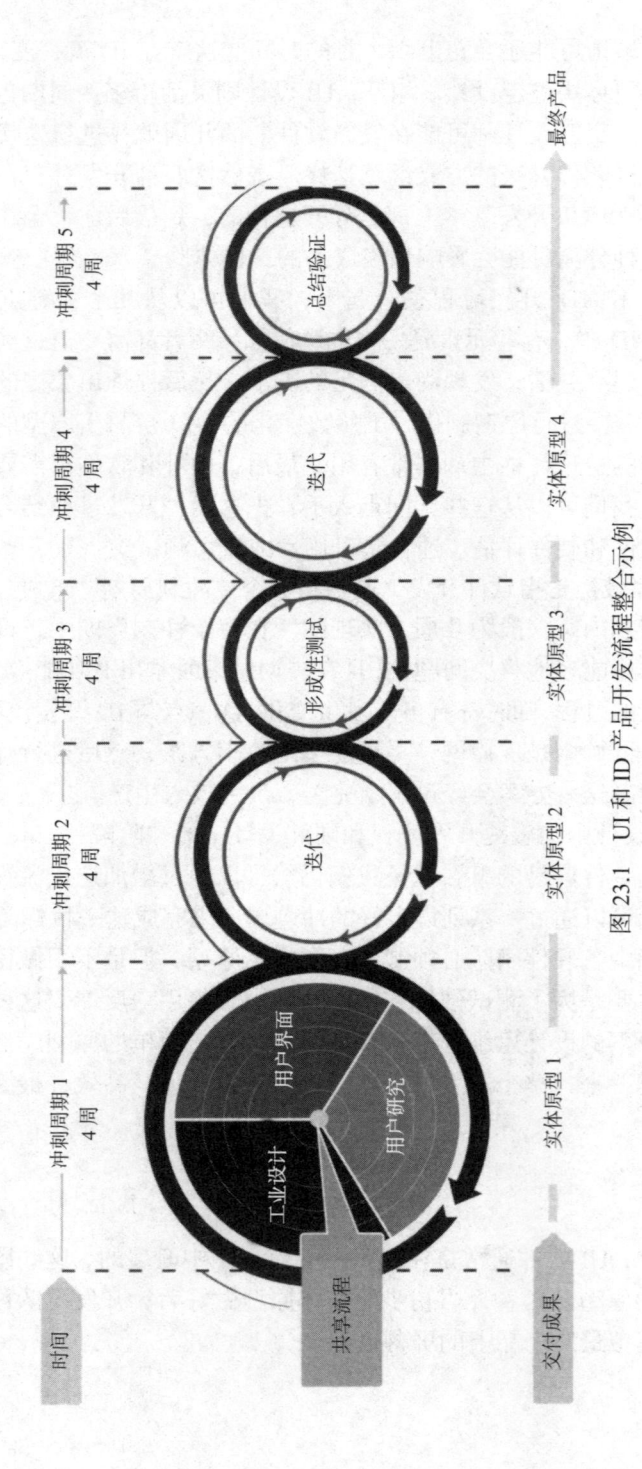

图 23.1 UI 和 ID 产品开发流程整合示例

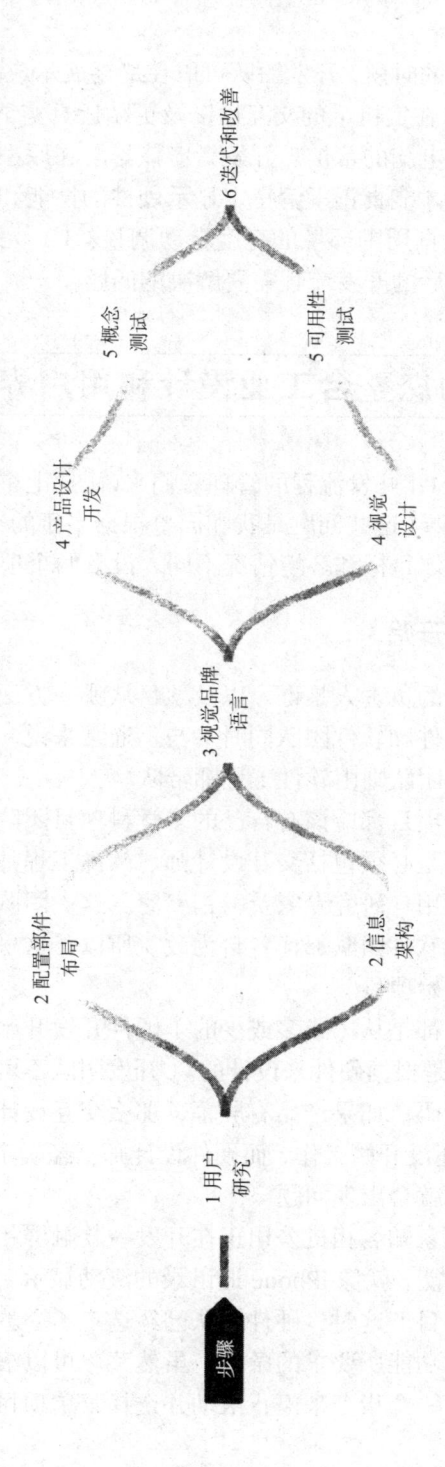

第 23 章　硬件与界面：融合用户界面与工业设计，获得更丰富的产品体验

图 23.2　整合后的原型制作流程

步骤：1 用户研究 → 2 配置部件布局 / 2 信息架构 → 3 视觉品牌语言 → 4 产品设计开发 / 4 视觉设计 → 5 概念测试 / 5 可用性测试 → 6 迭代和改善

323

到了需要更高还原度的时候，开发团队可以在最终展示成品的屏幕上测试 UI 原型。但是，为了了解 UI 在实机上的交互性以及更贴近真实情况的细节交互，开发团队仍然需要"幕后"电脑的帮忙。开发者应该尽早在原型迭代阶段把软件和硬件开发整合起来，这样才能真正了解特定显示硬件的性能和局限性。颜色显示是否正常？屏幕是否能根据周围环境的亮度自动调整？UI 元素与工业设计风格是否匹配？这些都是整合后的开发流程需要解决的问题。

23.4 七个问题助您整合工业设计和用户界面设计

对于希望整合硬件和 UI 开发流程的管理者们来说，这七个问题或决策点可以为他们的项目团队提供指导。这些问题是我和同事根据多年的经验中总结出来的，但是大家要注意，由于具体目标和环境情况不同，没有两个项目是相同的。

流程由谁负责？从哪里开始

这个问题问的是组织的负责人是谁，以及项目从哪一方面开始。关于组织负责人这一点，我们建议硬件和软件团队同时参与。通常来说，硬件团队由机械或电气工程师牵头，而软件团队则由软件工程师带队。

理想情况下，每一个项目都应该有自己的多学科项目团队。这个团队的成员组成视产品本身而定，但是必须包括交互设计师、软件工程师、工业设计师、机械工程师、产品规划师、用户研究专家及营销专家。这支团队的工作主要围绕产品展开，而不是像硬件和软件团队那样各自为政。所以，这里的重点就是找到合适的人员，让他们尽早开始项目。

大多数情况下，项目都是从（或多或少的）硬件开发开始的。这是因为硬件开发耗时更久，而且软件是根据硬件来设计的。（开发团队不可能为一个还没有确定或者诞生的处理器写代码；如果产品有屏幕，那么交互设计师必须知道屏幕的规格。）如果软件设计师还没开始工作，而硬件设计师已经确定了成本限制、尺寸和重量等关键属性，那么就会出现问题。

我们来看个例子。某家知名相机公司正在开发一款触屏相机，用户可以通过屏幕上的滚动菜单选择功能，就像 iPhone 通讯录的滚动显示一样。可是，UI 团队一直到很晚才加入这个项目。这时，硬件团队已经选定了一款处理器，而这款处理器并不能满足快速滚动功能所要求的条件。虽然菜单可以滚动，但是处理器的负荷非常大，无法接收下一个指令来停止滚动并选择菜单项目。为了解决这个问题，软件团队增加了系统的"阻力"（一种减速功能），通过降低菜单的滚动速度来给处理器"减负"。如果 UI 团队能够在工程团队选定硬件之前加入这个项目，最终成品肯定会更出色。

有时，UI 和 ID 团队的需求会相互冲突，这时，管理者就需要发挥作用来平衡局面。大多数 UI 团队都想给每款产品配上高分辨率的电容触屏，但是每个项目都面临着一定的限制条件。例如，ID 团队可能表示，最终产品装不了一个 6 英寸显示屏。另外，还要注意让产品规划和营销团队也参与进来。营销团队可以带来"客户们的声音"，比如"虽然大尺寸触屏这个主意不错，但是我们最终产品的售价应该在 200 美元以内"。

用户的任务和需求是什么

我们不仅要了解用户愿意花多少钱来购买我们的产品，也要弄清用户的身份以及我们希望用户如何与产品交互。这些都是很重要的信息。项目团队就位后，下一步就是确定系统要求。*Human Factors 101* 里介绍了用户、用户的任务、产品、用户使用产品的环境以及产品对用户的要求这几个要素之间的重要联系（见图 23.3）。

图 23.3 "人员因素"是产品、任务、用户和环境的中心

开发团队在这里要学的是如何把这些问题应用到产品中：这部设备有什么用途？用户应该怎样操作？确定了产品对用户的要求之后，问题就变成了：用户需要向设备提供哪些信息作为输入？设备需要给用户提供哪些信息作为输出？

用户使用产品时所处的环境也很重要。这个产品是在公共场合还是私人场合使用？产品需要一名用户还是多名用户？用户是独立使用还是群体使用？产品可

325

以在强烈的阳光下使用吗？LCD 背光屏处于户外或明亮环境中时，需要调高亮度才能清晰显示。如果用户需要用手挡住亮光才能看清屏幕，那么你就在可用性这里失了一局。也就是说，在日常的生活环境中，标准的 LED 背光 LCD 屏幕都能正常工作；LED 显示设备也一样，比如炉灶和微波炉上的七段码模块。

用户的任务同样重要。任务的数量越多，就说明使用情况的复杂性越高；而复杂程度又会影响 UI 设计。产品需要具备多少功能？这些功能需要达到怎样的复杂程度？如果一款设备的功能是显示温度，那么它的显示界面是概括展示三种温度范围（热、适中、冷），还是需要精确到 0.1℃？是否需要同时展示所有功能？有时，为了让产品显得不那么复杂，设计师可以把一些多余的信息隐藏起来，但是开发者绝对不应该通过刻意缩小屏幕尺寸来简化产品的复杂程度，或者设置过多的功能分级。

工业设计师可能需要了解客户使用产品时的姿势：可能是拿在手上、装在墙上/其他设备上，也可能是独立放置。这一点可能会影响最终产品的形状和重量。如果一件产品可以在户外使用，那么它需要具备防水功能吗？产品需要承受哪些物理使用和损耗？

以上这些问题都决定着项目团队的方向。不同的答案会导致交互设计师和工业设计师设计出不同的成果，因此，所有参与产品开发的人员都应该思考这些问题。开发者们可以把所有潜在的硬件和软件 UI 元素，以及这些元素对用户体验的影响都列出来。比如，硬件检查清单可以包括触摸式显示屏、LED 提示灯（红、绿、蓝）及导航硬件。找到硬件和软件局限的平衡点，对于最终产品的成败至关重要，同时也是开发团队应该尽早解决的问题。

数字功能和实体功能的划分

开发团队确认了用户和产品交互的相关信息之后，就需要思考另一个问题了：如何实现二者的交互？选择实体交互还是数字交互？开发团队需要在这一步确定产品采用的技术类型、界面类型，以及硬件和界面（软键盘）的控制命令。如果采用实体交互，那么就会涉及硬件性能和工业设计；如果选择数字交互，那么就需要考虑 UI 和软件性能。如今，越来越多的企业都想给自己的产品装一块显示屏，但是是否真的有必要这样做？企业一定要想清楚这一点。

20 世纪 80 年代初，军用飞机的驾驶舱开始从数百个机电显示和控制设备向集成式的数字交互显示屏转变。我曾参与过 F/A 80 黄蜂式战斗机和 A/V-8B 鹞式攻击机的研发工作。在这一过程中，大部分的导航、通信、传感甚至武器系统管理都从专门的控制区变成了集成式的显示屏，而显示屏的边缘则是动态标记按键。

原来的驾驶员们需要一边进行空战或抢占目标点，一边靠记忆来操作驾驶舱电脑屏幕上的导航菜单。设计团队则需要认真考虑哪些功能需要和其他功能分隔开并设置专用的控制区（有时是专用的显示区），哪些功能可以整合成更集中的系统。为了最大限度地利用有限的驾驶舱空间，设计者只能在显示屏中加入那些适合以多层级、视觉化方式展示的功能，而其他交互操作则应该继续保持实体方式。

今天的产品开发者们都在做着相似的决定。有些功能仍然需要通过实体控制，但是也有些功能可以通过数字显示屏来实现。因此，开发团队应该提前确定产品的运作方式。大家可以想象一下，如果苹果公司在决定用滑动手指或指纹验证的方式来解锁屏幕之前，就敲定 iPhone 的外观和显示设计，会发生什么？

不管开发哪种产品，设计者都必须从整体的角度来思考交互设计。许多人以为交互设计就是屏幕上的漂亮图片，其实不然，交互设计还包括用户与产品进行实体交互的所有方式。因此，开发团队应该在设计流程初期就决定各种功能的实体和数字操作形式。

产品的硬件特性是什么？确定显示方式和其他 UI 元素

企业在推出产品线的时候，应该使用统一的外观风格——统一产品线内的所有产品都应该采用统一的品牌语言——具体的体现形式就是产品的实体设计和 UI 设计。对于同一产品线中的产品，如果一种功能有时采用表盘控制，有时采用开关控制，那用户的体验肯定会受到影响。学习转化在不同设备之间传递并创造价值。客户经常会要求我们在同一产品线中推出不同价位的产品，因此我们才有了屏幕尺寸和其他硬件的差异。在设计过程中，我们需要考虑 UI 元素对产品整体外观的影响，比如小型的平板设备和更大尺寸的显示器。

由于人类是典型的视觉动物，设计团队有时会忽略产品的音频性能。受到成本因素的限制，设计团队在设计有些产品的声音功能时，只采用简单的蜂鸣或提示音，并没有采用复杂的音频系统。这一点可能会影响产品的整体设计。有的产品在开机或关机时的音效甚至变成了品牌或产品本身的招牌特色。因此，设计团队应该延伸 UI 和交互设计的范围，把声音元素也纳入其中，并且在设计过程的早期就开始考虑这些元素。

如何实现 UI 设计师和工业设计师的高效合作

工业设计师不擅长交互设计，而 UI 或交互设计师则不擅长工业设计。为了促进两者的合作和交互，企业可以借助整合、团建活动和集体培训等把大家召集到一起。另一个办法就是按照产品线组建团队，而不是根据职能。例如，对于生产打印机和办公用品的企业来说，开发团队可以分成家用产品团队、办公用品团队等。每个团队则由工业设计师、交互设计师和图像设计师和一名团队经理组成。

情境模拟

模拟产品开发的情境，是另一个促进 UI 和 ID 设计师交流的好办法，这样大家就能弄清自己能为最终产品的诞生做出怎样的贡献。情境模拟可以展示用户与产品交互的过程，以及产品在不同过程中所呈现的不同外观（见图 23.4）。

图 23.4　情境模拟中的一个情境——使用智能手机应用操作家用自动饮料机的场景

进行情境模拟的最好办法是让交互和工业设计团队一起探讨情境内容、用户输入和系统输出。这两支团队需要讨论用户–产品交互的元素流程和最优状态。交互设计团队可以专注于 UI 构成对这一流程的影响，工业设计团队则可以研究硬件在其中的作用。情境模拟可以把这两方面结合起来，使 UI 和工业设计共同发挥最佳效果。对于那些距离较远、无法实现面对面交流的设计师来说，情境模拟格外有用。

冲刺周期

整合流程的最佳方法之一就是把整个开发流程划分为多个冲刺周期。举例来说，如果一个团队有 12 周的时间来设计一款新产品，那么他们可以把这 12 周分成三个"冲刺周期"。在第一个周期中，工业设计师、交互设计师和工程人员需要共同制作出第一个实体原型。在第二个周期，整个团队就要进入迭代流程，制作第二个实体原型。进入第三个为期四周的冲刺周期时，团队需要重复同样的流程，

第 23 章　硬件与界面：融合用户界面与工业设计，获得更丰富的产品体验

然后制作出第三个原型以及最终产品。这样的规划可以把软件的敏捷开发流程和硬件的"阶段-关口"流程高效地整合为一体。

这款产品需要怎样的原型

开发团队需要确定他们需要在开发流程中每个节点制作出怎样的原型，然后根据这些信息确定原型的还原程度（是否需要具备完整的性能，是否需要与最终产品在外观和操作上完全一致）。有时候团队只需要制作一个纸质原型就足够了，有时候却需要制作一个 3D 打印原型。随着开发进程的推移，原型越来越还原最终产品。

通常来说，工业设计和交互设计原型是分开制作的，而随着设计过程的推进，两者之间会越来越分离。例如，当交互设计师知道产品会采用触屏设计时，就会考虑在 iPad 或 Flash 上测试 UI 设计；与此同时，工业设计师也会着手设计一个完善的实体模型。但是，当两队把设计成果拿到一起时，可能会发现这两者根本不匹配。

即使 ID 和 UI 原型对最终产品的还原度不高，两队设计师还是可以用整合原型制作的方法来提高开发流程的效率。这一方法还可以避免两种设计出现不兼容的问题。整合了原型制作过程之后，UI 和工业设计的成果都会得到显著改善。

早测试，多测试

为了确定产品开发流程在沿着正确的方向前进，开发团队最好能在每个迭代周期中尽早、尽多地进行测试。设计、原型、测试、评估，然后是改善和重复。即使面对一个纸质原型，开发团队也应该尽早对其可用性进行测试。尽早进行测试，团队就可以在实体交互还没有成形的情况下确定用户能否了解产品预设的信息架构。

测试开始得越早，效果就越好。产品开发过程就像混合水泥一样，起先，我们可以随意地对其进行调整和塑造；随着时间的推移，水泥越变越硬，要想调整就很困难了。在产品开发过程中，等得越久，原型就越难再发生变化，最终产品基本上也就定型了。企业在开发新产品时需要经常思考一个问题：我们准备好了吗？需要取消或推迟测试吗？一般来说，企业最好能继续测试，因为它可以帮助企业看清目前的情况。另外，像了解情况这种事，最好宜早不宜迟。

如何看待整合设计

在设计产品的时候，企业不光需要考虑整合软件/UI 团队以及硬件/ID 团队，

329

更重要的是整合用户界面设计和工业设计团队以及他们各自的执行或开发团队。至于 UI 和工业设计各自所占的比重，则需要与工程、生产和采购团队协商后才能确定。

23.5 总结

大家一定要记住，像这种教你"怎么做"的书，里面讲的事情都不是真实存在的。所以，如果真实项目进展得不如书里描写得这么顺利，大家也不必担心。要知道，改变一个公司的文化，并不是一朝一夕能实现的，特别是当你身处一家大型企业时。大家要一步一个脚印地踏实向着本章描述的目标以及本书介绍的设计思维模式前进。与此同时，大家还应该留意各种能够带来突破性进展的机会，比如公司的 CEO 突然改变了想法，要把设计部门放到最重要的位置。

回答了前面几个问题之后，开发团队的负责人应该就知道了如何实现 UI 和 ID 团队的合作。此外，团队成员经过共同努力回答了这些问题之后，也应该就如何促进合作和提升合作成果有了一定的了解。

这些内容看起来涉及大量的策略制定和评估工作，但是整合 UI 和 ID 流程之后，那些放之四海而皆准的"标准"模板就会变得更灵活。为了成功让两种已经完全独立的学科再次整合（以便提升最终产品的品质），我们需要调整思维定式，变得更灵活、更包容。正所谓熟能生巧，有了几个项目的整合经验之后，团队就可以掌握其中的方法和精髓。

作者简介

基思·S.卡恩（Keith S. Karn），Bresslergroup 用户研究和人为因素部门总监，主要负责情境调查和可用性测试，以便开发出成功的用户界面和直观产品体验。基思经常发表与行业相关的著作，主题包括可用性评估方法、如何通过用户中心型产品设计和界面设计的相关技术来提升用户体验。基思拥有罗切斯特大学实验心理学博士学位，北卡罗来纳州立大学人体工程学和宾夕法尼亚州立大学工业工程学位。另外，基思还在罗切斯特技术研究所及罗切斯塔大学拥有多年的人为因素及人机交互课程教学经验。

第 24 章

设计作品的知识产权保护

丹尼尔·哈里斯·布里恩[1]　The Webb Law Firm

24.0 简介

熟悉知识产权法律知识的设计者们可以在专利、商标和版权等领域发挥创意，保护自己的作品并获得竞争优势。但是，并不是所有的专利、商标和版权都具有同等地位。设计者应该尽量争取最有利的知识产权保护，因此，他们首先需要了解的就是这三种保护有什么区别。本章将通过理论和案例，向大家简要介绍各种类型的知识产权保护，以及如何最大限度地利用各项保护。

24.1 知识产权中的"设计"

为了了解设计作品是如何受到保护的，我们首先要从"设计"一词的固有认识中脱离出来。设计师、艺术家、博物馆策展人、学者和其他人士一直以来就"设计"一词的概念以及如何区分设计与装饰艺术、雕塑、工程、绘画或其他创意形式都有着广泛的争论。在现实生活中，设计既包括功能性构造，也包括美学元素。例如，某款智能手机的新"设计"可能包括增强可用性的软件设计，比如流线型导航菜单和界面搜索功能，也可能包括手机的时尚外观以及键盘和界面文字的美

---

[1] 本章旨在对该领域进行简要介绍，并非法律建议。如果您就知识产权相关内容有任何问题，敬请咨询持有从业许可的知识产权律师。本章内容仅代表作者个人看法，与 The Webb Law Firm 或任何客户无关。

学设计。

在知识产权领域，"设计"仅指物体或界面的美学或装饰性外观，这是因为知识产权法认为设计不具有功能性。对于一件全新设计的产品来说，它的功能应该属于"发明"（而不是"设计"），只能受到"实用"专利的保护。大多数人在听到"专利"一词时，首先想到的应该都是实用专利，比如爱迪生发明的灯泡；但是，很少有人知道设计专利只保护"制造物品中全新的、原创的、装饰性的设计"，也就是美学工业设计。版权法保护的是"实用物品的设计内容"，这至少认为某些设计是与图像和雕塑作品有关的。产品设计或界面也可以指受保护的商标，比如可口可乐的经典瓶身造型——人们无须看到"可口可乐"四个字，仅通过美学外观就能知道这是什么商品。

让我们再回到智能手机的例子。这里的设计既包括发明（改善后的用户界面和搜索导航软件），也包括设计（美观的外形、按键和界面），前者只受实用专利的保护，而后者却受设计专利、版权或商标的保护。虽然很多人认为好的设计应以功能为主，无须过多装饰，但是针对设计的保护仍然主要受到形式或者功能因素的限制。

鉴于以上原因，本章中的"设计"均指产品和界面中的非功能性方面，这些方面受设计专利、版权和商标的保护。设计所受到的每种知识产权保护都是不同的，而且都有着各自的作用。

24.2 实用专利

根据美国宪法，专利制度的目的是"通过确保……发明人在一定时间内享有……发明的专有权……来促进实用艺术的进步……"。专利就是发明者与政府的交换——与全世界分享你的技术创新成果（发明者首先在专利局登记，然后由专利局发布成果），而你可以在一定时间内享有该项发明的"专有权"。这一限时权利（或专利期限）为提出申请之日起20年。专利权的效力范围非常广，有时，你甚至会在不知道专利存在的情况下就违反了它。

和大多数人想象的不同，专利的"专有权"并不是一种可以制作、出售或使用专利发明的积极权利。例如，你可以为一项受政府监管控制的危险武器或非法物品申请专利，但是法规会禁止你生产这些发明。专利让你有权禁止其他人生产、使用、销售、供应或进口你的发明。对于那些法律允许你生产、使用或销售的发明，你可以通过专利权来防止竞争对手占据市场，从而获得经济收入。

第 24 章　设计作品的知识产权保护

根据《专利法》第 101 条规定，"任何发明或发现全新可用工艺、机械、制造或物质组成或任何全新可用改善内容的对象，均可获得专利"。这条法例对符合专利申请要求的物品划定了一个很广泛的范围，几乎涵盖了一切技术创新。为了获得专利，这类发明必须满足两类重要要求，我个人把这两类要求总结为创新要求和披露要求。但是，在介绍这两类要求之前，我们首先要了解什么是专利权利要求。

专利权利要求的意义

专利法的精髓之一就是"权利要求是专利权的核心"。要确定一项发明是否具有创新性或进行了充分披露，发明者必须格外留意专利的权利要求。每份实用专利最后都会包含一系列权利要求——对发明范围的简要说明，以及各项组成部分是如何相互联系构成了这一发明概念的。例如，假设这个世界上没有椅子，现在有三位设计师分别设计了靠背椅、摇椅和板凳，那么他们各自的权利要求就如表 24.1 所示。

表 24.1　椅子的权利要求

案例 1（标准座椅）	案例 2（摇椅）	案例 3（板凳）
椅子包括： a. 一张座位 b. 座位面下方的四条腿 c. 座位面一侧向上延伸的靠背	椅子包括： a. 一张座位 b. 座位面下方的四条腿 c. 座位面一侧向上延伸的靠背 d. 椅子腿下方两条弧形摇杆	椅子包括： a. 一张座位 b. 座位面下方的四条腿

每项权利要求都介绍了该项发明的基本要素。每项要素都属于一项"限制"，因为它限定了专利的覆盖范围。当竞争对手的产品包含了该权利要求中的所有要素时，便属于侵权。因此，权利要求越短、构成要素越少，该项专利就越容易被侵权。在我们举的这个例子里，板凳的权利要求覆盖范围最广，因此这项专利的

持有人就可以禁止他人制造任何由一张座位和四条腿组成的座椅，包括上文中的靠背椅和摇椅。相反，由于靠背椅和摇椅的权利要求中限定了"靠背"和"摇杆"两项要素，因此不会被板凳构成侵权。

这个例子中的一个重要信息在于，靠背椅和摇椅的发明者本来也可以只把他们的权利要求限定为座位和椅子腿——构成椅子的基本要素。"靠背"、"摇杆"等限制因素只是这一核心发明概念基础上的可选特征。因此，发明者在思考一项发明的权利要求时，应该用尽量少的要素来概括发明特征，这样才能获得最广泛的保护。

但是，这种广泛的权利要求也有不足之处，那就是容易失效。因此，获得实用专利保护的一个关键策略就是"广撒网"，即在专利申请中涵盖不同领域的权利要求。在这些权利要求中，有些可以笼统一些，以尽量减少侵权；有些可以狭隘一些，以便符合有效性要求。我们仍以前面的椅子为例。摇椅的发明者可以在专利申请中涵盖三项权利要求，因为它具备这三种特征。每项发明都可以也应该拥有不同广度的权利要求，要想有效利用这一点，发明者必须精确划分发明中的核心要素和可选要素。

现有技术及一年宽限期

只有当提交的发明较之现有技术具有创新性时，专利才可以被获批。现有技术是指该项发明专利注册之前存在的任何专利、出版物、公开使用、销售或公开知识（因此叫作"现有技术"）。要判断发明的创新性，我们只需要了解专利申请提交前的情况就好。基本上来说，提交申请前已经存在的所有公开知识或信息都可以被认为缺少创新性，但是在注册日期之后，情况就不一样了。因此，在其他条件都一样的情况下，越早提交专利申请越好——每天都会有新的现有技术出现，这些技术可能会抹去或影响你的发明的创新性。

一般来说，专利申请提交前的现有技术都享有公开披露和其他活动。但是，这里也有一个重要的例外，那就是发明者提出的特定披露享有为期一年的宽限期。如果发明者发表了一篇文章或者公开展示或出售某种产品，那么自这些行为起的一年内，只要发明者提交了有关发明的专利申请，他的行为就不属于现有技术。另外，如果披露是由从发明者处获得内容的其他人提供的，那么这一年的宽限期同样适用。设置宽限期是为了在专利流程开始前进行一定的实验或商业化活动，以便对产品或市场进行测试，因此，有关该发明的任何披露都会启动这为期一年的宽限期。

如果无关的第三方在申请提交一年内披露了该发明，那么只要发明者（或任何从发明方获得相关内容的人士）是在第三方之前披露的同样的内容，那么该披露并不会被认定为现有技术，即使之前的发明者披露和之后的第三方披露之间存在着微小的实质差异，第三方披露也会被认定为现有技术而无法申请专利。不过，尽管有着宽限期的限制，现有技术的覆盖范围仍然是很宽泛的，最好的办法还是尽早提交专利申请，以便享受尽可能多的专利权。

创新要求——新颖性和非易知性

根据第一个创新要求，发明项目与现有技术相比，必须是"全新的"或者具备新颖性。也就是说，进行权利要求的发明不可能存在于单一一种现有技术中（例如，存在于单一专利、出版物或产品中）。如果权力要求的主体和现有技术完全一样，那么该项权利要求就会因为缺少新颖性而被认定为"被预见的"。竞争对手的产品和权利要求中的各项要素重合就会构成侵权；同样，预见性就相当于对"严格身份"的测试，例如，如果权利要求中有 4~5 种要素与现有技术相同，那么这项权利要求就不属于"被预见的"。还是前面那个椅子的例子，如果现在出现了一把三条腿的椅子，那么这三种椅子的权利要求都不属于被预见的，因为它们都规定了椅子要有"四条腿"。同样，如果一项权利要求中按照固定顺序限定了 A-B-C 三种要素，那么按照 A-C-B 顺序构成的物体就不属于"被预见的"。一般来说，权利要求中的限制越少，就越容易在现有技术中找到相同的要素并证明权利要求是可预见的。哪怕你的发明中只有一项要素不属于现有技术，它也可以让你的权利要求具备新颖性。

第二个创新要求更棘手，那就是非易知性要求。即使一项发明具备新颖性，可是如果在注册专利的时候，相关技术领域中任何一个具备常规技巧的人都可以轻易想到这一主体，那么该项权利要求就无法申请专利。易知性和预见性不同，前者是把不同的现有技术结合起来，后者则是指所有要素都出现在同一个现有技术中。微不足道的或非实质的差异都可能是易知的。虽然三条腿的椅子并不能预见到四条腿的椅子，但是两者之间的差异很小，并且是易知的。同样，通过实用或常识性的教导、激发、建议或原因对一种现有技术进行更改或将其与其他现有技术结合而构成的权利要求，则很有可能因其易知性而无法获得专利。例如，常见的四条腿的椅子和婴儿摇床（床腿上安装有摇杆）都属于现有技术，那么往椅子腿上安装摇杆改造成摇椅的做法就属于易知的。相反，在一个不存在摇杆式家具的世界里，给椅子加上摇杆的做法就很可能属于非易知性发明。

非易知性可以是主观的，因为它本质上源于以下概念，只有具备"新颖性及其他特性"的发明才能获得专利，因此它们必须具备一些发明特征。艺术的状态、技术的复杂性和可预见性，以及其他客观因素（例如发明获得的褒奖、社会对于发明物品的长久需求、其他人在发明过程中遭到的失败等）都可以用来判断发明是否具备非易知性。

专利申请的披露要求

专利局在审批专利申请的时候，参考的因素之一就是发明的创新性是否符合新颖性和非易知性要求。但是，在进行相关分析之前，专利申请必须满足几点披露要求。由于专利制度相当于一种条件交换，所以这些披露要求保证的是应用的品质，而不是发明本身。只有当公众收到了高质量的发明披露之后，发明才能享有完善的专利权。因此，当专利过期之后，公众就充分掌握了如何制作和使用这项发明。

首先，所有的应用都应该附带一份说明，以详尽的细节披露发明内容。这份说明通常会使用大量的图片来介绍设备的每个部件或流程的每个步骤，避免出现混淆误解。《专利法》第112（a）条规定，应用说明必须符合三项要求：① 必须包含"一份针对发明的书面介绍"；② 该份介绍必须"全面、清晰、简洁、用词准确，便于相关领域的专业人士制作和使用（该发明）"；③ 介绍必须"包括该发明的最佳应用模式"。

这些有关书面介绍的要求可以确保发明者在注册专利的时候，从本质上"拥有"这些发明并且能够以书面语言（和图片）全面地介绍它们。另外，这些要求还规定，书面说明必须详尽全面，这样才能方便相关领域的专业人士阅读披露说明，顺利地制作和使用发明内容。

虽然最基本的条件都不难满足，但是当发明涉及多个变体的时候，整个过程就复杂得多了。每一项专利申请都应该披露特定的一项发明，但是一项发明往往有多项应用或者变体形式，例如，特征或可选要素的结合体或拆分体。作为交换条件，发明者除了向公众提供全面的披露信息，还必须提供足够的信息来支持发明的权利要求。因此，如果你的发明包含多种可替代的组成部分，那么每个单独的组成部分都应该拥有一份书面说明来提供支持和最佳应用。举例来说，为了给摇椅申请专利，发明者不仅要披露一般椅子的信息和简单的一句"椅子下面可以安装摇杆"，还应该通过详细的说明和图示来支持摇椅专利的权利要求。

关于权利要求的质量，还有一条独立要求，即明确性要件。这项要求与说明书的质量要求恰恰相反。《专利法》第112（b）条规定，权利要求必须"特别指出和明确声明发明者或联合发明者认定为发明的主体"。这样就能确保相关公众在阅读专利内容的时候可以看到权利要求并了解专利范围，从而知道如何界定侵权。

只用表示程度的形容词可能还不够清晰（比如"基本平行"或者"大部分由塑料制成"）。在椅子的例子里，权利要求文字"座位面一侧以大约90度角向上延伸的靠背"可能不符合明确性要求，因为这一描述会导致一个问题：在专利范围内，椅背与座位面的角度可以偏离90度多少？有时，这样的描述是可以接受的，但是通常只适用于说明中明确限定了具体的舒适范围（比如10度）。因此，如果发明者需要特别声明某项性能设计的调整范围，最好避开模糊的语言，明确说明权利要求下的参数范围。

提交了专利申请之后，主体产品就处在了"专利申请中"的状态，即使此时产品还享受不到专利保护。因此，"专利处理中"状态并不具备法律效应，却具有一定的营销价值，可以在一定程度上避免竞争对手抄袭产品，否则在专利批准之后，对方就会构成侵权。专利申请获批之后，产品就可以标注为"专利产品"或注明专利编号。

24.3 设计专利

设计专利是指"一件物品上的所有新颖、原创及装饰性设计"。它通常包括产品的形状、轮廓、表面装饰以及图像型用户界面的外观。

作为专利制度的一部分，设计专利自然也受上述大多数规定的制约。关于现有技术和一年宽限期的定义在这里也是适用的。排他权同样适用，除了期限从批准专利之日起20年变成了15年（2013年12月18日前批准的设计专利有效期为14年）。另外，尽管具体的方式会根据不同的设计性质而有所不同，但是设计专利也需要满足同样的披露和创新要求。

和文字形式相比，图像才是设计专利的权利要求的主要形式。实际上，整个设计专利都是由图像构成的，你从图像中看到的内容就是设计专利要保护的内容。图24.1展示了一些设计专利的图片。

在测试设计专利是否侵权的时候，需要从购买受专利保护的设计物体的一般消费者入手。这些消费者比较熟悉现有技术，能够发现受专利保护的设计外观与被指控侵权的产品设计是否相同。这种测试其实就是对两种设计进行比较的过程。

有这样一句很著名的话："设计专利几乎没有界限。"实用专利主要保护的是发明的概念性想法，并不在意产品的确切形式；而设计专利保护的则是产品的装饰性外观，不涉及任何功能性的特征。

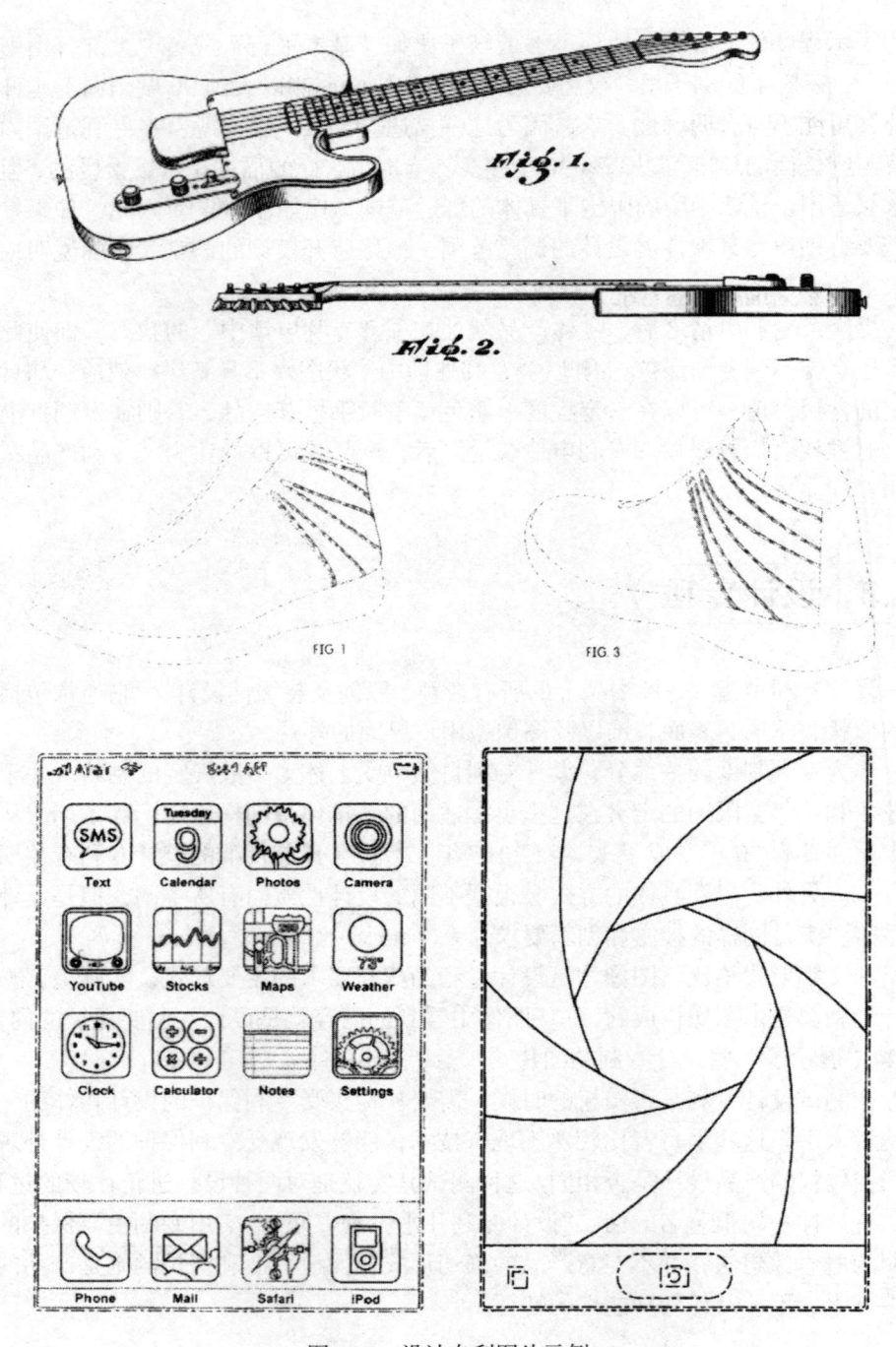

设计思维：PDMA 新产品开发精髓及实践

图 24.1　设计专利图片示例

关于物品的装饰性这一点，相关要求规定，在物品的使用寿命期间，即物品从被创作到最终被破坏、遗失或消亡期间，物品的外观是一个"需要考虑的"因素。例如，促销材料或贸易展中展示的髋部假体也可以具有一定的装饰元素，即使它最终会被隐藏在人体内；但是，汽车发动机的替换部件则并不需要具有外观元素。

由于设计专利一般体现在功能性物体中，而这些物体包括一些功能特征和一些装饰性的美学设计元素。然而，如果物品的外观受到功能的制约，那么在判断设计专利是否侵权的时候，设计元素就无法得到保护，甚至需要妥协了（比如忽视设计元素的存在）。只有独立于功能约束的设计才能被设计专利保护。这并不是说物品的每个功能模块都不能包含可以保护的设计。例如，设备上的每个按钮都具有各自的"功能"，但是关于按钮的位置、大小、形状或样式的创意选择，都可以构成可保护设计。只有由功能决定的设计才属于无法保护的"功能性"设计，例如飞机翼的形状，因为只有这种形状才能提供足够的升力。在这里要明确的是，飞机机翼的形状通常属于实用专利，而不是设计专利。

像发明一样，设计必须具备新颖性和非易知性。由于设计专利权利要求的范围通常相当狭窄，所以较难被侵权，而且也很少会有现有技术会使其无效。新颖性要求基本上与侵权测试相同——设计不能与现有技术相同，即让普通购买者发现两个设计的整体外观基本相同。易知性是指通过修改或组合现有技术来获得设计；如果设计对于"此类行业内拥有普通技术的设计者"来说显而易见，则设计无效。这涉及确定与专利设计基本相同的"主要"现有技术设计，然后寻找与其相关的其他设计，即"两者及其相关，在特定的装饰性外观方面具有极高的相似性"。两种类似的设计是否可以"提示"具体的特征组合和修改，可能是一个困难和主观的问题。简单来说，设计的非易知性越高，就越不容易与现有技术雷同。

设计专利的书面描述、启用、最佳模式和明确性要求都需要通过提交足够数量的详细图片，以充分披露和清楚地展示设计。图片通常是各种图纸，包括各个角度（通常为前部、后部、侧面、顶部、底部和透视）和表面阴影的线图，以尽可能清楚地展示物品的轮廓和尺寸。如果图纸数量不够或者表面阴影不清楚，则有可能影响专利申请的审批和范围。例如，图中的圆圈可以表示一个孔、凹陷或简单的表面装饰，如果没有适当的阴影，专利局和公众就无法辨别这个圆圈的作用。

实用专利的权利要求可以通过较简单的言语限制而获得更广泛的包含，而设计专利的权利要求则需要减少视觉限制来扩大保护范围。特别需要注意的是，设计可以完全或部分获得专利，例如图 24.1 中整体受到保护的 Fender 吉他设计和部分受到保护的耐克鞋设计。因为吉他是完全用实线绘制的，所以另一把吉他不太可能会侵权，除非它基本上包括了 Fender 吉他的所有设计特征。设计者可以通过改变旋钮的位置或琴身的形状来避免侵权，这展示了设计保护的有限程度以及避免设计专利侵权的容易程度。然而，在鞋子的设计图中，实线代表了最突出的设计特征，其余部分均为虚线，因此专利保护的仅是设计的主要特征。这类专利的范围更广泛，其他鞋子只要包含了被保护的特征，不管鞋子的其余部分如何，就会构成侵权。图中两个苹果手机的用户界面设计专利也仅包括以实线展示的某些图标和设计元素。通过以上例子，我们可以学到，设计专利是对抗抄袭产品的最佳手段，图纸的重点应该放在非功能的、最独特、最有可能被抄袭的特征上。

24.4　实用物品的版权设计

著作权制度的存在是为了保护原创作品。虽然版权比专利的时长要久得多，通常是创作者的一辈子再加上 75 年，但是在许多方面的保护却比较弱。版权法的基本原则是，它不能保护想法或高层次的抽象事物，而只是保护那些被削弱成"有形的表达媒介"的想法（例如，画作、书籍或光盘中的内容）。与专利有所不同的是，即使侵权人不知道有该专利，但是专利权可以防止侵权行为，但是版权通常只是可以防止复制。如果侵权人不承认复制某人的艺术作品，那么抄袭可以通过证明侵权人接触了被侵权的版权作品，并且侵权人的作品与其大体相似。版权所有人可以阻止他人擅自复制和分发，甚至制作"衍生作品"——"基于一个或多个原作品的作品，这种衍生作品可以是改写、改编或采用"。如果有人独立创作了一个受版权保护的作品，或者这两个作品都是从普通的公共来源中复制或衍生而来的，则不称为侵犯版权。虽然证明版权侵权行为的门槛在一定程度上高于专利侵权，但在防止衍生作品的能力上，版权比设计的专利权增加了一些灵活性和广度。

传统形式的美术，如绘画和雕塑长期受到保护。同时，版权法也为"制品设计"提供了保护，如果"这样的设计包含可以分别被识别出的绘画、图形或雕塑的特征，并且能够独立于制品的功能性存在"，那么，这种"概念分离性"就意味着设计不能受到功能考虑的过分影响。在形式遵循功能的情况下，可能难以获得版权的保护。应用艺术，而不是工业设计，往往是最能够获得保护的。例如，形状看起来像女性特征的台灯基座，在概念上被认为是可分离的，因此可以受到版权保护。同样，风格化的产品，像珠宝镶嵌的皮带扣也被认为是在概念上为可分离的。然而，与之相对的，像商店的人体模特和弯曲的自行车架过于受到功能性考虑的影响，所以无法被认为版权设计。

与专利保护不同，版权保护只是为了可保护的作品而存在的。人们不一定非得去注册自己的作品，但是如果版权所有者可以在作品首次公开后三个月内进行注册，就可以享受一定的权益，例如诉讼的权利，获取侵权的法定损害赔偿，并且有可能豁免律师诉讼费用。虽然申请实用或设计专利需要花费数千美元，但注册基本的版权只需要 35 美元。不管有没有注册版权，所有者都可以在创作者姓名及创作年份旁边加上版权符号©，以便为版权增加一定的营销和警告价值。

24.5 产品设计的商标权

商标保护的是产品的独有元素，例如表示产品的特定来源或品牌的字词或符号。例如，"可口可乐"的名称或耐克的标志是世界上最著名、最有价值的商标，拥有这些商标，就意味着商标所有人有权阻止他人使用这些名字和符号，以免造成消费者混淆。

专利和版权都有有效期，但商标权却是永久有效的，因为它们是伴随着商标的使用而发生的。耐克公司只要继续销售产品并使用这一著名标志，任何使用相同或相似商标销售产品并可能导致消费者将非耐克产品视为耐克产品的企业，均有可能被耐克起诉为侵权行为。作为商标所有人，耐克实际上有义务"监督"其标志的使用情况，并且追求其他在鞋履或服装上使用这一标志的企业的责任。如果商标所有人没能起到这一"监督"作用，就说明他们自愿"放弃"并失去了这些权利。

由于商标的目的是帮助消费者识别特定的产品来源，所以只有特殊的词语、形状或符号才能享受商标保护。没有人可以因为使用产品的通用名称或直接描述而享受商标权。

例如，像 Xerox 这样由人为赋予的名字或者苹果这样一个电脑公司的名字，都是属于推定具有独特意义的。"Dove"这个暗示性的名称也一样，因为它可能指代市场中的某些产品。相比之下，通用单词肥皂（soap）则可以被所有销售肥皂产品的商家使用，而不能被任何个体实体作为商标使用。最后，还有些商标是描述性的，比如描述产品的"SoftSoap"。这些类型的商标所处的状态比较特别，一方面，其他单独实体可以使用该描述性术语"soft（柔软的）"来描述肥皂；另一方面，消费者已经认识到 SoftSoap 一词并不指向任何柔软质地的肥皂，而是高露洁棕榈油液体肥皂。因此，如果描述性商标"仅仅是描述性的"，就不受商标权的保护；但是，如果能够证明该商标具有"其他含义"或具有"获得性特征"，则可以得到相关保护。

产品的装饰或美观设计也可以注册商标，但前提是该设计不受功能的限制，并且产品的外观具备次要含义或获得性特征。可口可乐的瓶身形状可能是产品设计中获得性特征的最佳例子，它既是瓶子的形状，又暗示了瓶内是可口可乐产品。首先，虽然这只是一个瓶子形状，但消费者都知道这种形状代表着里面装的是可口可乐产品，而且消费者甚至不需要看到瓶子上印的可口可乐的名字就能产生这种认知。在产品设计领域，这种获得性特征非常罕见，因为大多数产品设计或用户界面都不具有更深层的意义。

如果产品设计本身是一种可保护的商标，那么设计所有者必须能够证明其中的次要含义。这并不是件容易的事。这种证明通常需要在市场上多年连续和独占使用设计，证明消费者能够通过该设计识别出品牌的调查证据，讨论设计独特性的第三方文章或出版物，以及一致的广告活动，表明设计或设计功能具有品牌意义。在最后一点中，所谓的"亮眼"广告是快速建立获得性特征的有效途径。一个很好的例子就是 Solo 品牌 Squared 杯子的广告。这款杯子的包装上突出显示了杯子的正方形底部，这样客户一定会注意到这一独特的设计。

在美国，当受保护的商标被用于商业用途时，便可以享受商标权。商标所有人不需要在美国专利和商标局注册商标。一旦使用某一商标，使用者就可以受"普通法"商标权的保护。这些权利可以用"TM"标志来表示，以提供一定的营销和警告价值。由于普通法的权利仅限于使用商标的这个地区，因此，如果第三方以后在其他地方使用相同的标记，则不受普通法权利的限制。一般来说，首先使用商标的人享有优先权，但受普通法保护时则不受此条约束。

联邦商标注册可以允许商标所有人从申请之日起在全国范围内推定使用该商标，避免普通法的地域限制，防止以后的用户限制的较早使用商标的一方的优先权。商标注册也提供额外的权利，例如获得商标权和补充措施的某些推定的能力，还允许所有者把商标注册符号和产品结合起来。然而，为了注册产品设计，所有者必须向商标局证明设计已经具备独特性。

24.6 法律重合、权衡和战略性因素

"设计"可以同时包含发明、美学、艺术和品牌等方面。如果你的设计包含功

能性发明，那么可以申请实用专利保护。如果你需要专利保护，那么就应该尽早开始向美国专利和商标局提交申请，因为它为现有技术设置了严格的截止日期。此外，专利局可能需要几年（通常为一到三年）的时间来处理申请和发布专利，因此越早开始申请就意味着越早获得专利权。

对于非功能性设计功能，我们则需要进行慎重考虑。设计可以同时是设计专利、版权和/或商标，但是每种类型的保护各有利弊，适用于不同的目的。如果你的设计更符合"应用艺术"的范畴，那么最适合你的应该是版权保护，因为它最具成本效益，尽管它在某些方面不如设计专利有优势。设计专利也适用于应用艺术和工业设计，但是这样一来成本会显著增加，而且保护期较短。如果设计主要是美学目的，并且可能在15年的设计专利有效期之外具有经济可行性，那么注册版权是一个很好的选择。

如果企业急需保护以抵御竞争对手，那么最快的办法就是版权，因为它不需要注册。设计专利可以提供更有力的保护，覆盖更多的设计主体，但是注册过程耗时较久，因为专利局需要一或两年的时间进行全面审查和发布专利。因此，如果主题可以申请版权而且时间紧迫，大家也可以通过版权和设计专利来为设计提供保护。版权符号©和/或"专利申请中"的标志可以在设计专利获批之前为设计提供额外的威慑力。

由于商标保护在大多数情况下适用于产品设计而非品牌，因此在产品设计中不常被考虑到。在极个别情况下，产品设计会作为商标使用，此时，最重要的事是尽快建立获得性特征，因为没有明确的特征，产品设计就无法享受商标权。无论是享受普通法权利，还是为产品设计申请联邦商标注册，设计者都需要证明设计的获得性特征。由于获得这类特征的最佳方式之一就是在一定时期内以商业目的独占使用这一设计，而加快这一过程的一个方法就是在开始建立获得性特征前提交设计专利申请和/或版权申请。另外，还要使用版权符号©和/或"专利申请中"这些标识。这一策略可以帮助我们抵御竞争对手，同时在销售和营销活动中推动消费者把产品设计与品牌联系起来。申请商标注册比申请设计专利成本低，而且通常情况下速度更快。

24.7 总结

制定知识产权战略时，我们需要考虑许多复杂因素，但是学习了本章的基本规则、要求和常见误区，设计师就掌握了宝贵的竞争优势。了解各种保护方案的内容，有助于让设计师最大限度地获得知识产权保护，实现短期和长期业务目标。

作者简介

丹尼尔·哈里斯·布里恩（Daniel Harris Brean）是宾夕法尼亚州匹兹堡市 The Webb Law Firm 的知识产权律师。他是一位经验丰富的专利诉讼人和专利检察官，擅长机械、电气和软件技术领域。丹尼尔在工业设计保护和设计专利方面拥有丰富的专业知识，并且经常发表相关的著作和进行演讲。他拥有卡内基梅隆大学物理学学士学位，以及匹兹堡大学法学院博士学位。另外，他还在匹兹堡大学法学院担任附属教授职务，教授专利法课程。

第 25 章

可持续设计思维

罗珊娜·加西亚　北卡罗来纳州立大学
斯科特·达科　华威大学

25.0 简介

　　本章的主题是如何通过在设计思维中融入可持续元素来开发出社会负责型及环境可持续型产品。设计思维兼具以人为中心的思维方式以及可持续性理念，在与使用服务/产品的对象建立共情的同时，用创意探索颠覆型解决方案，用理性选择当前情境下的可行方案。因此，与经济学家、工程师甚至政府机构相比，设计思维的践行者更有潜力延缓环境和社会退化，因为他们可以在产品和服务设计中融入以人为本的共情理念。当设计可以启发个体消费者/终端用户改变习惯，转向更具持续性的行为方式时，将会长久造福我们的环境和社会。一次性的咖啡胶囊是设计思维与可持续性相悖的一个例子。2013 年，绿山咖啡共生产了 83 亿颗咖啡胶囊，足够环绕地球 10.5 圈。虽然这一设计给人类带来了便利，但是却并不环保。

　　在本章，我们会把设计思维和可持续设计结合起来讨论，希望从中探寻出一条让消费者也参与到设计环节中的道路，从而确保我们的自然、社会和经济环境的长远发展。现在，越来越多的大众开始意识到，地球面临的众多可持续性问题主要是由设计师和制造商造成的，因为 80%的产品都会在单次使用后被丢弃，而 99%的材料会在使用之后的六周内被丢弃。很显然，如果我们想有效地应对和解决环境及相关的社会及经济问题，在设计思维中融入可持续理念已经刻不容缓。

25.1 X 设计

要想构建可持续的设计思维，首先需要了解什么是可持续性。我们在这里把它比作一个三条腿的椅子，即环境、经济和社会问题的整合。我们也可以参考生物学家巴里·康芒纳提出的比较系统的说法："万事之间皆有联系。"对于一系列 X 设计的可持续战略的简介和评估，共同构建了进一步讨论的基础。一直以来，制造商们需要应对无数的产品设计标准，以便控制新产品和服务对环境造成的影响（见表 25.1）。这些 X 设计战略主要以特定的工程/研究和开发（研发）问题为核心，消费者在设计标准中只能发挥被动作用（而不是扮演合作者的角色）。

表 25.1　X 设计战略列表

循环使用和再利用设计 [e]	耐用设计 [b]	良性废物处置设计
富余设计（升级改造）[a]	拆卸设计 [b, d]	减灾设计 [c]
材料优化设计 [e]	维修及升级设计 [b]	生产能力设计 [c]
废物高效采购设计 [e]	去材料化设计 [b]	可维护性设计 [c]
解构及灵活性设计 [e]	服务化设计 [c]	人身安全设计 [c]
能源及材料保护设计 [c]	重估设计 [c]	人力资本设计 [c]
自然资本设计 [c]	经济资本设计 [c]	产品恢复设计 [c]
产品拆卸设计 [c]	可回收设计 [c, d]	减排设计 [c]

资料来源：a McDonough & Braungart（2002）；b Autodesk（2014）；c Fiksel（2011）；d White, St. Pierre, and Belletire（2013）；e WRAP（2015）。

可持续设计（又称为效益设计）、效用设计和环境设计，是涵盖大多数特定设计战略的三种概括性理念。它们可以对不同的 X 设计战略展开批判性评估。

可持续设计（效益设计）。1992 年，McDonough 和 Braungart 共同编写了汉诺威原则，坚持人类和自然共存原则；勇于承担设计责任；创造有长远价值的安全物品；消除废物。可持续设计的核心原则是顶级效率。根据世界可持续发展工商理事会（WBCSD，2000 年）的定义，"生态效益可以通过提供能够满足人类需求和提高生活质量的具有价格竞争力的产品和服务来实现，同时逐步减少产品和服务生命周期中对生态造成的影响和消耗的资源，至少使之与估算的地球承载能力相当"。简而言之，就是用更少的影响创造更多的价值。

尽管在过去的 20 年里，生态效益越来越多地出现在这些企业和其他企业的设计策略中，但是也有人认为，生态可持续/效益设计解决方案只能带来短期的成本节约和效率提高，根本没有什么挑战性。Laszlo 和 Zhexembayeva（2011）将二者描述为"附加式"可持续性和"嵌入式"可持续性。"附加式"可持续性有时也被称为"绿色浴"，指的是把可持续发展作为一种营销手段；"嵌入式"可持续性则是在公司内部构建"绿色框架"并以此推动公司的战略。"嵌入式"可持续发展不仅追求"减少伤害"，更追求"零伤害"，并且会寻求积极的环境效益作为核心业务活动（见表 25.2）。

表 25.2 "附加式"可持续性与"嵌入式"可持续性

	"附加式"可持续性	"嵌入式"可持续性
目标	追求股东价值	追求可持续价值
范围	象征性地改善利润率	核心业务活动转型
客户	以优惠价格或有限质量供应"绿色"和"社会责任型"产品	在保证质量、不附加社会或环境成本的前提下供应"更智能的"解决方案
价值获取	专注于风险化解及效益改善	覆盖可持续价值营造的各个层面
价值链	管理公司自身的活动	管理产品或服务生命周期价值链内的所有活动
关系	利用交易关系。客户、员工及供应商等利益相关者都是待管理的资源，同时也是投入资源	建立转型关系。和所有利益相关者（包括 NGO 和监管机构）合作开发解决方案，实现系统层面的改变
竞争对手	仅追求"输-赢"模式，己方的盈利即代表着对手的损失	加强与对手的合作，开辟潜在收入来源
组织	建立"替罪羊"式的可持续部门	让追求可持续性成为每个人的责任
竞争优势	专注于数据分析、规划和项目管理技巧	强化在设计、探询、增值和整体性等方面的优势
可见性	高调展示环保和社会责任，试图控制最终的疑问与困惑	大部分可持续绩效虽然没有表现在明面上，但是却与每个人的目标相符并激励大家前进

资料来源：Laszlo 和 Zhexembayeva，2011。

效用设计。 提出了"嵌入式"可持续发展的观点之后，McDonough 和 Braungart（2002）又提出了效用设计。效用设计认为，产品或服务可以满足生态的效益标准，却无法满足效用标准；也就是说，设计不仅需要把消极足迹最小化，还要通过可持续增长创造积极足迹。例如，电动汽车（EV）的一部分反对者认为，电动汽车造价昂贵，其制造过程不仅需要额外资源，而且还需要不可再生能源来为车辆供能，再加上处理汽车的有毒电池会对环境造成影响，这一切都弊大于利。因此，电动汽车虽然能够带来生态效益，但是其生态效用却受到了部分批评者的质疑。产品/服务生命周期中的生态效用应该采用"从摇篮到摇篮（Cradle to Cradle）"的方式，也就是说，产品不会进入"坟墓"阶段，而是回到更高级的流程中。在"从摇篮到摇篮"设计（也称为C2C、再生设计）中，到了产品的最终寿命阶段，产品或服务中使用的所有材料都会变成生物营养（有机材料）或技术养分（无毒的无机或合成材料）（McDonough & Braungart，2002），如图25.1所示。运动品牌PUMA设计了InCycle系列鞋履和服装。这些产品上都有特别标示：当产品的使用寿命结束时，这些材料可以相对容易地变成生物和技术养分，而PUMA店内也设有回收箱，方便消费者送回旧产品。

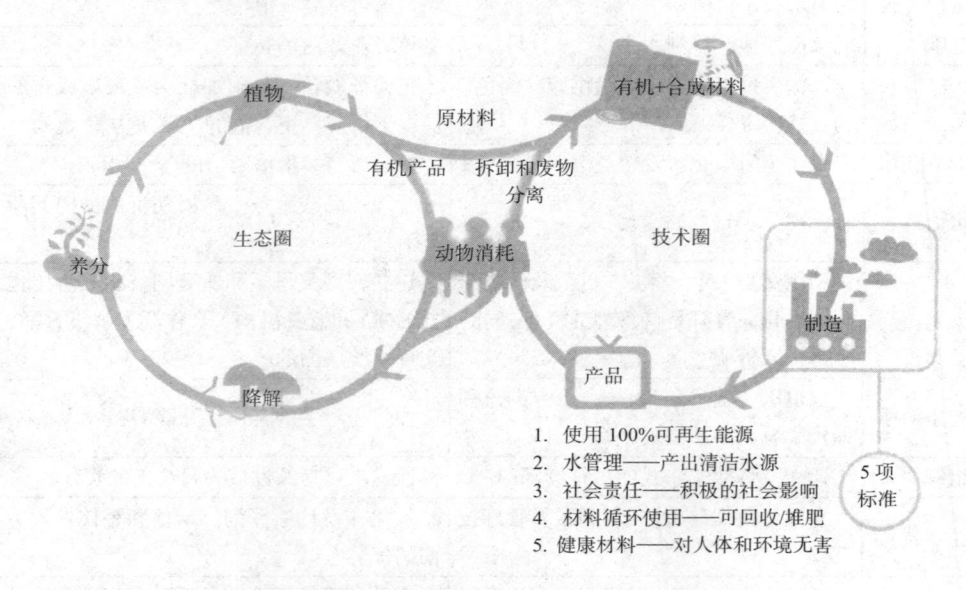

图25.1　效用设计的"从摇篮到摇篮（Cradle to Cradle）"理论

　　总而言之，效用设计强调从技术和生态角度的再生，为产品和服务开发人员提供了一个不凡的目标、广阔的视野和长远的挑战。接下来我们要介绍环境设计。这类设计与效用设计基本一致，但是它强调的是通过一整套特定的设计手段实现全面、长期的可持续发展目标。

　　环境设计。这种方法是"在整个产品和过程的生命周期中，结合环境、健康、安全和可持续发展目标，对设计绩效的系统考虑"（Fiksel，2011，p. 9）。效益设计结合了可持续发展战略与新产品开发流程，并详细考虑了如何以最环保的、最具社会和经济可持续性的方式满足利益相关者的需求和期望。值得一提的是，效益设计的设计原则融合了四种可持续发展战略（见图25.2）：去材料化设计、无害化设计、重估设计、资本保护和可再生设计。由于这些方法对于建立可持续创新设计思维观点很重要，因此我们将在下文对它们进行简要总结。

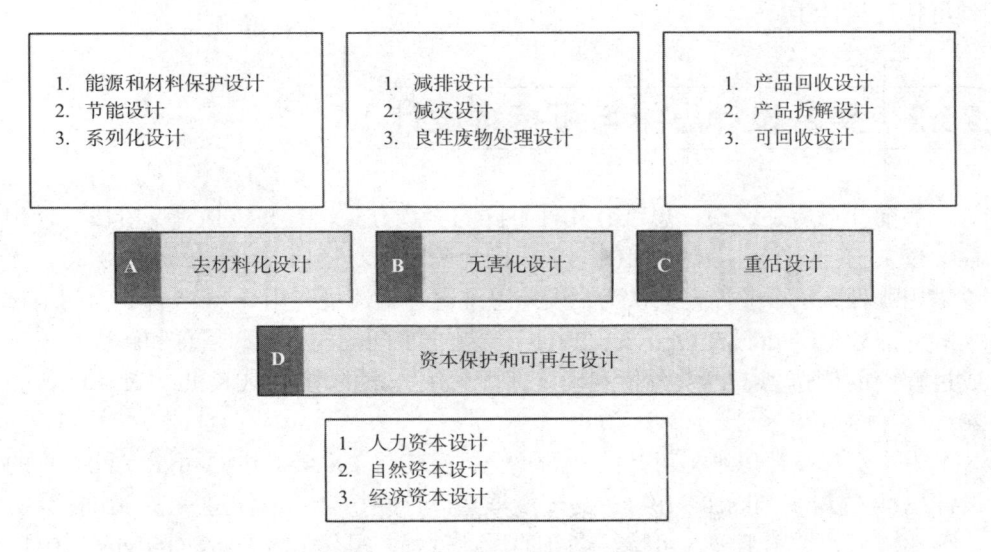

```
┌─────────────────────┐  ┌─────────────────────┐  ┌─────────────────────┐
│ 1. 能源和材料保护设计 │  │ 1. 减排设计         │  │ 1. 产品回收设计     │
│ 2. 节能设计         │  │ 2. 减灾设计         │  │ 2. 产品拆解设计     │
│ 3. 系列化设计       │  │ 3. 良性废物处理设计 │  │ 3. 可回收设计       │
└─────────────────────┘  └─────────────────────┘  └─────────────────────┘
   A   去材料化设计         B   无害化设计           C   重估设计

                    D   资本保护和可再生设计

                  ┌─────────────────────┐
                  │ 1. 人力资本设计     │
                  │ 2. 自然资本设计     │
                  │ 3. 经济资本设计     │
                  └─────────────────────┘
```

图 25.2　环境设计的四个主要战略

去材料化设计的重点是在产品的整个生命周期中减少材料的使用和相应的能源需求。例如，宝洁公司的汰渍洗衣液经过浓缩，其清洁效果相当于 2~3 倍洗衣粉的效果。这一改进显著减少了洗衣液的含水量、包装尺寸、运输重量和货架空间。

无害化设计的重点在于减少或消除产品及其相关过程中的有毒、危险或其他有害性质，包括可能对人类或环境产生不利影响的废料。例如，在 2013 年，联合利华旗下的 Sure、Dove 和 Vaseline 品牌开始使用体积较小的压缩气溶胶罐。新款罐身的铝含量平均减少 25%，而且由于尺寸较小，每罐产品平均可以减少 25%的碳足迹。

重估设计重点是回收、再利用或以其他方式重复使用产品生命周期的每个阶段产生的剩余材料和能源，从而消除浪费并降低原始资源需求。例如，欧盟成员国必须为报废车辆建立回收系统，并确保所有车辆在通过车辆注销系统的审核并获得报废证之后，会被转移到授权的处理设施进行处理。

资本保护和可再生设计的重点是确保维持产品生命周期所需的人力、自然和经济资源的安全、完整、活力、生产力和持续性。英国特种纸制造商 James Cropper PLC 为了保护自然资源的持续性和可再生能力，利用废弃的可可豆荚造纸，并且对一次性咖啡杯的纸张和塑料部件进行回收，实现了突破性的工艺创新。

下一节，我们会把效益设计和设计思维理念结合起来说明如何让消费者参与到可持续设计中。

25.2 整合设计思维与可持续设计

如前几章所述，设计思维有几种不同的实践方式，有些包括六个阶段（斯坦福学校），有些则包括五个（IDEO）或四个阶段（Liedtka & Ogilvie，2011）。无论采用哪种方法，业界普遍认为，设计思维通过邀请最终用户/消费者成为创新过程的一部分（Liedtka & Ogilvie，2011），"融合了问题的背景、信息和解决方案生成过程中的创造力，以及分析和确定匹配解决方案的理性"（Kelley & Kelley，2013）。

为了实现设计思维与可持续性的整合，我们将 Liedtka 和 Ogilvie（2011）的设计思维方法与 Fiksel（2011）的环境框架设计相结合，以便进一步突出社会可持续性，把人类感情纳入可持续创新的设计过程。虽然 Liedtka & Ogilvie（2011）的方法看似简单，只有四个步骤——界定（What is），假设（What if），亮点（What wows），检验（What works），但是却符合可持续设计的理念。把设计思维和效用设计结合起来，界定阶段包括可持续生命周期评估等分析方法；假设和亮点阶段包括规则和指导方针，例如重估设计；检验包括可持续发展先导因素和指标（见图 25.3）。这些都被作为可持续设计思维进行了详细讨论。

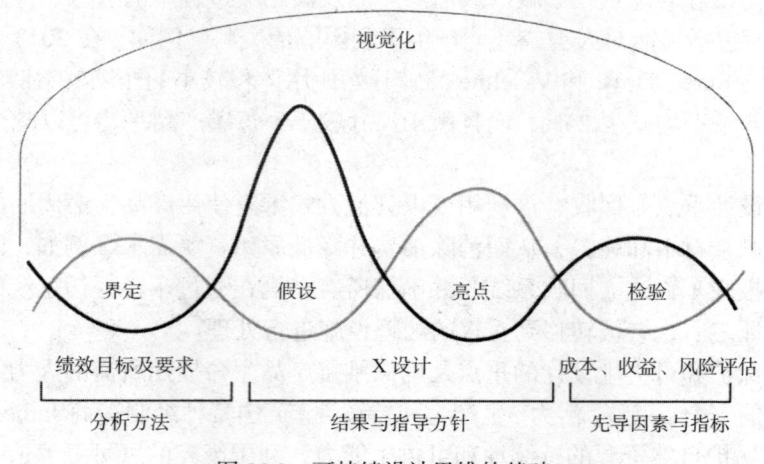

图 25.3 可持续设计思维的基础

界定

"界定"阶段的目标是从消费者/终端用户的角度来界定可持续发展问题。这一阶段的典型问题包括：客户的可持续需求是什么？终端用户在产品使用中发现了哪些可持续性问题？目前有哪些回收和再利用计划？消费者如何参与？在界定阶段，我们将深入了解客户的习惯、偏好和风俗。这一阶段包括：

把可持续性形象化。"把客户和他们的体验形象化，让他们成为真实存在的个人"（Liedtka & Ogilvie，2011，p.49），经过这一步骤，设计思维流程中的可持续性就形象得多了。重要的是，形象化可以帮助我们在投入大量资源之前，把利益相关者的心理模型"配对"。这一过程应该保持简单，插图和照片（见图25.4）都是不错的形式，而且易于确定评估对象，例如堆填与材料回收两种方案的对比。

图25.4 图片故事

可持续性路线图。用流程图与或其他图表格式重现客户在产品或服务交互过程中获得的持续性相关体验（Liedtka & Ogilvie，2011，p.61），就可以对可持续性问题进行评估。通过焦点小组、调查或其他方法获得这些信息之后，我们就可以让客户切实参与到产品/服务生命周期（P/SLC）的每个阶段（例如烦恼、快乐、厌恶）。

可持续性价值链分析。界定阶段的主要目标是发现那些对公司、消费者和其他重要利益相关者有意义的可持续价值。价值链分析指的是"研究组织与合作伙伴在生产、推广、分销和产品支持过程中的交互"（Liedtka & Ogilvie，2011，p.75）。因此，以可持续性为重点的价值链分析可以确保公司现有的商业模式明确包含了各利益相关方的可持续性关注点。

"从摇篮到摇篮"理念的基础是：不仅要保证产品和服务不会造成伤害，还要保证设计能够为环境带来积极影响，显然，这一点改变了价值链的重心。P/SLC

的每个阶段都必须经过评估以确定它们带来的积极影响。例如，对于一家生产一次性咖啡胶囊的B2B公司，有很多机遇可以帮助它给环境带来积极影响，如图25.5所示。

社会	公平贸易	轻微影响	公平薪酬	最简包装	最简运输	最少废料	最少维修与浪费	废料升级
经济	原料/成本	原料成本最小化	生产成本最小化	包装成本最小化	运输成本最小化	客户满意度/多样性	维修服务收入	消费者商誉
环境	不使用杀虫剂	原料使用最小化	原料使用最小化	最简包装	最简运输	轻微影响	最少废料	生物/技术养分
	原材料萃取	材料加工	部件制造	组装&包装	分销&购买	安装&使用	维护&升级	寿命周期结束

图25.5 可持续设计思维中的价值链分析

根据Liedtka和Ogilvie（2011）的观点，基于可持续设计思维的价值链分析应确保：① 企业的价值链以人（社会）、利益（经济）和地球（环境）三重底线为基础；② 根据外部关键利益相关者及其角色，确定了在P/SLC的每个阶段，三重底线产生价值所需的核心战略能力；③ 建立和分析了通过有合作伙伴参与的可持续设计来改进业务模式和产品供应的可能性。

可持续性思维导图。完成可持续性的形象化、路线图、价值链分析等步骤后，我们就掌握了许多定性（也许还有一些定量）信息。由于思维导图是"对大量信息进行精炼"的过程（Liedtka & Ogilvie，2011，p.81），可持续性思维导图的作用就是从信息中发现规律，为可持续设计指明方向。尽管可持续设计的三重元素（环境、经济、社会）可能会相互矛盾，但是我们还是要在界定阶段找到一个平衡点，创建一个理想的设计应该满足的"主要标准"（Liedtka & Ogilvie，2011，p.87）。对于像"告别冰箱"这样的可持续设计项目来说，非制冷设计的最理想标准就是采用传统和自然方法保存食物（不采用任何制冷技术）。通过考虑用户对简便性和资源供应情况的需求，该项目已经获得了一些创新成果，比如使用潮湿的沙子保存蔬菜！这个例子说明，在界定阶段，一件很重要的事就是在生成解决方案之前设置关键标准。

假设

在假设阶段，我们会围绕我们在界定阶段收集到的所有可持续性信息展开头脑风暴练习，生成一个确定的可持续产品/服务设计。假设阶段包括可持续性头脑风暴和概念开发。

可持续性头脑风暴

根据我们在界定阶段确定的设计标准为设计人员设定具体挑战，有助于打破企业在追求利益最大化的过程中无意形成的创意壁垒。我们发现了四种头脑风暴技术，有助于生成以可持续性设计思维为基础的创意能量。

可持续性倒叙。选取一个我们期待的未来时间点，比如几十年后（一个不再使用一次性咖啡胶囊的世界），然后倒推回现在。这种方法可以有效评估我们在向着预期目标前进的过程中需要哪些政策措施和改变（Robinson，1982；Van de Kerkhof, Hisschemoller & Spanjersberg, 2002）。这种方法让人们看清了哪些行为可取（比如升级循环），哪些行为不可取（比如填埋材料）。Holmberg（1998）关于公司长期战略制定的研究为我们提供了一个框架：

1. 为长远的可持续发展确定具体目标，例如填埋废料中再也不会出现牙膏管。

2. 围绕可持续产品/服务展开创意设计。怎样的产品/服务可以实现这一未来目标，以及怎样的公司结构可以供应这些产品/服务。

3. 通过5~10年的时间，确定和讨论需要实现哪些里程碑（例如，使用90%的回收和可回收材料）来供应可持续产品/服务。

通过情感联结实现可持续性。乔纳森·查普曼（2005）认为，产品设计应该让消费者与其所拥有的产品建立情感联结（称为情感持续性）。当消费者与产品建立持久的情感联系时，并且从购买之时就感受到了持续的喜悦甚至惊喜，那么消费者就会十分重视这件"珍贵的"财产，从而把消耗和浪费降到最低。

进行头脑风暴练习的时候，可以尝试设计一种能够产生持久情感联系的产品或服务。选择一种相关产品（例如，可以加墨水的钢笔），让多名参与者从不同层次讲述这一产品是如何成为消费者生活中不可或缺的组成部分的。叙述过程要特别说明：① 预测产品的老化过程（例如笔身磨损）及其随着时间形成的特征；② 考虑如何改善产品本身的耐用性（例如墨水不容易变干）；③ 考虑哪些属性可以建立产品与消费者的情感联系（例如，个性铭刻、特色展示架）；④ 将实体和情感联系都融入产品设计，思考如何让产品持续给消费者带来良好的使用体验。

通过恒久个性化设计实现可持续性。1997年，荷兰设计学院提出了"恒久个性化"设计理念，这一理念与"情感依赖"设计相似，目的是推动延长产品"心理寿命"的设计：产品价值在消费者心中延续的时间。为了解决由于枯燥、感知或实际技术过时、无法修复等原因导致的产品心理寿命缩短，企业在设计产品的时候应该想办法延续产品在消费者心中的价值（van Hinte，1997）。相关的头脑风暴练习（White et al., 2013）如下：

1. 选取一种产品（例如手表），设想如何让产品拥有 100 年的寿命。开发产品概念场景并进行情境模拟。

2. 设计包括服务（例如，升级）在内的支持系统，实现产品的可行性。

3. 制定广告宣传，吸引人们购买这类持久的产品。

4. 根据支持和服务系统（例如清洁、维修复、升级），重新分析和重新讨论产品的设计和广告宣传。

产品服务更换。产品服务体系（Producf-Service System，PSS），或一整套产品和服务的整合体，是一种扩大可持续设计及其开发的创新战略（Goedkoop, van Halen, te Riele, Rommens, 1999）。由于产品和消费从两个分离的实体变成了一个整合的产品生命周期系统，PSS 方法能够带来持续的社会、经济和环境影响（Mont, 2002）。此外，由于 PSS 方法更加注重 P/SLC 的使用阶段而不是 R ＆ D 的产品设计阶段，所以有可能通过创建产品使用的替代方案来减少浪费，例如，消费者和制造者回收翻新项目的分享/租赁方案。

从图 25.6 中可以看到，PSS 包括三种不同的方法，每种都具有不同的可持续意义。在产品导向型的 PSS（PO-PSS）中，消费者拥有该产品（例如家用复印机），公司可以提供额外的服务来确保产品的耐用性。在使用导向型的 PSS（UO-PSS）中，服务供应商拥有该产品，让产品的最终翻新和再利用变得更容易，并通过服务合同仅向客户销售产品的"功能"。在结果导向型的 PSS 中，客户仅购买结果，并不关心公司如何提供这些结果。因此，公司自己的复印机可以在非繁忙时段运行，并根据需要提供临时复印服务。

进行头脑风暴练习的时候，应该引导团队走出纯粹的产品领域，设计出更具持续性的结果导向型 PSS：

1. 选取产品，比如家庭音乐系统，思考如何把它设计成纯粹的服务。这个想法可能有些不切实际，但是在头脑风暴练习中，一切都有可能。

2. 为此服务设计支持体系。什么样的商业模式是可行的？

3. 考虑到服务周期，我们需要哪些资源才能以可持续的方式提供服务？相对于纯粹的产品，这项服务可以给消费者、企业以及自然和社会带来哪些增值内容？

完成了头脑风暴之后，可持续设计思维流程就该进入概念开发阶段了。

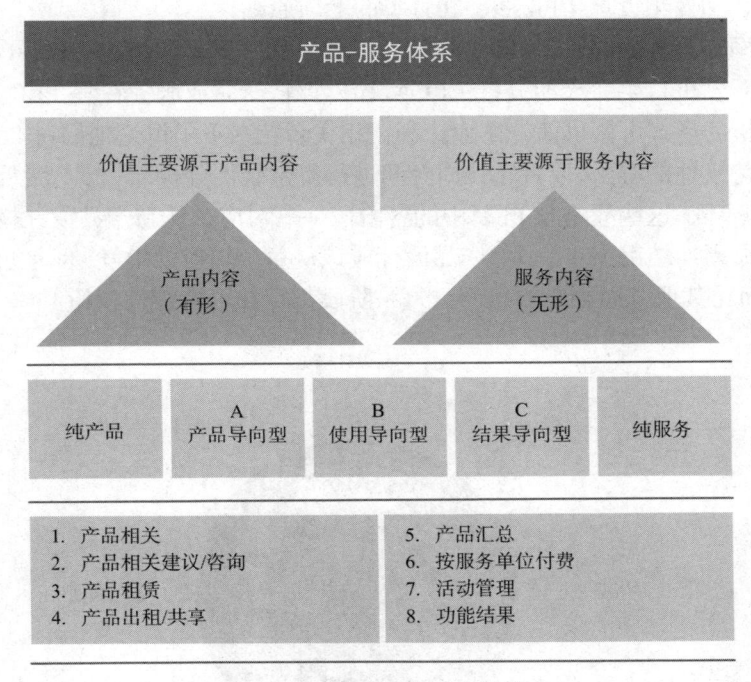

```
                        产品-服务体系

         价值主要源于产品内容            价值主要源于服务内容

                产品内容                     服务内容
                （有形）                     （无形）

                   A           B           C
         纯产品  产品导向型  使用导向型  结果导向型   纯服务

         1. 产品相关              5. 产品汇总
         2. 产品相关建议/咨询      6. 按服务单位付费
         3. 产品租赁              7. 活动管理
         4. 产品出租/共享          8. 功能结果
```

图 25.6　产品服务体系分类

概念开发过程中的可持续性

在可持续性设计思维流程中，概念开发包括产品/服务的理念应该满足可持续设计纲要的要求[①]。这些纲要要求应该全面准确地说明项目描述、项目范围、产品设计的关键设想、目标用户、项目预期成果、成功指标、项目时间表和所需资源（Liedtka & Ogilvie，2011）。例如，关于可回收和可循环使用的办公椅的设计纲要可以为项目团队提供一个框架；团队可以根据这一基准来测量进度（例如，和Steelcase 的 99%可回收的 Think®座椅相比），制定目标，比如价格点、可用技术和市场细分（Brown & Wyatt，2010）。另外，在概念开发阶段，可持续性设计标准也会逐渐成形。这些标准描述了要设计的产品/服务的属性、局限性，以及用户对产品/服务的看法。设计纲要和设计标准两种文件，可以为接下来的亮点阶段提供指导。为了确保内容的全面性，这两种文件都应该涵盖汉诺威可持续设计原则

---

① Liedtka & Ogilvie（2011）详细介绍了设计纲要的内容。设计纲要主要用于"界定"阶段。在可持续设计思维中，我们把它放在了"假设"阶段。不管出现在哪个阶段，设计纲要的作用都是一样的——提供统一的产品/服务设计要求。

的九项内容和效用设计（Fiksel，2011）的七项原则。

  联合国环境规划署（UNEP）可持续设计工作手册（UNEP，2005）主张对可持续概念开发进行生命周期分析（LCA），以评估产品或服务在其 PLC 中带来的影响。分析的形式可繁可简，比如让利益相关者花一下午讨论他们对 P/SLC 每个阶段的可持续性的看法，或者花几周时间进行复杂软件分析。图 25.7 展示了 UNEP 的八项战略环，这些战略与 PLC 中的各阶段一一对应，从新产品设计概览开始，到产品寿命周期结束为止。虽然产品设计应该从每个辐射面出发，但是总会有 2～3 个辐射面比其他方面更重要，而且每一阶段都存在可持续性权衡。

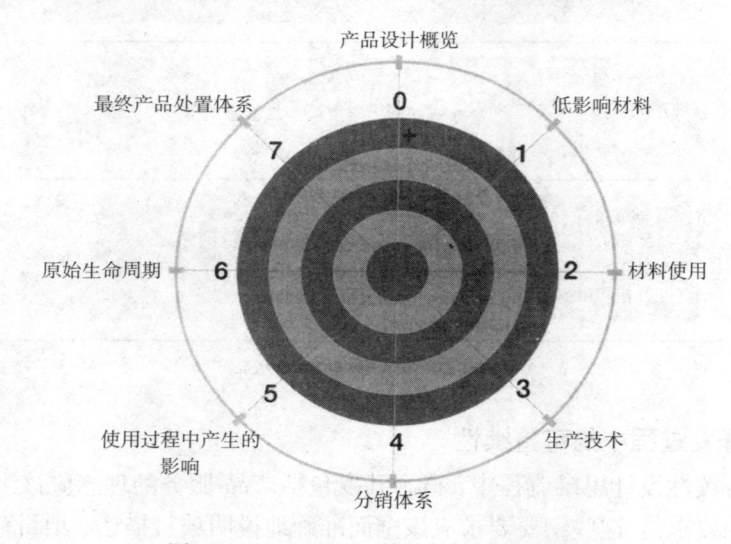

图 25.7 UNEP 的可持续性设计战略环

亮点

  亮点阶段的目标是确定可持续产品/服务设计是否能如预期般吸引消费者。这一阶段包括两个步骤：可持续性假设测试和快速原型制作。在这两个步骤中，开发者需要与潜在用户进行实体实验，以确定产品/服务是否符合可持续设计标准并赢得消费者的喝彩。

可持续性假设测试[①]

  可持续性假设测试以设计纲要和设计标准为参考，并根据 Fiksel（2011）的

[①] Liedtka & Ogilvie（2011）表示，假设测试应该属于思想实验。在可持续性设计思维中，它是一种实体实验，目的是检验可持续性战略设计。

效用设计的四项策略把它们设定成任务：去材料化设计、无害化设计、重估设计，以及资本保护和可再生设计。可持续性设计思维的重点是重估设计，而重估设计的重点让消费者成为合作伙伴，参与到他们与公司和产品的所有接触点中，包括包装、辅助产品（器具、一次性咖啡杯等），以及生命周期结束（EOL）时的废料。通过重估设计，产品和材料不再是废料，而是通过再利用实现了经济价值。例如，升级循环产品，让它发挥新作用；或者在产品和/或产品组件使用寿命结束时重新制造。例如，Safmarine Shipping 曾把旧的集装箱改造成了教室供南非儿童使用。

重估过程还可以与去材料化过程结合，因为回收材料可以降低企业对新材料的需求。1991年，施乐公司建立了回收报废产品的综合流程，设计出易于拆卸、回收、再造、再利用和回收的产品。结果，数十亿吨的复印机和打印机废料摆脱了被填埋的命运，同时帮助公司节省了数十亿美元。

在设计重估过程的时候，假设测试需要消费者提供一些信息。我们可以通过以下方式获得这些信息：

1. 通过原型、图纸或其他表现形式向目标市场客户代表介绍产品/服务理念。

2. 借助所选择的重估策略，询问消费者在产品寿命结束时会如何处理；观察客户的行为并测试以下内容：

　　A. 用户可以轻松地对产品进行重估处置（产品寿命结束时，说明手册通常都早已被丢弃了，因此最好把说明附在产品上）。

　　B. 进行重估时只需用到一种工具。这一工具应该简单易得。

　　C. 重估后的部件能够得以有效重复使用。例如，不可充电电池可以很轻松地从电子产品中移除，但是却不能被重复使用。

　　D. 用户知道哪里可以合理处置废料（例如回收项目）。

　　E. 重估过程除了给企业和环境带来增值收益，还应该给消费者创造价值。

3. 如果上述假设无法满足，产品/服务设计就需要退回到概念开发阶段，对设计纲要和设计标准加以修改。

通过快速原型制作实现可持续性

通过快速原型制作实现可持续性——以"视觉（有时是体验式）方式展示概念"（Liedtka & Ogilvie, 2011, p.141），通过获得客户反馈，完成亮点评估，展示可持续发展产品如何在市场中赢得热烈反响。之所以称这一过程为"快速"，是因为我们只需要利用低还原度的原型就能获得客户反馈，然后根据反馈进行重新设计，这一过程有时只需要几分钟。一些低还原度原型可以用 3D 打印机快速制作，从而展示产品/服务的概念；有些原型也可以采用情境展示或插图形式。展示基本元素和快速重新设计的目的是尽早完善概念，以及寻找拥有亮点的产品/服务。消费者的参与可以帮助开发者尽快发现偏离轨道的设计并立刻改善。

根据 Liedtka 和 Ogilvie（2011）的研究，这一过程可以参考以下指导方针：

1. 从简单的小细节开始。早期反馈需要邀请用户参与到可持续解决方案的创造过程中，并在用户和产品之间建立共情。

2. 设计和展示你想要的故事，不要只借助语言来描述。用图片和文字让可持续概念变得形象。然后通过图像、作品和体验让原型看起来更真实，并通过用户的参与来建立共情。

3. 将多个方案可视化。为受众们提供不同的选择。

4. 制作原型的目的是开放接纳意见。借助原型，我们可以测试可持续性假设，决定是继续开放还是淘汰，这样才能开发出更好的设计。

5. 测试 EOL 重估步骤。这些步骤也是快速原型制作过程的一部分。

检验

这一过程分为两个步骤：通过客户的共同创造和实验发布来实现可持续性。第一步让设计师能评估客户的反应和印象，了解可持续产品如何实现其预期价值。第二步让他们能掌握消费者对可持续性的显性行为，毕竟以前的设计步骤只能获得语言描述。然后，设计者可以评估可持续性绩效先导因素和指标，从而确定最终设计是否确实符合设计目标。

通过客户共同创造实现可持续性。让客户参与新产品开发，可以帮助开发团队发现客户最重视的产品/服务属性，并且了解可持续性改进对属性价值造成的影响。有了共同设计，企业就可以轻松地把产品融入用户的习惯和日常生活中（Heiskanen，Kasanen 和 Timonen，2005），同时也推动了用户的行为变革，给社会、经济和环境创造更多可持续价值（Young，2010）。

通过实验发布实现可持续性。在可持续设计中，实验发布是指在市场中试验销售可持续性产品的行为。这种销售实验耗时短、成本低，目的并不是成功发布新产品/服务，而是收集信息用以改善设计。这相当于一场彩排，同时也是决定可持续设计能否在现实市场中获得成功的重要一步。

可持续性指标。完成设计思维流程后，管理者需要知道他们是否实现了可持续性目标。企业的可持续性指标目前呈现出两个主要趋势（Fiksel，2011，p.98）：① 将环境绩效指标和评估方法纳入工程实践；② 采用识别和跟踪环境成本和收益的系统。另外，可持续性目标正在逐渐成为现有的关键绩效指标（Key Performance Index，KPI）中的一部分。KPI 界定了有待评估的内容以及评估方法。Fiksel（2011）提供了用于建立产品或流程设计目标的环境指标列表：

- **能源使用指标**：产品使用寿命周期中消耗的能源总量，可再生能源消耗量，运行期间消耗的能源。
- **用水量指标**：P/SLC 消耗的淡水总量。
- **材料负担指标**：生产中使用的有毒或有害物质，生产过程中产生的总工业废料，P/SLC 排放的温室气体。
- **回收和再利用材料**：产品拆卸和回收耗时，可回收材料的纯度，用作产品原料的回收材料的百分比。
- **资源指标**：产品质量，可用操作寿命，包装回收比例。
- **经济指标**：制造商的平均生命周期成本，客户的购买和操作成本，客户的重估成本。
- **价值创造指标**：可再生资源利用，污染物消除，人类健康和安全改善，社区生活质量改善，客户长远环境绩效改善；随着可持续发展成为公司运营的组成部分，可持续性设计思维将演变成常规的设计思维，而可持续性措施将成为所有企业的标准指标。

25.3 总结

表 25.3 概述了本章介绍的四种可持续创新设计方法。前三种方法是产品/服务开发工程师们通常使用的可持续性方法，而第四种方法——可持续性设计思维则综合了前三者的优势，并进一步把消费者视为开发流程的合作伙伴。如果创新过程中没有考虑共情因素，那么就算最好的设计也无法实现可持续性目标。可持续性设计思维方法在产品和服务设计中融入了对环境和社会的共情，因此更有可能创造重要的积极影响。

表 25.3 可持续产品和服务的设计战略

战略	定义	产品生命周期重心	寿命周期结束时的目标	重心
可持续性设计/效能设计（Birkeland，2002）	提供能够满足人类需求和提高生活质量的具有价格竞争力的产品和服务，同时逐步减少产品和服务生命周期中对生态造成的影响和消耗的资源，至少使之与估算的地球承载能力相当	摇篮到坟墓	降级循环	生态

续表

战略	定义	产品生命周期重心	寿命周期结束时的目标	重心
效用设计（McDonough & Braungart，2002）	通过模仿自然，把生产过程和产品生命周期结束时产生的废料转化成新产品或服务的原材料	摇篮到摇篮	升级循环	工业
环境设计（Fiksel，2011）	系统地考虑设计在整个产品和流程生命周期中是否完成了环境、健康、安全和可持续性目标	摇篮到门前；摇篮到坟墓	降级循环	技术
可持续性设计思维（本章内容）	系统地考虑设计在整个产品和流程生命周期中是否完成了环境、健康、安全和可持续性目标，同时把终端用户参与的共情设计融入其中	摇篮到坟墓；摇篮到摇篮	升级+降级循环	消费者/终端用户；生态；工业；技术

作者简介

罗珊娜·加西亚（Rosanna Garcia）博士是北卡罗来纳州立大学市场营销学副教授，同时也是该校创新+设计团队的卓越校长教职员。罗珊娜在创新+设计团队主要负责课程编制和学生项目，目的是开发和完善学生们的创意和教职员的研究，特别是有关环境可持续性的内容。作为混合创新领域的一名专家，加西亚博士的研究主要围绕如何在被动的市场氛围中引入"抗拒型"创新而展开。她近期研究和教学的中心包括可持续创新和协作经济群体中的信任问题。加西亚博士主要负责创业营销和新产品发布两门学科的教学工作，著有教材 Creating and Marketing New Products & Services。

斯科特·达科（Scott Dacko）博士是华威大学华威商学院市场营销及战略管理学副教授。他曾任职于多家企业，拥有十年的新产品开发、管理和营销经验。达科博士拥有明尼苏达大学机械工程学位和 MBA 学位，以及伊利诺伊大学厄巴纳-香槟分校工商管理博士学位。他的研究领域包括可持续服务创新，以及产品和服务营销战略中的时机。他著有 The Advanced Dictionary of Marketing: Putting Theory to Use 一书，并在 Economics of Innovation and New Technology、Technical Forecasting and Social Change、Journal of Advertising Research、Industrial Marketing Management、Marketing Intelligence & Planning、Benchmarking: An International Journal、International Journal of New Product Development and Innovation Management 及 Journal of Marketing Management 等刊物发表过文章。

反侵权盗版声明

　　电子工业出版社依法对本作品享有专有出版权。任何未经权利人书面许可，复制、销售或通过信息网络传播本作品的行为；歪曲、篡改、剽窃本作品的行为，均违反《中华人民共和国著作权法》，其行为人应承担相应的民事责任和行政责任，构成犯罪的，将被依法追究刑事责任。

　　为了维护市场秩序，保护权利人的合法权益，我社将依法查处和打击侵权盗版的单位和个人。欢迎社会各界人士积极举报侵权盗版行为，本社将奖励举报有功人员，并保证举报人的信息不被泄露。

举报电话：（010）88254396；（010）88258888
传　　真：（010）88254397
E-mail：　dbqq@phei.com.cn
通信地址：北京市万寿路173信箱
　　　　　电子工业出版社总编办公室
邮　　编：100036